KB157424

세무회계정보시스템

Tax Accounting Information System

PREFACE

머리말

Tax · Accounting · Information · System

현대사회는 가면 갈수록 신뢰성을 바탕으로 한 기업경영을 요구하고 있습니다. 기업경영에 있어서의 신뢰성이란 회계업무의 정확성과 투명성을 기초로 이루어진다고 해도 과언이 아닙니다. 이러한 시대적 요구에 부응하여 기업에서 이미 관리업무를 보는 사람들뿐만 아니라 취업하여 관리업무를 보고자 하는 사람들에게는 기본적으로 회계에 대한 지식을 갖출 것이 요구되고 있으며, 특히 회계업무가 전산화되어짐에 따라 전산회계에 대한 실무적응 능력도 동시에 요구되고 있는 실정입니다.

이러한 이유로 대학에서 회계학을 전공하고 있는 학생들은 물론 회계학을 전공하지 않는 학생들조차도 전산회계 자격증을 취득하기 위해 열심히 공부하고 있는 것입니다. 이 책은 회계를 공부하고자 하는 학생들과 실무에 계신 많은 분들에게 조금이나마 도움을 드리고자 그동안 대학교단에서 학생들을 대상으로 강의하고 연구한 내용을 정리하였습니다.

보통 회계를 말할 때 단순히 돈계산하는 것이라고 이해하고 있는 경우가 많은데, 이는 회계를 기업경영의 전체적인 차원에서 이해하지 못하고 기능을 중심으로 한 부분적인 관점에서 잘못 이해하고 있기 때문입니다. 이러한 점을 감안하여 이 책에서는 회계를 단순히 기능적인 측면에서가 아니라 기업전체의 시스템적인 관점에서 파악할 수 있도록 거래의 인식에서부터 재무제표의 작성 · 회계순환과정에 이르기까지의 회계 흐름을 체계적으로 살펴보고, 이를 전산회계 프로그램을 이용한 실습예재를 통하여 연습함으로써 실무 및 시험에 충실히 활용할 수 있도록 하였습니다.

이 책의 구성은 크게 전산회계 1급 실습과 회계원리, 부가가치세법, 원가회계 그리고 연습문제를 통한 기출문제 풀이 부분으로 이루어져 있습니다.

전산회계 1급 실습 파트에서는 프로그램 매뉴얼 설명과 더불어 실제 하나의 회사를 설립하고 거래를 처리함으로써 재무제표를 작성하는 회계처리의 전과정을 다루고 있습니다.

회계원리 파트에서는 회계학의 이론을 중심으로 회계의 개념과 더불어 회계시스템을 전체적으로 이해할 수 있도록 하였으며, 이를 위해 거래의 인식에서부터 재무제표 작성에 이르기까지의 일련의 회계처리과정을 체계적으로 정리하였습니다.

부가가치세법 파트에서는 부가가치세에 대한 전반적인 총칙과 과세거래・영세거래・면세거래를 체계적으로 정리하였고, 원가회계 파트에서는 원가의 개념과 원가회계시스템에 대한 개괄적인 내용을 체계적으로 정리함으로써 시험과 실무에 적용할 수 있도록 하였습니다.

또한 각 파트별로 전산회계 기출문제를 정리하고 분석함으로써 시험에 대비할 수 있도록 하였습니다.

책을 출간하기에 앞서 많은 부족함을 느끼지만, 회계학을 공부하고 전산회계 자격증 시험을 준비하는 여러 학생들과 실무자분들께 한 권의 좋은 지침서가 되기를 바랍니다. 또한 여러분들이 이 책을 통해 회계학과 좀더 친숙해 지는 계기가 되기를 소망합니다.

혹, 본 교재를 강의 교재로 채택하여 쓰시는 경우에는 출판사 혹은 저에게 연락주시면 강의에 필요한 자료를 보내드리도록 하겠습니다. 또한 공부하는 중에 문의가 있거나 실습 데이터가 필요하신 경우 메일을 주시면 친절히 답해 드리겠습니다.

항상 기도와 사랑으로 격려해 주시는 남편과 부모님, 가족들에게 감사의 말씀을 전하며, 늘 건강하시고 행복하시기를 기원해 봅니다. 그리고 항상 격려와 지지를 아끼지 않으시는 교수님들과 우리 학생들에게도 늘 충만한 결실이 있기를 소망합니다. 끝으로 이 책의 출간에 협조해 주신 한올출판사 임순재 대표님과 편집팀, 영업팀에게도 감사의 말씀을 드립니다.

2014. 3

대구한의대학교 통상경제학부 교수
오은해(oeh89@nate.com)

전산 회계

CONTENTS

차 례

Tax • Accounting • Information • System

Part1 전산회계 1급 실습

CONTENTS

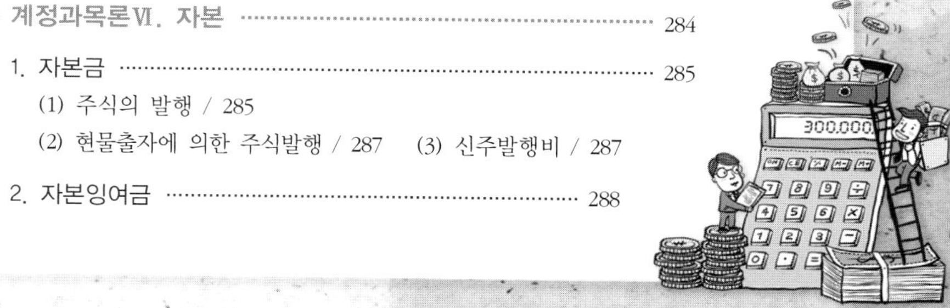
300,000

300,000

Part4 원가회계

전산회계1급 시험개요 및 요강

Ⅰ. 목적

전산세무회계의 실무처리능력을 보유한 전문인력을 양성할 수 있도록 조세의 최고전문가인 1만여명 세무사로 구성된 한국세무사회가 엄격하고 공정하게 자격시험을 실시하여 그 능력을 등급으로 부여함으로써, 학교의 세무회계 교육방향을 제시하여 인재를 양성시키도록 하고, 기업체에는 실무능력을 갖춘 인재를 공급하여 취업의 기회를 부여하며, 평생교육을 통한 우수한 전문인력 양성으로 국가발전에 기여하고자 함.

Ⅱ. 자격구분

종목 및 등급	시험구성	비고
전산회계1급	이론시험 30%(4지선다형)와 실무시험 70% (컴퓨터 프로그램이용)	국가공인

Ⅲ. 시행근거

- 법 적 근 거 : 자격기본법 제19조 및 20조
- 공 인 번 호 : 고용노동부 제2011-1호
- 종목및등급 : 전산세무회계 / 전산세무1,2급, 전산회계1,2급
- 자격관리자 : 한국세무사회장

Ⅳ. 검정요강

1. 검정기준

종목 및 등급	검정기준
전산회계 1급	전문대학 중급수준의 회계원리와 원가회계, 세무회계(부가가치세 중 매입매출전표와 관련된 부분)에 관한 기본적 지식을 갖추고, 기업체의 회계실무자로서 전산세무회계 프로그램을 활용한 세무 회계 기본업무를 처리할 수 있는지에 대한 능력을 평가함.

2. 검정방법

시험 방법	시험과목 (평가범위 요약)	평가 비율	제한 시간	출제방법
이론 시험	• 회계 원리 : 당좌·재고자산, 유·무형자산, 유가증권, 부채, 자본금, 잉여금, 수익과 비용 • 원가 회계 : 원가의 개념, 요소별·부문별 원가계산, 개별·종합(단일, 공정별)원가계산 • 세무 회계 : 부가가치세법(과세표준과 세액)	30%	60분	이론시험 객관식 4지선다형 실무시험 전산세무회계프로그램을 이용한 실기시험
실무 시험	• 기초정보의 등록 · 수정 : 초기이월, 거래처 등록, 계정과목의 운용 • 거래자료의 입력 : 일반전표 입력, 결산자료 입력(제조업포함) • 부가가치세 : 매입·매출거래자료 입력, 부가가치세신고서의 조회 • 입력자료 및 제장부 조회	70%		

3. 평가범위

구분		평가범위	세부내용
이론	회계 원리 (15%)	1. 회계의 기본원리	회계의 기본개념, 회계의 순환과정, 결산 및 결산절차
		2. 당좌자산	현금 및 현금등가물, 단기금융상품, 매출 채권, 기타 채권
		3. 재고자산	재고자산의 개요, 상품계정의 회계처리, 재고자산의 평가
		4. 유형자산	유형자산의 개요, 취득시의 원가결정, 보 유기간 중의 회계처리, 유형자산의 처분, 감가상각
		5. 무형자산	무형자산의 개요, 무형자산의 상각
		6. 유가증권	유가증권의 개요, 유가증권의 매입과 처분
		7. 부채	부채의 개요, 매입 채무와 기타의 채무
		8. 자본	자본금, 자본잉여금과 이익 잉여금, 이익잉여금처분계산서
		9. 수익과 비용	수익과 비용의 인식, 수익과 비용의 분류
	원가 회계 (10%)	1. 원가의 개념	원가의 개념과 종류
		2. 요소별 원가계산	재료비, 노무비, 제조경비, 제조간접비의 배부
		3. 부문별 원가계산	부문별 원가계산의 기초
		4. 개별원가계산	개별 원가계산의 기초
		5. 종합원가계산	종합원가계산의 절차, 종합원가계산의 종 류(단일종합원가계산, 공정별종합원가계 산)
	세무 회계 (5%)	1. 부가가치세법	과세표준과 세액(세율, 거래징수, 세금 계산서, 납부세액)

실무	기초정보의 등록 수정 (15%)	1. 거래처등록	거래자료 입력시 거래처 추가등록
		2. 계정과목의 운용	계정과목·적요의 추가설정 및 수정・변 경, 경비 구분별 계정과목 운용(제조경비, 판매관리비), 계정과목의 통합
		3. 초기이월	전기분 거래처별 채권・채무의 잔액 등록
	거래 자료의 입력 (30%)	1. 일반전표의 입력	거래내용의 지분 또는 증빙에 의해 일반전표의 입력
		2. 입력자료의 수정·삭제 등	입력된 자료를 검토하여 거래처.계정 과목.적요.금액 등의 수정 및 삭제, 대차 차액의 발생원인을 검토하여 정정
		3. 결산정리사항 입력	결산자료의 입력(제조업 포함)
		4. 감가상각비 계산	유・무형자산의 감가상각비 계산
	부가 가치세(15%)	1. 매입・매출전표의 입력	부가가치세가 포함된 유형별(과세. 영세. 불공제 등)거래 자료의 입력
		2. 부가가치세 신고서의 조회	과세표준, 매출세액, 매입세액, 납부세액 등의 조회
		3. 매입·매출처별 세금 계 산서 합계표의 조회	특정 매입・매출의 거래건수・ 금액 등의 조회
	입력자료 및 제 장부 조회(10%)	1. 입력 자료의 조회	입력 자료의 검색, 대차차액의 원인 검토・수정
		2. 장부의 조회	계정과목이나 기간별 거래처의 잔액조회, 건수.월계.누계 등의 조회
		3. 재무제표에 대한 이해 도	계정별 원장과 거래처원장의 잔액 불일치 검토・수정, 재무제표의 표시방법

– 각 구분별 ±10% 이내에서 범위를 조정할 수 있으며, 전산회계1급은 전산회계2급의 내용을 포함한다.

※ 현행 세법과 일반기업회계기준을 중심으로 출제함

V. 합격자 결정기준

종목 및 등급		합격기준	비고
전산 세무 회계	전산세무 1급	100점 만점에 70점 이상	국가공인
	전산세무 2급	〃	
	전산회계 1급	〃	
	전산회계 2급	〃	

Ⅵ. 응시자격기준

응시자격은 제한이 없다. 다만, 부정행위자는 해당 시험을 중지 또는 무효로 하며 이후 2년간 시험에 응시할 수 없다.

Ⅶ. 응시원서 접수방법

각 회차별 접수기간 중 한국세무사회 홈페이지(http://license.kacpta.or.kr)로 접속하여 단체 및 개인별 접수(회원가입 및 사진등록)

Ⅷ. 기 타

■ 궁금한 사항은 홈페이지를 참고하거나 아래 전화로 문의바람.

☎ 문의 : TEL (02) 521-8398~9 FAX (02) 521-8396

전산 회계

Part 1
전산회계 1급 실습

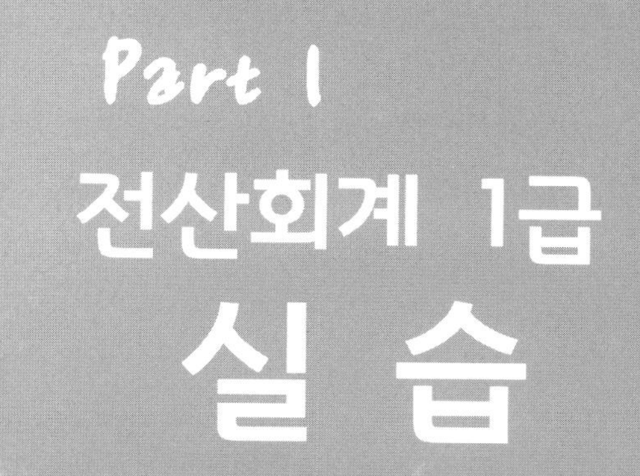

제1절 프로그램 설치 및 시작하기

1. 프로그램 다운로드 및 설치하기

KcLep(케이 렙) 프로그램은 인성세무사회 자격시험 홈페이지(http://license.kacpta.or.kr)에서 다운로드 가능하다. 다운받은 설치파일( )을 더블클릭하여 프로그램을 컴퓨터에 설치한다[1]. 설치가 완료되면 바탕화면에 "KcLep( )" 이라는 아이콘이 생성된다.

1) 설치파일의 날짜가 현재와 가까울수록 최신파일이다. 따라서 작업시에는 최신파일로 설치한 후 작업한다.

2. 프로그램 시작하기

전산세무회계 교육용 프로그램 "KeLep(케이 렙)"을 실행하면 다음과 같은 사용자 설정화면이 나타난다.

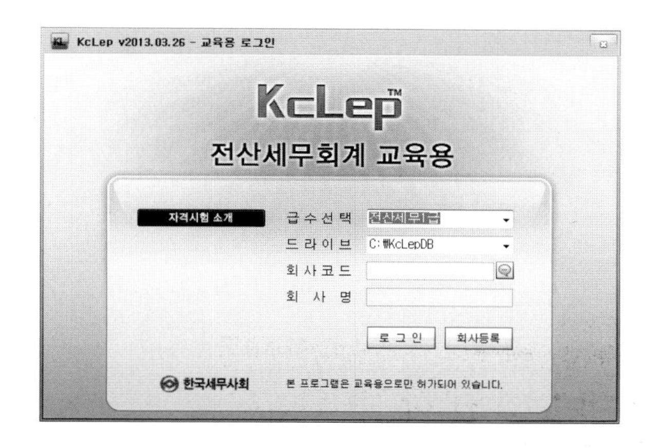

급수선택 2)

실행하고자 하는 급수를 선택한다. 급수에 따라서 시험출제 범위내의 프로그램만이 실행가능하게 된다.

[전산회계1급]을 선택한다.

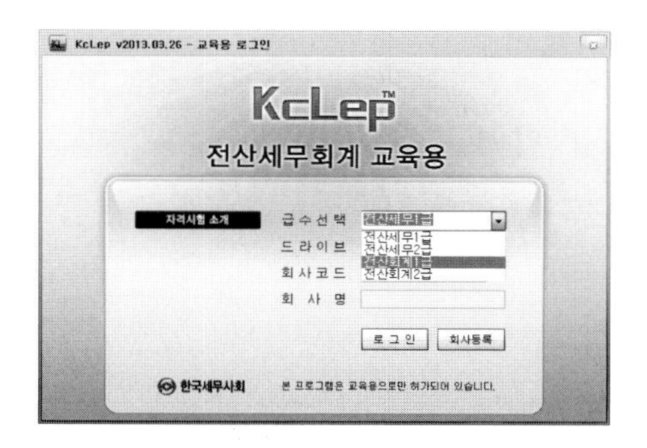

2) 자격시험 급수별로 메뉴모듈의 차이가 있으므로 응시하려는 급수를 선택한다. 상위급수는 하위급수의 메뉴를 포함한다.
- 전산회계2급 - 회계관리 모듈
- 전산회계1급 - 회계관리+부가가치모듈의 메뉴일부
- 전산세무2급 - 회계관리+부가가치+원천징수 일부 모듈
- 전산세무1급 - 회계관리+부가가치+원천징수+법인조정 모듈 등 전 메뉴

드라이브

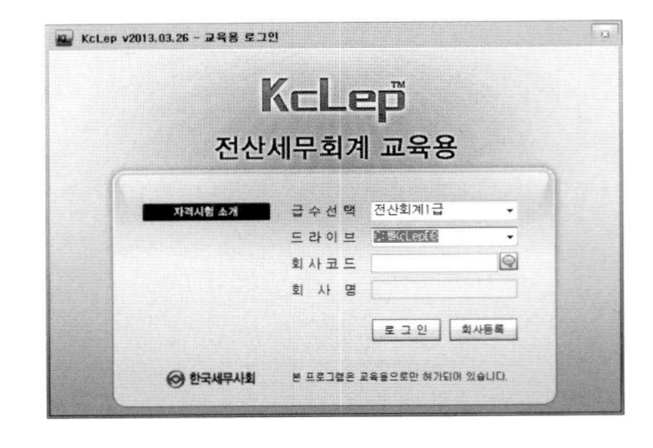

작업한 데이터를 저장하고자 하는 드라이브를 선택한다.

데이터는 보통 [C 드라이브] - [KcLepDB] 폴더 - [KcLep] 폴더 - [회사코드] 폴더 안에 저장된다.

회사코드

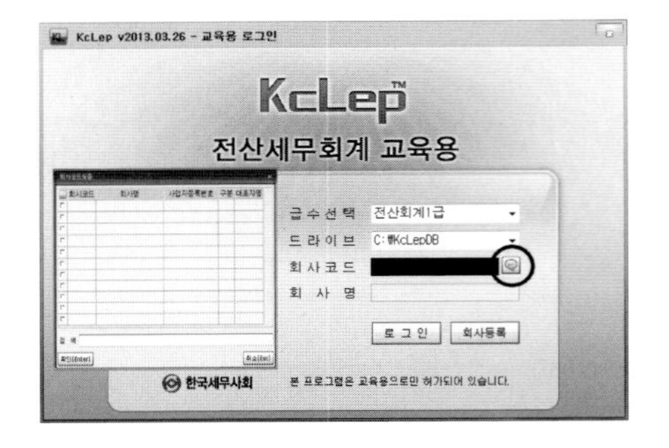

기존에 이미 작업이 이루어진 경우에 그 작업할 회사의 코드번호를 선택하는 곳이다.

최초 작업시에는 기존에 작업한 회사가 없기 때문에 선택할 회사가 없다. 따라서 하단의 "회사등록" 버튼을 클릭하여 작업할 회사를 먼저 등록해야 한다.

회사등록 작업을 마친 후에 [Esc]키로 빠져나온 후 "회사코드"란에서 작업한 회사코드를 입력 또는 조회[F2] or [ ]한다.

회사명

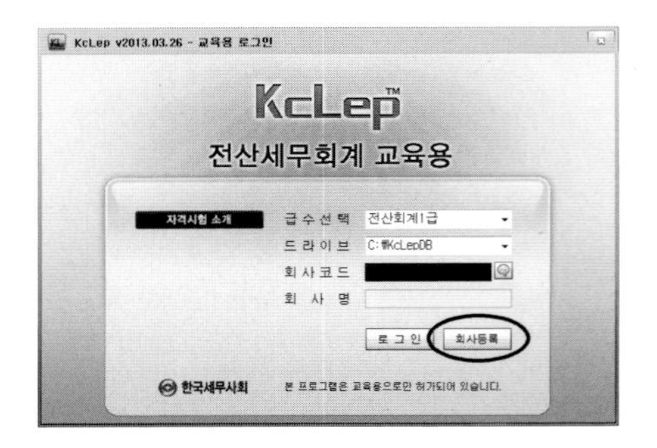

회사코드를 선택하면 선택된 회사의 회사등록에서 입력한 회사명이 자동 표시된다.

[회사코드]를 선택하면 선택한 회사의 「회계관리」 화면이 실행되며, 메뉴는 「회계관리」 모듈과 「부가가치」모듈로 구성되어 있다.

「회계관리」는 전표입력, 기초정보등록, 장부관리, 결산및재무제표, 전기분재무제표등, 고정자산및감가상각, 데이타관리로 구성되어 있으며, 「부가가치」는 부가가치세신고서, 세금계산서합계표, 매입자발행세금계산서합계표로 구성되어 있다.

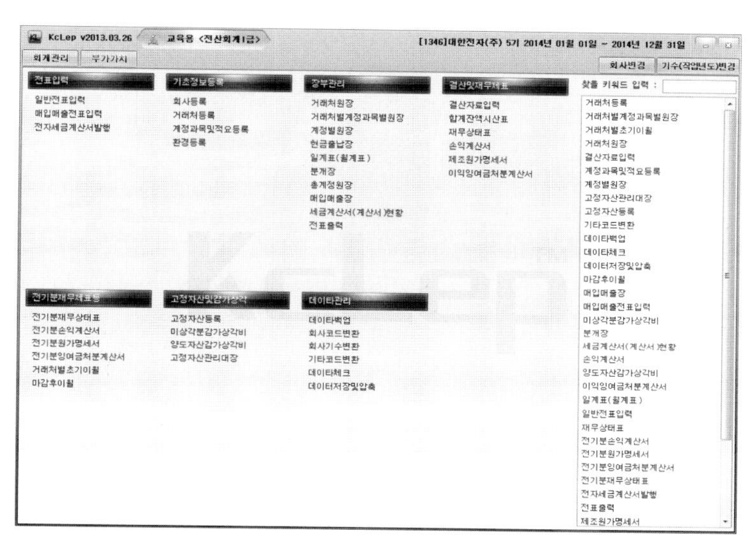

「회계관리」

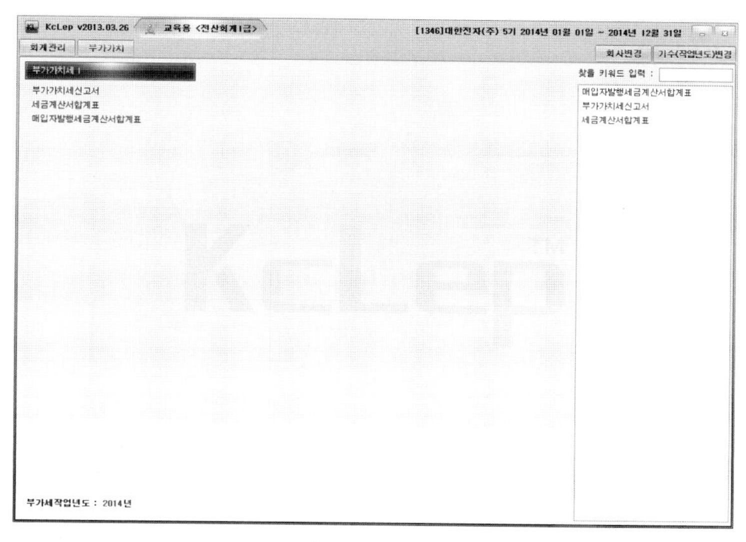

「부가가치」

3. 메뉴 실행하기

일반적으로 메뉴실행은 메인메뉴에 나타난 메뉴를 클릭하여 작업메뉴를 실행한다. 메뉴를 찾는 방법은 2가지가 있다.

① 키워드로 찾는 방법

메인화면 오른쪽상단의 "찾을 키워드 입력"을 활용한다. "찾을 키워드 입력"란은 특정모듈안에 있는 메뉴를 검색하여 보여준다. 메뉴이름 2글자를 입력하거나 초성2글자를 입력하면 해당모듈안에 있는 메뉴를 검색해 보여준다.

② '퀵서치' 기능으로 찾는 방법

메인화면에 마우스를 놓고 마우스중간의 휠을 누르거나 "Ctrl+엔터" 단축키를 입력하면 메인화면 중간에 "퀵서치"라는 메뉴검색창이 뜬다. 키워드 메뉴와 마찬가지로 이름 2글자 또는 초성 2글자를 입력하면 프로그램 안에 있는 모든 메뉴를 검색해서 보여준다.

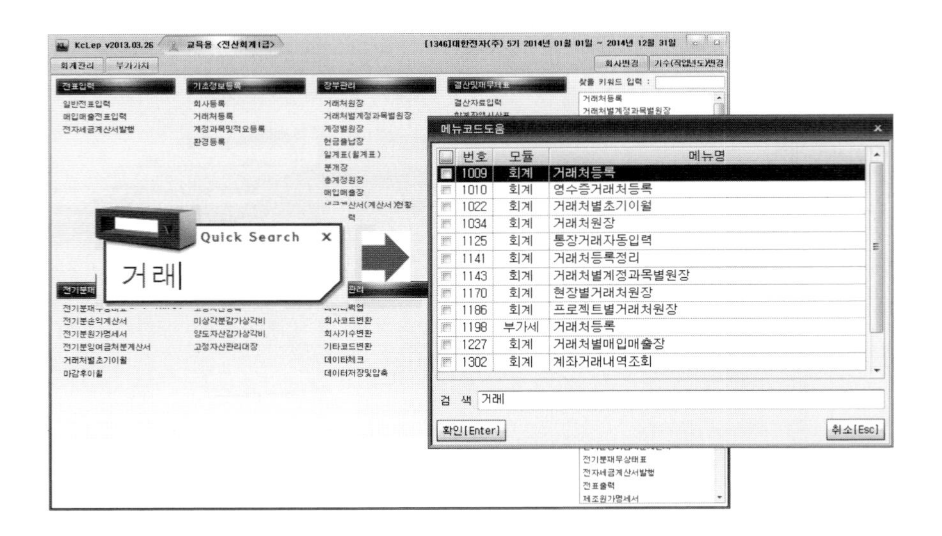

메뉴코드도움창이 뜨면 방향키로 원하는 메뉴를 선택하고 엔터하면 해당메뉴로 이동한다. "찾을 키워드 입력"은 찾으려는 메뉴가 어느 모듈에 있는지 미리 파악하여야 하지만 '퀵서치'는 모든 모듈의 메뉴가 검색되므로 사용하기 편한 방법을 선택하면 된다.

4. 백데이터 설치해서 회사코드 불러오기

① 작업한 파일은 "[C 드라이브] - [KcLepDB] 폴더 - [KcLep] 폴더" 안에 '1346(회사코드)' 폴더로 저장된다. '1346' 폴더는 다음 실습시간을 위해 USB 등의 메모리에 저장해 둔다.3)

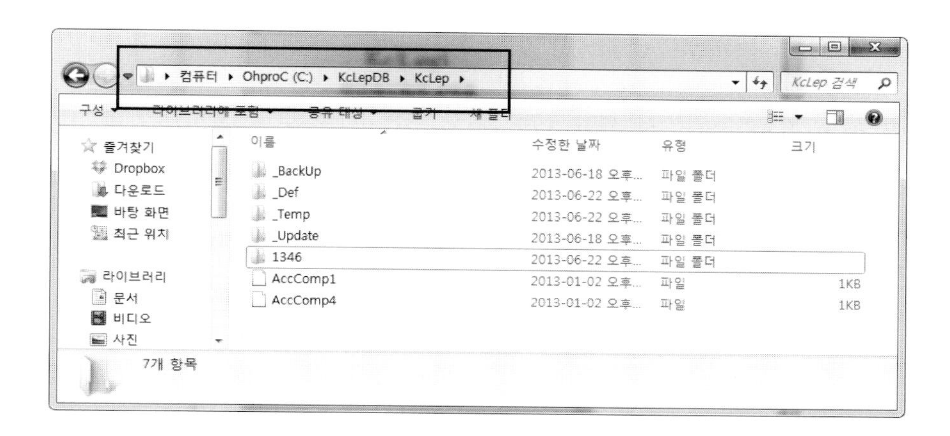

② 저번시간까지 작업한 '1346' 폴더를 "[C 드라이브] - [KcLepDB] 폴더 - [KcLep] 폴더" 안에 붙여넣기 한다.

③ KcLep(케이 렙) 프로그램을 실행한 후, '회사등록' 버튼을 클릭한다.

④ '회사등록' 상단 메뉴에서 'F4 회사코드 재생성'을 클릭하면, '1346' 코드의 회사가 '회사등록' 화면에 나타난다.

3) 기출문제를 설치한 경우, 파일은 "[C 드라이브] - [KcLepExamDB] 폴더 - [KcLep] 폴더" 안에 '회사코드' 폴더로 저장된다.

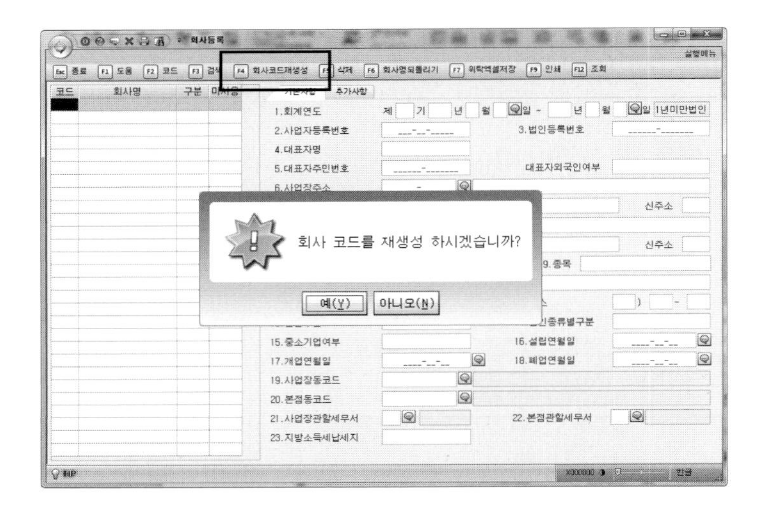

⑤ 창을 닫고 메인화면으로 돌아온 후 '회사코드'를 클릭하면 '1346'이 보인다. 선택한 후 프로그램을 실행한다.

5. 작업할 회사변경 방법

① KcLep(**케이 렙) 실행 중 변경 방법**

이미 KcLep(케이 렙) 프로그램이 실행중이라면 메인화면 상단의 오른쪽에 있는 "회사변경" 버튼을 클릭하여 다른 회사를 선택하여 변경할 수 있다. 이 방법은 '급수선택'은 이미 선택된 급수에서의 회사변경만 가능하다.

우측상단의 회사변경을 누르면 회사코드, 회사명, 사업자번호, 구분, 대표자명이 있는 선택박스가 나타나고 선택할 회사정보가 있는 란에 커서를 위치 시킨후 더블클릭하면 회사가 변경된다.

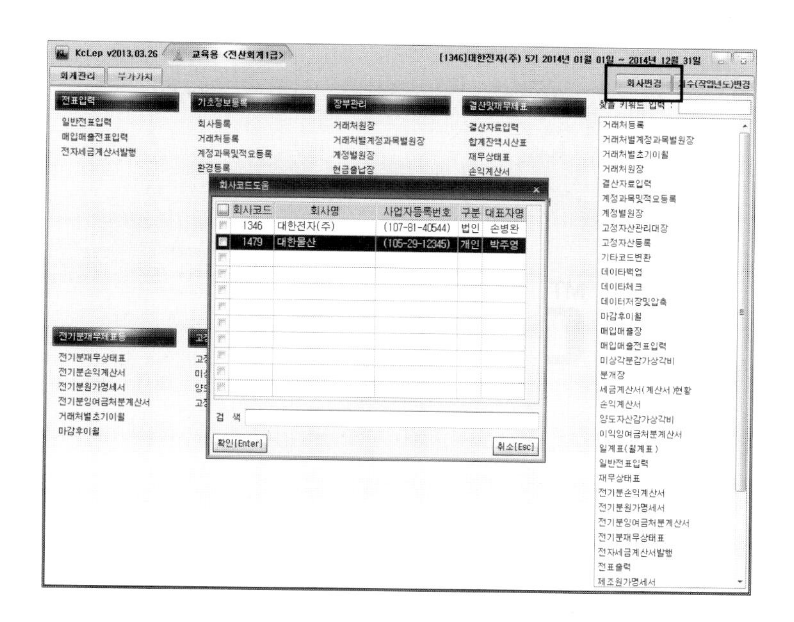

② 프로그램 종료 후 변경 방법

실행 중인 KcLep(케이 렙) 프로그램을 완전히 종료한 후 회사코드를 바꿔 다시 실행하면 된다. 이 방법은 '급수선택'을 포함한 모든 사항을 변경하여 사용할 수 있다.

제2절 기초정보등록

기초정보등록이란 회계처리를 하고자 하는 회사에 대한 기본적인 등록작업을 말한다.

1. 회사등록

회사등록은 회계처리작업을 하고자 하는 회사를 프로그램상에 등록하는 작업으로 프로그램 운영상 가장 먼저 실행해야 하는 작업이다. 회사등록사항은 사업자등록증의 내용에 의하여 작성된다.

회사등록사항의 내용은 각종 신고서 및 출력물 등 프로그램 전반에 걸쳐 사용되므로 정확히 입력해야 한다. 두개 이상의 회사를 관리할 경우나 사업자정보가 변경이 되어 한 회사코드로 관리 할 수 없는 경우에는 회사를 추가등록한다.

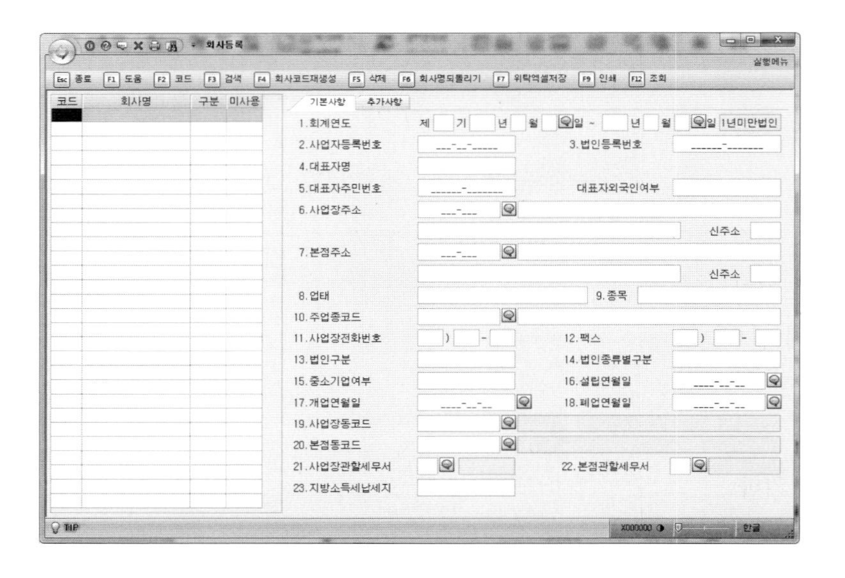

코드

등록할 회사의 코드를 "0101 ~ 9999"번호 중 사용자가 원하는 숫자 4 자리를 입력한다. 2자리 이하는 입력되지 않으며 3자리는 앞자리수가 0으로 기록된다.

회사명

사업자등록증에 기재된 상호명을 입력한다. 한글 15자, 영문 30자 이내로 입력한다.

구분

사업자가 법인인 경우에는 "1:법인"을 선택하고 개인인 경우에는 "2:개인"를 선택한다. 자격시험 전산회계 2급의 회계처리 대상은 개인사업자이고, 전산회계 1급부터 전산세무 1급까지의 회계처리 대상은 법인사업자이다.

미사용

해당 회사의 사용 여부를 선택한다. 회사코드를 사용하는 경우는 "0:사용", 사용하지 않는 경우는 "1:미사용"을 선택한다. 해당 회사를 더 이상 사용하지 않을 경우 "1:미사용"을 선택하면 프로그램 실행화면에서 조회되지 않게 된다.

기본사항[4)]

1. **회계연도 :** 회사의 기수와 회계연도를 입력한다. 기수란 사업개시연도 이후 몇 번째 회계연도인지를 말하는 것으로, 사업개시연도는 제1기가 된다. 기수와 회계연도는 회사등록에 필요한 최소한의 내용이므로 반드시 모두 정확히 입력해야 프로그램이 정상적으로 실행된다.
2. **사업자 등록번호 :** 사업자등록증상의 등록번호를 입력한다. 사업자등록번호는 일정한 규칙[5)]에 의하여 부여된 번호이므로 잘못된 번호를 입력하면 오류 메시지가 뜨며 프로

4) [추가사항] 탭 전체의 내용은 자격시험과 무관하므로 설명을 생략한다.
5) 사업자등록번호의 구성(xxx-xx-xxxxx)
  ‣ 최초 3자리: 사업자등록을 최초로 신고한 세무서 코드

그램에서는 이를 검증하여 빨간색으로 표시하도록 되어 있다.

3. **법인 등록번호** : 사업자등록증상의 법인 등록번호를 입력한다. 잘못된 법인등록번호를 입력하면 오류 메시지가 뜨며 프로그램에서는 이를 검증하여 빨간색으로 표시하도록 되어 있다.

4. **대표자명** : 사업자등록증상의 대표자명을 입력한다.

5. **대표자 주민번호 · 대표자 외국인 여부** : 대표자가 내국인인 경우에는 주민등록번호를 입력하고, 외국인인 경우에는 외국인등록번호를 입력한다. '대표자 외국인 여부'에서 Enter를 치면 '0.부'가 기본값으로 입력된다.

6. **사업장주소 · 신주소** : 사업자등록증상의 사업장소재지를 입력한다. 우편번호란에 커서를 두고 코드도움(F2) or 말풍선키( )키를 이용하여 우편번호를 입력한다. 검색란에 해당 동네명 2자리를 입력하면 검색이 된다.[6] 신주소 이용여부에 따라 "0.부, 1.여" 중에서 선택하여 입력한다.

7. **본점주소 · 신주소** : 사업자등록증상의 본점소재지를 입력한다. 신주소 이용여부에 따라 "0.부, 1.여" 중에서 선택하여 입력한다.

8. **업태** : 사업자등록증상의 업태를 입력한다. 업태란 어떤 형태의 사업을 하는 회사인가를 나타내는 부분이다.

9. **종목** : 사업자등록증상의 종목을 입력한다. 종목이란 회사가 해당 업태에서 무엇을 제조, 판매하는가 하는 구체적인 취급 품목을 입력하는 부분이다.

10. **주업종코드** : 주업종코드 도움을 이용하여 부가가치세 전자신고에 수록되는 사업장의 주업종코드를 조회[F2] or [ ]하여 입력한다.

11. **사업장 전화번호** : 사업장 전화번호를 지역번호와 함께 입력한다.

12. **팩스번호** : 사업장의 팩스번호를 입력한다.

13. **법인 구분** : 법인의 구분을 선택한다.

14. **법인종류별 구분** : 법인의 종류별 구분을 선택한다.

- 가운데 2자리
  - 개인사업자 : 개인과세사업자(01~79까지), 개인면세사업자(90~99까지)
  - 법인사업자 : 영리법인의 본점(81, 86, 87), 영리법인의 지점(85), 비영리법인의 본점 및 지점(82)
- 마지막 5자리 : 앞 4자리는 일련번호이고 마지막 1자리는 검증번호이다.

6) KcLep(케이 렙)은 신주소 입력이 가능하다. 우편번호 검색창이 뜨면 도로명 또는 지번으로 주소를 검색할 수 있다. 인터넷이 연결되어 있지 않은 경우라면 화면 하단의 "인터넷이 안되는 경우 이 버튼을 눌러주세요" 버튼을 클릭하여 구 주소(지번) 검색으로 주소를 입력한다.

15. **중소기업여부** : "0.부, 1.여" 중에서 선택하여 입력한다.
16. **설립년월일** : 사업자등록증상의 법인의 설립 년, 월, 일을 입력한다.
17. **개업년월일** : 사업자등록증상의 법인의 개업 년, 월, 일을 입력한다.
18. **폐업년월일** : 폐업시 폐업 년, 월, 일을 입력한다.
19. **사업장 동코드** : 사업장의 주소지 법정동 코드번호를 조회[F2] or []하여 입력한다.
20. **본점 동코드** : 본점의 주소지 법정동 동코드번호를 조회[F2] or []하여 입력한다.
21. **사업장 관할세무서** : 사업장 관할세무서 코드번호를 조회[F2] or []하여 입력한다. 사업장은 사업장이 위치한 주소를 관할하는 세무서의 관리를 받게 된다. 사업장관할 세무서는 국세에 관한 사무를 담당하는 행정기관이다.
22. **본점 관할세무서** : 본점 관할세무서 코드번호를 조회[F2] or []하여 입력한다.
23. **지방소득세 납세지** : 지방소득세 납세지를 입력한다.

[예제] 회사등록 따라하기!

문제

"(주)대한전자"는 컴퓨터를 제조하는 법인이며, 회계연도는 2014. 1. 1 ~ 2014. 12. 31이며 당기는 제5기이다. 사업자등록증을 보고 회사코드 "1346"번으로 회사등록을 한다.

사 업 자 등 록 증
(법인사업자용)
등록번호 :107-81-40544

1. 상　호　명 : (주)대한전자
2. 대 표 자 명 : 강민성
3. 개업년월일 : 2010. 1. 10
4. 법인등록번호 : 110111-3776387
5. 사업장소재지 : 서울 영등포 여의도 136
6. 본점소재지 : 서울 영등포 여의도 136
7. 사업의 종류 : 〔업태〕 제조　〔종목〕 컴퓨터
8. 교 부 사 유 : 신규
9. 공동사업장 :
10. 주류판매신고번호 :

2010년 1월 10일

영 등 포 세 무 서 장 (인)

2. 거래처등록 및 수정

(1) 거래처 등록

'거래처등록'은 관리하고자 하는 매출 · 매입거래처의 기본정보를 등록하는 메뉴이다. 거래처는 '일반거래처와 금융기관, 신용카드'로 구분하여 입력한다. 각탭의 선택방법은 탭을 마우스 클릭하거나 Ctrl키와 탭의 배열순에 따라 [Ctrl +1], [Ctrl +2], [Ctrl +3]으로 선택한다.

이곳에서 관리하는 거래처에 대해서는 보조원장인 "거래처원장"을 만들 수 있다. 거래처등록은 회사등록과 마찬가지로 거래처의 사업자등록증 사본을 받아 등록하는 것이 가장 정확하지만, 세금계산서나 일반영수증을 보고 입력해도 된다. 참고로 관리가 필요하지 않는 거래처는 일반전표 입력시 거래처란에 상호만을 입력하면 족할 것이다.

일반거래처 [7]

- 코드 : "00101~97999" 번호 중 사용자가 원하는 숫자 5자리 까지 입력한다.
- 거래처명 : 한글15자, 영문 30자 이내로 입력한다.
- 유형 : 거래처의 유형 "1.매출 2.매입, 3.동시" 중에서 선택한다.

1. 사업자 등록번호 : 거래처의 사업자등록번호를 입력한다.
2. 주민등록번호 · 주민기재분: 거래처 대표자의 주민등록번호를 입력한다. 기업체가 아닌 일반인(비사업자)의 경우 세금계산서 합계표상 주민등록 기재분 표시를 하는 경우는 주민번호 입력 후 우측 '주민기재분'에서 '0:부, 1:여' 중에서 '1.여'를 선택한다.
3. 대표자성명 : 거래처의 대표자명을 입력한다.
4. 업종 : 업태 및 종목을 입력한다.
5. 우편번호 : 우편번호를 입력한다.
6. 사업장주소 : 사업장주소를 입력한다.

금융기관

- 코 드 : 98000~99599 범위내에서 코드를 입력한다. 순차적으로 코드번호를 부여하고자 하는 경우에는 98000번은 '0'을 입력하고 98001번은 '1'을 입력하면 빠르게 입력할 수 있다.
- 거래처명 : 금융기관명을 입력한다.
- 계좌 번호 : 화면 우측에 해당 계좌번호를 입력한다.
- 유형 : "1:보통예금, 2:당좌예금, 3:정기적금, 4:정기예금, 5:기타" 중에서 선택한다.

7) 상세입력안함 체크박스를 풀면 하단의 거래처 세부사항을 추가로 등록할 수 있다. 수험목적으로는 거래처의 일반사항만 입력해도 충분하다.

신용카드

- 코드 : 99600~99999 범위내에서 코드를 입력한다. 순차적으로 코드번호를 부여하고자 하는 경우에는 99600번은 '0'을 입력하고 99601번은 '1'을 입력하면 빠르게 입력할 수 있다.
- 거래처명: 신용카드사명을 입력한다.
- 가맹점(카드)번호: 화면 우측에 해당 가맹점번호 또는 카드번호를 입력한다. 매출은 가맹점번호, 매입은 카드번호를 입력한다. 같은 카드사에서 매출도 발생하고 매입도 발생하면 매출카드사와 매입카드사를 따로 분류하여 입력한다.
- 유형 : '1:매출, 2:매입' 중에서 선택한다.

(2) 거래처 수정

① 거래처 삭제

등록된 거래처를 삭제하고자 할 때는 해당 거래처에 커서를 놓고 'F5'키를 누른 후, 보조창이 나타나면 '예'를 클릭한다.

② 거래처코드 수정

한번 등록된 거래처의 코드번호는 변경할 수 없다. 실무상 거래처의 코드번호를 변경해야 할 일이 발생하였다면 [데이타관리] - [기타코드변환] - [거래처코드변환] 탭으로 이동하여 수정한다. 이때, 잘못 입력된 거래처를 삭제하고 다시 입력해도 무방하다.

③ 거래처명 수정

기중에 거래처명이 바뀌어 수정을 하거나 등록되어 있는 거래처의 이름 등이 잘못 입력되어 있을 때는 거래처명을 수정해준다. 예를 들어 현준상회 거래처를 등록 후 3월까지 전표입력을 하던 중 현준상회㈜로 그 명칭을 바꿔야 한다면 해당 거래처명을 수정하고 화면상단의 전표변경버튼까지 클릭해주어야 3월까지 입력한 전표에까지 수정된 거래처명이 반영된다. 전표변경 버튼을 클릭하지 않으면 1월부터 3월까지 발생된 전표에서는 현준상회로, 3월 이후부터 발생되는 전표에는 현준상회㈜로 그 거래처가 반영된다.

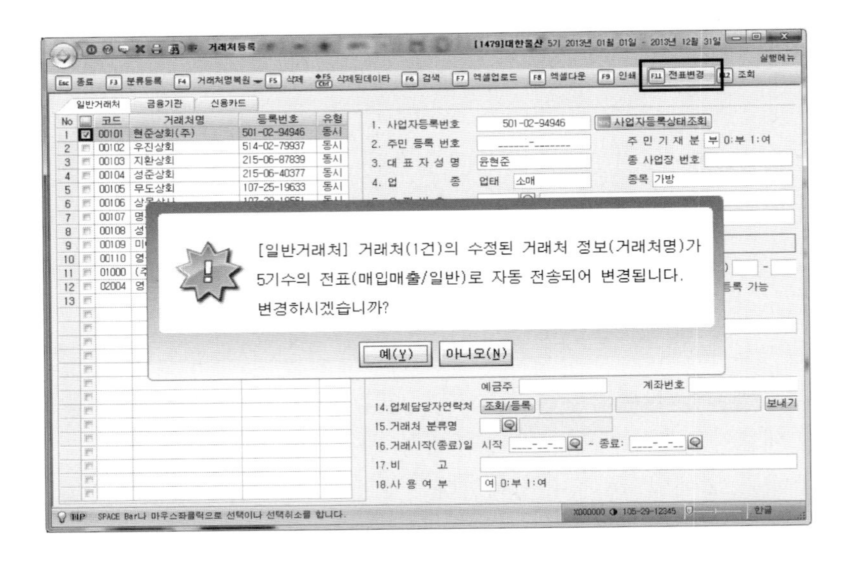

④ 삭제된 데이터 복구 및 완전삭제

삭제된 거래처를 복구하고자 할 경우에는 상단 메뉴에서 "삭제된데이타"를 클릭하면 '삭제된 거래처 관리' 보조창이 나타난다. 복구할 회사를 선택하고 '데이터 복구' 클릭한 후 '예'한다.

삭제된 거래처를 완전히 삭제하고자 하는 경우에는 상단 메뉴에서 "삭제된데이타"를 클릭한 후 '삭제된 거래처 관리' 보조창이 나타나면 완전히 삭제할 회사를 선택하고 '휴지통 비우기'를 선택한 후 '예'한다.

[예제] 거래처등록 따라하기!

문제

"다음 자료를 보고 (주)대한전자의 거래처를 등록한다.

코드	유형	상호명	대표자	사업자등록번호	주소	업태	종목
101	동시	(주)보경상사	손보경	128-81-42248	경기도 고양시 일산동구 식사동 712	도매	컴퓨터
102	동시	(주)민학컴퓨터	이민학	107-81-27084	서울 영등포구 문래동1가 54	도매	컴퓨터외
103	동시	박재전자	박재현	501-02-94946	서울 종로구 효자동 199	도매	전자 제품외
104	동시	윤컴	윤창민	120-83-25458	서울 강남구 삼성1동 259	도.소매	컴퓨터
105	동시	양재상사(주)	양재규	104-81-24017	서울 중구 남대문로1가 10	도매	전자 제품외
106	동시	(주)이도전자	이도길	134-81-28732	경기도 안산시 단원구 성곡동 256	도매	전자제품
107	동시	강병전자(주)	강병규	110-81-21223	서울 강서구 화곡1동 135	도매	컴퓨터 부품외
108	동시	부도상사	유재석	104-81-35120	서울 중구 남대문로1가 462	제조. 도.소매	컴퓨터 부품외
109	동시	쫑화자동차(주)	이종화	111-81-74586	서울 은평구 신사1동 195	제조. 소매	자동차
110	동시	최남건설	최남규	113-81-26697	서울 구로구 구로1동 174	건설. 부동산	종합건설 임대
111	동시	(주)장지소프트웨어	장지은	107-86-19954	서울 구로구 신도림동 233	서비스	소프트 웨어
112	동시	인성공업사	백인성	107-39-99352	서울 영등포구 신길1동 1024	서비스	차량 수리외
98000	보통 예금	대한은행	등록사항 생략				
98001	당좌 예금	대한은행	등록사항 생략				
99600	매출	삼성카드	등록사항 생략				
99601	매입	신한카드	등록사항 생략				

3. 계정과목 및 적요등록

"계정"이란 거래의 발생과 더불어 나타나는 자산, 부채, 자본의 증감변동과 수익, 비용의 발생내용을 조직적이고 체계적으로 기록하고 계산하기 위한 복식부기 특유의 계산단위를 말한다. 이러한 계정의 명칭을 "계정과목"이라고 하며, 이 계정과목은 종류나 성질이 다른 다양한 거래를 일관된 기준에 의하여 정리할 수 있도록 해주는 계산의 기본단위가 된다.

본 메뉴는 회사에서 사용할 계정과목을 "계정과목 설정의 원칙"에 따라 설정하고, 전표 입력시 빈번히 사용되는 계정과목과 적요를 미리 등록하여 입력의 편의와 능률향상을 도모하기 위한 메뉴이다. 일반적으로 사용되는 계정과목과 적요가 이미 입력되어 있는 상태이므로 회사 특성에 따라 필요한 계정과목명과 적요의 신규등록 또는 수정작업만 행하면 될 것이다.

KcLep(케이 렙)은 완전한 유동성배열원칙에 따라 자산, 부채, 자본, 수익, 비용 순서를 구성하고 있으며, 화면의 좌측에 [계정체계]를 보여주고 있다. 이 화면은 101부터 1010번까지 계정과목 코드가 어떤 원칙과 순서에 의해 정리되어 있는지를 보여준다. 또한 좌측의 "계정체계"의 항목 중 어느 하나를 선택하면 우측의 화면이 해당 항목부터 표시되는 형태로 바뀐다.

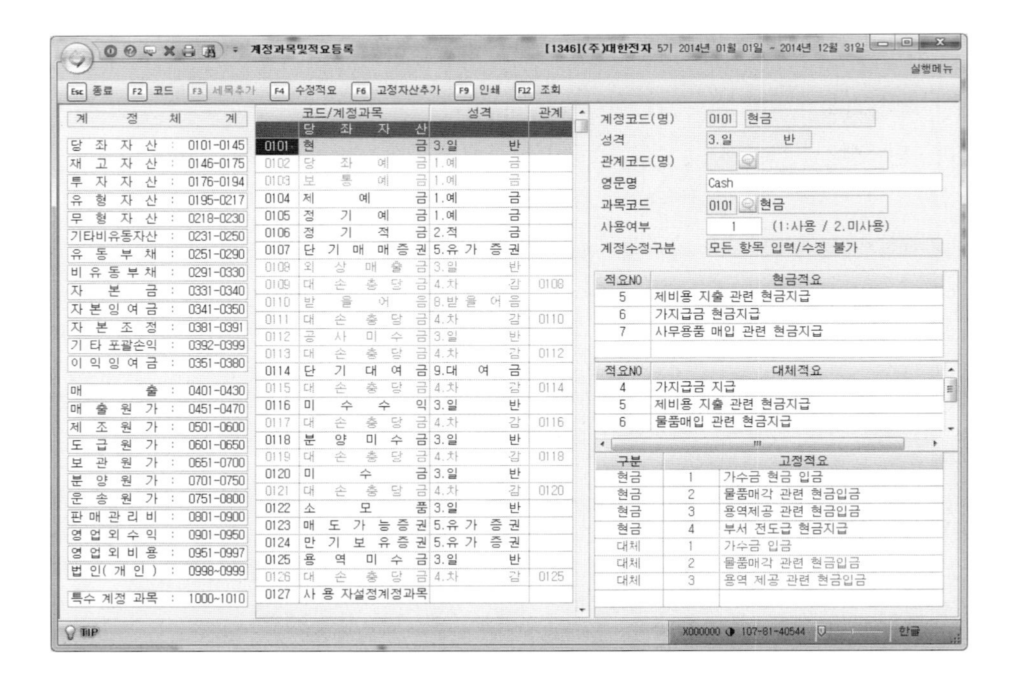

계정을 검색하려면 [F2], [Ctrl+F] 또는 마우스 오른쪽을 클릭하여 [찾기]를 선택한다. 찾기에서 계정명 2글자를 입력하고 엔터키를 누르면 원가별로 계정이 검색된다. 예를 들어 복리후생비를 검색하면 각 원가별로 제조, 도급, 분양, 보관, 운송, 판매관리비의 6개의 복리후생비가 검색되므로 제조부분인지 판매관리비 부분인지 잘 구분하여 선택한다.

계정코드(명)

본 프로그램에는 기업회계기준에서 예시하는 계정과목 표시가 아니라 기업실무에서 사용하는 관리적 측면의 구체적인 계정명이 등록되어 있다. 그러므로 기업회계기준에서 사용하는 "현금및현금성자산" 또는 "매출채권"이라는 통합계정과목은 등록되어 있지 않다. 이것은 실무에서 매출채권이라는 통합계정을 사용한다면 관리적인 측면에서 문제가 발생하기 때문이다. 따라서 본 프로그램에서는 실제 사용시에는 구체적인 계정과목을 사용하고, 외부보고용 재무상태표(제출용) 작성시에는 기업회계기준에서 예시한 통합계정으로 자동 표시되는 형식을 취하고 있다.

- **신규등록** : 신규로 등록하고자 하는 계정과목의 성질을 파악하고 코드체계를 이용하여 이에 맞는 코드체계 범위를 조회한 다음 해당 번호 내의 "사용자설정계정과목"에 커서를 놓고 화면 오른쪽상단의 계정코드명에 추가할 계정명칭과 성격을 덧씌워 입력하면 된다.
- **수정등록** : 이미 등록 되어 있는 계정과목의 이름을 수정하고자 하는 경우에는 해당 계정과목에 커서를 놓고 화면 오른쪽상단의 계정코드명에 덧씌워 입력하면 된다. 단, 빨간색 계정과목은 프로그램운영상 특수한 성격이 있으므로 수정하지 않는 것이 바람직하다. 부득이하게 수정해야 할 경우에는 위와 같은 방법으로는 변경할 수 없고, 해당 계정과목에 커서를 위치한 다음 키보드의 [Ctrl]키를 누른 상태에서 [F2]키를 누르면 화면오른쪽의 계정코드명란이 활성화되면서 계정코드명을 수정할 수 있게 된다.

성격

전산으로 재무제표를 자동 작성하기 위해서는 각 계정과목이 갖는 특성을 설정해주어야 할 필요가 있다. 성격은 계정과목의 특성으로 이미 정확히 선택되어 있으므로 변경하지 말고 그대로 사용하면 된다.

관계코드(명)

계정과목 상호간의 관계를 설정하여 전산으로 자동분개를 가능하게 해주는 것이다. 이미 정확히 선택되어 있으므로 변경하지 말고 그대로 사용하면 된다.

영문명

각 계정과목의 영문 명칭을 입력한다. 영문 재무제표를 보고자 할 때 사용한다.

사용여부

"2:미사용"으로 설정된 계정과목은 해당 입력 메뉴 등 프로그램에서 사용할 수 없다.

적요

적요란 거래내역을 간략하게 요약한 일종의 메모이다. 이는 전표 출력시에 해당 분개에 대한 간략한 내용을 제공함으로써 거래의 내용을 자세히 알 수 있게 해주는 역할을 한다. 적요의 등록 및 수정은 전표 입력시에도 작업이 가능하다. 단, 붉은색으로 되어 있는 적요는 삭제가 불가능하다.[8]

- **신규등록** : 적요를 등록할 계정과목을 선택한 다음 화면 우측의 "적요등록사항"의 빈칸에 커서를 위치한 다음 적요의 내용을 입력한다.
- **수정등록** : 이미 등록된 적요를 수정하고자 할 경우에는 변경할 적요에 커서를 위치한 다음 덧씌워 입력하면 된다. 단, 빨간색 적요는 프로그램운영상 특수한 성격이 있으므로 수정할 수 없다.
- **현금적요** : 전표 입력시 전표유형에서 [1:출금] or [2:입금]을 선택하면 하단에 나타나는 적요로서 이미 기본적인 내용이 등록되어 있으며 추가등록 및 수정시에는 해당란에 커서를 위치하고 해당 내용을 입력하면 된다.
- **대체적요** : 전표 입력시 전표유형에서 [3:대체차변] or [4:대체대변]을 선택하면 하단에 나타나는 적요로서 이미 기본적인 내용이 등록되어 있으며 추가등록 및 수정시에는 해당란에 커서를 위치하고 해당 내용을 입력하면 된다.

8) 고정적요 : '146.상품'이나 '813.접대비' 등을 선택하면 고정적요가 나타난다. 고정적요는 프로그램운영상 특수한 기능이 있으므로 수정할 수 없다.

[예제] 계정과목 및 적요등록 따라하기!

문제1

판매비와관리비의 급여 계정에 다음 내용의 적요를 등록하시오.

현금적요 2. 직원성과급 지급

문제2

회사는 판매관리비 항목으로 업무추진비 계정과목을 설정하여 사용하려고 한다. 해당 항목에 아래의 계정과목을 추가 등록한다.

① 코드 : 810	② 계정과목 : 업무추진비	③ 구분 : 3. 경비

문제3

수수료비용 중 하역비 금액이 크므로 기업회계기준의 중요성 원칙에 따라 계정과목을 별도로 설정하고자 한다. 다음의 내용을 보고 등록한다.

① 코드 : 537	② 계정과목 : 하역비
③ 구분 : 5.제조경비	④ 현금 적요 1번 : 하역비 비용계상

제3절 전기분 재무제표 등

전기이월작업은 본 프로그램으로 전기에 결산을 하고 [마감후 이월] 메뉴에서 마감작업을 하면 자동으로 반영되므로 작업할 필요가 없다. 하지만 당기에 프로그램을 처음 구입한 경우에는 전기에 대한 자료가 없기 때문에 전기에 결산이 완료된 전기분 재무상태표와 손익계산서 등을 보고 입력하여 당기에 필요한 전기이월자료를 넘겨받는 것이다. 이 자료에 의하여 '비교식 재무상태표 및 원가명세서, 손익계산서'가 작성된다.

또한 전기분 재무상태표에 입력된 자료는 [전기분 원가명세서]의 '기말 원재료 재고액'과 '기말 재공품 재고액', [전기분 손익계산서]의 '기말제품재고액' 그리고 [거래처별 초기이월] 메뉴의 기초자료를 제공하기 때문에, 전기이월작업은 반드시 "전기분 재무상태표 → 전기분 원가명세서 → 전기분 손익계산서 → 전기분 잉여금처분계산서 → 거래처별 초기이월"의 순으로 작업해야 한다.

1. 전기분 재무상태표

KcLep(케이 렙)의 전기분재무상태표는 자산과 부채 및 자본을 구분하여 입력하도록 화면구성이 되어있다. 차변에는 자산항목만 조회되며 대변에는 부채 및 자본항목만 검색되도록 되어있다.

코드 및 계정과목

전기분 재무상태표를 보고 계정과목코드 3자리와 금액을 입력한다. 이때, 계정과목의 코드를 모르는 경우 첫째, [F2]키를 이용하여 계정과목을 조회하거나, 둘째, 코드란에 커서를 위치시키고 입력하고자 하는 계정과목명의 2자를 입력하고 [Enter]키를 눌러 해당 계정과목을 찾아 입력한다.

본 메뉴를 종료하면 입력된 자료는 코드번호 순서대로 자동 정렬이 되므로 입력에는 순서가 없다. 그러므로 입력도중 하나의 계정과목이 빠진 경우에는 위에 입력된 내용을 삭제하지 않고 가장 아래에 입력하면 된다. 또한 입력된 계정과목의 삭제는 해당 계정과목에 커서를 놓고 상단 툴바의 '삭제' 키를 클릭한다.

금액

금액을 입력하는 경우 "000"의 천 단위 숫자는 숫자판의 "+"키를 눌러 간편하게 입력할 수 있다. 예를 들어, ₩10,000,000을 입력하려면 10++ 키를 눌러서 입력한다.

차변합계/대변합계

차변에는 자산항목을 입력하고 대변에는 부채 및 자본항목을 입력한다. 계정과목의 코드와 금액은 차변·대변 구분 없이 모두 양수(+)로 입력하며, 각종 충당금 및 결손금 등의 경우 계정과목명칭이 차감적 의미를 내포하고 있으므로 금액 입력 시 음수(-)로 입력하지 않도록 주의한다.

그리고 차감적 계정(대손충당금, 감가상각누계액 등)은 해당 계정과목의 바로 다음 코드를 선택해야 한다. 예를 들어 "108.외상매출금"의 대손충당금은 외상매출금 바로 다음 코드인 "109.대손충당금"을 선택해야 재무상태표에 해당 채권의 바로 아래에서 차감하는 형태로 표시된다. 이러한 점을 고려하여 KcLep(케이 렙)은 대손충당금 등의 계정과 관련된 자산의 계정과목을 코드도움창의 참고에 제공하고 있다.

대차차액

모든 입력이 끝나면 차변과 대변의 합계금액이 맞는지 확인하고 대차차액은 뜨지 않는지 확인한다. 대차차액이 발생하면 화면의 우축 아래에 붉은 글씨로 그 차액이 나타난다. 차변잔액이 크면 차액만큼 양수로 표시되고, 대변잔액이 크면 차액만큼 음수로 표시된다.

계정별 합계

계정과목별로 입력된 좌측의 내용을 반영하여 자동 표시해 주는 합계액이다.

[예제] 전기분 재무상태표 따라하기!

문제

다음 자료를 보고 (주)대한전자의 전기분 재무상태표를 입력한다.

재 무 상 태 표

제4기 2013년12월31일 현재

회사명 : (주)대한전자

(단위 : ₩)

과 목	금 액		과 목	금 액
자 산			부 채	
유 동 자 산		119,000,000	유 동 부 채	82,184,756
당 좌 자 산		93,000,000	외 상 매 입 금	20,000,000
현 금		8,000,000	지 급 어 음	25,000,000
당 좌 예 금		22,000,000	미 지 급 금	10,000,000
보 통 예 금		12,500,000	예 수 금	184,756
외 상 매 출 금	20,000,000		부 가 세 예 수 금	2,000,000
대 손 충 당 금	200,000	19,800,000	선 수 금	5,000,000
받 을 어 음	30,000,000		단 기 차 입 금	20,000,000
대 손 충 당 금	300,000	29,700,000	비 유 동 부 채	10,000,000
선 급 금		500,000	장 기 차 입 금	10,000,000
부 가 세 대 급 금		500,000		
재 고 자 산		26,000,000	부 채 총 계	92,184,756
제 품		20,000,000		
원 재 료		5,000,000	자 본	
재 공 품		1,000,000	자 본 금	200,000,000
비 유 동 자 산		270,384,756	자 본 금	200,000,000
투 자 자 산		15,000,000	자 본 잉 여 금	0
장 기 대 여 금		15,000,000	자 본 조 정	0
유 형 자 산		235,384,756	기타포괄손익누계액	0
건 물	240,000,000		이 익 잉 여 금	97,200,000
감가상각누계액	48,000,000	192,000,000	미처분 이익 잉여금	97,200,000
기 계 장 치	80,000,000			
감가상각누계액	55,880,804	24,119,196	자 본 총 계	297,200,000
차 량 운 반 구	44,000,000			
감가상각누계액	30,734,440	13,265,560		
비 품	10,000,000			
감가상각누계액	4,000,000	6,000,000		
무 형 자 산		0		
기타 비유동 자산		20,000,000		
임 차 보 증 금		20,000,000		
자 산 총 계		389,384,756	부채 와 자본 총계	389,384,756

2. 전기분 원가명세서

본 메뉴는 전기분 원가명세서를 입력하는 메뉴이다. 본 프로그램으로 전년도에 회계처리를 한 경우에는 [마감 후 이월] 메뉴에서 전년도 장부를 마감하면 자동 반영되지만, 그렇지 않은 경우에는 비교식 원가명세서를 작성하기 위하여 전기의 원가명세서를 보고 입력하는 것이다.

전기분 원가명세서를 클릭하면 아래와 같은 [매출원가 및 경비선택] 화면이 나타난다. 제조업의 매출원가코드 "455.제품매출원가"를 선택하고 "편집"을 클릭한다. 사용여부 란에서 "1.여"를 선택하고 "선택"을 클릭한 후, "확인"을 클릭한다.

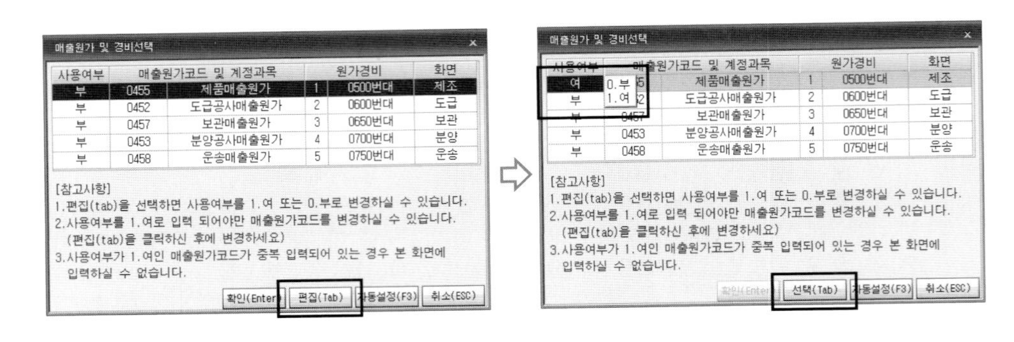

전기분 원가명세서가 실행되면 전기분 재무상태표의 "기말재공품재고액"이 자동 반영되면서 아래와 같이 실행된다.

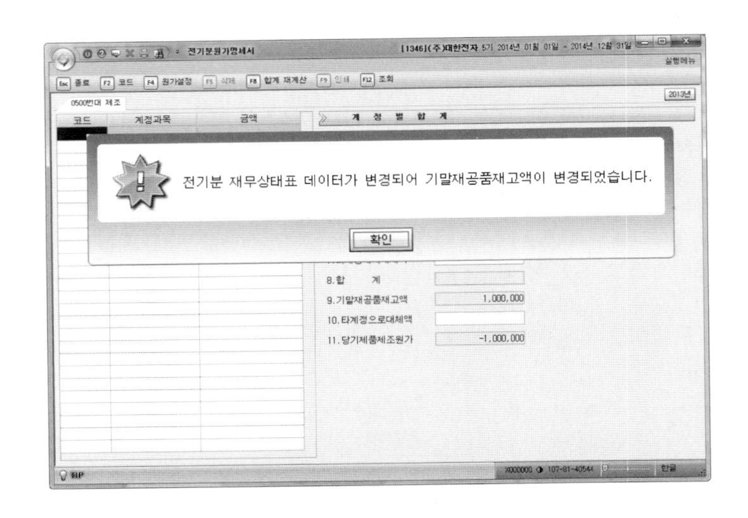

코드 및 금액

전기분 원가명세서를 보고 계정과목코드 3자리와 금액을 입력한다.

원재료비의 입력방법

코드에서 "501.원재료비"를 선택한다. 그러면 보조입력창이 나타나며, 이곳에서 "기초원재료재고액"과 "당기원재료매입액"을 직접 입력한다. 그리고 기말원재료재고액은 이미 작업한 전기분 재무상태표에 의하여 자동으로 반영되어 표시되므로 이곳에서 직접 입력할 수 없다. 이러한 이유 때문에 전기이월작업 시에 재무상태표를 가장 먼저 작업해야 하는 것이다.

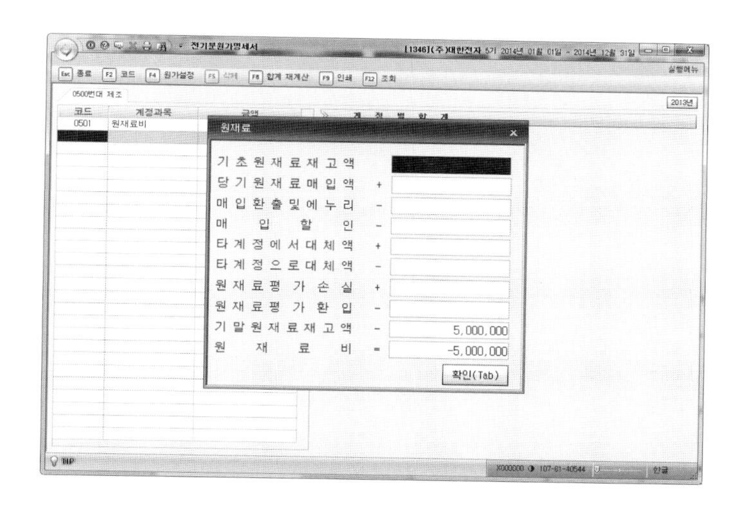

이처럼 원재료비는 기초원재료재고액과 당기원재료매입액을 합하여 기말원재료재고액을 차감한 금액이 자동으로 표시되는 것이다.

기초재공품 입력방법

기초재공품재고액이 있는 경우에는 화면 우측의 "항목별합계액"란의 "6.기초재공품재고액"란에 직접 입력한다. "9.기말재공품재고액"은 전기분 재무상태표에서 자동으로 반영된다. 그리고 기타 나머지 계정과목들을 모두 입력하면 당기제품제조원가가 자동 집계된다.

[예제] 전기분 제조원가명세서 따라하기!

문제

다음 자료를 보고 (주)대한전자의 전기분 제조원가명세서를 입력한다.

제 조 원 가 명 세 서

2013. 1. 1.부터 ~ 2013. 12. 31.까지

회사명 : (주)대한전자 (단위 : ₩)

과 목	금 액	
Ⅰ. 원 재 료 비		103,265,000
기초원재료재고액	9,580,000	
당기원재료매입액	98,685,000	
계	108,265,000	
기말원재료재고액	5,000,000	
Ⅱ. 노 무 비		33,500,000
임 금	33,500,000	
Ⅲ. 경 비		111,035,000
복 리 후 생 비	5,655,800	
접 대 비	15,852,500	
가 스 수 도 료	1,882,000	
전 력 비	18,074,000	
세 금 과 공 과	1,085,000	
감 가 상 각 비	2,660,000	
수 선 비	1,250,000	
보 험 료	968,500	
차 량 유 지 비	18,953,000	
소 모 품 비	5,750,000	
외 주 가 공 비	38,904,200	
Ⅳ. 당기총제조비용		247,800,000
Ⅴ. 기초재공품재고액		1,200,000
Ⅵ. 합 계		249,000,000
Ⅶ. 기말재공품재고액		1,000,000
Ⅷ. 타계정으로대체액		0
Ⅸ. 당기제품제조원가		248,000,000

3. 전기분 손익계산서

전기분 손익계산서 메뉴를 클릭하면, [전기 제004기 2013년 1월 1일부터 2013년 12월 31일까지]라는 메시지가 나타나는 데 전기에 대한 확인으로 프로그램상 회사등록에서 기수가 정확히 입력되어 있으면 바르게 나타난다.

제품매출원가의 입력방법

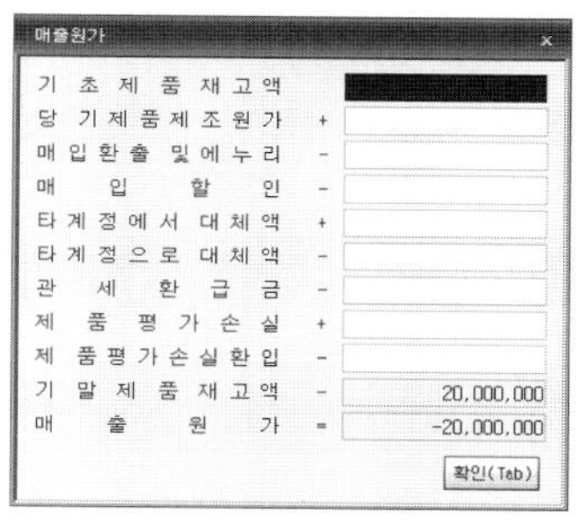

코드에서 "455.제품매출원가"를 선택한다. 그러면 보조입력창이 나타난다. 이곳에서 "기초제품재고액"과 "당기제품제조원가"를 직접 입력한다. 그리고 기말제품재고액은 이미 작업한 전기분 재무상태표에 의하여 자동으로 반영되어 표시되므로 이곳에서 직접 입력할 수 없다.

이처럼 제품매출원가는 기초제품재고액과 당기제품제조원가를 합하여 기말제품재고액을 차감한 금액이 자동으로 표시되는 것이다.

계정별합계

계정과목별로 입력된 좌측의 내용을 반영하여 자동 표시해 주는 합계액이다.

[예제] 전기분 손익계산서 따라하기!

문제

다음 자료를 보고 (주)대한전자의 전기분 손익계산서를 입력한다.

손 익 계 산 서

제4기 2013. 1. 1. ~ 2013. 12. 31.

회사명 : (주)대한전자 (단위 : ₩)

과 목	금 액	과 목	금 액
매출액	**440,000,000**	**영업이익**	**80,980,800**
제품매출	440,000,000		
매출원가	**240,000,000**	**영업외수익**	**9,219,200**
기초제품재고액	12,000,000	이자수익	1,000,000
당기제품제조원가	248,000,000	배당금수익	3,000,000
기말제품재고액	20,000,000	임대료	2,000,000
매출총이익	**200,000,000**	단기투자자산처분이익	3,219,200
판매비와관리비	**119,019,200**		
급여	67,438,400	**영업외비용**	**3,000,000**
복리후생비	12,000,000	이자비용	2,000,000
여비교통비	2,658,000	기부금	1,000,000
접대비	5,855,000		
통신비	3,130,000	**법인세 차감전 순이익**	**87,200,000**
수도광열비	2,251,300		
세금과공과	1,653,000	**법인세등**	**0**
감가상각비	2,858,500		
임차료	4,000,000	**당기순이익**	**87,200,000**
수선비	650,000		
보험료	2,645,800		
차량유지비	6,580,000		
운반비	950,000		
도서인쇄비	770,000		
소모품비	3,854,200		
수수료비용	1,200,000		
잡비	525,000		

4. 전기분 잉여금처분계산서

전년도의 이익잉여금처분계산서 또는 결손금처리계산서를 보고 해당란에 그대로 입력하면 된다. 입력된 자료는 비교식 잉여금처분계산서의 전기분 자료를 제공하게 된다.

당기순이익은 [전기분 손익계산서]에서 자동 반영되며 수정도 가능하다. 전기이월미처리결손금은 전기이월미처분이익잉여금란에 음수(-)로 표시되고, 당기순손실은 당기순이익 란에 음수(-)로 표시된다.

화면에 입력할 항목이 없는 경우에는 화면상단의 '추가'키를 눌러서 항목을 더 설정할 수 있다. 이때 툴바의 '추가' 키는 커서가 당기순이익, 임의적립금 등의 이입액 또는 차기이월미처분이익잉여금란에 위치한 경우에만 활성화 된다.

과목	계정과목명		제 4(전)기 2013년01월01일~2013년12월31일 금액	
	코드	계정과목	입력금액	합계
I.미처분이익잉여금				87,200,000
1.전기이월미처분이익잉여금				
2.회계변경의 누적효과	0369	회계변경의누적효과		
3.전기오류수정이익	0370	전기오류수정이익		
4.전기오류수정손실	0371	전기오류수정손실		
5.중간배당금	0372	중간배당금		
6.당기순이익			87,200,000	
II.임의적립금 등의 이입액				
1.				
2.				
합계(I + II)				87,200,000
III.이익잉여금처분액				
1.이익준비금	0351	이익준비금		
2.재무구조개선적립금	0354	재무구조개선적립금		
3.주식할인발행차금상각액	0381	주식할인발행차금		
4.배당금				
가.현금배당	0265	미지급배당금		
주당배당금(률)		보통주(원/%)		
		우선주(원/%)		
나.주식배당	0387	미교부주식배당금		
주당배당금(률)		보통주(원/%)		
		우선주(원/%)		
5.사업확장적립금	0356	사업확장적립금		
6.감채적립금	0357	감채적립금		

[예제] 전기분 잉여금처분계산서 따라하기!

다음 자료를 보고 (주)대한전자의 전기분 잉여금처분계산서를 입력한다.

이 익 잉 여 금 처 분 계 산 서

제4기 2013. 1. 1. ~ 2013. 12. 31.

처분확정일 2014. 2. 25

회사명 : (주)대한전자 (단위 : ₩)

과 목	금 액	
미 처 분 이 익 잉 여 금		97,200,000
전 기 이 월 미 처 분 이 익 잉 여 금	10,000,000	
당 기 순 이 익	87,200,000	
임 의 적 립 금 등 의 이 입 액		0
합 계		97,200,000
이 익 잉 여 금 처 분 액		0
이 익 준 비 금	0	
기 업 합 리 화 적 립 금	0	
배 당 금	0	
현 금 배 당	0	
주 식 배 당	0	
차 기 이 월 미 처 분 이 익 잉 여 금		97,200,000

5. 거래처별 초기이월

거래처별 초기이월은 [거래처원장]의 각 거래처별 전기이월자료를 제공하기 위하여 입력하는 메뉴이다. "거래처원장"이란 각 계정과목별로 일정기간의 거래처별 거래내용이나 잔액을 기록한 "보조원장"인데, 거래처원장에서는 전기이월자료를 직접 입력할 수 없기 때문에 [거래처별 초기이월] 메뉴에서 거래처원장에서 관리하고자 하는 계정과목별로 각 거래처를 입력하는 것이다.

다만, 본 프로그램으로 전년도에 회계처리를 한 경우에는 [마감후 이월] 메뉴에서 마감을 하면 거래처별 잔액이 다음 기수의 거래처원장에 전기이월로 자동 반영되므로 작업할 필요가 없다. 하지만 당기에 프로그램을 처음 구입한 경우에는 전기에 대한 자료가 없기 때문에 전기에 결산이 완료된 [전기분 재무상태표]와 [거래처 등록] 메뉴에서 거래처원장을 작성하여 관리하고자 하는 거래처를 미리 등록해야 사용가능하다.

거래처별초기이월 메뉴를 열어 화면상단의 'F4 불러오기' 버튼을 클릭하면 전기분재무상태표에 입력된 모든 계정을 불러온다.9)

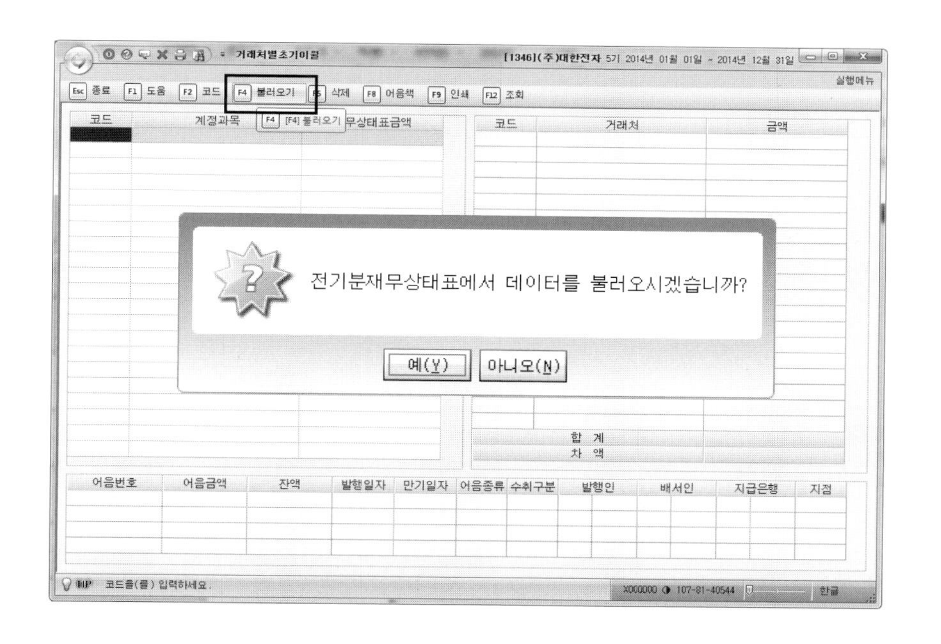

9) 특정계정만 조회하여 작성하는 방법 : 계정과목 코드에서 'F2 코드'를 클릭하여 특정계정과목을 선택하여 작성할 수도 있다. 이 경우 '계정코드도움'에서 계정을 선택하면 재무상태표금액이 표시되고 오른쪽화면에서 재무상태표 금액에 맞추어 거래처별 금액을 입력해 준다.

[전기분 재무상태표]와 거래처 자료를 참고하여 각 계정과목별로 우측에 해당 거래처와 금액을 등록하는 방식으로 작성된다. 입력할 계정과목을 선택한 후에 우측의 '코드'를 클릭한 후 거래처를 조회[F2]하여 해당 금액을 입력한다.

전기분 재무상태표의 합계액과 오른쪽에 입력된 금액이 일치하지 않으면 차액이 붉은색으로 표시된다. 입력이 완료된 자료는 거래처원장에 반영되어 각 계정과목에 따른 거래처별로 전기이월자료를 제공하게 된다.

[예제] 거래처별 초기이월 따라하기!

문제

다음은 (주)대한전자의 거래처별 초기이월자료입니다. 다음 자료를 보고 [거래처별 초기이월] 메뉴에 입력한다.

(단위 : ₩)

계정과목	거래처명	금 액	비 고
외 상 매 출 금	(주)보경상사	5,500,000	
	(주)민학컴퓨터	7,000,000	
	박재전자	3,800,000	
	윤컴	3,200,000	
	부도상사	500,000	
받 을 어 음	양재상사(주)	20,000,000	만기일 : 2014. 4. 25.
	(주)이도전자	10,000,000	만기일 : 2014. 2. 9.
선 급 금	윤컴	500,000	
장 기 대 여 금	강병전자(주)	15,000,000	
임 차 보 증 금	최남건설	20,000,000	
외 상 매 입 금	박재전자	20,000,000	
지 급 어 음	윤컴	25,000,000	만기일 : 2014. 6. 3.
미 지 급 금	쫑화자동차(주)	10,000,000	
선 수 금	양재상사(주)	5,000,000	
단 기 차 입 금	(주)보경상사	20,000,000	만기일 : 2014. 5. 31.
장 기 차 입 금	(주)민학컴퓨터	10,000,000	만기일 : 2015. 7. 1.

6. 마감후 이월

본 메뉴는 기중 모든 거래자료 입력이 완료되고 결산이 종료된 이후에 실행하는 메뉴이다. 결산의 모든 절차가 완료되면 다음 연도로 자료 및 거래처를 이월시켜야 하고 작업이 종료된 데이터는 더이상 타인이 수정하지 못하도록 안전조치를 취해야 할 것이다. 이러한 기능을 수행하는 것이 [마감후 이월] 이다.

그러므로 기중에 실수로 마감을 하게 되면 자료의 입력 및 수정이 불가능하게 되므로 기중에는 마감을 하지 않도록 해야 한다. 만약 실수로 마감을 했다면 해당 메뉴의 마감취소(F11) 키를 누른다.

전산회계시험에서는 따로 마감할 필요는 없지만 실무프로그램에서는 자료의 추가 입력을 막고 입력한 자료가 보전되고, 다음회계연도로 회계정보의 이월이 가능하도록 마감을 해야 한다.

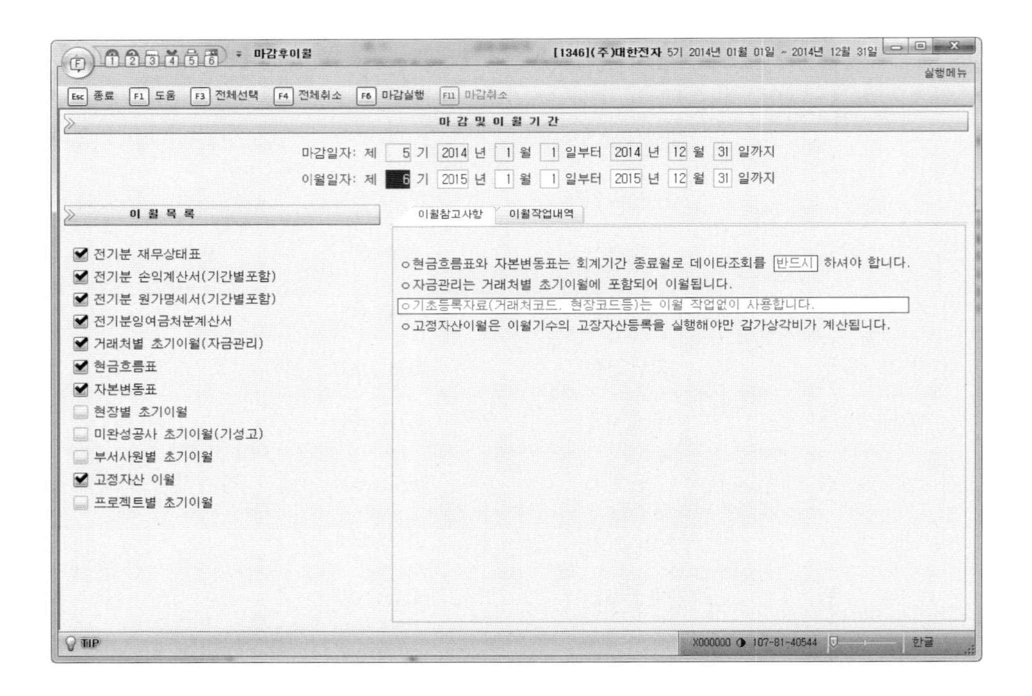

제4절 거래자료의 입력

1. 일반전표 입력

본 메뉴는 회계상의 거래를 증빙이나 전표를 보고 전산회계프로그램이 요구하는 형식에 맞추어 입력하는 작업이다. 입력된 자료는 자동으로 정리, 분류, 집계되어 각각의 메뉴에 필요한 내용을 조회 및 출력 할 수 있다.

일반전표메뉴의 현금 잔액란에 표시된 금액은 전기분 재무상태표의 현금으로 입력한 금액이며, 전기말 현금잔액이 당기의 기초현금잔액으로 표시되는 것이다.

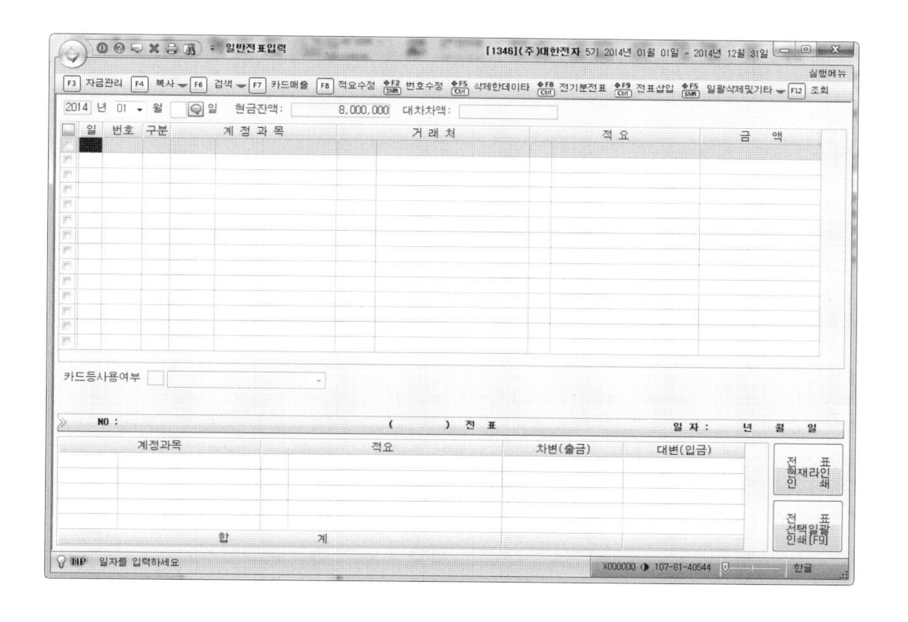

 월

입력하고자 하는 전표의 해당월 2자리 숫자를 직접 입력하거나 열람단추를 클릭, 1월~12월중 해당월을 선택한다.

일

전표일자 입력방법에는 사용자 편의를 도모하고자 두 가지의 방법으로 입력할 수 있다. 특정 일자를 지정하면 그 일자의 전표만 입력할 수 있고, 월만 선택하면 일을 변경하면서 한 달 전표를 입력할 수 있다. 즉, 12월 12일로 특정 일자를 지정하면 일자가 자동으로 세팅되기 때문에 12일 하루 동안의 전표만 입력할 수 있고, 월만 지정하고 일을 지정하지 않은 경우에는 일을 직접 입력하여 전표를 입력하면 된다.

번호

전표번호를 말하는데, 이는 "00001"부터 일자별로 자동 부여되며, 일자가 바뀌면 새로이 "00001"부터 부여된다. 대체분개 입력시는 차 · 대변 합계가 일치할 때까지 1개의 전표로 인식하여 동일한 번호가 부여되며, 차 · 대변의 합계가 일치된 다음 입력되는 전표는 새로운 전표로 보아 다음 번호가 부여된다.

또한, 전표번호는 자동 부여되므로 커서가 들어가지 않도록 구성되어 있으며, 한번 부여후 삭제된 번호는 다시 부여되지 않는다. 그러나 전표를 잘못 입력하여 하나의 전표가 서로 다른 번호로 부여된 경우에는 상단 툴바의 '번호수정' 키를 클릭하고 직접 번호를 입력하여 수정한다.

구분

전표의 유형(구분pe)을 입력한다. 해당란에 커서가 위치한 경우 좌측하단에 도움말이 보인다.

1 : 출금　2 : 입금　3 : 차변　4 : 대변　5 : 결산차변　6 : 결산대변

위의 유형 중에서 해당 거래에 적합한 유형을 선택한다.

① [1 : 출금]은 현금 감소거래를 선택한다. 현금 감소의 거래이므로 대변에 자동으로 현금계정이 표시되므로 차변계정과목만 선택하면 된다.
② [2 : 입금]은 현금 증가거래를 선택한다. 현금 증가의 거래이므로 차변에 자동으로 현금계정이 표시되므로 대변계정과목만 선택하면 된다.

③ [3 : 차변]과 [4 : 대변]은 현금이 포함되지 않은 거래 또는 현금이 일부만 포함된 경우에 선택하여 차변과 대변에 계정과목을 모두 선택한다.
④ [5 : 결산차변]과 [6 : 결산대변]은 기말에 결산정리분개를 프로그램을 이용하여 자동으로 할 때 사용하는 것으로 성격은 [3 : 차변]과 [4 : 대변]과 동일하다.

현금거래라고 해서 반드시 출금전표, 입금전표를 선택해야 하는 것은 아니고 대체전표로 입력해도 상관없지만, 업무의 효율상 출금전표 또는 입금전표로 입력하는 것이 바람직하다. 대체전표 입력 시에 차변에 금액을 입력하면 분개대차차액란에 양수(+)로 표시되고 대변에 금액을 입력하면 음수(-)로 표시된다. 이는 차변과 대변의 금액이 차이가 발생하지 않게 확인하는 것이며, 대차차액이 발생한 상황에서 종료하는 경우에는 오류메세지가 나타나므로 확인하고 종료해야 한다.

계정과목

계정과목은 코드번호의 선택 또는 입력으로 이루어진다. 계정과목의 코드를 모를 경우 코드란에 커서를 위치시키고 입력하고자 하는 계정과목명의 글자 2자를 입력하고 [Enter]키를 누르면 해당 글자가 포함되어 있는 계정과목명이 조회되므로, 선택하여 입력한다. 또는 [F2]키를 이용하여 [계정코드도움] 창에서 해당 계정과목을 찾아 입력한다.

거래처

거래처원장에서 관리하고자 하는 거래처의 코드를 선택한다. 일반적으로 채권(외상매출금, 받을어음 등), 채무(외상매입금, 지급어음 등)에 관련된 계정과목들은 반드시 거래처 코드를 입력해야 한다. 거래처원장에서 관리할 필요가 없는 거래처는 코드를 입력하지 않고 거래처명만 직접 입력하면 된다.

거래처 코드를 모를 경우 코드란에 커서를 위치시키고 [F2]키를 이용하여 [거래처코드도움]창에서 해당 거래처를 직접 찾거나 또는 코드란에 커서를 놓고 "+" 또는 "00000"를 입력하고 거래처명을 두 자리 입력하고 [Enter]하면 해당 거래처가 조회된다.

이때 해당 거래처명이 없는 경우에는 거래처를 신규로 등록하는 작업이 진행된다. 신규거래처를 등록해야 할 경우에는 코드란에 "+" 또는 "00000"를 입력하고 거래처명을 입력하고 [Enter]하면 등록할 것인지, 수정할 것인지 묻는 메뉴가 나타난다. 그대로 등록하고자 하면 [등록]하고, 사업자등록증이 있어서 기타 메뉴를 수정하고자 하면 [수정]을 클릭하여 수정한 후 등록한다.

적요

거래내용을 간단하게 입력하여 전표에 표시해 주는 부분으로, 적절한 적요가 화면하단에 등록되어있으면 그 적요번호를 사용하고 등록되어있지 않은 사항이면 직접 입력한다. 특히 적요입력시 타계정대체 등의 경우에는 반드시 화면하단에 등록된 적요코드를 사용하여 입력해야 한다.

금액

거래금액을 입력한다. 참고로 "+"키를 치면 1,000단위로 입력이 되므로 이용하면 편리하다. 또한, KcLep(케이 렙)프로그램에는 "대차차액자동입력" 기능이 있어서 차변금액을 입력하고 그에 상응하는 대변금액을 입력할 때 Space Bar로 간단하게 금액을 자동 생성할 수 있다. 예를 들어, 차변에 수수료비용 1,000원을 입력하고 대변금액을 1,001,000원으로 수정해야 한다고 하면 금액란에 커서를 놓고 스페이스바 키를 입력하면 대차차액 나던 1,000원 금액과 기존의 1,000,000원 금액을 합산한 1,001,000원을 자동으로 생성해준다.

거래내역을 입력한 후 대차차액이 발생하는지 여부를 확인한다. 화면상단의 '대차차액'란에 금액이 없으면 대차오류가 없다는 뜻이며, '차액'란에 금액이 있다면 대차오류가 발생한 것으로서 반드시 '대차차액'란에 금액이 없도록 수정해야 한다.

카드등 사용여부

사업자는 자기의 사업과 관련하여 사업자로부터 재화 또는 용역을 공급받고 그 대가를 지출하는 경우에는 적격증빙(세금계산서, 계산서, 신용카드매출전표, 현금영수증)을 받아 5년간 보관하여야 한다. 이를 수취하지 아니하면 증빙불비가산세를 부담해야 한다. 단, 거래 건당 3만원(접대비는 1만원)이하의 금액에 대하여는 적격증빙을 수취하지 않더라도 증빙불비가산세를 적용하지 않는다. 이와 관련해서 실무상 제출하는 서류가 "영수증수취명세서"인데 이 서식을 자동으로 작성하기 위해 사용되는 메뉴가 [카드 등 사용여부]이다. 따라서 본 메뉴는 자격시험 범위에 맞지 않아 출제되지 않을 것으로 판단된다.

전표삽입

KcLep(케이 렙)프로그램은 동일전표사이에 계정을 추가할 수 있다. 예를 들어 외상매입금과 보통예금 사이에 은행수수료 계정을 추가하고 싶다면 계정을 추가하려는 자리 밑 라인을 클릭하고 화면 상단의 "전표삽입"버튼을 클릭한다. "전표삽입"버튼을 클릭하면 원하는 만큼 계정을 더 추가할 수 있다.

데이터 정렬방식

전표를 입력한 후 [일반전표입력] 메뉴를 종료하고 다시 들어가 보면 입력된 전표는 일자순(기본값)으로 자동 정렬이 된다. 가장 최근에 입력된 순서대로 보고 싶으면 동 메뉴의 아무 곳이나 커서를 놓고 마우스 오른쪽을 클릭하여 [데이타 정렬방식] - [일자순, 입력순 등]에서 입력순을 선택하여 볼 수 있다. 자격시험에서는 이미 전표가 입력되어 있는 상황에서 추가로 전표를 입력하게 된다. 이 경우 본인이 입력한 자료를 확인할 때 이 기능을 사용하면 유용할 것이다.

전표 삭제

입력된 전표를 삭제하고자 하는 경우에는 삭제하고자 하는 전표를 체크하고 F5키를 누르면 나타나는 보조창에서 Enter키를 치거나 예(y)를 클릭한다.

삭제한 데이터 복구 및 완전삭제

삭제한 데이터를 복구하고자 할 경우에는 상단 툴바의 "삭제한데이터"를 클릭하면 나타나는「삭제데이터 조회기간 입력」보조창에서 조회일자를 입력하고 확인(Tab)을 클릭한다. 복구할 데이터를 선택하고 "데이터복구"를 클릭하고 보조창에서 예(y)를 클릭한다. 삭제한 데이터를 완전히 삭제하고자 하는 경우에는 "휴지통비우기"를 클릭하고 보조창에서 예(y)를 클릭한다.

[예제] 일반전표입력 따라하기!

다음은 (주)대한전자의 거래내역이다. 일반전표입력 메뉴에 입력한다.

입력시 유의사항

- 적요의 입력과 카드 등 사용여부의 입력은 생략하지만, 타계정 대체거래는 적요번호를 선택하여 입력한다.
- 채권·채무와 관련된 거래는 별도의 요구가 없는 한 반드시 기 등록되어 있는 거래처코드를 선택하는 방법으로 거래처명을 입력한다.
- 제조경비는 500번대 계정코드를, 판매비와 관리비는 800번대 계정코드를 사용한다.
- 회계처리시 계정과목은 별도제시가 없는 한 등록되어 있는 계정과목 중 가장 적절한 과목으로 한다.

1월 거래내역

문제

1월 3일 : 전국전자협의회 협회비 ₩1,000,000을 현금으로 지급하였다.

[분개] (차) (대)

문제

1월 3일 : (주)보경상사에 제품(컴퓨터 50대, @₩1,000,000, ₩50,000,000)을 매출하고 동점발행 당좌수표로 회수하였다.

[분개] (차) (대)

문제

1월 6일 : 양재상사(주)에서 원재료 ₩3,000,000을 매입하고 대금 중 ₩1,000,000은 현금으로 지급하고 나머지는 당좌수표를 발행하였다.

[분개] (차) (대)

문제

1월 10일 : 전년도 12월분 급여지급 시 예수한 갑근세 등 예수금 ₩184,756을 한빛은행에 현금으로 납부하였다(적요 1번 사용할 것).

[분개] (차) (대)

문제

1월 12일 : 영남은행에 만기 2015년 4월 30일인 정기예금 ₩10,000,000에 가입하고 현금 지급하였다(거래처 코드 98002번 '영남은행' 등록).

[분개] (차) (대)

문제

1월 15일 : 홍콩지점관리를 목적으로 대표이사 강민성의 국외출장 왕복항공료 ₩3,000,000을 법인카드(신한카드)로 결재하였다.

[분개] (차) (대)

문제

1월 16일 : 다음과 같이 웅진석유에서 난방용 경유를 ₩360,000에 구입하고 대금은 현금으로 지급하였다.

- 공장에서 사용 : ₩200,000
- 본사사무실에서 사용 : ₩160,000

[분개] (차) (대)

문제

1월 18일 : 박재전자로부터 영업부에서 사용할 소모품을 구입하고 대금 ₩600,000은 거래처로부터 받아서 보관하고 있던 자기앞수표로 지급하였다.(비용으로 계상할 것)

[분개] (차) (대)

문제

1월 19일 : 여유자금을 운영하기 위하여 현금 ₩5,000,000을 경희은행 정기예금(만기 : 8개월)에 예치할 것을 구두로 약정하였다.

[분개] (차) (대)

문제

1월 23일 : 매출처인 양재상사(주)에 제품 ₩50,000,000을 판매하고 계약금 ₩5,000,000을 제외한 잔액은 전부 외상으로 하였다.

[분개] (차) (대)

문제

1월 25일 : 2013년 제2기 확정신고분에 대한 부가가치세 예수금 ₩2,000,000과 부가가치세 대급금 ₩500,000을 상계처리하고 잔액을 대한은행에 현금 납부하였다.

[분개] (차) (대)

2월 거래내역

문제

2월 3일 : 쫑화자동차(주)로부터 업무용 승용차를 구입하는 과정에서 취득해야 하는 공채를 현금 ₩200,000(액면금액)에 구입하였다. 단, 공채의 현재가치는 ₩160,000이며 회사는 이를 단기매매증권으로 처리하고 있다.

[분개] (차) (대)

문제

2월 5일 : 회사는 전산망을 구축하기 위해 강병전자(주)와 구매계약을 아래와 같이 체결하고 계약서를 작성하였다.

모델명	수량	단가	금액	대금 지급 방법
PC-170-RK	5대	@₩900,000	₩ 4,500,000	구입 후 10개월 무이자할부

[분개] (차) (대)

문제

2월 6일 : 박재전자와 사무실 임대차계약을 맺고 임대보증금 ₩15,000,000 중 ₩5,000,000은 동점발행 당좌수표로 받고 나머지는 월말에 지급받기로 하였다.

[분개] (차) (대)

2월 7일 : 윤컴에 제품 ₩30,000,000을 판매하고 대금 중 ₩20,000,000은 동점발행 약속어음(만기 : 2015. 3. 12)으로 하고 잔액은 외상으로 하였다. 또한 당점부담의 운반비 ₩40,000은 현금으로 별도로 지급하였다.

[분개] (차) (대)

2월 9일 : (주)이도전자에서 제품판매대금으로 받은 약속어음 ₩10,000,000이 만기가 되어 추심 의뢰한 결과, 금일 당점 대한은행 당좌예금 계좌에 추심수수료 ₩50,000을 제외한 금액이 입금되었음을 통지받았다.

[분개] (차) (대)

문제

2월 10일 : 종업원의 2월분 급여를 다음과 같이 보통예금 계좌에서 이체하였다.

(단위 : ₩)

구 분	사원명	급여	소득세	주민세	건강보험료	국민연금	차가감지급액
생산직	유재석	2,500,000	30,000	3,000	10,000	5,000	2,452,000
사무직	박명수	1,500,000	20,000	2,000	10,000	5,000	1,463,000
계	계	4,000,000	50,000	5,000	20,000	10,000	3,915,000

[분개] (차) (대)

2월 15일 : 창고에 보관 중인 제품 ₩3,000,000이 화재로 인하여 소실되었다. 당 회사는 화재보험에 가입되어 있지 않다.

[분개] (차) (대)

문제

2월 17일 : 매출처 윤컴에 대한 외상매출금 ₩10,000,000이 약정기일 보다 10일 빠르게 회수되어 2%를 할인해 주고 잔액은 보통예금 계좌로 입금되었다.

[분개] (차) (대)

2월 20일 : (주)이도전자로부터 원재료 ₩40,000,000을 매입하고, 대금은 윤컴으로부터 제품 판매대금으로 받아 보관중인 약속어음 ₩20,000,000(만기 2015. 3. 12)으로 지급하고 잔액은 당좌수표를 발행하였다.

[분개] (차) (대)

2월 24일 : 미국기업인 벤카인터내셔날에 US $20,000의 제품을 선적하고 대금은 1개월 후에 받기로 하였다. 선적일의 기준 환율은 1,500₩/$이다(거래처코드 '300' 으로 거래처등록을 할 것).

[분개] (차) (대)

2월 25일 : 양재상사(주)에서 제품 판매대금으로 받아 보관중인 약속어음 ₩20,000,000 (만기 : 2014. 4. 25)을 대한은행에서 할인율 연 12%로 할인받고, 그 할인받은 금액은 당좌예금 계좌에 입금하였다(받을어음의 만기일은 2개월 남았으며, 매각거래로 처리하고, 할인액은 월 단위로 계산한다).

[분개] (차) (대)

2월 27일 : 영업부 건물의 임차보증금에 대한 간주임대료의 부가가치세 ₩500,000을 최남건설의 보통예금 계좌에서 이체하였다.(임차계약시 간주임대료에 대한 부가가치세를 임차인부담으로 계약을 체결하였음)

[분개] (차) (대)

3월 거래내역

3월 2일 : 부도상사의 파산으로 외상매출금 잔액이 모두 회수불능하게 되어 대손처리하였다.

[분개] (차) (대)

문제

3월 3일 : (주)민학컴퓨터에 ₩3,000,000을 2개월간 대여하기로 하고 선이자 ₩30,000(2개월분)을 공제한 ₩2,970,000을 당사의 대한은행 보통예금 계좌에서 계좌이체 하였다(이자수익으로 처리할 것).

[분개] (차) (대)

문제

3월 5일 : 최남건설로부터 창고건물과 토지를 총 ₩220,000,000에 약속어음을 발행하여 매입하였다. 토지의 취득가격은 ₩200,000,000, 창고건물의 취득가격은 ₩20,000,000이며, 매입에 따른 추가부대비용은 다음과 같이 모두 현금으로 지급하였다.

- 토지 중개수수료 및 등기이전비용 : 1,000,000원
- 토지 조경공사비(영구성 있음) : 2,000,000원
- 배수로 및 하수처리장 설치(유지보수책임은 지방자치단체에 있음) : 3,000,000원
- 대대적인 창고건물의 리모델링을 위한 지출 : 6,000,000원

[분개] (차) (대)

문제

3월 6일 : 공장신축을 위한 차입금의 이자비용 5,000,000원을 현금으로 지급하였다. 차입금의 이자비용은 자본적 지출로 처리한다.(공장의 착공일은 2014년 2월 5일이며, 완공일은 2016년 12월31일이다)

[분개] (차) (대)

문제

3월 10일 : 급여 지급 시 예수한 금액 ₩85,000과 건강보험료 회사부담분 ₩20,000(사무직 ₩10,000, 생산직 ₩10,000), 국민연금 회사부담분 ₩10,000(사무직 ₩5,000, 생산직 ₩5,000)을 대한은행에 현금으로 납부하였다.

[분개] (차) (대)

문제

3월 15일 : 구입하여 보관 중인 원재료(원가 ₩200,000, 시가 ₩300,000)를 회사 소모품으로 사용하고자 대체하였다.(소모품은 자산으로 회계처리할 것)

[분개] (차) (대)

문제

3월 19일 : 사용하던 비품(복사기)을 거래처 (주)보경상사에 ₩7,500,000에 처분하고 대금은 한달 후에 받기로 하였다(비품의 취득가액 ₩10,000,000 감가상각누계액 ₩4,000,000).

[분개] (차) (대)

문제

3월 24일 : 미국기업인 벤카인터내셔날에 수출(선적일자 2월 24일)하였던 제품에 대한 외상매출금 $20,000가 보통예금 계좌에 입금되었다.

• 2월 24일 환율 : 1,500₩/$ • 3월 24일 환율 : 1,300₩/$

[분개] (차) (대)

문제

3월 25일 : 윤컴에서 원재료 ₩5,000,000을 매입하고 계약금을 제외한 나머지는 한달 후에 지급하기로 하였다.

[분개] (차) (대)

문제

3월 26일 : 공장용 화물차의 1년(2014. 3. 26 ~ 2015. 3. 25) 종합보험을 가입하고 보험료 ₩500,000을 제일화재해상보험에 현금으로 지급하였다(비용으로 처리할 것).

[분개] (차) (대)

문제

3월 30일 : (주)전산세무의 전산세무회계 프로그램 KcLep을 ₩1,500,000에 구입하고 대금은 보통예금계좌에서 이체하였다('컴퓨터소프트웨어' 를 계정과목코드(229)/성격(일반)으로 등록하여 회계처리 할 것).

[분개] (차) (대)

문제

3월 31일 : 이사회의 승인을 얻어 매입처 박재전자에 지급하여야 할 외상매입금 중 일부인 ₩12,000,000을 당사에 출자전환하고 신주 2,000주(액면가액 ₩5,000)를 발급하였다. 신주발급에 따른 제비용은 없다고 가정한다.

[분개] (차) (대)

4월 거래내역

문제

4월 9일 : 어음상사(주)에 제품 ₩5,000,000을 외상 판매하고 약속어음(만기: 2015. 5. 1)으로 받았다(아래 자료를 이용하여 거래처코드 '200'으로 거래처등록을 할 것).

사업자등록번호	143-81-75511	사업장 소재지	용인시 기흥구 보정동 1170번지
상 호	어음상사(주)	성 명	노용철
업 태	도.소매	종 목	컴퓨터

[분개] (차) (대)

문제

4월 10일 : 대표이사 김민식(거래처코드 '400'으로 거래처등록을 할 것, 주민등록번호 701231-1234567)의 부산 출장경비로 ₩500,000을 현금으로 선지급하였다.

[분개] (차) (대)

문제

4월 11일 : 총무부 팀장 김경호는 장부상 현금잔액보다 현금시재액이 ₩100,000 부족하다는 것을 발견하였다.

[분개] (차) (대)

문제

4월 12일 : 영업부 직원에 대하여 확정기여형 퇴직연금에 가입하고 10,000,000원을 보통예금에서 지급하였다. 이 금액에는 연금운용에 대한 수수료 500,000원이 포함되어 있다.

[분개] (차) (대)

4월 13일 : 지방출장을 마치고 돌아온 김민식으로부터 다음과 같은 지출명세서를 받고 정산을 하였다(전액 여비교통비로 처리할 것).

(단위 : ₩)

내 역	금 액
왕복교통비	50,000
현지교통비	30,000
숙 박 비	300,000
식 대	70,000
계	450,000

[분개] (차) (대)

4월 15일 : 3월 25일 윤컴에서 구입한 원재료 중 ₩500,000이 불량품으로 판명되어 반품처리하고 외상매입금과 상계 처리 하였다.

[분개] (차) (대)

4월 20일 : 쫑화자동차(주)에서 운반용화물차를 다음과 같이 10개월 할부로 구입하고, 이와 관련된 취득세와 등록세, 채권은 마포구청에 현금으로 납부하였다. 또한 차량구입시 필수적으로 매입하는 지역개발채권을 만기까지 보유하기로 하였다.

- 차 량 가 액 : ₩ 18,500,000 (10개월 할부)
- 취득세 및 등록세 : ₩ 500,000
- 지역개발채권매입액 : ₩ 500,000 (만기 2020년 5월 18일)

[분개] (차) (대)

4월 22일 : 단기매매를 목적으로 (주)삼성의 주식을 1주당 @₩20,000에 200주를 매입하였다. 매입수수료는 매입가액의 1%이다. 매입관련 대금은 모두 보통예금 계좌에서 이체하여 지급하였다.

[분개] (차) (대)

문제

4월 26일 : 지난 해 대손이 확정되어 대손충당금과 상계 처리한 외상매출금 436,500을 현금으로 회수하였다.(부가가치세법상 대손세액은 고려하지 말 것)

[분개] (차) (대)

문제

4월 27일 : 마포에 영업소를 설립하고자 최남건설에 보증금 ₩20,000,000에 월세 ₩250,000으로 계약하고 임차보증금은 당일 당좌수표를 발행하여 지급하였다. 월세는 매월 말에 지급하기로 하였다.

[분개] (차) (대)

문제

4월 28일 : 윤컴의 외상대금을 할인기간 내에 당좌수표를 발행하여 조기지급하고 ₩500,000의 할인을 받았다.

[분개] (차) (대)

문제

4월 29일 : 중국에서 수입한 원재료 20톤을 인천항에서 공장까지 운송하고 운송료 ₩1,200,000과 이체수수료 ₩2,000을 당사 보통예금계좌에서 지급하였다.

[분개] (차) (대)

문제

4월 30일 : 총무부 팀장 김경호는 현금 부족액 중 ₩70,000은 커피 등을 구입하고 장부에 기록하지 않은 사실을 알게 되어 복리후생비로 처리하였다.

[분개] (차) (대)

 5월 거래

문제

5월 3일 : 제조부 소속 김형근 대리(6년 근속)의 퇴직으로 퇴직금 9,000,000원 중 소득세 및 지방소득세로 230,000원을 원천징수한 후 차인지급액을 전액 대한은행 보통예금 계좌에서 이체하였다.(퇴직 직전 퇴직급여충당부채잔액은 없었다)

[분개] (차) (대)

문제

5월 4일 : 영남은행에 만기 2017년 5월 4일인 정기예금 ₩3,000,000에 가입하고 당좌수표를 발행하여 지급하였다.

[분개] (차) (대)

문제

5월 6일 : 원재료 ₩5,000,000을 (주)이도전자에서 당좌수표를 발행하여 매입하고 당점부담의 운반비 ₩48,000은 현금으로 지급하였다(단, 당좌예금 잔액은 ₩3,050,000이다. 본사는 대한은행과 당좌차월계약이 맺어져 있으며, 당좌차월한도액은 ₩30,000,000이다).

[분개] (차) (대)

문제

5월 10일 : 매출처 박재전자의 외상대금 ₩3,800,000이 당좌예금 계좌에 입금되었다.

[분개] (차) (대)

문제

5월 12일 : 강병전자(주)의 장기대여금에 대한 이자 ₩1,000,000 중 이자소득세 ₩100,000을 차감한 잔액이 보통예금통장에 입금되었다.

[분개] (차) (대)

문제

5월 13일 : 생산직원의 원가절감교육을 위해 외부강사 배은정회계사를 초청하여 교육하고 강사료 중 원천징수세액 ₩99,000을 제외하고 나머지 금액 ₩2,901,000은 당사 보통예금계좌에서 강사의 보통예금 계좌로 송금하였다.

[분개] (차) (대)

문제

5월 20일 : 4월 9일에 제품을 매출하고 어음상사(주)로부터 수취한 어음 ₩5,000,000이 부도처리되었다는 것을 대한은행으로부터 통보받았다.

[분개] (차) (대)

문제

5월 23일 : 당사의 최대주주인 최경필씨로부터 제품 창고를 건설할 토지를 기증받았다. 본 토지에 대한 이전비용 ₩5,000,000은 현금으로 지급하였으며, 현재 토지의 공정가액은 ₩150,000,000이다.

[분개] (차) (대)

문제

5월 24일 : 주주총회에서 결의된 바에 따라 유상증자를 실시하여 신주 10,000주(액면가액 ₩1,000)를 주당 ₩2,500에 발행하고, 증자와 관련하여 수수료 ₩120,000을 제외한 나머지 증자대금이 보통예금계좌에 입금되었다.

[분개] (차) (대)

문제

5월 25일 : 공장 건물을 신축하기 위해 외부로부터 취득한 토지 ₩50,000,000에 대해 건물 신축을 포기하게 되어, 토지의 보유목적을 지가상승을 목적으로 하는 투자자산으로 변경하였다.

[분개] (차) (대)

문제

5월 27일 : 보유하고 있는 (주)삼성의 주식에 대하여 배당금 ₩5,000,000이 보통예금계좌에 입금되었다.

[분개] (차) (대)

문제

5월 30일 : 아래는 건물과 관련된 현금 지출에 대한 내역이다.

(단위 : ₩)

- 파손으로 인한 유리교체 ₩300,000
- 건물의 일부 도색비 ₩200,000
- 내용연수 증가를 위한 개량 ₩3,000,000

[분개] (차) (대)

문제

5월 31일 : (주)보경상사의 단기차입금 ₩20,000,000 중 ₩18,000,000은 보통예금 계좌에서 이체하고, 나머지 ₩2,000,000은 면제받았다.

[분개] (차) (대)

6월 거래내역

6월 1일 : 회사운영자금에 사용할 목적으로 미국의 HANS(거래처코드 301에 등록할 것)사로부터 2018년 6월 1일 상환하기로 하고 $30,000($1당, ₩1,200)를 대출받아 당좌예금 계좌에 입금하였다(이자지급일 매월 10일, 이율 연 6.5%, 외화장기차입금 계정을 사용할 것).

[분개] (차) (대)

6월 3일 : 윤컴에서 원재료 외상 구입 시 발행한 약속어음(만기 : 2014. 6. 3) ₩25,000,000이 만기가 되어 당좌예금 계좌에서 결제되었다.

[분개] (차) (대)

6월 5일 : 생산라인에 필요한 외국기술서적의 번역을 의뢰한 프리랜서 손원국에게 번역비 ₩1,000,000에서 원천징수세액 ₩33,000을 차감한 금액을 자기앞수표로 지급하였다.(수수료비용으로 회계처리할 것)

[분개] (차) (대)

6월 7일 : 대구한의대학교에 의뢰한 신제품 개발에 따른 연구용역비 ₩10,000,000을 보통예금에서 인터넷뱅킹으로 이체하여 지급하였다.(자산으로 회계처리 할 것)

[분개] (차) (대)

문제

6월 10일 : 윤컴의 외상매출금 ₩3,200,000을 10개월간의 단기대여금(연이자 10%)으로 전환하였다.

[분개] (차) (대)

문제

6월 13일 : 박재전자에 제품 ₩20,000,000을 판매하기로 계약하고 10%의 계약금을 보통예금 계좌로 이체받았다.

[분개] (차) (대)

문제

6월 15일 : (주)민학컴퓨터의 장기차입금에 대한 이자 ₩150,000이 발생하여 원천징수세액 ₩20,000을 차감한 나머지 금액 ₩130,000을 자기앞수표로 지급 하였다.

[분개] (차) (대)

문제

6월 18일 : 신주 1,000주를 발행하여 기계장치를 구입하였다. 주당 액면가액은 ₩5,000이며 발행시점의 공정가액은 주당 ₩6,000이다.

[분개] (차) (대)

문제

6월 20일 : 박재전자에서 원재료 ₩10,000,000을 매입하기로 계약하고 계약금 ₩1,000,000을 자기앞수표로 지급하였다.

[분개] (차) (대)

문제

6월 25일 : 당사에서 제작한 컴퓨터 10대를 대한 보육원에 기부하였다(원가 @₩500,000, 시가 @₩800,000).

[분개] (차) (대)

문제

6월 27일 : 본사 기획실 윤귀환(거래처코드 401에 등록할 것) 대리의 결혼소요자금을 1개월간 대여하기로 하고, 현금 ₩5,000,000을 윤귀환 계좌에 입금하였다.

[분개] (차) (대)

문제

6월 28일 : 단기매매를 목적으로 취득한 (주)삼성의 주식을 1주당 @₩30,000에 100주를 처분하고, 거래수수료 1%를 제외한 대금은 모두 현금으로 받았다(취득가액 1주당 @₩20,000).

[분개] (차) (대)

문제

6월 30일 : 사무실 6월분 전기요금 ₩125,000과 공장 6월분 전기요금 ₩2,000,000을 대한은행에서 현금으로 납부하였다.

[분개] (차) (대)

2. 매입매출전표 입력

본 메뉴는 부가가치세 신고와 관련한 매입과 매출거래를 입력하는 메뉴이다. 따라서 부가가치세 신고와 관련되지 않는 거래는 본 메뉴에 입력하지 않고 '일반전표'에 입력해야 한다.

화면상단은 부가가치세와 관련된 매입・매출 거래의 내용을 입력하는 부분이고, 화면하단은 분개를 입력하는 부분으로 구성되어 있다. 화면상단에 입력된 자료는 부가가치세신고와 관련된 "부가가치세신고서 및 세금계산서합계표"와 보조기입장인 "매입매출장" 등으로 반영되며, 화면 하단에 입력된 자료는 '일반전표'에서 입력하는 것과 동일하게 재무회계자료에 반영된다.

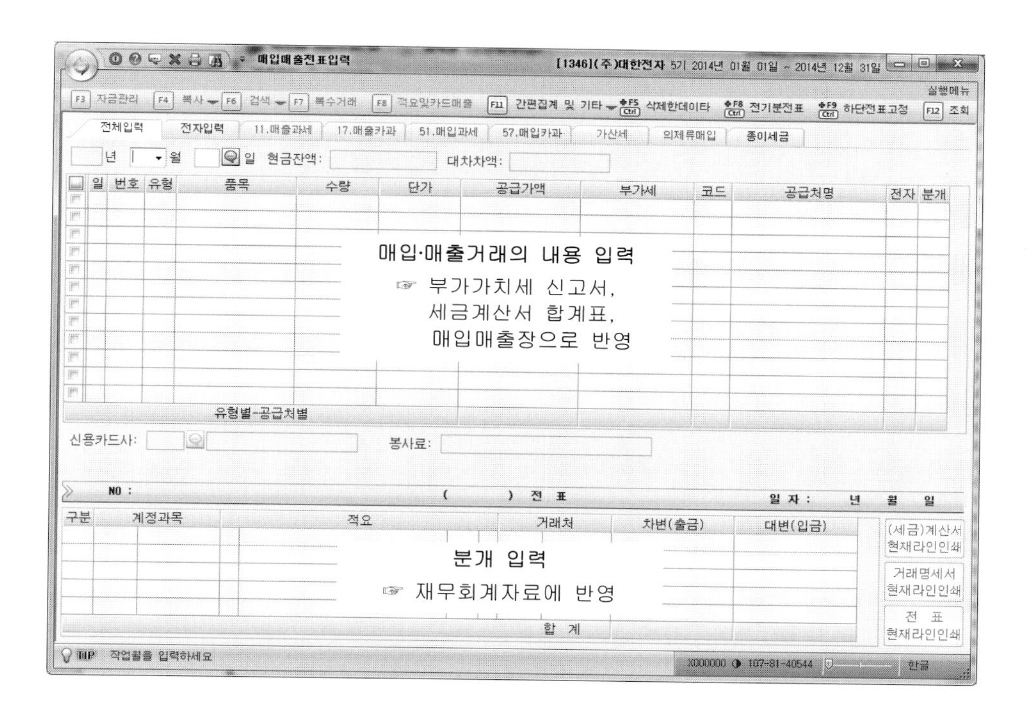

월

해당거래의 발생 월을 입력한다.

일

전표일자 입력방법에는 사용자 편의를 도모하고자 두 가지의 방법으로 입력할 수 있다. 특정 일자를 지정하면 그 일자의 전표만 입력할 수 있고, 월만 선택하면 일을 변경하면서 한 달 전표를 입력할 수 있다. 즉, 12월 12일로 특정 일자를 지정하면 일자가 자동으로 세팅되기 때문에 12일 하루 동안의 전표만 입력할 수 있고, 월만 지정하고 일을 지정하지 않은 경우에는 일을 직접 입력하여 전표를 입력하면 된다.

번호

전표번호는 각 일자별로 1부터 자동 부여되며, 한번 부여 후 삭제된 번호는 다시 부여되지 않는다. 매입매출전표입력의 번호는 50001번부터 시작한다.

유형

메뉴 하단의 '부가세 유형' 도움말을 참조하여 입력하고자 하는 매입 · 매출 자료의 유형을 코드번호 2자리로 입력한다. 유형 코드번호의 선택에 따라 부가가치세신고서식의 각 해당 항목에 자동 집계되므로 정확한 유형을 선택해야 한다.

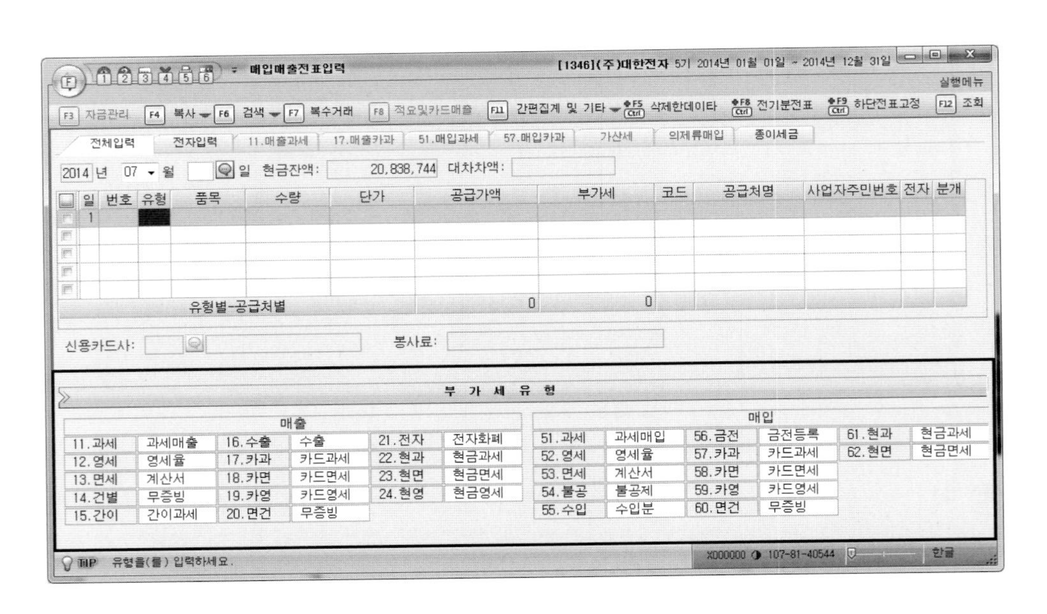

[매출항목의 유형별 특성]

코드/유형		입력내용
11.과세	과세매출	일반적인 세금계산서(부가가치세 10%)가 발행되는 과세 매출거래
12.영세	영세율	영세율 적용대상 거래 중 세금계산서 발행의무가 면제되지 않는 영세율 매출거래(Local L/C분 · 내국신용장)
13.면세	계산서	면세사업자로서 계산서를 발행한 면세 매출거래
14.건별	무증빙	정규증빙이 발행되지 않은 과세 매출거래 (예:소매매출로 영수증 또는 간주임대료,간주공급 등) 공급가액란에 부가가치세가 포함된 공급대가를 입력한 후Enter키를 치면 공급가액과 부가가치세가 자동 계산되어 입력됨
15.간이	간이과세	간이과세자의 매출거래 [14:건별]과의 차이는 공급가액란에 입력된 공급대가를 그대로 반영하고, 공급가액과 세액이 자동 구분계산 되지 않음
16.수출	수출	영세율 적용대상 거래 중 세금계산서 발행의무가 면제되는 영세율 매출거래(직수출, 수출대행) Local수출로서 영세율세금계산서가 발행되는 [12:영세]와는 구분됨
17.카과	카드과세	신용카드매출전표 발행에 의한 과세 매출거래 "신용카드매출발행집계표" "과세분"에 자동 반영됨
18.카면	카드면세	신용카드매출전표 발행에 의한 면세 매출거래 "신용카드매출발행집계표" "면세분"에 자동 반영됨
19.카영	카드영세	신용카드매출전표 발행에 의한 영세율 매출거래 "신용카드매출발행집계표" "과세분"에 자동 반영됨
20.면건	면세건별	증빙이 발행되지 않은 면세 매출거래
21.전자	전자화폐	전자적 결제수단에 의한 과세 매출거래 전자화폐결제명세서에 가맹점별로 집계됨
22.현과	현금과세	현금영수증 발행에 의한 과세 매출거래
23.현면	현금면세	현금영수증 발행에 의한 면세 매출거래
24.현영	현금영세	현금영수증 발행에 의한 영세율 매출거래

[매입항목의 유형별 특성]

코드/유형		입력내용
51.과세	과세매입	매입세액이 공제되는 세금계산서를 발급받은 과세 매입거래
52.영세	영세율	영세율 세금계산서를 발급받은 영세율 매입거래
53.면세	계산서	면세사업자가 발행한 계산서를 발급받은 면세 매입거래
54.불공	불공제	매입세액이 공제되지 않는 세금계산서를 발급받은 과세 매입거래 ① 필요적 기재사항 누락 등 ② 사업과 직접 관련 없는 지출 ③ 비영업용 소형승용자동차 구입·유지 및 임차 ④ 접대비 및 이와 유사한 비용 관련 ⑤ 면세사업 관련 ⑥ 토지의 자본적 지출 관련 ⑦ 사업자등록 전 매입세액 ⑧ 금거래계좌 미사용 관련 매입세액 ⑨ 공통매입세액안분계산분 ⑩ 대손처분받은 세액
55.수입	수입	매입세액이 공제되는 수입세금계산서를 세관장으로부터 발급받은 과세 매입거래[10)]
56.금전	금전등록	현재는 금전등록기에 의한 매입세액공제는 불가능하다.
57.카과	카드과세	매입세액공제가 가능한 신용카드에 의한 매입거래
58.카면	카드면세	신용카드매출전표 수취에 의한 면세 매입거래
59.카영	카드영세	신용카드매출전표 수취에 의한 영세율 매입거래
60.면건	면세건별	계산서를 수취하지 않은 면세 매입거래
61.현과	현금과세	현금영수증 수취에 의한 과세 매입거래
62.현면	현금면세	현금영수증 수취에 의한 면세 매입거래

10) 수입세금계산서상의 공급가액은 단지 부가가치세 징수를 위한 과세표준일 뿐으로 회계처리 대상은 아니다. 따라서 본 프로그램에서는 수입세금계산서의 경우 하단부 분개시, 부가가치세만 표시 되도록 하고있다.

품목

재화 및 용역의 품목을 입력한다. 하나의 거래에는 4가지의 품목을 기록할 수 있는데 품목이 두 가지 이상인 경우에는 상단 툴바의 "복수거래" 키를 클릭하여 입력한다.

수량 · 단가

재화 및 용역의 수량 · 단가를 입력한다.

공급가액

매출 거래인 경우에는 매출액(=공급가액)을 입력하고, 매입 거래인 경우에는 매입액을 입력한다. 수량 · 단가를 입력하면 자동으로 계산되며, 수량 · 단가의 입력을 생략한 경우에는 직접 입력한다.

부가세

공급가액에 세율(10%) 또는 영세율(0%)을 적용한 산출세액을 입력한다. 공급가액을 입력하면 자동 표시된다.

코드 · 공급처명

거래처의 코드와 공급처명을 입력한다. 매입매출전표 입력 시에는 반드시 거래처코드를 입력해야하며, 입력하지 않으면 부가가치세 신고서식인 "세금계산서합계표"가 자동 작성되지 않게 된다.

거래처 코드를 모를 경우 코드란에 커서를 위치시키고 [F2]키를 이용하여 [거래처코드도움]창에서 해당 거래처를 직접 찾거나 또는 코드란에 커서를 놓고 "+" 또는 "00000"를 입력하고 거래처명을 두 자리 입력하고 [Enter]하면 해당 거래처가 조회된다.

이때 해당 거래처명이 없는 경우에는 거래처를 신규로 등록하는 작업이 진행된다. 신규거래처를 등록해야 할 경우에는 코드란에 "+" 또는 "00000"를 입력하고 거래처명을 입력하고 [Enter]하면 등록할 것인지, 수정할 것인지 묻는 메뉴가 나타난다. 그대로 등록하고자 하면 [등록]하고, 사업자등록증이 있어서 기타 메뉴를 수정하고자 하면 [수정]을 클릭하여 수정한 후 등록한다.

전자

자격시험에서는 전자세금계산서를 발급 또는 수취한 경우에 "1:여"를 입력하고 종이 세금계산서를 발급 또는 수취한 경우에는 Enter 키로 진행한다.

분개

매입・매출거래의 회계처리를 위한 분개를 선택하는 란이다. 분개번호(0:분개없음, 1:현금, 2:외상, 3:혼합, 4:카드, 5:추가)을 선택하면 해당 "과세유형"과 "거래유형"에 따라 분개의 일부가 자동 표시된다.

이때의 일부 자동분개는 과세유형(매출・매입)에 따라서 "부가세예수금・부가세대급금" 계정이 자동 반영되며, 이 부분이 내용과 맞지 않는 경우에는 과세유형을 변경해야 한다. 또한 [환경등록] 메뉴에서 선택한 "매출 : 404.제품매출"과 "매입 : 153.원재료"의 계정과목이 자동 반영되며, 기본계정의 내용과 맞지 않는 경우에는 [환경등록] 메뉴에서 수정하면 된다.

① 현 금 : 전액 현금거래일 경우 사용한다.
- 매출 - 부가세예수금과 기본계정(매출)으로 자동 분개된다.
  부가세예수금계정을 제외한 계정과목은 수정 및 추가입력 가능하다.
- 매입 - 부가세대급금과 기본계정(매입)으로 자동 분개된다.
  부가세대급금계정을 제외한 계정과목은 수정 및 추가입력 가능하다.

② 외 상 : 전액 외상매출금 또는 외상매입금 거래일 경우에 사용한다.
- 매출 - 차변계정은 외상매출금으로, 대변계정은 부가세예수금과 기본계정 (매출)로 자동 분개된다. 외상매출금과 부가세예수금계정을 제외한 계정과목은 수정 및 추가입력이 가능하다.
- 매입 - 대변계정은 외상매입금으로, 차변계정은 부가세대급금과 기본계정 (매입)로 자동 분개된다. 외상매입금과 부가세대급금계정을 제외한 계정과목은 수정 및 추가입력이 가능하다.

③ 혼 합 : 전액현금 및 전액외상 이외의 거래일 경우에 사용한다.
- 매출 - 부가세예수금과 기본계정(매출)로 자동 분개된다.
  부가세예수금계정을 제외한 계정과목은 수정 및 추가입력이 가능하다.

▸ 매입 - 부가세대급금과 기본계정(매입)으로 자동 분개된다.
부가세대급금계정을 제외한 계정과목은 수정 및 추가입력이 가능하다.

④ **분개없음** : 실제로 분개가 필요 없는 경우이거나 분개가 필요하지만 나중에 처리하고자 하는 경우에 사용한다.

적요변경

전산세무회계 프로그램은 화면 중간에 거래처를 입력하면 화면 하단 분개에도 동일한 거래처가 등록되도록 프로그램 되어 있다. 일반적인 거래는 이와 같기 때문에 작업의 편의를 위해서 하단 분개란 우측의 거래처에 커서가 들어가지 않고 진행된다.

하지만 때에 따라서 화면 중간의 거래처와 화면 하단 분개란의 거래처가 다른 경우가 발생할 수 있는데, 이 경우에는 해당 계정과목의 우측 거래처란에 조회하여 변경하여야 한다.

[예제] 매입매출전표입력 따라하기!

다음은 (주)대한전자의 거래내역입니다. 매입매출전표입력 메뉴에 입력한다.

입력시 유의사항

- 일반적인 적요의 입력은 생략하지만, 타계정 대체거래는 적요번호를 선택하여 입력한다.
- 채권 · 채무와 관련된 거래는 별도의 요구가 없는 한 반드시 기 등록되어 있는 거래처코드를 선택하는 방법으로 거래처명을 입력한다.
- 제조경비는 500번대 계정코드를, 판매비와 관리비는 800번대 계정코드를 사용한다.
- 회계처리시 계정과목은 별도제시가 없는 한 등록되어 있는 계정과목 중 가장 적절한 과목으로 한다.
- 입력화면 하단의 분개까지 처리하고, 전자세금계산서는 전자입력으로 반영한다.

7월 거래내역

7월 3일 : (주)보경상사에 제품 ₩1,500,000(부가가치세 별도)을 판매하고 전자세금계산서를 발급하였다. 대금은 동점발행 당좌수표로 회수하였다.

[유형]

[분개] (차) (대)

7월 4일 : 거래처인 강병전자(주)에 제품인 컴퓨터본체 20(@₩600,000)대를 ₩12,000,000(부가가치세별도)에 외상매출하고 전자세금계산서를 발급하였다.

[유형]

[분개] (차) (대)

문제

7월 5일 : 공장용 화물차의 고장으로 인성공업사에서 수리하였다. 수리비 ₩300,000(부가가치세 별도)은 현금지급하고 전자세금계산서를 발급받았다.

[유형]

[분개] (차) (대)

7월 12일 : 박재전자로부터 컴퓨터를 제조하기 위한 컴퓨터 부품을 다음과 같이 외상으로 매입하고 전자세금계산서를 발급받았다.

품 목	수 량	단 가	공 급 가 액	세 액
VGA	50	80,000	4,000,000	400,000
메인보드	50	130,000	6,500,000	650,000

[유형]

[분개] (차) (대)

7월 17일 : (주)장지소프트웨어로부터 원재료 ₩5,000,000(부가가치세 별도)를 외상으로 매입하고, 당점 부담의 운반비 ₩100,000은 현금으로 지급하였다.(전자세금계산서 발급분)

[유형]

[분개] (차) (대)

7월 22일 : 윤컴에 제품 ₩7,500,000(부가가치세 별도)을 외상으로 판매하였다. 또한 당점 부담의 운반비 40,000은 현금으로 별도로 지급하였다.(전자세금계산서 발급분)

[유형]

[분개] (차) (대)

7월 23일 : 본사건물의 업무환경 개선을 위하여 중앙집중식 냉난방설비공사를 실시하였으며, 공사대금 ₩3억(부가가치세별도)은 공사를 한 최남건설에 약속어음(2015년 7월 23일 만기)을 발행하여 지급하고 전자세금계산서를 수취하였다.(본사의 중앙집중식 냉난방공사는 자본적 지출에 해당함)

[유형]

[분개] (차) (대)

7월 24일 : 제품 제조과정에서 생긴 부산물 ₩2,700,000(부가가치세 별도)을 (주)이도전자에 판매하고 전자세금계산서를 발급하였다. 대금은 전액 약속어음(2015년 7월 24일 만기)으로 수령하였다.(부산물매출로 등록하여 회계처리할 것, 계정과목코드 420, 성격: 1.매출)

[유형]

[분개] (차) (대)

8월 거래내역

8월 3일 : 수출업체인 ㈜한욱무역에 Local L/C에 의하여 제품 ₩20,000,000을 납품하고 영세율 전자세금계산서를 발급하였다. 대금은 전액 ㈜한욱무역 발행 당좌수표로 받았다.(거래처 등록 : 코드 500, 사업자등록번호 312-81-54048)

[유형]

[분개] (차) (대)

8월 6일 : 사용하던 자동차(취득가액 ₩24,000,000 감가상각누계액 ₩16,764,240)를 거래처 양재상사(주)에 ₩8,000,000(부가가치세 별도)에 처분하고 대금은 당좌예금 계좌에 입금되었다. 다만, 양도시까지의 당해 연도 감가상각비는 고려하지 않기로 한다.(전자세금계산서 발급분)

[유형]

[분개] (차) (대)

8월 8일 : ㈜한욱무역으로부터 내국신용장(Local L/C)에 의하여 원재료 ₩22,000,000을 공급받고 영세율 전자세금계산서를 발급받았으며, 대금 중 50%는 어음으로 지급하고 나머지 금액은 보통예금에서 이체 지급하였다.

[유형]

[분개] (차) (대)

문제

8월 10일 : 본사 신축용 토지 취득을 위한 법률자문 및 등기대행 용역을 최남건설로부터 제공받고 동 용역에 대한 수수료 ₩2,000,000(부가가치세 별도)을 현금 지급하였다. 이에 대한 전자세금계산서를 발급 받았다.

[유형]

[분개] (차) (대)

문제

8월 12일 : 미국의 HANS사에 US $30,000의 제품을 선적하고 대금은 1개월 후에 받기로 하였다. 선적일의 기준 환율은 1,000₩/$이다.

[유형]

[분개] (차) (대)

문제

8월 14일 : 박재전자에서 컴퓨터 부품을 ₩11,000,000원(부가가치세 포함)에 구입한 후 신용카드(신한카드)로 구입대금을 결제하였다. 세금계산서는 수령하지 아니하였으며 부가가치세 매입세액공제를 위한 요건을 모두 구비하였다.

[유형]

[분개] (차) (대)

문제

8월 16일 : 쫑화자동차(주)에서 영업용 승용차 ₩30,000,000(부가가치세 별도)을 10개월 할부로 취득하고 전자세금계산서를 교부받았으며, 차량을 인수하는 시점에서 취득세, 번호판부착, 수수료 등 ₩1,500,000은 현금으로 지급하였다.

[유형]

[분개] (차) (대)

문제

8월 20일 : (주)장지소프트웨어에서 영업부 사무실 프린터기에 사용할 잉크를 ₩99,000(부가가치세 포함)에 구입하여 현금을 지급하고 현금영수증(지출증빙용, 승인번호 입력 생략)을 교부받았다. 부가가치세 공제요건은 모두 충족하였다.(사무용품비계정을 등록하여 회계처리할 것. 계정과목코드 829. 성격:3.경비)

[유형]

[분개] (차) (대)

9월 거래내역

문제

9월 2일 : 비사업자인 이덕연(거래처 등록 : 코드 402, 주민등록번호: 850621 – 1052123)에게 노트북 컴퓨터 1대를 판매하고 현금 ₩462,000(부가가치세 포함)을 수취하였다. 현금영수증은 발행하지 않았다.

[유형]

[분개] (차) (대)

문제

9월 5일 : 본사건물(임대인 : 최남건설)에 대한 당월 분 건물관리비를 현금 납부하다. 건물관리비는 과세분 ₩150,000(부가가치세 별도)과 면세분 ₩33,000으로 구분되어 있으며, 세금계산서와 계산서를 발급받았다.(전자세금계산서가 아님)

[유형]

[분개] (차) (대)

문제

9월 8일 : 제품의 임가공 계약에 의해 의뢰하였던 제품을 윤컴으로부터 납품받고 전자세금계산서를 수취하였다. 임가공비용 ₩10,000,000(부가가치세 별도)은 전액 현금으로 결제하였다.

[유형]

[분개] (차) (대)

문제

9월 10일 : 대표이사 김민식의 자택인 아파트에 사용할 식탁과 의자를 (주)병효가구로부터 ₩3,500,000(부가가치세 별도)에 구입하고 회사명의로 전자세금계산서를 발급받았다. 대금은 다음 달에 지급하기로 하였다.(거래처 코드 600에 등록)

등록번호	123－81－12472		
상호(법인명)	(주)병효가구	성 명(대표자)	손병효
사업장주소	서울 마포 공덕 600		
업 태	제조	종 목	가구

[유형]

[분개] (차) (대)

문제

9월 16일 : 직원식당에서 공장직원 식사용으로 사용할 쌀을 가을농산(사업자등록번호 104-81-35421)으로부터 ₩400,000에 구입하고 계산서를 수취하였다. 당사는 매달 사용한 쌀값을 일괄적으로 다음달 10일에 결제한다.(거래처코드 700으로 등록 할 것)

[유형]

[분개] (차) (대)

문제

9월 18일 : 원재료 납품업체인 ㈜한욱무역으로부터 Local L/C에 의해 수출용 제품생산에 사용될 원재료(1,000개, ₩@50,000원)을 납품받고 영세율전자세금계산서를 발급받았다. 그리고 대금은 전액 당점발행 약속어음으로 지급하였다.

[유형]

[분개] (차) (대)

문제

9월 22일 : 개인 이덕연에게 컴퓨터를 ₩3,300,000(부가가치세 포함)에 현금으로 판매하고 현금영수증을 발급하여 주었다.

[유형]

[분개] (차) (대)

문제

9월 25일 : 박재전자로부터 원재료를 매입하고, 대금은 강병전자(주)로부터 제품 판매대금으로 받아 보관중인 약속어음 ₩2,000,000(만기 : 2015. 8. 8)으로 지급하고 잔액은 당좌수표를 발행했다.(전자세금계산서 발급분)

(단위 : ₩)

품 목	공급가액	부가가치세	거래처명	대금결제
컴퓨터부품	4,000,000	400,000	박재전자	혼합

[유형]

[분개] (차) (대)

10월 거래내역

문제

10월 2일 : 신제품에 대한 거리 홍보시 증정할 목적으로 양재상사(주)에서 다음과 같이 기념품을 구매하고 전자세금계산서를 수취하였다.(전액 비용으로 처리할 것)

품 목	수 량	단 가	공급가액	부가가치세	결제방법
usb	100	10,000	1,000,000	100,000	현 금

[유형]
[분개] (차) (대)

문제

10월 5일 : 회의실에서 사용할 목적으로 (주)이도전자에서 대형 PDP TV를(PDP 60인치) 1대를 구입하면서 매출거래처 선물 목적으로 유사 제품(PDP 40인치) 1대 더 추가 구입 후 전자세금계산서를 제품별로 각각 발급받았다.

(단위 : ₩)

품 명	공급가액	부가가치세	결제수단
PDP 60인치	1,500,000	150,000	현금
PDP 40인치	1,200,000	120,000	현금

[유형]
[분개] (차) (대)

문제

10월 10일 : 강병전자(주)에 외상 판매하였던 제품 중 10개(1개당 공급가액 ₩600,000, 부가가치세액 ₩60,000)가 불량품으로 판명되어 반품됨에 따라 반품전자세금계산서를 발행하였다. 대금은 외상매출금과 상계정리하기로 하였다.

[유형]
[분개] (차) (대)

문제

10월 15일 : 개인 이덕연에게 제품 ₩5,500,000(부가가치세 포함)을 매출하고 결제는 삼성카드(입금일 11월 25일)로 수취하였다. 입금일의 회계처리는 생략한다.

[유형]
[분개] (차) (대)

문제

10월 20일 : 박재전자에 제품을 판매하고 계약금 ₩2,000,000을 제외한 잔액은 전부 외상으로 하였다.(전자세금계산서 발급분)

(단위 : ₩)

품 목	공급가액	부가가치세	거래처명	대금결제
컴퓨터	20,000,000	2,000,000	박재전자	외상

[유형]

[분개] (차) (대)

문제

10월 22일 : 공장의 원재료 매입처의 확장이전을 축하하기 위하여 가을농산에서 화분을 ₩100,000에 구입하여 전달하였다. 증빙으로 계산서를 수취하였으며, 대금은 외상으로 하였다.

[유형]

[분개] (차) (대)

문제

10월 25일 : 제품운반용 트럭이 사고로 인하여 인성공업사로부터 엔진을 교체하였다. 이는 자본적지출에 해당하는 것으로 엔진교체비 ₩5,000,000(부가가치세 별도)을 당좌수표로 지급하고 전자세금계산서를 발급받았다.

[유형]

[분개] (차) (대)

11월 거래내역

문제

11월 5일 : 공장의 자재관리부서에서 매입거래처인 (주)보경상사의 공장 준공식에 선물할 집기비품을 박재전자에서 구입하여 제공하고 전자세금계산서를 수취하였다. 위 금액은 ₩1,650,000(부가세포함)이며 대금은 보통예금계좌에서 이체하였다.

[유형]

[분개] (차) (대)

문제

11월 7일 : (주)장지소프트웨어에서 ERP시스템 소프트웨어 용역을 공급받고, 전자세금계산서 ₩22,000,000(부가가치세 포함)를 수취하였다. 대금은 2달 후에 지급하기로 하였다. 단, 계정과목은 무형자산 항목으로 처리하고, 당해 용역은 완료되었다.

[유형]

[분개] (차) (대)

문제

11월 12일 : 공장건물을 신축할 목적으로 최남건설로부터 토지를 ₩15,000,000에 매입하고 계산서를 받았다. 대금 중 ₩10,000,000은 당사 당좌예금 계좌에서 이체하여 지급하고 나머지는 3개월 후에 지급하기로 하였다.

[유형]

[분개] (차) (대)

문제

11월 15일 : 생산직 종업원들의 안전을 목적으로 정현쇼핑(사업자등록번호 105-85-12341, 거래처코드 800으로 등록 할 것)에서 다음 물품들을 구입하고 전자세금계산서를 발급받았다. 대금은 1개월 후에 지급하기로 하였다. 비용계정을 사용하여 회계처리하시오. (복수거래로 회계처리 할 것)

품 목	수량	단가	공급가액	세액	결제방법
안전모	20	20,000	400,000	40,000	외상
장 갑	100	1,000	100,000	10,000	

[유형]

[분개] (차) (대)

문제

11월 22일 : 공장에서 사용하던 기계장치를 양재상사(주)에게 ₩20,000,000원(부가가치세 별도)에 매각하고 전자세금계산서를 발급하였다. 대금 중 ₩15,000,000원은 자기앞수표로 받고 잔액은 1달 후에 받기로 하였으며, 기계장치의 취득원가는 ₩25,000,000, 감가상각누계액은 ₩5,000,000 이다.

[유형]

[분개] (차) (대)

11월 24일 : 인성공업사에서 공장용 화물차를 수리하면서 수리대금 ₩55,000(부가세 포함)은 현금으로 결제하고 현금영수증(지출증빙용)을 받았다.(승인번호 입력은 생략)

[유형]

[분개] (차) (대)

11월 25일 : (주)한욱무역에 Local L/C에 의해 제품 ₩13,000,000을 판매하고 영세율 전자세금계산서를 발급하였다. 대금은 외상으로 하였다.

[유형]

[분개] (차) (대)

11월 30일 : 쫑화자동차(주)에서 직원출장용으로 임차한 소형승용차(2,000cc)의 사용대금 ₩330,000(부가세 포함)을 현금으로 지급하면서 전자세금계산서를 발급받았다.

[유형]

[분개] (차) (대)

 12월 거래내역

12월 7일 : 박재전자로부터 원재료를 매입하고, 계약금 ₩1,000,000을 제외한 나머지는 한 달 후에 지급하기로 하였다.(전자세금계산서 발급분)

(단위 : ₩)

품 목	공급가액	부가가치세	거래처명	대금결제
컴퓨터부품	10,000,000	1,000,000	박재전자	외상

[유형]

[분개] (차) (대)

12월 8일 : 개인 이덕연에게 컴퓨터 ₩1,100,000(공급대가)을 소매로 매출하고 대금은 전액 현금으로 받았다.

[유형]

[분개] (차) (대)

12월 10일 : 생산부서 사원들에게 선물로 지급하기 위해 이천쌀 50포대를 가을농산으로부터 구입하고 현금으로 ₩1,200,000을 결제하면서 현금영수증(지출증빙용)을 발급받았다.(승인번호입력은 생략한다.)

[유형]
[분개] (차) (대)

12월 11일 : 회사 영업부에서 업무용으로 사용하는 법인소유의 소형승용차(1,500CC)가 고장이 발생하여 인성공업사에서 수리하고 전자세금계산서를 수취하였다. 차량수리비 ₩220,000원(부가가치세 포함)은 전액 현금으로 지급하였다.(수익적지출로 회계처리 할 것)

[유형]
[분개] (차) (대)

12월 14일 : 보림식당(거래처 코드 601에 등록, 사업자등록번호 105－02－12348)에서 생산부서의 회식을 하고 음식대금 ₩880,000원(부가가치세 포함)을 법인카드인 신한카드로 결제하였다.

[유형]
[분개] (차) (대)

12월 16일 : 당사는 본사 경리부에서 사용할 실무서적 10권을 (주)찬재서적(사업자등록번호 : 213-81-78215)에서 ₩300,000원에 현금구입하면서 계산서를 발급 받았다.(거래처코드: 900번에 등록하시오)

[유형]
[분개] (차) (대)

12월 20일 : 영업직근무자들에게 선물을 주기 위하여 (주)보경상사로부터 외장형 하드를 구입하고 전자세금계산서 ₩5,000,000(부가가치세 별도)을 발급받았다. 대금은 (주)보경상사의 외상매출금 ₩3,000,000과 상계하고 잔액은 3개월 만기 약속어음으로 지급하였다.

[유형]
[분개] (차) (대)

문제

12월 22일 : 벤카인터내셔날사에 US $50,000의 제품을 선적하고 대금은 1개월 후에 받기로 하였다. 선적일의 기준 환율은 1,200₩/$이다.

[유형]

[분개] (차) (대)

문제

12월 23일 : 박재전자로부터 외상 매입하였던 컴퓨터부품 중에서 일부(공급가액 ₩500,000, 부가가치세액 ₩50,000)가 불량품으로 판명되어 반품됨에 따라 반품전자세금계산서를 발급받았다. 대금은 외상매입금과 상계정리하기로 하였다.

[유형]

[분개] (차) (대)

문제

12월 27일 : 해외거래처로부터 수입한 원재료와 관련하여 김포세관(거래처 등록 : 코드 1000, 사업자등록번호 158-81-54629)에 부가가치세 ₩2,100,000(공급가액 ₩21,000,000)을 현금으로 납부하고 전자수입세금계산서를 교부받았다.

[유형]

[분개] (차) (대)

제5절 부가가치세

부가가치세 메뉴는 일반과세자 및 간이과세자의 각 과세기간에 대한 부가가치세 과세표준과 납부세액 또는 환급세액 등을 기재하여 사업장 관할 세무서에 신고하는 서류로 부가가치세법에 규정된 서식이다.

1. 부가가치세신고서

부가가치세신고서를 작성 및 출력하는 메뉴로서, [매입매출전표] 입력시 유형을 잘 선택하였다면 각각의 해당란으로 자동 반영되어 부가가치세신고서의 중요한 부분은 작성이 완료된 상태이다. 나머지 항목들만 추가입력하면 된다.

[부가가치]-[부가가치세]-[부가가치세신고서]의 "일반과세" 탭에서 조회기간에 신고대상기간을 입력하면 다음과 같은 화면이 나타난다.11)

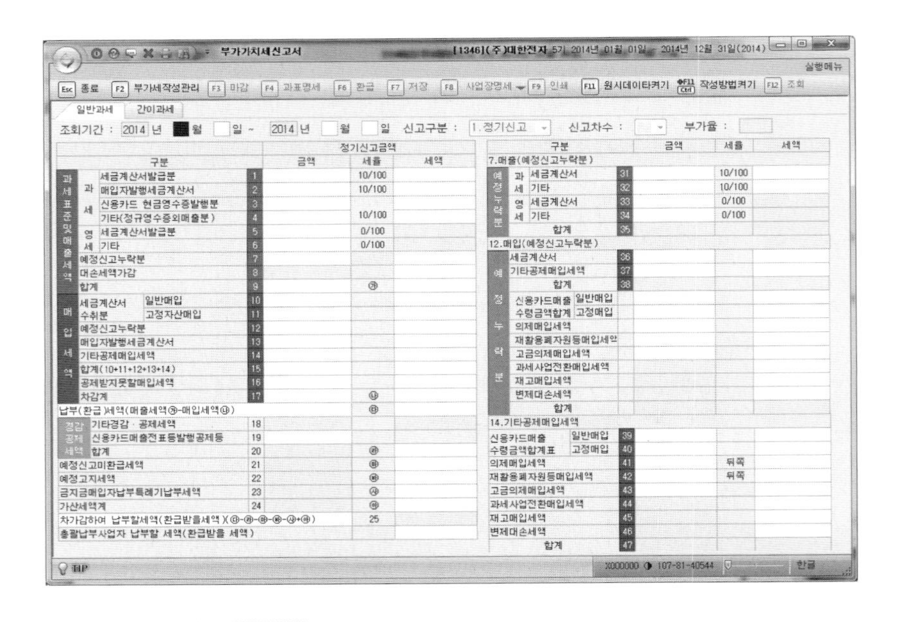

11) "간이과세" 탭 전체 내용은 자격시험과 무관하므로 설명을 생략한다.

(1) 과세표준 및 매출세액

구분				금액	세율	세액
과세표준및매출세액	과세	세금계산서발급분	1		10/100	
		매입자발행세금계산서	2		10/100	
		신용카드 현금영수증발행분	3			
		기타(정규영수증외매출분)	4		10/100	
	영세	세금계산서발급분	5		0/100	
		기타	6		0/100	
	예정신고누락분		7			
	대손세액가감		8			
	합계		9		㉮	

① 과세(세금계산서 발급분)

당해 신고대상기간 중에 부가가치세가 과세되는 사업실적 중 세금계산서 발급분을 입력한다. [매입매출전표]에서 "11.과세"로 입력한 금액이 자동 반영된다.

② 과세(매입자발행세금계산서)

당해 신고대상기간 중에 매입자로부터 발급받은 매입자발행세금계산서상 금액과 세액을 입력한다.

③ 과세(신용카드・현금영수증 발행분)

당해 신고대상기간 중에 부가가치세가 과세되는 사업실적 중 신용카드전표발행분, 전자화폐수취분, 현금영수증발급분을 입력한다. [매입매출전표]에서 "17.카과", "19.카영", "21.전자", "22.현과", "24.현영" 으로 입력한 금액이 자동 반영된다.

④ 과세(기타)

당해 신고대상기간 중에 부가가치세가 과세되는 사업실적 중 영수증발급분 및 세금계산서 발급의무가 없는 재화와 용역의 공급분을 입력한다. [매입매출전표]에서 "14.건별"로 입력한 금액이 자동 반영된다.

⑤ 영세(세금계산서 발급분)

당해 신고대상기간 중에 영세율이 적용되는 사업실적 중 세금계산서 발급분을 입력한다. [매입매출전표]에서 "12.영세"로 입력한 금액이 자동 반영된다.

⑥ 영세(기타)

당해 신고대상기간 중에 영세율이 적용되는 사업실적 중 세금계산서 발급의무 면제분을 입력한다. [매입매출전표]에서 "16.수출"로 입력한 금액이 자동 반영된다.

⑦ 예정신고누락분

예정신고 매출 누락분을 확정신고시 신고하고자 하는 경우에 각각의 해당란에 입력한다.

구분				정기신고금액 금액	세율	세액
과세표준및매출세액	과세	세금계산서발급분	1		10/100	
		매입자발행세금계산서	2		10/100	
		신용카드 현금영수증발행분	3			
		기타(정규영수증외매출분)	4		10/100	
	영세	세금계산서발급분	5		0/100	
		기타	6		0/100	
	예정신고누락분		7			
	대손세액가감		8			
	합계		9		㉮	

구분				금액	세율	세액
7.매출(예정신고누락분)						
예정누락분	과세	세금계산서	31		10/100	
		기타	32		10/100	
	영세	세금계산서	33		0/100	
		기타	34		0/100	
	합계		35			
12.매입(예정신고누락분)						
예	세금계산서		36			
	기타공제매입세액		37			
	합계		38			

⑧ 대손세액가감

부가가치세가 과세되는 재화 또는 용역의 공급에 대한 외상매출금 등이 대손되어 세법상 대손요건을 충족하여 대손세액을 공제받을 사업자가 기재하며, 대손세액을 공제받는 경우에는 대손세액을 차감표시(-)하여 입력하고, 대손금액의 전부 또는 일부를 회수하여 회수금액에 관련된 대손세액을 납부하는 경우에는 당해 납부세액을 가산표시(+)하여 입력한다.

(2) 매입세액

매입세액						
	세금계산서 수취분	일반매입	10			
		고정자산매입	11			
	예정신고누락분		12			
	매입자발행세금계산서		13			
	기타공제매입세액		14			
	합계(10+11+12+13+14)		15			
	공제받지못할매입세액		16			
	차감계		17		㉯	

① 세금계산서수취분(일반매입)

당해 신고대상기간 중에 발급받은 세금계산서(단, 고정자산관련 매입은 제외)의 공급가액 합계 및 세액 합계를 입력한다(공제받지 못할 매입세액 포함). [매입매출전표]에서 "51:과세", "52:영세", "54:불공", "55:수입"으로 입력한 금액이 자동 반영된다.

② 세금계산서수취분(고장자산매입)

당해 신고대상기간 중에 발급받은 세금계산서 중 고정자산 매입에 관련된 공급가액 합계 및 세액 합계를 입력한다(공제받지 못할 매입세액 포함). [매입매출전표]에서 "51:과세", "52:영세", "54:불공"으로 입력한 금액 중 하단 분개 란에 계정과목을 비유동자산 코드로 입력한 금액이 자동 반영된다.

③ 예정신고누락분

예정신고 매입 누락분을 확정신고시 신고하고자 하는 경우에 각각의 해당란에 입력한다.

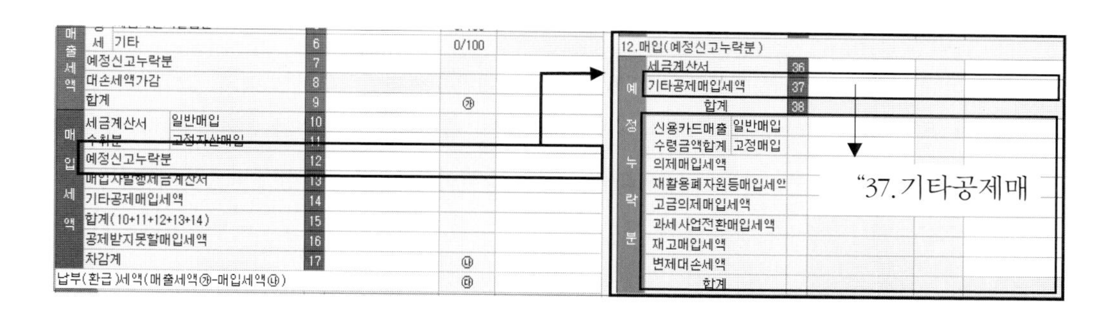

④ 매입자발행세금계산서

매출자가 세금계산서를 발급하지 않아 관할세무서장에게 신고하여 승인받은 매입자발행세금계산서의 금액과 세액을 입력한다.

⑤ 기타공제매입세액

원칙적으로 매출세액에서 공제가능한 매입세액은 자기의 사업을 위하여 사용되었거나 사용될 재화·용역의 공급 또는 재화의 수입에 대한 세액이다. 다만, 세금계산서에 의한 매입세액은 아니나, 법 규정에 의하여 공제 가능한 경우가 있는데 그 내용은 다음과 같다.

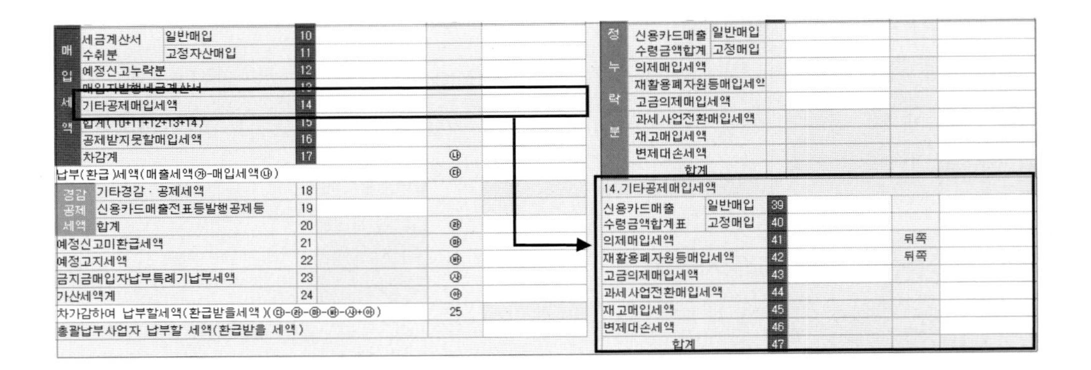

▸ **신용카드매출전표 등 수령명세서 제출분** : 사업과 관련한 재화나 용역을 공급받고 발급받은 신용카드매출전표 등에 대한 명세서를 제출하여 매입세액을 공제하는 경우에 입력한다.

▸ **의제매입세액** : 면세농산물 등을 원재료로 제조·창출한 재화 또는 용역이 국내에서 과세되어 의제매입세액을 공제받는 사업자가 입력한다.

▸ **재활용폐자원 등 매입세액** : 재활용폐자원 등에 대한 매입세액을 공제받는 사업자가 입력한다.

▸ **고금의제매입세액** : 고금에 대한 의제매입세액을 공제받는 사업자가 입력한다.

▸ 과세사업전환매입세액 : 면세사업에 사용하는 감가상각자산을 과세사업에 사용하거나 소비하는 경우 취득시 불공제한 매입세액을 공제받는 경우에 입력한다.

▸ **재고매입세액** : 간이과세자에서 일반과세자로 변경된 사업자가 그 변경되는 날 현재의 재고품 및 감가상각자산에 대하여 매입세액을 공제받는 경우에 입력한다.

▸ **변제대손세액** : 공급받은 재화나 용역에 대한 외상매입금, 기타 매입채무가 대손확정되어 매입세액을 불공제 받은 후 대손금액의 전부 또는 일부를 변제한 경우, 변제한 대손금액에 관련된 대손세액을 입력한다.

⑥ 공제 받지 못할 매입세액

해당 신고대상기간 중에 발급받은 세금계산서 중 공제받지 못하는 매입세액에 대한 공급가액 및 세액의 합계액을 입력한다. 다음의 매입세액은 실제로 거래징수된 경우에도 매출세액에서 공제될 수 없는데 그 내용은 다음과 같다.

구분				정기신고금액		
				금액	세율	세액
과세표준및매출세액	과세	세금계산서발급분	1		10/100	
		매입자발행세금계산서	2		10/100	
		신용카드 현금영수증발행분	3			
		기타(정규영수증외매출분)	4		10/100	
	영세	세금계산서발급분	5		0/100	
		기타	6		0/100	
	예정신고누락분		7			
	대손세액가감		8			
	합계		9		㉮	
매입세액	세금계산서 수취분	일반매입	10			
		고정자산매입	11			
	예정신고누락분		12			
	매입자발행세금계산서		13			
	기타공제매입세액		14			
	합계(10+11+12+13+14)		15			
	공제받지못할매입세액		16			
	차감계		17		㉯	

구분			금액	세율	세액
16.공제받지못할매입세액					
공제받지못할 매입세액		48			
공통매입세액면세사업분		49			
대손처분받을세액		50			
합계		51			
18.기타경감공제세액					
전자신고세액공제		52			
전자세금계산서발급세액공제		53			
택시운전사업자경감세액		54			
원산지확인서 발급세액 공제		55			
현금영수증사업자세액공제		56			
기타		57			
합계		58			
24.가산세명세					
사업자미등록등		59		1/100	
세금계산서	지연발급 등	60		1/100	
	지연수취	61		1/100	
	미발급 등	62		2/100	

▶ 공제받지 못할 매입세액

- 세금계산서 미수취·필요적 기재사항 불분명분 매입세액,
- 매입처별세금계산서합계표의 미제출·부실기재분 매입세액,
- 사업과 직접 관련없는 지출에 대한 매입세액,
- 비영업용 소형승용차의 구입과 임차 및 유지에 관한 매입세액[12],
- 접대비 및 이와 유사한 비용의 지출에 관련된 매입세액,
- 면세사업에 관련된 매입세액,
- 토지의 자본적 지출 관련 매입세액,
- 간주임대료에 대한 부가가치세[13]
- 사업자등록 전 매입세액(단, 등록신청일로부터 역산하여 20일 이내의 것은 공제 가능)

▶ 공통매입세액 면세사업분 : 과세사업과 면세사업을 겸영하는 경우에 면세사업에 관련된 매입세액의 계산은 실지 귀속에 따라 하되, 실지귀속을 구분할 수 없는 공통매입세액은 안분계산하여 면세사업 해당분을 매입세액 불공제 한다.

▶ 대손처분 받은 세액 : 재화 또는 용역을 공급받은 사업자가 매입대금을 지급하지 못하여 공급자가 대손금액의 전부 또는 일부를 대손세액으로 공제받은 경우, 공급받은 자는 대소이 확정된 날이 속하는 과세기간의 확정신고시 관련 대손세액 상당액을 매입세액에서 차감하여 납부한다.

12) 비영업용이란 운수업·자동차판매업·자동차임대 자동차운전학원에서와 같이 승용차를 직접 영업에 사용하는 것 이외의 목적으로 사용하는 것을 의미하므로 일반회사의 업무용승용차는 전부 비영업용에 해당됨. 또한 소형승용차란 주로 사람의 수송을 목적으로 제작된 승용차로서 개별소비세 과세대상이 되는 차량으로 정원 8명 이하의 자동차에 한하되, 배기량이 1,000cc 이하의 차량은 제외됨.

13) 임차인이 부담하는 간주임대료에 대한 부가가치세는 공제되지 않음.

(3) 경감·공제세액 및 차가감 납부할세액

경감·공제세액은 정부가 근거과세확립을 위하여 조세정책적인 측면에서 추진하는 신용거래의 촉진에 대한 유인보상수단으로서의 세액공제 또는 사회·경제 정책적으로 지원이 요구되는 산업 또는 사업에 대한 조세부담의 경감을 목적으로 매출세액에서 공제되어지는 것을 말한다.

경감 공제 세액	기타경감 · 공제세액	18			
	신용카드매출전표등발행공제등	19			
	합계	20		㉣	

① 기타경감 · 공제세액

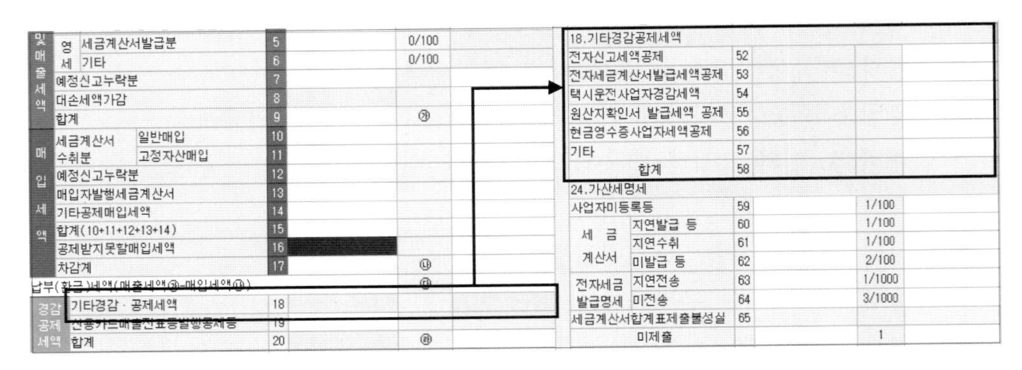

구분			번호	금액	세율	세액
및 매출세액	영세	세금계산서발급분	5		0/100	
		기타	6		0/100	
	예정신고누락분		7			
	대손세액가감		8			
	합계		9		㉮	
매입세액	세금계산서 수취분	일반매입	10			
		고정자산매입	11			
	예정신고누락분		12			
	매입자발행세금계산서		13			
	기타공제매입세액		14			
	합계(10+11+12+13+14)		15			
	공제받지못할매입세액		16			
	차감계		17		㉯	
납부(환급)세액(매출세액㉮-매입세액㉯)					㉰	
경감 공제 세액	기타경감 · 공제세액		18			
	신용카드매출전표등발행공제등		19			
	합계		20		㉣	

18.기타경감공제세액		번호	금액	세율	세액
전자신고세액공제		52			
전자세금계산서발급세액공제		53			
택시운전사업자경감세액		54			
원산지확인서 발급세액 공제		55			
현금영수증사업자세액공제		56			
기타		57			
합계		58			
24.가산세명세					
사업자미등록등		59		1/100	
세금계산서	지연발급 등	60		1/100	
	지연수취	61		1/100	
	미발급 등	62		2/100	
전자세금 발급명세	지연전송	63		1/1000	
	미전송	64		3/1000	
세금계산서합계표제출불성실		65			
미제출				1	

- **전자신고세액공제** : 납세의무자가 직접 전자신고하는 경우 확정신고시에 해당 납부세액에서 10,000원을 공제하거나 환급세액에 가산한다.
- **전자세금계산서발급세액공제** : 전자세금계산서를 발급하고 발급명세를 국세청에 전송한 경우 발급 건당 200원(연간 100만원 한도)을 공제한다.
- **택시운송사업자경감세액** : 여객자동차운수사업법상 일반택시운송사업자에 대하여는 운수종사자의 처우개선 및 복지향상에 사용하도록 부가가치세(납부세액의 90%)를 경감한다.
- **현금영수증사업자세액공제** : 조특법 제126조의3규정에 의한 현금영수증사업자(현금영수증 발급기를 각 업소에 설치하여 주는 사업자)에 대하여는 현금영수증 발급장치 설치 건수 1건당 17,500원을, 현금영수증 결제건수 1건당 22원을 납부세액에서 공제하거나 환급세액에 가산한다.

② 신용카드매출전표등발행공제등

개인사업자로서 소매업자, 음식업자, 숙박업자 등 부가가치세법시행령 제79조의2 제1항 및 제2항에 규정된 사업자가 신용카드 및 전자화폐에 의한 매출이 있는 경우에 기재(단, 법인사업자는 금액만 기재)하며, 금액란에는 신용카드매출전표 등 발행금액과 전자화폐 수취금액을 공급대가로 기재하고, 세액란에는 동 금액의 1.3%(음식 · 숙박업 간이과세자는 2.6%)에 해당하는 금액을 기재한다.

③ 예정신고 미환급세액

예정신고를 할 때 일반환급세액이 있는 것으로 신고한 경우 그 환급세액을 기재한다.

④ 예정고지세액

해당 과세기간 중에 예정고지된 세액이 있는 경우 그 예정고지세액을 기재한다.

⑤ 금지급매입자 납부특례 기납부세액

금거래 계좌를 사용한 금사업자는 국고에 입금된 부가가치세액을 조회하여 기재한다.

⑥ 가산세액계

신고한 내용에 가산세가 적용되는 경우가 있는 사업자만 기재한다. 가산세는 전산세무회계 2급에서 다룬다.

⑦ 차가감하여 납부할 세액

납부(환급)세액에서 경감 · 공제세액과 예정신고 미환급세액을 차감하고 가산세를 가산한 금액을 기재한다.

[예제] 부가가치세신고서 조회하기

(주)대한전자의 부가가치세신고서를 조회한다.

문제1

제2기 부가가치세 예정신고기간의 납부세액은 얼마인가?

문제2

제2기 부가가치세 예정신고기간에 공제받을 매입세액은 얼마인가?

문제3

제2기 부가가치세 예정신고기간의 과세표준은 얼마인가?

문제4

제2기 부가가치세 예정신고기간의 매출세액은 얼마인가?

문제5

제2기 부가가치세 예정신고기간의 매입세액이 불공제되는 세금계산서의 공급가액은 얼마인가?

문제6

제2기 부가가치세 예정신고기간 중 신용카드 사용에 따른 매입세액공제액은 얼마인가?

문제7

제2기 부가가치세 예정신고기간 중 영세율 세금계산서를 발행한 금액은 얼마인가?

문제8

제2기 부가가치세 예정신고기간 에 고정자산을 매입한 공급가액은 얼마인가?

문제9

제2기 부가가치세 확정신고기간의 납부세액은 얼마인가?

문제10

제2기 부가가치세 확정신고기간에 공제받을 매입세액은 얼마인가?

문제11

제2기 부가가치세 확정신고기간의 과세표준은 얼마인가?

문제12

제2기 부가가치세 확정신고기간의 매출세액은 얼마인가?

문제13

제2기 부가가치세 확정신고기간의 매입세액이 불공제되는 세금계산서의 공급가액은 얼마인가?

문제14

제2기 부가가치세 확정신고기간 중 신용카드 사용에 따른 매입세액공제액은 얼마인가?

문제15

제2기 부가가치세 확정신고기간 중 영세율 세금계산서를 발행한 금액은 얼마인가?

문제16

제2기 부가가치세 확정신고기간 에 고정자산을 매입한 공급가액은 얼마인가?

2. 세금계산서합계표

사업자가 세금계산서를 발급하였거나 세금계산서를 발급받은 때에는 "매출처별세금계산서합계표"와 "매입처별세금계산서합계표"를 당해 예정신고 또는 확정 신고와 함께 관할세무서에 제출하여야 한다. 만일, 예정신고를 하는 사업자가 각 예정신고와 함께 "매출처별세금계산서합계표"와 "매입처별세금계산서합계표"를 제출하지 못한 경우에는 당해 예정신고시간이 속하는 확정신고와 함께 이를 제출할 수 있다.

매출부분은 "11:과세", "12:영세"로 입력된 내용이 자동 반영되며, 매입부분은 "51:과세", "52:영세", "54:불공", "55:수입"으로 입력된 내용이 자동으로 반영된다.

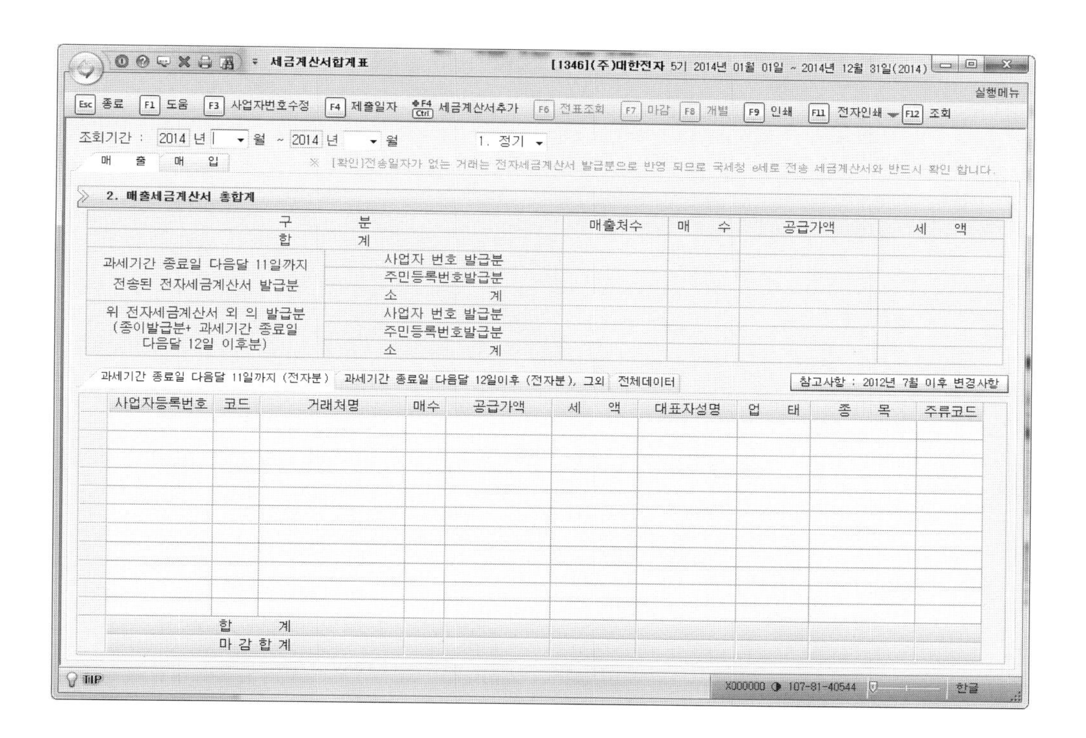

조회기간

조회하고자 하는 해당 기간과 신고구분(1.정기, 2.수정)을 선택한다.

과세기간 종료일 다음달 11일까지(전자분)

전자적으로 발급하고, 과세기간 종료일 다음달 11일(토요일, 공휴일인경우에는 그 다음날)까지 국세청에 전송된 매출·매입세금계산서에 대한 거래처수, 총매수, 총공급가액 및 총세액에 대한 세부내역을 보여준다.

과세기간 종료일 다음달 12일이후(전자분), 그 외

종이로 발급한 세금계산서, 전자적으로 발급하였으나 그 개별명세를 과세기간 종료일 다음달 11일(토요일, 공휴일인경우에는 그 다음날)까지 국세청에 전송하지 않은 전자세금계산서 또는 매입자발행세금계산서제도에 따라 매입자가 발급한 매입자발행세금계산서에 대한 거래처수, 총매수, 총공급가액 및 총세액에 대한 세부내역을 보여준다.

[예제] 세금계산서합계표 조회하기

(주)대한전자의 세금계산서합계표를 조회한다.

문제1

제2기 예정 부가가치세 신고기간에 발행된 매출세금계산서는 총 몇 매이며 총 공급가액은 얼마인가?

문제2

제2기 예정 부가가치세 신고기간의 매출액이 가장 작은 거래처는 어느 거래처이며 공급대가는 얼마인가?

문제3

제2기 예정 부가가치세 신고의 매입세금계산서의 매입부가가치세는 얼마인가?

문제4

제2기 예정 부가가치세 신고기간에 최남건설로부터 전자세금계산서를 교부받은 거래의 공급가액은 모두 얼마인가?

문제5

제2기 확정 부가가치세 신고기간에 발행된 매출세금계산서는 총 몇 매이며 총 공급가액은 얼마인가?

문제6

제2기 확정 부가가치세 신고기간에 반품이 발생한 거래처는 어느 거래처이며 공급대가는 얼마인가?

문제7

제2기 확정 부가가치세 신고기간의 매입세금계산서의 매입부가가치세는 얼마인가?

문제8

제2기 확정 부가가치세 신고기간에 매입세금계산서 매수가 가장 많은 거래처를 조회하면?

제6절 고정자산등록

본 메뉴는 감가상각 대상 자산의 감가상각에 필요한 기초자료를 입력하는 메뉴로 [기본등록사항]과 [추가등록사항]으로 구성되어 있다. [고정자산등록]에서 입력된 자료는 [미상각분감가상각비], [양도자산감가상각비], [고정자산관리대장]에 자동 반영되어 해당 각 메뉴를 조회 및 출력할 수 있게 한다.

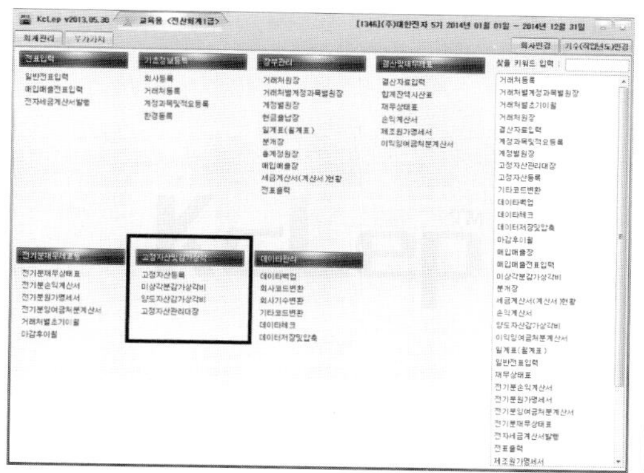

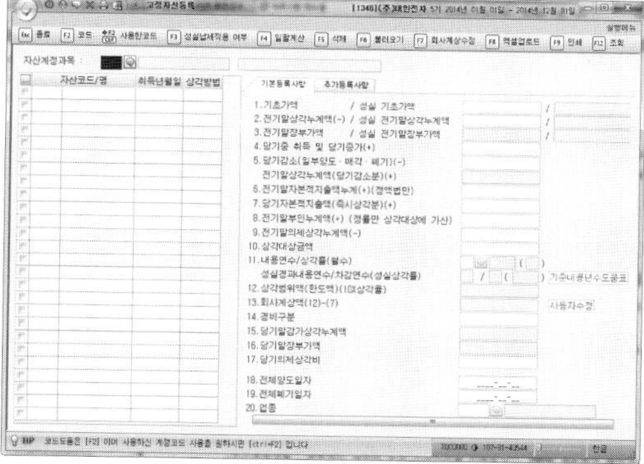

자산계정과목

등록하고자 하는 고정자산의 계정과목 코드번호 3자리를 입력한다. 코드를 모르는 경우에는 코드도움(F2) or 말풍선키(◙)키를 눌러서 조회할 수 있다. 해당 자산을 선택하고 Enter 한다.

자산코드/명

해당 자산의 관리에 필요한 코드를 "000001 ~ 999999" 사이의 숫자로 입력하고 해당 자산의 구체적인 품목명을 한글 19자, 영문/숫자 38자 이내로 입력한다.

취득년월일

해당 자산의 취득 년 월 일을 입력한다.

상각방법 (1:정률법, 2:정액법)

감가상각방법 중 "1:정률법, 2:정액법"을 선택하여 입력한다. 전산세무회계 프로그램은 세법규정에 따라 운영되므로 건축물(202.건물과 204.구축물)과 무형자산의 경우에는 상각방법이 정액법으로 고정되어 다른 방법을 선택할 수 없도록 구성되어 있다.

기본등록사항 14)

기초가액

전기말 현재의 취득가액 또는 당기에 취득한 고정자산의 취득가액을 입력한다. 단, 무형자산을 직접법으로 상각한 경우에는 전기말 장부가액을 입력한다.

전기말 상각누계액

전기 말 현재의 감가상각누계액을 입력한다. 단, 무형자산을 직접법으로 상각한 경우에는 직접 상각한 금액의 누계액을 입력해야 한다.

전기말 장부가액

기초가액에서 전기말 상각누계액을 차감한 금액이며 자동 계산되어 표시된다. 단, 무형자산은 기초가액이 전기말 장부가액이 된다.

당기중 취득 및 당기증가

당기에 취득한 고정자산의 취득가액 또는 당기 이전에 취득한 자산에 대하여 당기 중 자본적 지출액이 발행한 경우에 해당 금액을 입력한다.

14) [추가등록사항]은 자격시험과 무관하므로 설명을 생략한다.

당기감소

당기에 고정자산의 일부가 양도나 매각, 폐기 등의 사유로 감소한 경우 해당 자산의 금액을 입력한다.

전기말 자본적지출액 누계

당기 이전에 법인세법상 자본적 지출액에 해당하는 금액을 회사가 수익적 지출로 잘못 처리한 경우, 동 자본적 지출액의 누계액을 입력한다. 상각 방법에서 "2:정액법"으로 선택한 고정자산만 입력할 수 있다.

당기 자본적지출액

당기에 법인세법상 자본적 지출액에 해당하는 금액을 회사가 수익적 지출로 잘못 처리한 경우, 동 자본적 지출액을 입력한다.

전기말 부인누계액

전기말 감가상각비 부인누계액을 입력한다. 상각방법이 "1:정률법"의 자산만 상각대상에 가산되어 감가상각비가 계산된다.

전기말 의제상각누계액

전기말 의제상각누계액을 입력한다.

상각대상금액

법인세법상 상각계산의 기초가액을 의미한다. 입력된 금액에 의하여 자동 계산되어 표시된다.

내용연수/상각율(월수)

해당자산의 내용년수를 입력하면 상각률은 자동으로 표시된다. 내용연수는 유형자산의 경제적 효익이 발생하는 기간, 즉 취득한 목적대로 이용할 수 있으리라고 추정되는 기간을 말한다. 법인세법에서는 각 자산별 · 업종별로 내용연수를 구체적으로 규정하고 있는데, "기준내용년수도움표" 보조창에서 이를 확인할 수 있다.

상각범위액(한도액)

상각대상금액 × 상각율(월수)로 당기 상각범위액(세법상 당기 감가상각비)이 자동계산되어 표시된다.

회사계상액

회사계상액이 상각범위액과 다른 경우에는 "사용자수정" 을 클릭하여 회사가 계상한 감가상각비로 수정할 수 있다.

경비구분

고정자산의 용도에 따라 경비구분을 선택하여 관리할 수 있다. 구분번호 "6.800번대(판매비와관리비)", "1.500번대(제조경비)" 중 해당번호를 선택하여 입력한다. 결산 시 선택된 경비구분번호에 따라서 경비구분별로 감가상각비 반영된다.

당기말 감가상각누계액

전기말 상각누계액과 상각비의 합계액이 자동 표시된다.

당기말 장부가액

기초가액에서 당기말 상각누계액을 차감한 금액이 자동 표시된다.

당기 의제상각비

각 사업연도의 소득에 대하여 법인세가 면제되거나 감면되는 사업을 영위하는 법인이, 법인세를 면제받거나 감면받은 경우에는 감가상각자산에 대하여 상각범위액에 해당하는 감가상각비를 손금으로 계상하여야 하는데, 법인이 이를 계상하지 않거나 상각범위액에 미달하게 계산한 경우 해당 금액을 입력한다.

전체 양도일자

연도중에 양도한 자산의 양도일자를 입력한다. 양도일자를 입력하면 양도일까지의 월수로 "상각범위액"란이 자동 반영된다. 양도일자가 입력된 자산은 양도자산감가상각비 메뉴와 고정자산관리대장 메뉴에서 조회된다.

전체 폐기일자

연도중에 폐기한 자산의 폐기일자를 입력한다. 폐기일자가 입력된 자산은 고정자산관리대장 메뉴에서만 조회된다.

업종

내용연수의 적정여부 판단을 위한 업종구분이다. 코드도움(F2) or 말풍선키( )키를 클릭하여 해당 업종을 선택한다.

[예제] 고정자산등록 및 감가상각 따라하기!

다음 자료에 의하여 (주)대한전자의 당기 감가상각비를 계산하고 결산에 반영한다.

계정과목	자산코드/명	취득일자	기초가액	전기말 상각누계액	상각방법	내용연수	업종	용도
건물	101. 대한빌딩	2010. 1. 10	569,000,000	48,000,000	정액법	20	03	본사용
기계장치	201. 기계1	2010. 1. 10	55,000,000	50,880,804	정률법	10	53	공장용
	202. 기계2	2014. 6. 18	6,000,000	0	정률법	10	53	공장용
차량운반구	301. 리베로	2010. 1. 10	25,040,000	13,970,200	정률법	10	01	공장용
	302. 마이티	2014. 4. 20	19,000,000	0	정률법	10	01	공장용
	303. 소나타	2014 8. 16	34,500,000	0	정률법	10	01	본사용
비품	401. PDP60	2014.10. 05	1,500,000	0	정액법	10	13	본사용

문제1

건물의 당기분감가상각비는 얼마인가?

문제2

기계장치의 당기분감가상각비는 얼마인가?

문제3

차량운반구(제조경비)의 당기분감가상각비는 얼마인가?

문제4

차량운반구(판매비와관리비)의 당기분감가상각비는 얼마인가?

문제5

비품의 당기분감가상각비는 얼마인가?

제7절

결산 및 재무제표

결산이란 회계기간 전체에 계속적으로 발생한 자산, 부채, 자본의 변동내용 및 그 변동들로 인한 결과를 종합하여 재무제표로 일목요연하게 요약하는 것을 말한다. 즉, 회계기간이 종료된 후 일정시점에 있어서 기업의 재무상태, 일정기간에 있어서 기업의 경영성과를 명확히 보고하기 위하여 장부를 정리·마감하는 일련의 절차를 결산이라 한다.

결산은 아래 그림과 같이 "예비절차 - 본절차 - 재무제표 작성" 순으로 진행된다.

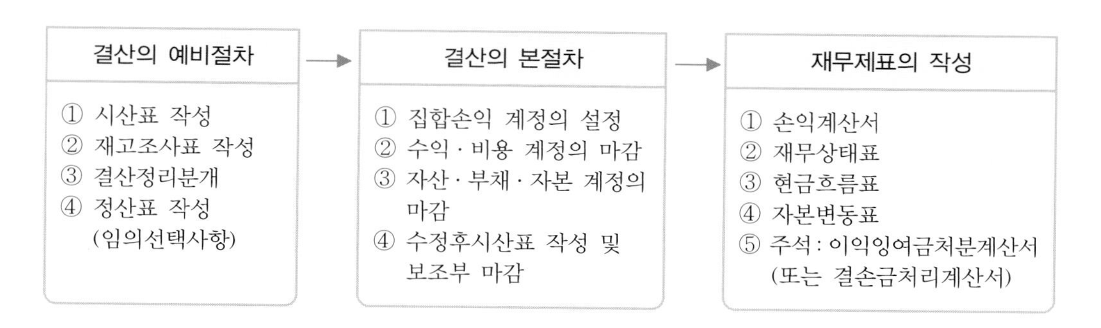

1. 결산의 예비절차

(1) 시산표의 작성

복식부기에서는 거래가 발생하면 분개장에 기입한 후 원장의 각 계정 계좌에 전기한다. 이때에 분개와 전기가 바르게 이루어지면 대차평균의 원리에 의하여 모든 계정의 차변합계액과 대변합계액은 반드시 일치하게 된다. 이와 같은 원리에서 원장의 전기가 정확한지를 검증하기 위하여 원장의 각 계정금액을 모아 작성하는 표를 시산표라 한다. 전산회계프로그램을 이용한 경우에는 '일반전표 입력'에 의해 자동으로 작성된다.

(2) 재고조사표의 작성

결산정리사항들을 정확하고 신속하게 기장하기 위해서는 모든 결산정리사항을 하나로 모아 일람표를 작성하면 편리하다. 이와 같이 원장 마감에 앞서 부정확한 계정의 잔액을 실제액에 일치시키기 위하여 장부의 수정에 필요한 결산정리사항만을 기재한 일람표를 재고조사표라 한다. 재고조사표에 기재될 결산정리사항은 다음과 같다.

(3) 결산정리분개

(1) 자산계정에 대한 결산정리

- 기말재고자산 재고액
- 유형자산의 감가상각 및 무형자산의 상각
- 매출채권에 대한 대손충당금 설정
- 기타채권에 대한 대손충당금 설정
- 유가증권의 평가
- 외화자산 및 외화부채의 평가
- 퇴직급여충당부채의 설정

(2) 손익계정에 대한 결산정리

- 수익 · 비용의 이연(선수수익, 선급비용)
- 수익 · 비용의 발생(미수수익, 미지급비용)

(3) 기타의 결산정리

- 현금과부족 정리
- 소모품의 정리
- 가지급금, 가수금의 정리
- 법인세비용의 추산

① 제품매출원가의 대체분개(자동분개)

제품매출액에 대응되는 원가로서 일정기간 중에 판매된 제품에 대하여 배분된 제조원가를 "제품매출원가"라 하며, 제조업에 있어서의 매출원가는 기초제품재고액과 당기제품제조원가와의 합계액에서 기말제품재고액을 차감하는 형식으로 기재한다.

제품매출원가 = 기초제품재고액 + 당기제품제조원가 - 기말제품재고액

▸ 원재료 사용분 원재료비계정 대체

(차) 원재료비 ××× (대) 원재료 ×××

▶ 원재료비 · 노무비 · 제조경비 제조로 대체

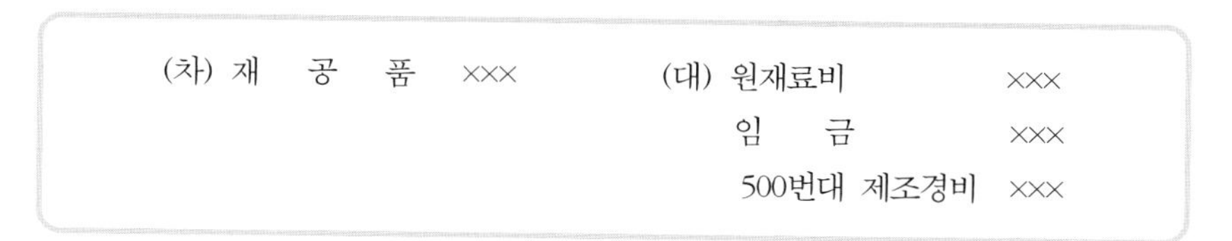

(차)			(대)	
재 공 품	×××		원재료비	×××
			임 금	×××
			500번대 제조경비	×××

▶ 완성품제조원가 제품대체

(차) 제 품 ××× (대) 재 공 품 ×××

▶ 제품매출원가대체

(차) 제품매출원가 ××× (대) 제 품 ×××

② 유형자산의 감가상각(자동분개)

유형자산은 기업이 이를 사용하거나 시간이 경과함에 따라 또는 그 수요의 변동이나 기술적 진보 등 여러 가지 원인으로 물리적으로나 경제적으로 그 가치가 점차 감소되어 가는데, 이러한 현상을 측정하여 기업의 재무 상태와 경영성과에 반영시키는 회계절차를 감가상각이라고 한다.

(차) 감가상각비 ××× (대) 감가상각누계액 ×××

③ 무형자산의 상각(자동분개)

무형자산의 미래 경제적 효익은 시간의 경과에 따라 소비되기 때문에, 상각을 통하여 장부가액을 감소시킨다. 무형자산의 상각은 유형자산의 경우와 같이 감가상각누계액 계정을 설정하지 않고 무형자산계정에서 직접 상각하는 것이 일반적이며, 이러한 경우에는 각각의 무형자산 장부가액의 증감내용을 주석으로 기재하여야 한다.

(차) 무형고정자산상각 ××× (대) 무형자산 ×××

④ 매출채권에 대한 대손충당금 설정(자동분개)

결산 시에 매출채권(외상매출금, 받을어음 등)은 차기 이후에 회수하기 위하여 이월한다. 그러나 매출채권의 잔액이 모두 차기 이후에 회수될 금액을 정확히 나타낸다고 볼 수 없다. 왜냐하면 그 중에는 거래처의 경영악화, 부도 등의 사유로 회수할 수 없는 채권액이 포함되어 있기 때문이다. 따라서 결산에 있어서 대손의 예상액을 장부상에 계상해 줄 필요가 있다.

기말에 매출채권의 채권 잔액에 대하여 몇 %정도 회수가 불가능하게 될 것인가를 추정하여 실제 대손에 대비한다. 이때 새로이 예상한 금액과 대손충당금 잔액을 서로 비교하여 다음과 같이 처리한다.

‣ 대손충당금 잔액이 없을 경우 - 대손상각비	×××	/	대 손 충 당 금	×××
‣ 대손예상액 〉 대손충당금잔액 - 대손상각비	×××	/	대 손 충 당 금	×××
‣ 대손예상액 〈 대손충당금잔액 - 대손충당금	×××	/	대손충당금환입[15]	×××

⑤ 단기매매증권평가

단기매매증권을 취득하여 결산일 현재 보유하고 있는 경우에는 이를 공정가액(시가)으로 평가하며, 공정가액의 변동분은 단기매매증권평가손익(영업외손익)으로 처리한다.

▸ 공정가액이 장부가액보다 높은 경우

(차) 단기매매증권 ××× (대) 단기매매증권평가이익 ×××

▸ 공정가액이 장부가액보다 낮은 경우

(차) 단기매매증권평가손실 ××× (대) 단기매매증권 ×××

⑥ 외화자산・부채의 평가

과거에 발생한 외화거래로 기말 현재 외화로 표시된 채권・채무가 있는 경우에는 이를 보고기간말 현재의 환율로 환산하고, 장부상에 표시된 금액과 기말환율로 환산한 금액과의 차액을 외화환산손익으로 처리한다.

15) 대손충당금환입에 대한 분개는 [일반전표입력] 메뉴에서 결산일자에 수동으로 분개해야 한다.

(차) 외화자산	×××	(대) 외화환산이익	×××
외화부채	×××		

or

(차) 외화환산손실	×××	(대) 외화자산	×××
		외화부채	×××

⑦ 퇴직급여충당부채 설정(자동분개)

종업원의 퇴직시 회사의 규정에 의하여 지급하여야 할 퇴직금 중 연도 부담분에 속하는 금액을 기말에 계상한다.

(차) 퇴직급여(제조간접비)	×××	(대) 퇴직급여충당부채	×××
퇴직급여(판매비와관리비)			

⑧ 수익의 이연

회계기간 중에 당기의 수익으로 회계처리 하였으나 차기 이후에 속하는 수익은 당기의 수익에서 차감하여 "선수수익"의 계정으로 대체시켜 차기로 이월시킨다.

(차) 이자수익	×××	(대) 선수수익	×××

⑨ 비용의 이연

회계기간 중에 당기의 비용으로 회계처리 하였으나 차기 이후에 속하는 비용은 당기의 비용에서 차감하여 "선급비용"의 계정으로 대체시켜 차기로 이월시킨다.

(차) 선급비용	×××	(대) 보험료	×××

⑩ 수익의 발생

당기에 속하는 수익 중 미수된 부분이 있는 경우에는 이를 당기의 수익으로 가산하고 동시에 "미수수익"의 계정으로 대체시켜 차기로 이월시킨다.

(차) 미수수익	×××	(대) 이자수익	×××

⑪ 비용의 발생

당기에 속하는 비용 중 결산일까지 아직 지급기일이 도래하지 않아 지급하지 않은 금액이 있는 경우에는 이를 당기의 비용으로 가산하고 동시에 "미지급비용"의 계정으로 대체시켜 차기로 이월시킨다.

(차) 이자비용 ××× (대) 미지급비용 ×××

⑫ 소모품의 정리

▸ 구입시 비용(소모품비)으로 처리한 경우

결산일에 미사용분이 있는 경우에는 그 금액을 소모품비 계정에서 차감하여 자산계정인 소모품계정으로 대체하여야 한다. 차기의 초일에는 재대체 분개를 하여 차기의 비용으로 기장 처리한다.

(차) 소모품 ××× (대) 소모품비 ×××

▸ 구입 시 자산(소모품)으로 처리한 경우

구입 시 자산계정인 소모품계정에 기입하고, 결산일에는 당기의 사용분을 소모품계정에서 차감하여 소모품비 계정으로 대체한다.

(차) 소모품비 ××× (대) 소모품 ×××

⑬ 현금과부족 정리

▸ 현금시제가 부족한 경우

장부상 현금잔액보다 실제 보유하고 있는 현금이 부족하여 현금과부족계정을 설정하였으나 결산 시까지 원인이 밝혀지지 않는 경우에는 잡손실로 처리한다.

(차) 잡손실 ××× (대) 현금과부족 ×××

▸ 현금시제가 많은 경우

실제 보유하고 있는 현금잔액이 장부상 현금잔액보다 많아 현금과부족계정을 설정하였으나 결산 시까지 원인이 밝혀지지 않는 경우에는 잡이익으로 처리한다.

(차) 현금과부족 ×××	(대) 잡이익 ×××

⑭ 가지급금, 가수금의 정리

가지급금 및 가수금 계정은 실제로 현금유입 및 지출은 있었으나, 계정과목이나 금액을 확정할 수 없을 때에 사용하며, 계정과목이나 금액이 확정되면 해당계정에 대체한다. 결산 시에 가급적이면 그 성질을 표시하는 과목으로 정리해야 한다.

(차) 해당계정과목 ×××	(대) 가지급금 ×××
(차) 가수금 ×××	(대) 해당계정과목 ×××

⑮ 법인세 등 추산(일부 자동분개)

법인세비용은 법인세비용차감전순손익에 법인세법 등의 법령에 의하여 과세하였거나 과세할 세율을 적용하여 계산한 금액으로 하며 법인세에 부가하는 세액을 포함한다. 중소기업은 기업회계기준의 중소기업특례규정에 의해 "법인세비용" 아닌 "법인세 등" 과목으로 회계 처리한다. 기말결산 시 법인세 추산액이 선납세금보다 큰 경우에는 "선납세금" 계정을 "법인세 등" 계정으로 대체하고 법인세 추산액의 나머지는 "미지급세금" 계정으로 대체한다.

(차) 법인세등 ×××	(대) 선납세금 ×××
(차) 법인세등 ×××	(대) 미지급세금 ×××

(4) 정산표의 작성(임의선택사항)

잔액시산표를 기초로하여 손익계산서와 재무상태표의 내용을 하나의 표에 모아서 작성하는 일람표이다.

2. 결산의 본절차

(1) 집합손익 계정의 설정

집합손익 계정은 순손익을 산출하기 위하여 결산시에 설정하는 경과계정이다. 집합손익 계정의 차변에는 비용계정의 잔액이 집계되고, 대변에는 수익계정의 잔액이 집계된다. 집합손익 계정의 잔액이 차변인 경우 순손실을 나타내며, 잔액이 대변인 경우 순이익을 나타낸다.

손 익

매 출 원 가	×××		
판매비와관리비	×××	매 출 액	×××
영업외비용	×××		
순이익을 나타냄	×××	영업외수익	×××

(2) 수익 · 비용 계정의 마감

모든 수익 계정은 그 잔액이 대변에 발생하며, 이러한 계정 잔액을 집합손익 계정 대변에 대체하여 마감하고, 모든 비용 계정은 그 잔액이 차변에 발생하며, 이러한 계정 잔액을 집합손익 계정 차변에 대체하여 마감한다.

수익과 비용 계정의 잔액을 집합손익 계정에 대체하면, 집합손익 계정의 차변합계는 비용총액이 되고 대변합계는 수익총액이 된다. 따라서 손익계정의 대변합계가 차변합계 보다 크면 순이익이 되고, 대변합계가 차변합계 보다 적으면 순손실이 된다. 이러한 순손익은 자본의 증감사항이므로 집합손익 계정의 잔액은 자본금 계정으로 대체되고 집합손익 계정은 마감된다.

‣ (차변) 모든 수익 계정	×××	(대변) 손 익	×××
‣ (차변) 손 익	×××	(대변) 모든 비용 계정	×××
‣ (차변) 손 익	×××	(대변) 자본금	×××

(3) 자산 · 부채 · 자본 계정의 마감

자산에 속하는 계정은 차변에 잔액이 남게 되므로 대변에 차변잔액 만큼을 차기이월이라 기입하여 차변과 대변을 일치시켜 마감시킨 뒤에 그 잔액만큼을 다음 회계연도에 차변에 기입하여 이월시킨다.

부채와 자본에 속하는 계정은 대변에 잔액이 남게 되므로 차변에 대변잔액 만큼을 차기이월이라 기입하여 차변과 대변을 일치시켜 마감시킨 뒤에 그 잔액만큼을 다음 회계연도에 대변에 기입하여 이월시킨다.

(4) 수정후시산표의 작성 및 보조부의 마감

3. 재무제표의 작성

① 손익계산서
② 재무상태표
③ 현금흐름표
④ 자본변동표
⑤ 주석 – 이익잉여금처분계산서(또는 결손금처리계산서)

4. 결산자료입력

본 메뉴는 결산정리사항의 금액을 각각의 해당란에 입력하고 상단 툴바의 "전표추가"를 클릭하면 결산정리분개를 결산일자에 자동으로 발생키셔 결산작업을 쉽게할 수 있도록 도와주는 기능을 한다. 다만, 본 메뉴 작업이전에 본 메뉴에서 자동으로 결산정리분개를 해주지 못하는 사항, 즉 입력할 수 없는 결산정리사항을 확인하여 [회계관리] - [전표입력] - [일반전표입력]에서 결산일자로 분개를 추가하는 작업이 선행되어야 한다.

[회계관리] - [결산및재무제표]-[결산자료입력]을 선택하고 기간 "1월 ~ 12월"을 입력하면 다음과 같은 화면이 나타난다.

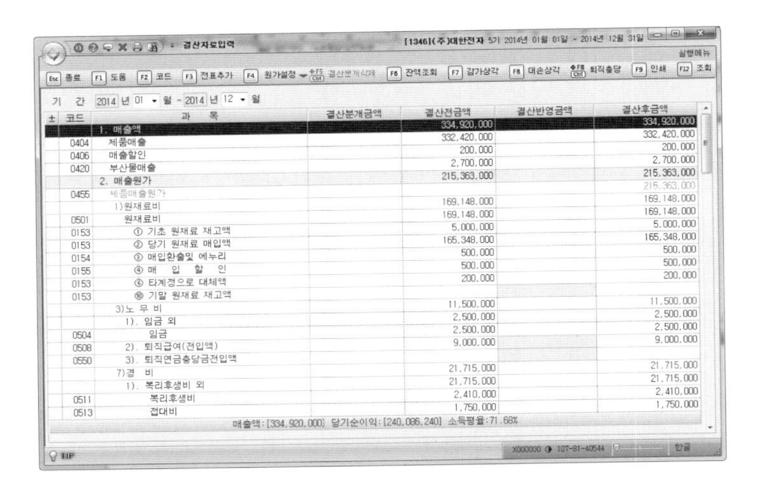

이때, [매출원가 및 경비선택] 보조창이 나타나는 경우가 있는데, 이것은 [전기분원가명세서] 작업을 하지 않은 경우이다. [전기분원가명세서]를 작업한 경우에는 해당 메뉴에서 입력한 내용을 자동으로 반영시키기 때문에 [매출원가 및 경비선택] 보조창이 나타나지 않으므로 기간을 입력한 후 바로 다음 작업을 진행하면 된다.

하지만, [매출원가 및 경비선택] 보조창이 나타나는 경우에는 제조업의 매출원가코드 "455.제품매출원가"를 선택하고 "편집"을 클릭한다. 사용여부 란에서 "1.여"를 선택하고 "선택"을 클릭한 후, "확인"을 클릭한다.

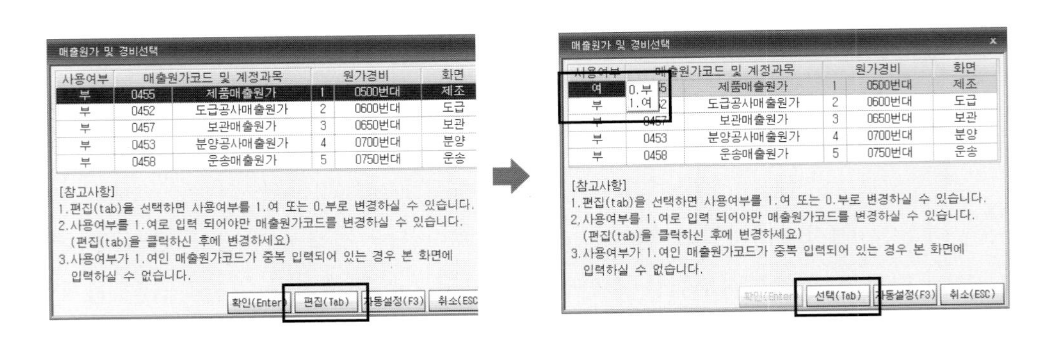

♣ 전표추가

작업이 완료되면 상단 툴바의 "전표추가"를 클릭하여 대화창에서 "예"를 클릭한다. 이는 입력된 결산정리사항을 [일반전표입력] 메뉴에 추가하여 자동분개를 발생시켜 주는 기능으로, 이 작업이 이루어져야 비로소 결산의 예비절차 작업이 완료되는 것이다.

♣ 자동결산대체분개의 수정 및 삭제

결산분개를 자동으로 입력한 후 결산자료입력에 수정사항이 발생한 경우에는 결산일의 [일반전표입력] 메뉴에서 결산분개의 수정, 삭제, 추가입력이 가능하다.

♣ 결산대체분개의 일괄삭제

재결산이 필요시 결산대체분개를 모두 삭제하고자 할 때에는 [일반전표입력] 메뉴에서 결산 월을 선택하고 [Shift + F5]를 누르면 [일괄삭제]의 보조화면이 나타난다. 여기서 [결산분개]항목에 체크하고 [확인] 버튼을 클릭한다.

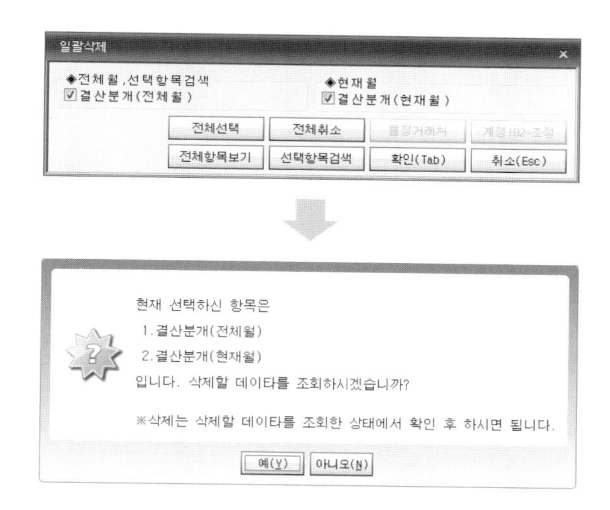

♣ 결산대체분개 삭제 후 재결산으로 인한 결산자료 입력

재결산으로 인한 결산자료를 재입력할 경우에 이전과 동일한 결산월이 선택되면, 전에 입력한 데이터를 불러올 것인지 묻는 메시지가 나타난다. 이 경우에 전에 작업한 내용을 무시하고자 할 경우에는 [아니오(N)]를 선택한다.

[예제] 결산 따라하기!

다음은 (주)대한전자의 결산정리사항이다. 결산을 완료한다.

[1] 수동결산(수동분개) – 12/31 일반전표에 입력

수동분개 사항

- 유가증권평가
- 외화자산 및 외화부채의 평가
- 수익 · 비용의 이연 및 예상
- 소모품의 정리
- 현금과부족 정리
- 가지급금 및 가수금 정리 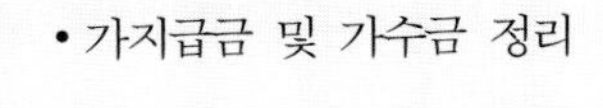
- 선납세금계정을 법인세 등 계정으로 대체
- 대손예상액보다 대손충당금 잔액이 큰 경우 대손충당금 환입

문제1

이자수익으로 계상한 ₩1,030,000 중에는 차기에 속하는 금액이 ₩200,000 포함되어 있다.

[분개] (차)　　　　　　　　　　　(대)

문제2

공장용 화물차 보험료 ₩500,000 중에는 기말현재 기간미경과분 ₩115,068이 포함되어 있다.

[분개] (차)　　　　　　　　　　　(대)

문제3

12월 31일 현재 윤컴의 단기대여금에 대한 이자미수액 ₩300,000이 있다.

[분개] (차)　　　　　　　　　　　(대)

문제4

종업원의 12월분 급여 ₩3,000,000과 임금 ₩2,000,000의 지급기일은 다음 연도 1월 10일이며, 결산시에 비용 계상하지 않았다.

[분개] (차)　　　　　　　　　　　(대)

문제5 장기차입금에 대한 당기분 이자비용 미지급액 ₩100,000을 계상하다.

[분개] (차) (대)

문제6 기말현재 영업용 소모품 미사용액은 ₩200,000이다.

[분개] (차) (대)

문제7 기말까지 현금시재의 부족 ₩30,000의 원인이 밝혀지지 않았다.

[분개] (차) (대)

문제8 미국의 HANS사로부터 차입한 외화장기차입금 $30,000($1당, ₩1,200)의 보고기간말 현재 적용환율은 미화 $1당 ₩1,100 이다.

[분개] (차) (대)

문제9 (주)삼성의 주식 ₩2,000,000(100주)의 기말 현재 공정가액은 1주당 ₩@30,000이다.

[분개] (차) (대)

문제10 3년전에 (주)민학컴퓨터에서 차입한 장기차입금 중에서 내년에 만기가 도래하는 차입금 ₩10,000,000원이 있다.

[분개] (차) (대)

문제11 당기분 법인세 등은 ₩2,400,000원이다. 이 중 기납부한 법인세(선납세금)는 ₩100,000원이다.

[분개] (차) (대)

[2] 자동결산(결산자료입력) - 결산분개를 일반전표에 "전표추가(F3)"

문제12

재고자산의 기말재고액은 다음과 같다.

재고자산명	금 액
원 재 료	9,148,000
재 공 품	500,000
제 품	5,000,000

문제13

대손충당금의 기말채권잔액(외상매출금과 받을어음) 잔액의 1%를 설정한다.(보충법으로 처리할 것)

문제14

감가상각비는 고정자산등록에서 계산된 금액으로 한다.

계정과목	자산명	용도	금 액
건물	대한빌딩	본사용	28,450,000
기계장치	기계1	공장용	1,066,871
	기계2	공장용	906,500
차량운반구	리베로	공장용	2,867,078
	마이티	공장용	3,690,750
	소나타	본사용	3,723,125
비품	PDP60	본사용	37,500

문제15

퇴직급여충당금을 다음과 같이 설정한다.

구 분	금 액
생산직 사원에 대한 설정액	1,500,000
사무직 사원에 대한 설정액	2,000,000

문제16

당기분 법인세 등은 ₩2,400,000원이다. 이 중 기납부한 법인세(선납세금)는 ₩100,000원이다. 법인세 등을 계상한다.

제8절 장부의 조회 및 출력

회계는 기업의 경영활동을 기록, 분류, 요약하여 기업의 외부 이해관계자들에게 그 기업의 재무 상태와 경영성과를 보고하는 일련의 절차이다. 이를 위해서는 거래의 발생에 따라 회계장부를 기입하고, 최종적으로 회계보고서인 재무제표를 작성한다. 따라서 회계장부는 기업에서 일어나는 모든 거래를 계산, 정리하여 재무제표 작성의 근거가 된다. 일반적으로 회계장부는 "주요부"와 "보조부"로 구분한다.

■ 주요부 - 기업에서 발생하는 모든 거래를 기록하는 장부(필수적)
- 분 개 장 : 거래를 발생 순서대로 분개하여 기록
- 총계정원장 : 거래를 계정과목별로 분류하여 기입

■ 보조부 - 거래의 명세를 기록하여 주요부의 기록을 보충하는 장부
분개장과 총계정원장을 보조하는 장부
- 보조기입장 : 거래가 빈번하게 발생하는 특정 계정에 대하여 거래를 발생 순서별로 기입하는 보조부
- 보조원장 : 총계정원장의 어떤 계정의 거래내용을 각 계산 단위별로 분해하여 기입하는 보조부

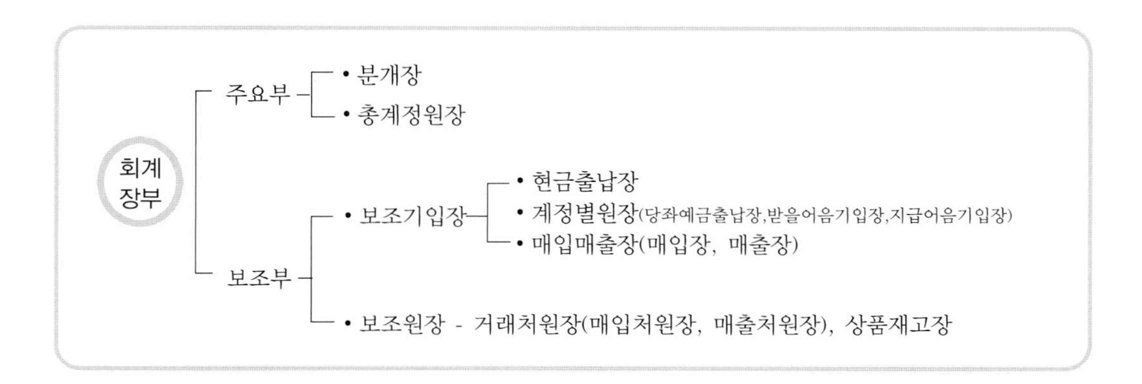

회계프로그램을 통하여 회계자료를 입력하면 그 거래의 내용은 바로 각종 회계장부에 자동적으로 반영된다. 따라서 회계프로그램으로 회계자료를 정확히 입력만하면 나머지는 자동적으로 처리하고 출력하여 합리적인 의사결정을 할 수 있도록 구성되어 있다.

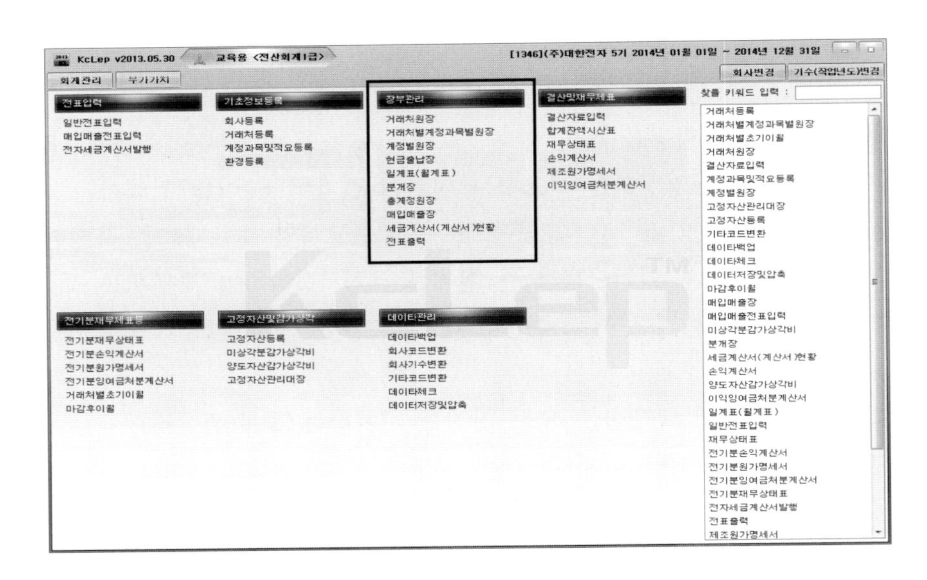

1. 거래처원장

거래처원장은 총계정원장의 어떤 계정의 거래내용을 각 계산단위별로 분해하여 기입하는 보조원장이다. 거래처원장은 거래처별 잔액 · 내용의 2가지 형식으로 구성되어 있다.

(1) 잔액

하나의 계정과목에 대하여 선택한 기간 동안에 선택한 거래처의 계정잔액을 보고자 할 때 사용한다.

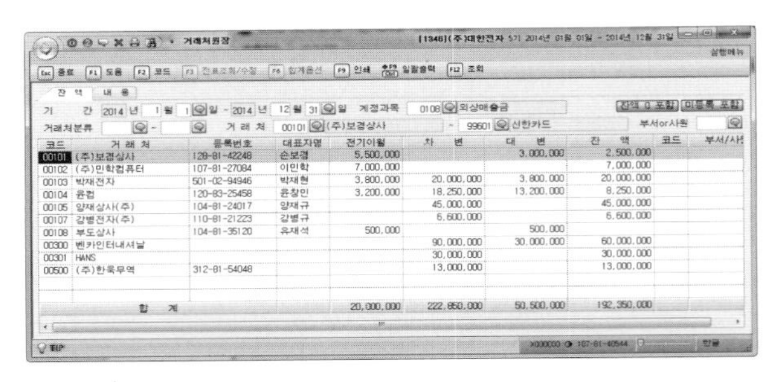

코드	거래처	등록번호	대표자명	전기이월	차변	대변	잔액
00101	(주)보경상사	128-81-42248	손보경	5,500,000		3,000,000	2,500,000
00102	(주)민학컴퓨터	107-81-27084	이민학	7,000,000			7,000,000
00103	박재전자	501-02-94946	박재현	3,800,000	20,000,000	3,800,000	20,000,000
00104	윤컴	120-83-25458	윤창인	3,200,000	18,250,000	13,200,000	8,250,000
00105	양재상사(주)	104-81-24017	양재규		45,000,000		45,000,000
00107	강병전자(주)	110-81-21223	강병규		6,600,000		6,600,000
00108	부도상사	104-81-35120	유재석	500,000		500,000	
00300	벤카인터내셔날				90,000,000	30,000,000	60,000,000
00301	HANS				30,000,000		30,000,000
00500	(주)한욱무역	312-81-54048			13,000,000		13,000,000
	합계			20,000,000	222,850,000	50,500,000	192,350,000

거래처내역을 더블클릭하면 내용 탭으로 넘어가면서 세부내역이 조회되고 거래처원장 메뉴 안에서 세부 전표를 수정 · 저장 할 수 있다. 여러 개의 거래처를 비교하고자 할 때 편리하다.

(2) 내용

하나의 계정과목에 대하여 선택한 기간 동안에 선택한 거래처의 거래내용을 보고자 할 때 사용한다.

하나의 거래처의 내용을 자세히 보고자할 때 편리하다.

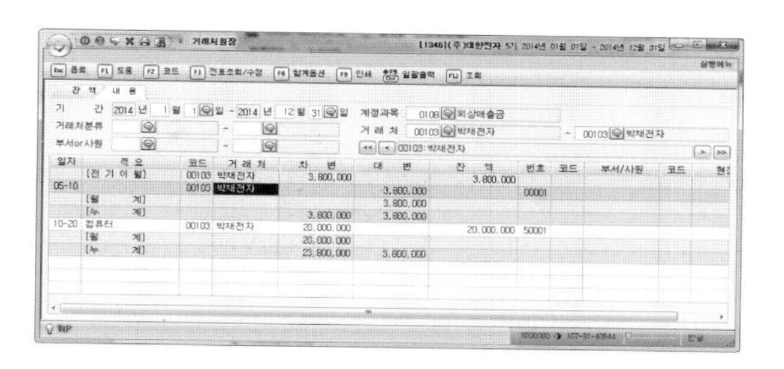

2. 거래처별계정과목별원장

종전 프로그램에서는 거래처원장에서 '총괄'이라는 메뉴로 사용된 기능으로서 KcLep(케이 렙)에서는 이를 별도로 분리하여 별도의 메뉴로 구성하였다. 본 메뉴는 거래처별로 사용된 계정과목이 애매할 경우 사용한다. 메뉴를 열고 엔터만 입력하면 1월1일부터 12월 31일까지의 회계기간 내 사용된 모든 거래처와 그 거래처별로 상용된 계정과목의 내역이 조회된다.

화면 왼쪽의 특정 거래처를 클릭하면 오른쪽에 그 거래처와 관련된 모든 계정과목이 나타나고 특정계정을 선택하여 더블클릭하면 해당계정의 세부전표가 나타난다. 다시 전표일자별로 더블클릭하면 화면하단에서 전표의 분개까지 표시되며 해당전표를 수정할 수도 있다.

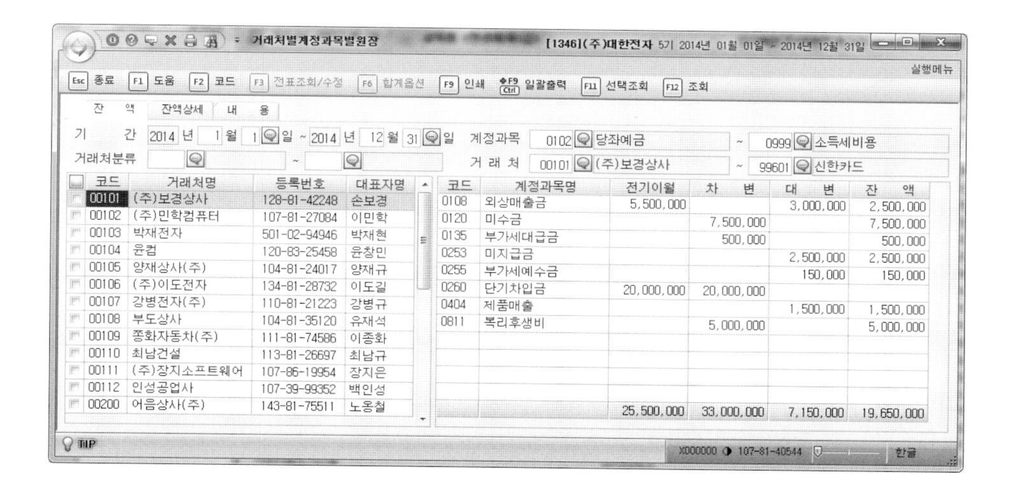

3. 계정별원장

계정별원장은 거래가 빈번하게 발생하는 특정계정에 대하여 거래를 발생순서별로 기입하는 보조기입장이다. 현금을 제외한 모든 계정에 대하여 원장조회가 가능하다. 현금계정의 조회는 보조기입장인 "현금출납장"에서 조회 가능하다.

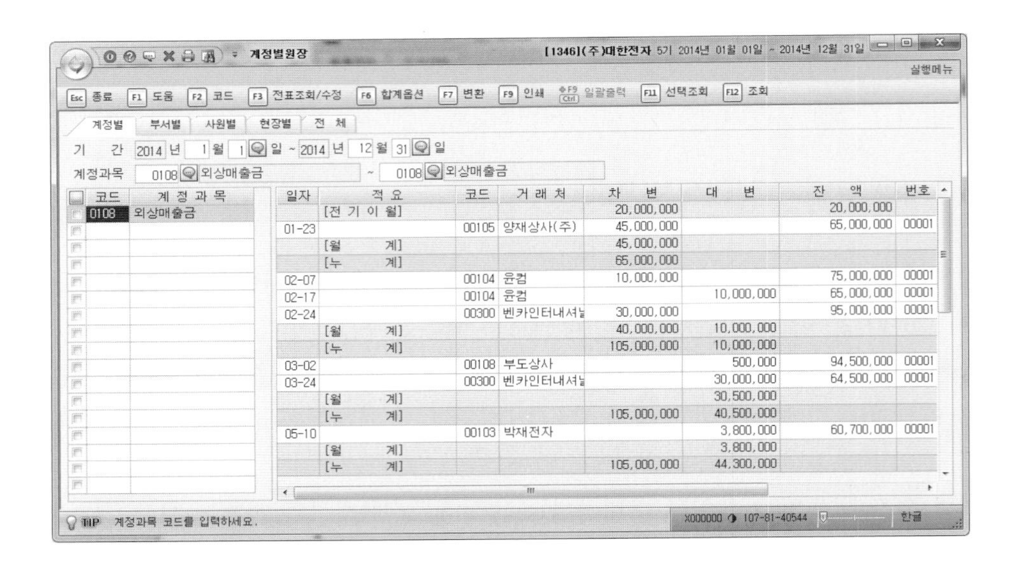

일자	적요	코드	거래처	차변	대변	잔액	번호
	[전 기 이 월]			20,000,000		20,000,000	
01-23		00105	양재상사(주)	45,000,000		65,000,000	00001
	[월 계]			45,000,000			
	[누 계]			65,000,000			
02-07		00104	윤컴	10,000,000		75,000,000	00001
02-17		00104	윤컴		10,000,000	65,000,000	00001
02-24		00300	벤카인터내셔널	30,000,000		95,000,000	00001
	[월 계]			40,000,000	10,000,000		
	[누 계]			105,000,000	10,000,000		
03-02		00108	부도상사		500,000	94,500,000	00001
03-24		00300	벤카인터내셔널		30,000,000	64,500,000	00001
	[월 계]				30,500,000		
	[누 계]			105,000,000	40,500,000		
05-10		00103	박재전자		3,800,000	60,700,000	00001
	[월 계]				3,800,000		
	[누 계]			105,000,000	44,300,000		

계정과목

조회 및 출력하고자 하는 계정과목을 입력한다. 코드를 모르는 경우에는 계정과목 입력란에 커서를 놓고 [F2]를 누르면 [계정코드도움]창이 나타난다.

기간

조회하고자 하는 기간을 입력한다.

전표수정

자료조회 시 잘못된 전표가 발견되면 메뉴 바 상단의 [전표조회/수정] 또는 [F3] 버튼을 클릭하여 전표를 직접 수정하는 기능이다.

4. 현금출납장

현금의 입금과 출금의 내용을 상세히 기록하는 보조기입장으로써 입·출금 거래내역이 날짜순으로 기록되어 조회 또는 출력된다.

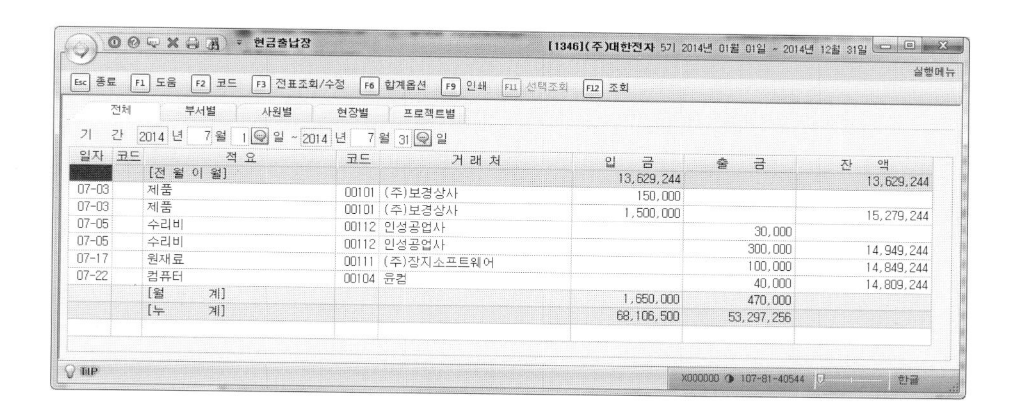

일자	코드	적 요	코드	거 래 처	입 금	출 금	잔 액
		[전 월 이 월]			13,629,244		13,629,244
07-03		제품	00101	(주)보경상사	150,000		
07-03		제품	00101	(주)보경상사	1,500,000		15,279,244
07-05		수리비	00112	인성공업사		30,000	
07-05		수리비	00112	인성공업사		300,000	14,949,244
07-17		원재료	00111	(주)장지소프트웨어		100,000	14,849,244
07-22		컴퓨터	00104	윤컴		40,000	14,809,244
		[월 계]			1,650,000	470,000	
		[누 계]			68,106,500	53,297,256	

기간

조회하고자 하는 기간을 입력한다.

전표수정

자료 조회 시 잘못된 전표가 발견되면 메뉴 바 상단의 [전표조회/수정] 또는 [F3] 버튼을 클릭하여 전표를 직접 수정하는 기능이다.

5. 일/월계표

일계표란 원장의 전기를 정확하게 하기 위하여 전표에서 직접 원장에 전기하지 않고, 일계표를 작성하여 원장에 전기한다. 일계표는 하루의 거래금액을 계정과목별로 총괄적으로 조회할 수 있다. 일계표는 거래량에 따라 매주 또는 매월에 작성하기도 하는데 매월 단위로 작성하는 것이 월계표이다.

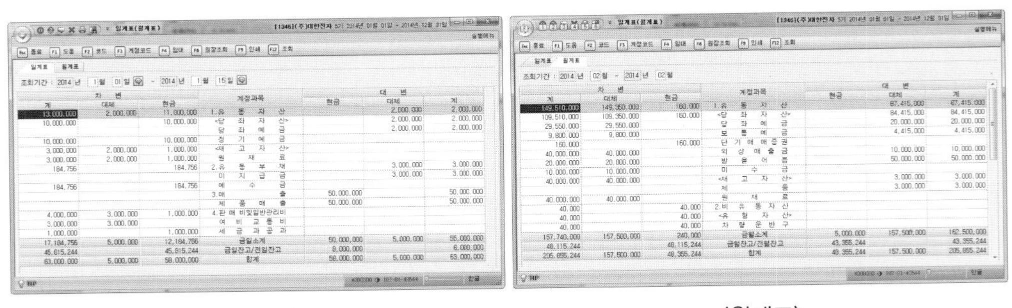

〈일계표〉 〈월계표〉

기간

조회하고자 하는 월과 일을 입력한다.

원장조회

조회하고자 하는 계정과목에 커서를 위치한 후 더블클릭을 하거나 [Enter]키를 치거나 툴바의 원장조회 [F6]를 클릭하면 해당기간의 계정별원장이 조회된다.2. 합계잔액시산표

6. 분개장

분개장이란 분개를 기입하는 장부를 말한다. 분개장은 거래가 발생한 순서대로 기록하는 장부이며, 거래를 계정에 전기하기위한 중개수단이 된다.

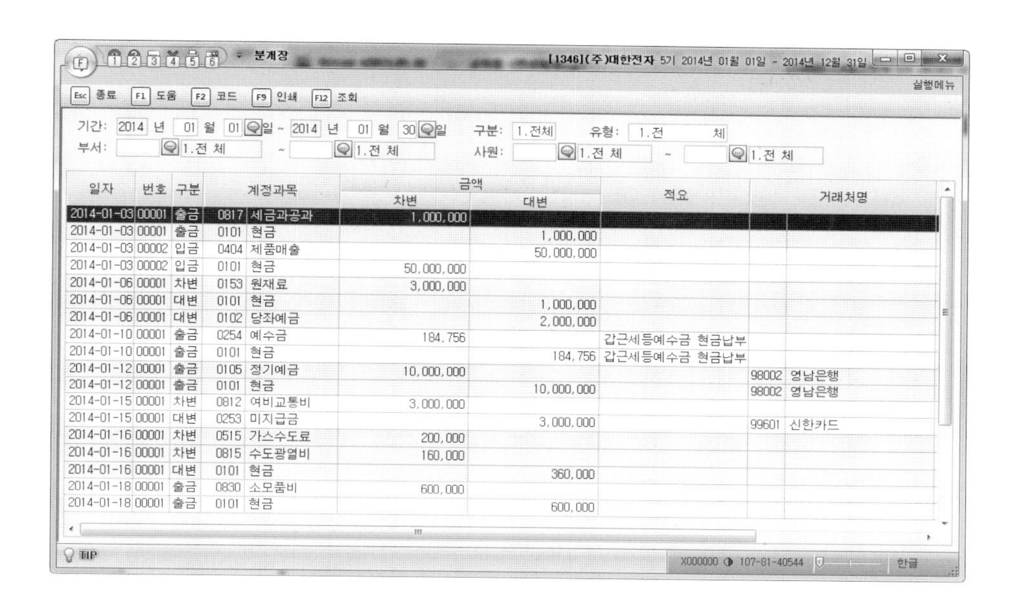

일자	번호	구분	계정과목		금액 차변	금액 대변	적요	거래처명	
2014-01-03	00001	출금	0817	세금과공과	1,000,000				
2014-01-03	00001	출금	0101	현금		1,000,000			
2014-01-03	00002	입금	0404	제품매출		50,000,000			
2014-01-03	00002	입금	0101	현금	50,000,000				
2014-01-06	00001	차변	0153	원재료	3,000,000				
2014-01-06	00001	대변	0101	현금		1,000,000			
2014-01-06	00001	대변	0102	당좌예금		2,000,000			
2014-01-10	00001	출금	0254	예수금	184,756		갑근세등예수금 현금납부		
2014-01-10	00001	출금	0101	현금		184,756	갑근세등예수금 현금납부		
2014-01-12	00001	출금	0105	정기예금	10,000,000			98002	영남은행
2014-01-12	00001	출금	0101	현금		10,000,000		98002	영남은행
2014-01-15	00001	차변	0812	여비교통비	3,000,000				
2014-01-15	00001	대변	0253	미지급금		3,000,000		99601	신한카드
2014-01-16	00001	차변	0515	가스수도료	200,000				
2014-01-16	00001	차변	0815	수도광열비	160,000				
2014-01-16	00001	대변	0101	현금		360,000			
2014-01-18	00001	출금	0830	소모품비	600,000				
2014-01-18	00001	출금	0101	현금		600,000			

구분

출력 및 조회할 전표의 형태(1.현금, 2.대체, 3.전체)를 선택한다.

기간

출력 및 조회할 분개장의 기간을 입력한다.

7. 총계정원장

분개장에 분개기입이 끝나면 해당 계정에 옮겨 적어야 하는데, 이들 자산, 부채, 자본 및 수익, 비용 계정이 설정되어 있는 장부를 총계정원장이라 한다. 재무상태표와 손익계산서는 이 장부를 기초로 하여 작성한다.

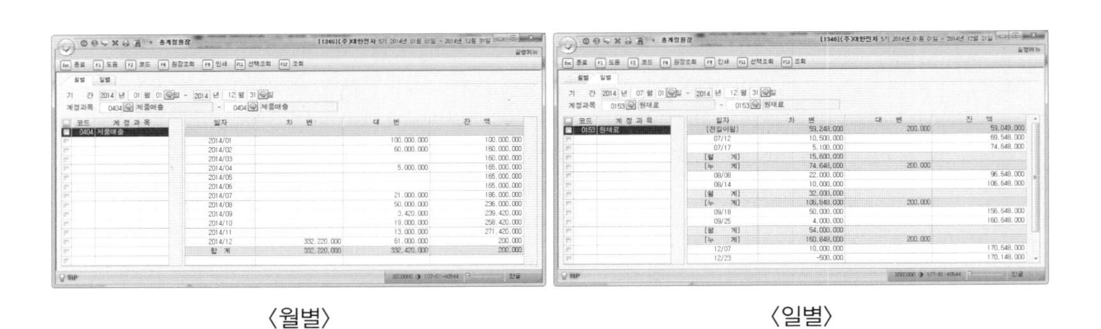

〈월별〉 〈일별〉

기간

기간은 회계기간 초일부터 말일까지 자동으로 표시된다.

계정과목

조회하고자 하는 계정과목코드를 입력한다.

원장조회

조회하고자 하는 월에 커서를 위치한 후 더블클릭을 하거나 [Enter]키를 치거나 툴바의 원장조회 [F11]을 클릭하면 해당기간의 계정별 원장이 조회된다.

8. 매입매출장

본 프로그램의 매입매출장은 원재료 및 제품의 매입·매출을 기재하는 제품매매에 관한 보조장부가 아니며 부가가치세법상 요구되는 장부기록에 관한 규정에 따라 작성된 것이다. 본 프로그램에서는 [매입매출전표] 메뉴에서 입력된 자료에 의해 자동 작성된다.

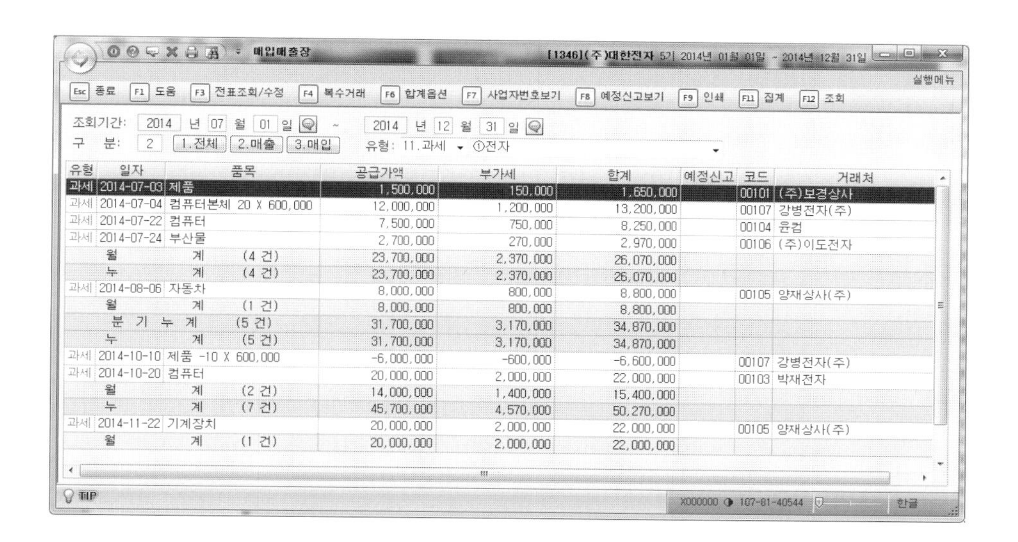

유형	일자	품목	공급가액	부가세	합계	예정신고	코드	거래처
과세	2014-07-03	제품	1,500,000	150,000	1,650,000		00101	(주)보경상사
과세	2014-07-04	컴퓨터본체 20 X 600,000	12,000,000	1,200,000	13,200,000		00107	강병전자(주)
과세	2014-07-22	컴퓨터	7,500,000	750,000	8,250,000		00104	윤컴
과세	2014-07-24	부산물	2,700,000	270,000	2,970,000		00106	(주)이도전자
	월	계 (4 건)	23,700,000	2,370,000	26,070,000			
	누	계 (4 건)	23,700,000	2,370,000	26,070,000			
과세	2014-08-06	자동차	8,000,000	800,000	8,800,000		00105	양재상사(주)
	월	계 (1 건)	8,000,000	800,000	8,800,000			
	분 기 누	계 (5 건)	31,700,000	3,170,000	34,870,000			
	누	계 (5 건)	31,700,000	3,170,000	34,870,000			
과세	2014-10-10	제품 -10 X 600,000	-6,000,000	-600,000	-6,600,000		00107	강병전자(주)
과세	2014-10-20	컴퓨터	20,000,000	2,000,000	22,000,000		00103	박재전자
	월	계 (2 건)	14,000,000	1,400,000	15,400,000			
	누	계 (7 건)	45,700,000	4,570,000	50,270,000			
과세	2014-11-22	기계장치	20,000,000	2,000,000	22,000,000		00105	양재상사(주)
	월	계 (1 건)	20,000,000	2,000,000	22,000,000			

기간

조회하고자 하는 부가가치세 신고기간의 해당 월을 입력한다.

구분

1. 전체 : 한 화면에서 매입장과 매출장을 조회한다.
2. 매출 : 매출에 대한 자료를 거래유형별(00.전체~전자)로 조회한다.
3. 매입 : 매입에 대한 자료를 거래유형별(00.전체~전자)로 조회한다.

9. 세금계산서(계산서) 현황

세금계산서 및 계산서의 발행 및 수취현황을 관리하는 메뉴이다. [매입매출전표]에서 "11.과세, 12.영세, 13.면세, 51.과세, 52.영세, 53.면세, 55.수입"으로 입력된 자료에 의해 자동 작성된다.

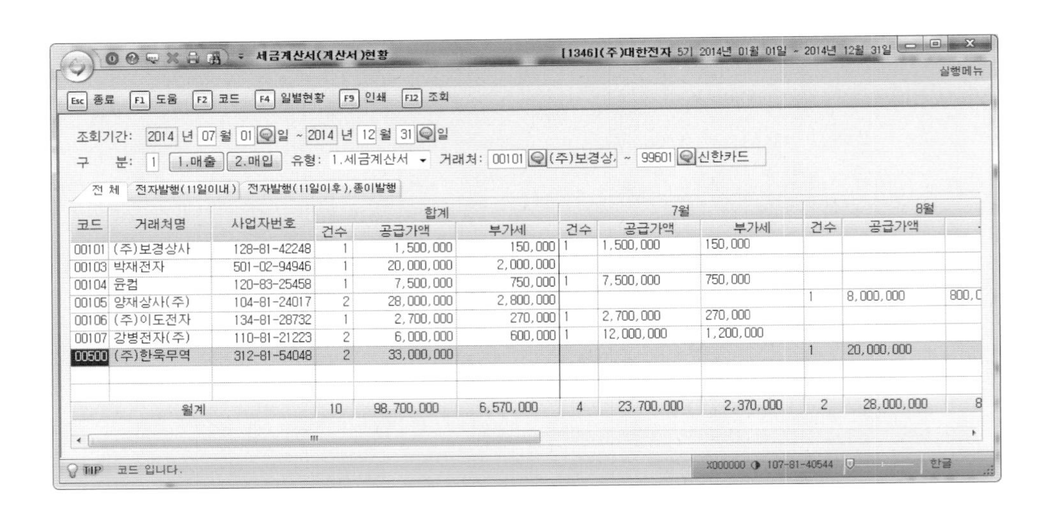

코드	거래처명	사업자번호	합계			7월			8월		
			건수	공급가액	부가세	건수	공급가액	부가세	건수	공급가액	
00101	(주)보경상사	128-81-42248	1	1,500,000	150,000	1	1,500,000	150,000			
00103	박재전자	501-02-94946	1	20,000,000	2,000,000						
00104	윤컴	120-83-25458	1	7,500,000	750,000	1	7,500,000	750,000			
00105	양재상사(주)	104-81-24017	2	28,000,000	2,800,000				1	8,000,000	800,C
00106	(주)이도전자	134-81-28732	1	2,700,000	270,000	1	2,700,000	270,000			
00107	강병전자(주)	110-81-21223	2	6,000,000	600,000	1	12,000,000	1,200,000			
00500	(주)한욱무역	312-81-54048	2	33,000,000					1	20,000,000	
월계			10	98,700,000	6,570,000	4	23,700,000	2,370,000	2	28,000,000	8

조회기간

조회하고자 하는 기간을 입력한다.

구분/유형

출력 및 조회할 세금계산서 및 계산서의 구분(1.매출, 2.매입)을 선택하고 유형(1.세금계산서, 2.계산서)을 선택한다.

거래처

조회하고자 하는 거래처를 선택한다.

10. 전표출력

기업에서 거래가 발생하면 별개의 부·과를 경유하여 기장하는데, 이 때 기장 할 자료를 기입하는 일정한 양식의 기장용 용지를 전표라 한다. 전표는 기업의 업종과 규모에 따라 그 종류를 선택하고 필요한 양식을 만들어 사용할 수 있다.

본 메뉴는 일반전표에서 입력된 내용을 전표로 발행하기 위한 메뉴이며, 전표의 종류의 구분과 조회 또는 발행할 기간, 전표번호범위를 입력하여 전표를 출력할 수 있다.

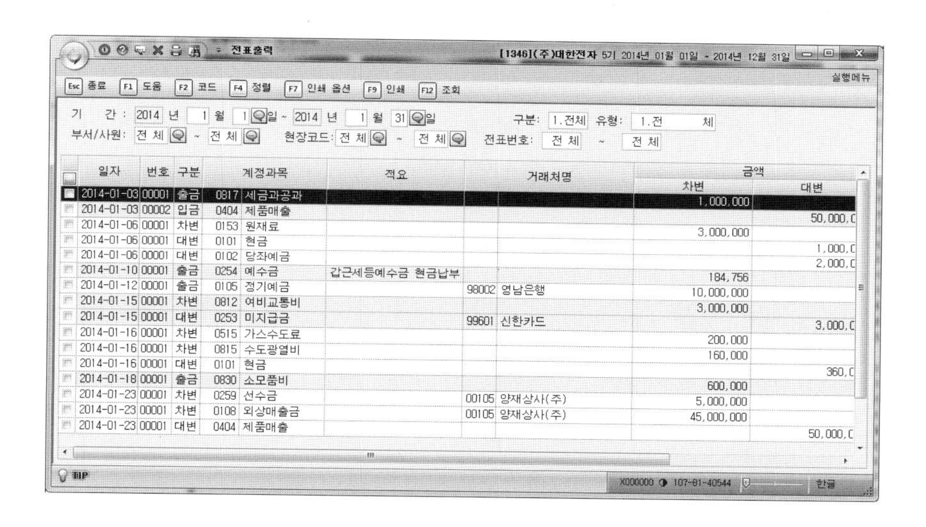

일자	번호	구분	계정과목		적요	거래처명		금액 차변	금액 대변
2014-01-03	00001	출금	0817	세금과공과				1,000,000	
2014-01-03	00002	입금	0404	제품매출					50,000,C
2014-01-06	00001	차변	0153	원재료				3,000,000	
2014-01-06	00001	대변	0101	현금					1,000,C
2014-01-06	00001	대변	0102	당좌예금					2,000,C
2014-01-10	00001	출금	0254	예수금	갑근세등예수금 현금납부			184,756	
2014-01-12	00001	출금	0105	정기예금		98002	영남은행	10,000,000	
2014-01-15	00001	차변	0812	여비교통비				3,000,000	
2014-01-15	00001	대변	0253	미지급금		99601	신한카드		3,000,C
2014-01-16	00001	차변	0515	가스수도료				200,000	
2014-01-16	00001	차변	0815	수도광열비				160,000	
2014-01-16	00001	대변	0101	현금					360,C
2014-01-18	00001	출금	0830	소모품비				600,000	
2014-01-23	00001	차변	0259	선수금		00105	양재상사(주)	5,000,000	
2014-01-23	00001	차변	0108	외상매출금		00105	양재상사(주)	45,000,000	
2014-01-23	00001	대변	0404	제품매출					50,000,C

구분

출력 및 조회할 전표의 형태(1.현금, 2.대체, 3.전체)를 선택한다.

기간

출력 및 조회할 전표의 기간을 입력한다.

전표번호

특정번호의 전표를 조회하고자 할 때 해당번호를 입력한다. 전표번호를 입력하지 않고 [Enter]키를 치면 "00000~99999"로 자동 입력되며, 모든 전표가 조회된다.

[예제] 장부조회 따라하기!

"(주)대한전자"의 입력된 자료를 검토하여 다음 사항을 조회하여 기재한다.

문제1

1월 16일 현금으로 지출된 판매비와관리비는 얼마인가?

문제2

1월부터 3월까지의 현금으로 지출된 제품제조관련 제조경비는 얼마인가?

문제3

4월 30일 현재 당좌예금의 잔액은 얼마인가?

문제4

2월 1일부터 2월 28일까지 거래된 받을어음의 대변합계는 얼마인가?

문제5

(주)민학컴퓨터의 6월 30일 현재 외상매출금 잔액은 얼마인가?

문제6

12월말 현재 외상매출금 잔액이 가장 많은 거래처와 금액은 얼마인가?

문제7

12월말 현재 쭝화자동차(주)의 미지급금 잔액은 얼마인가?

문제8

당기 중 월매출액이 가장 많은 월과 그 월의 매출액은 얼마인가?

문제9

당기 중 원재료 매입액이 가장 많은 달의 금액은 얼마인가?

문제10

1월 동안의 현금출금액은 얼마인가?

문제11

7월 동안의 현금입금액은 얼마인가?

문제12

제2기 예정신고기간의 거래 유형이 "매출 과세"에 해당하는 거래의 총 공급가액은 얼마인가?

문제13

제2기 예정신고기간의 거래 유형이 "매입 불공"에 해당하는 거래의 총 공급가액은 얼마인가?

Part 2

회계원리

제1절 회계시스템의 기본구조

1. 회계란 무엇인가?

(1) 회계(會計, Accounting)의 개념

현대사회에서 회계시스템은 기업의 경영활동에 필수적인 기본구성요소의 하나로 인식되고 있다. 이는 기업을 경영하기 위해서는 여러 가지 정보가 필요하며, 이 정보 중의 많은 부분이 회계시스템으로부터 산출되고 있기 때문이다.

회계(會計, Accounting)란

"특정 경제단위(여기서 경제단위란 일반적으로 기업을 의미 함)의 재무활동을 측정, 분류, 요약함으로써 재무정보를 생성시키고, 그 생성된 재무정보를 필요로 하는 재무정보이용자에게 전달하고 해석해 주는 기능을 수행하는 것"

(2) 회계의 목적

회계의 목적은 기업의 모든 이해관계자들이 경제적 의사결정을 할 때 유용하게 이용될 수 있는 정보(useful information)를 제공하는 데 있다.

- 수탁책임 관점 : 기업경영을 책임지고 있는 경영자들이 과연 그들의 수탁책임을 성실하게 이행하고 있는지의 여부를 그 기업의 소유주들에게 보고하는 것

⬇

- 정보적 관점 : 이해관계자들(소유주・투자자, 채권자, 종업원, 정부, 증권감독원・증권거래소, 경영자, 소비자 등)의 의사결정에 유용하게 이용될 수 있는 정보(useful information)를 제공하는 것

전통적으로 회계는 자금을 제공한 주주・채권자에게 기업에 대한 경영성과를 보고하려는 수탁책임 관점의 목적이 강조되었으나, 현대 회계는 정보이용자들의 의사결정에 유용하게 이용될 수 있는 정보를 제공하는 것을 기본목적으로 하는 정보적 관점이 강조되고 있다. 따라서 전통적인 회계목적보다 현대의 회계목적이 더 포괄적인 개념으로 범위가 확대되었음을 알 수 있다.

(3) 회계시스템의 기능

회계의 목적을 달성하기 위해 기업은 여러 가지 절차를 체계적으로 설계하고 운용하고 있는데, 이를 회계시스템이라고 한다. 회계시스템은 기업의 활동과 의사결정자를 연결시키기 위해 기업활동을 인식, 측정하고 저장하였다가 정보로 이용될 수 있도록 처리하여 보고한다.

회계시스템

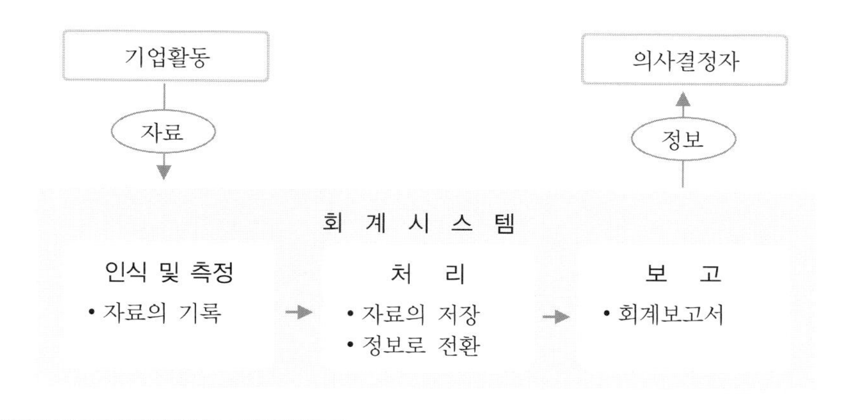

1) 회계의 인식 및 측정기능

- **인식** : 기업에서 일어나는 여러 가지 활동 중에서 회계기록의 대상이 되는 활동을 식별해 내는 것
- **측정** : 대상에 대해 수(화폐가치)를 부여하는 것

회계의 측정대상은 기업의 경영활동이며, 이러한 경영활동은 기업의 재무상태나 경영성과에 직접적인 형향을 주는 활동이어야 한다. 또한 회계는 거래를 인식하고 난 후 이러한 경영활동이 당해 기업에 미치는 영향을 화폐액으로 측정하여 체계적으로 기록한다.

이렇게 화폐단위로 표시를 해주어야만 장부에 기록될 수 있고, 정보로서 활용될 수 있다. 따라서 화폐가치를 부여할 수 있는 활동만이 회계기록의 대상이 되며, 구두계약이나 사원의 능력 등은 객관적으로 측정하기 어렵기 때문에 회계기록의 대상이 되지 않는다.

2) 회계의 자료처리 기능

회계의 자료처리 기능은 기록된 자료를 체계적으로 저장하였다가 유용한 정보로 전환시키는 기능이다.

- 부기(bookkeeping) : 기업의 경영활동을 기록, 분류, 요약하는 기능(기계적, 반복적)

⬇

- 회계(accounting information system) : 정보의 효율적 전달, 정보의 의미 해석

2. 회계의 분류

(1) 회계 주체의 영리성 유무에 따른 분류

① 영리회계(기업회계)

- 이윤추구를 목적으로 하는 기업에 적용
- 기간성과(수익성)를 측정
- 영리기업에 적용
- 비영리법인도 수익사업에는 영리회계적용
- 소유주 및 일반이해관계자에게 정보제공

② 비영리회계

- 사회적 필요성에 따라 설립, 운영
- 원칙적으로 경제적 이윤 추구 금지
- 주무관청이나 관련부서에 보고 의무
- 관청, 교회, 학교, 가계 등

(2) 기장 방법에 따른 분류

① 단식회계

- 자산, 부채, 자본, 수익, 비용의 증감을 일정한 원리나 원칙없이 어느 한쪽 측면에서만 파악하여 기록 · 계산
- 장점 : 기록방법의 간편함
- 단점 : 정확성 검증 X, 손익의 원인 파악 X, 재산의 현재상태와 변화과정 파악 X

② 복식회계

- 회계거래가 발생하여 계정에 기록할 때 반드시 한 개 이상의 차변기입과 이에 대응하는 한 개 이상의 대변기입, 즉 적어도 상호 대응되는 두 개의 기입이 동시에 이루어지는 기록법
- 자산, 부채, 자본의 증감뿐만 아니라, 손익의 발생과 소멸까지 일정한 원리 원칙에 따라 조직적으로 기록 · 계산
- 대차평균의 원리, 자기검증 기능

문제

1. 회계는 기록, 계산하는 방법에 따라서 단식회계와 복식회계로 나눌 수가 있다. 다음 중 복식회계의 특징과 거리가 먼 것은?(54회)

① 자기검증이 불가능하다

② 재무상태와 손익을 파악하기가 쉽다.

③ 자산, 부채, 자본 등 모든 변화를 기록할 수 있다.

④ 일정한 원리에 따라 기록한다.

답안

[1] ① 자기검증이 불가능한 것은 단식회계이다.

(3) 회계정보이용자에 의한 분류

① 재무회계

투자자, 채권자, 정부 등 기업 외부의 정보이용자들에게 그들의 경제적 의사결정에 유용한 정보를 제공하기 위한 외부보고 목적의 회계

② 관리회계

기업의 내부 이용자(경영자)가 원가(가격)결정, 예산편성 및 통제 등 경영과 관련하여 합리적인 의사결정을 할 수 있도록 필요로 하는 모든 재무정보를 생성시키고 이를 분석하는 것을 주요 목적으로 하는 회계

③ 세무회계

법인세, 부가가치세, 관세, 지방세 등 기업이 납부해야 할 세액 계산에 필요한 정보를 제공하는 세금계산 목적의 회계(정부-과세당국)

④ 특수회계

영업활동의 성격상 정부기관 등에 정기적으로 특수보고서를 제출해야 하는 경우 예를 들면, 운송회사는 국토해양부에 보고서를 제출하고, 제약회사는 보건복지가족부에 보고서를 제출하는데, 정부기관은 이렇게 보고된 자료를 요금산정이나 제품가격 통제에 이용함.

기업과 이해관계자 집단

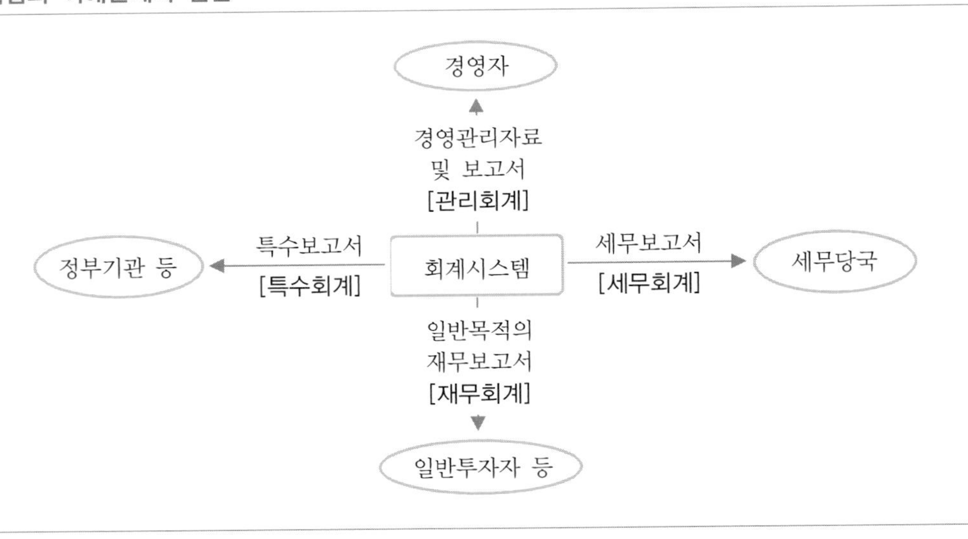

이처럼 회계정보를 이용하려는 정보이용자들은 기업과의 이해관계가 서로 상이하고 기업정보에 대한 요구사항도 매우 다양하기 때문에 정보이용자에 따라서 회계정보도 다르게 산출되어져야 한다.

정보이용자에 의한 분류(재무회계 · 관리회계 · 세무회계)

	재무회계 (Financial accounting)	관리회계 (Managerial accounting)	세무회계 (Tax accounting)
1. 의의	• 기업의 재무상태 · 경영성과 · 현금흐름 표시 · 외부보고	• 경영의사결정을 위한 정보제공 • 내부보고	• 정부재정자원의 조달을 위하여 세액 결정 • 세무보고
2. 목적	• 정보이용자의 의사결정에 유용한 정보의 제공 • 기업회계기준에 의한 기간 손익의 결정	• 경영자의 관리적 의사결정에 유용한 정보의 제공	• 세법에 의한 과세소득의 결정
3. 보고대상 (정보이용자)	• 광범위한 이해관계자 (외부정보이용자)	• 경영자 (내부정보이용자)	• 세무서
4. 기준(원칙)	• 일반적으로 인정된 회계 원칙 • 외부감사제도	• 회계학, 경제이론, 의사결정과학, 행동과학 등	• 세법(법인세법, 소득세법, 부가가치세법 등)
5. 모형	• 회계등식 • 회계의 개념적 틀	• 통일된 개념, 원칙, 이론이 없음	• 세무익금과 세무손금을 결정하여 과세소득 산출
6. 자료수집의 시점 · 방법	• 거래발생과 동시에 회계 장부에 기입	• 필요에 따라 사전적 · 동시적 · 사후적으로 기록	• 재무자료에 근거하여 사후적으로 작성
7. 정보 · 본질 (지향방향)	• 과거적 정보 (과거지향)	• 과거적 · 미래적 정보 (과거 · 미래지향)	• 과거적 정보 (과거지향)
• 화폐적 · 비화폐적 정보	• 화폐적 정보	• 비화폐적 정보도 포함	• 화폐적 정보
• 정보의 세부 구분 여부	• 기업전체로 종합하여 요약	• 관리적 목적에 따라 부문별 · 제품별로 구분	• 기업전체로 종합하여 요약
8. 보고서 · 보고양식	• 재무제표	• 관리회계보고서 (일정한 양식이 없음)	• 세무신고서
• 보고시점	• 보통 1년 단위 (반기로도 보고함)	• 일별, 주별, 월별, 반기별, 연도별로 보고될 수 있음	• 보통 1년 단위
• 법적 강제 여부	• 법적 강제가 있음 • 회계처리의 자유로운 선택이 억제됨	• 법적 강제가 없음 • 경영자의 관리적 목적에 따라 선택	• 법적 강제가 있음

3. 회계원칙 및 회계공준

(1) 회계원칙과 외부감사제도

재무제표상의 회계정보는 어느 특정 이용자집단에 치우침이 없이 공정하게 적성되고 보고되어야 한다. 회계정보가 객관적이지 못하면 신뢰성이 떨어지고 결과적으로 유용성은 감소한다.

경영자의 판단과 자유재량에 의존하여 작성되면 고의이든 실수이든 간에 재무제표가 왜곡 표시될 우려가 높다. 또한 재무제표의 작성방법이 각 회사마다 또 기간별로 상이할 경우 제공된 재무정보의 비교가능성은 저하된다. 이와 같은 문제점을 해결하기 위해 도입된 제도적 보완장치로서 일반적으로 인정된 회계원칙과 외부감사제도를 대표적으로 들 수 있다.

① 일반적으로 인정된 회계원칙

회계실무와 재무제표의 작성을 지도하는 일반원칙을 '일반적으로 인정된 회계원칙(GAAP; Generally Accepted Accounting Principles)' 이라고 한다. 이 회계원칙 중 많은 부분은 회계원칙제정기관에 의하여 공식적으로 제정되는 것이고, 다른 일부는 단순히 실무에서 관습적으로 수용되면서 일반적인 원칙으로 인정받고 있는 것이다.

일반적으로 인정된 회계원칙은 경제환경과 기업실무의 변화에 대응하여 계속적으로 수정되어 오고 있으며, 또 한편으로는 새로운 원칙이 정립되기도 한다. 이에 우리나라는 회계투명성에 대한 국제적 신인도를 제고하고 외국기업과의 재무제표간 비교가능성을 높이기 위해 국제회계기준(IFRS; International Financial Reporting Standards)[1)]을 일부 채택하였다. 이것은 글로벌화된 금융시장에서 우리의 자본흐름을 촉진시키고 나아가 양질의 정보제공에 따른 한국 기업과 금융산업의 세계화를 진흥시키는 계기가 될 수 있을 것이다.

② 외부감사제도

일반적으로 인정된 회계원칙이 명확히 정립되었다 하더라도 기업이 회계처리를 할 때 이를 적정하게 준수하고 있는지에 대해서는 일반이용자로서는 확인할 수 있는 방법이 없다. 이러한 문제를 해결함으로써 재무제표이용자들이 신뢰성 있는 재무정보를 이

1) 국제회계기준위원회(IASB; International Accounting Standards Board)는 2002년부터 전세계에서 통용되는 단일의 회계기준 제정을 목표로 국제회계기준서(IFRS; International Financial Reporting Standards)를 발표하고 있다.

용할 수 있도록 고안된 감시장치 중의 하나로서 외부감사제도를 들 수 있다.

즉, 외부감사제도(external auditing)란 재무제표를 작성하여 공시하는 기업과는 독립적인 위치에 있는 공인된 외부감사인(통상 공인회계사)이 기업의 재무제표가 일반적으로 인정된 회계원칙에 따라 적정하게 작성되었는가에 대해 전문가로서 의견을 표명하도록 하는 제도이다.

(2) 회계 공준

회계정보가 기업 외부 정보이용자들의 경제적 의사결정에 유용하게 이용되기 위해서는 기본적으로 다음의 공준을 만족해야 한다.

① 기업실체의 공준

기업실체는 하나의 경제단위로서 그들의 경영활동이 하나의 회계시스템하에서 기록·보고되는 단위를 말하며, 기업·개인 혹은 사회단체들이 회계실체가 될 수 있다. 기업은 소유주로부터 독립된 단위로서, 독자적으로 자산을 소유할 수도 있고 채무를 질 수도 있다.

즉, 특정 회계실체의 활동은 그 회계실체 이외의 것과는 서로 혼합되어서는 안되며, 이 회계실체의 활동 중에서 회계의 대상이 되는 것은 모두 하나의 회계시스템에 통합되어 기록·보고되어야 한다. 이 가정은 기업의 회계보고서에 포함시켜야 할 자산과 부채의 범위를 확정해 주는 중요한 역할을 한다.

② 계속기업의 공준

계속기업의 공준이란 기업실체는 그 목적과 의무를 이행하기에 충분할 정도로 장기간 존속한다고 가정하는 것이다. 즉, 기업은 계속하여 영업활동을 하고 있으며, 조만간에 청산되지 않을 것이라는 가정이다.

이것은 회계장부에 자산을 시장가격이나 청산가치가 아닌 취득원가로 기록하는 것에 대한 논리적 근거가 된다. 만일 어떤 기업의 영업활동이 조만간에 중지될 것으로 예상된다면, 보다 의미 있는 자산의 가치는 그 자산을 처분했을 때 받을 수 있는 현금가액 즉 청산가치이지 그 취득원가는 아닐 것이기 때문이다.

③ 회계기간의 공준

회계기간의 공준이란 한 기업실체의 존속기간을 일정한 기간단위로 분할하여 각 기간단위를 기준으로 재무제표를 작성하는 것을 말하며, 회계연도라고도 한다.

재무정보이용자들은 그들의 의사결정을 위하여 기업의 재무상태와 경영성과에 대한 자료를 필요로 하며, 이러한 필요에 따라 기업은 인위적으로 구분된 회계기간마다 재무보고를 할 필요가 있다. 일반적으로 회계기간은 1년으로 설정하며, 전기, 당기, 차기로 구분할 수 있다. 이렇게 회계기간을 인위적으로 구분하기 때문에 회계기간의 공준과 관련하여 감가상각, 대손추정, 기간별 수익·비용의 인식 등의 문제들이 등장한다.

④ 발생기준

기업은 고객에게 상품을 판매하거나 용역을 제공함으로써 수익을 얻고 있으며, 이러한 수익을 얻기 위한 영업활동을 수행하는 과정에서 여러 유형의 비용이 발생한다. 그런데 회계기간을 인위적으로 세분하게 될 때 어느 기간의 수익과 비용으로 보고할 것인가에 관한 문제에 직면한다. 왜냐하면 재화나 용역의 제공시점이 대금회수 또는 지급시점과 서로 다를 때 수익과 비용을 어느 기간에 보고하느냐에 따라서 특정 기간의 경영성과와 특정 시점의 재무상태가 달라지기 때문이다.

가장 알기 쉬운 형태의 인식기준으로 현금주의(cash basis)를 들 수 있다. 현금주의회계에서는 현금이 유입될 때 수익을 보고하고 현금이 유출될 때 비용을 인식한다. 그러나 계속기업과 회계기간의 공준하에서 현금주의의 적용은 수익과 비용 간의 인과관계를 무시함으로써 기간별 경영성과가 왜곡 측정되는 결과를 초래하게 된다. 이에 대한 대안으로 발생주의(accrual basis)가 널리 사용되고 있다.

발생주의회계에서는 수익과 비용은 현금의 수취나 지급 시점에 상관없이 수익과 비용이 실제로 언제 발생했느냐에 초점을 맞추어 인식한다. 여기에서 수익과 비용이 실제로 발생되었는지의 여부를 결정할 때, 수익의 인식기준으로 실현주의를, 비용의 인식기준으로 수익·비용 대응 원칙을 사용하고 있다. 실현주의란 비록 대금을 현금으로 받지 못했더라도 수익실현에서 가장 중요한 업무, 즉 재화가 인도되거나 용역제공이 완료되었을 때 수익을 인식한다는 것이다. 한편 비용은 관련되는 수익이 보고되는 때에 그에 대응시켜 인식한다. 일반적으로 수익은 제품, 상품 또는 기타 자산이 제공되고 그 대가로 현금 또는 현금청구권이 얻어지는 시점에 실현되는 것으로 보고 이에 대응되는 비용을 보고한다.

(3) 회계정보의 속성

재무회계정보가 정보이용자에게 유용하기 위해서는 어떤 속성을 지니는 것이 바람직할까? 달리 말해서 과연 재무회계정보는 어떤 바람직한 속성들을 가지고 있어야 하는가? 재무회계 정보의 바람직한 속성이란 본질적으로 화폐라는 척도로 계량화된 회계정보가 정보이용자들에게 유용한 것이 되기 위해 추가적으로 갖추어야 할 비계량적 속성을 말한다. 이런 의미에서 이 속성들을 질적 특성이라고 부르기도 한다.

효익과 비용간의 균형

전반적인 제약조건으로 특정 회계정보로부터 기대되는 효익이 그 정보를 산출하고 제공하는데 소요되는 비용을 초과해야 하는 것을 말한다.

객관성(신뢰성, 검증가능성)

회계자료가 유용하게 이용될 수 있기 위해서는 객관적으로 작성되어야 하고, 검증가능해야 하며, 모든 회계기록은 실제 발행된 영수증이라든지 감가상각비의 산출근거 등과 같은 적절한 객관적 증빙자료에 의해 입증될 수 있어야 한다.

역사적 원가주의

역사적 원가주의란 재무상태표에 자산을 취득한 원가로 기록·보고하여야 함을 말한다. 이것은 자산을 취득원가로 기록하는 것이 가장 객관적이고 검증가능한 정보를 제공할 수 있기 때문이다.

일관성(표시의 계속성)

회계기준에서 변경을 요구하거나 다른 표시방법이 명백하게 더 적절한 경우를 제외하고는 재무제표 항목의 표시와 분류는 매기 동일해야 한다. 즉, 동일한 경제사건에 대해서는 동일한 회계원칙과 회계절차를 적용해야만 한다.

비교가능성

비교가능성은 회계정보가 특정기업의 회계정보를 일정기간과 다른 기간 간에 비교할 수 있게 하고, 특정기업의 회계정보를 다른 기업의 회계정보와 비교할 수 있게 하는 속성을 의미한다.

완전공시

특정회계실체에 관한 모든 중요한 경제사건은 빠짐없이 모두 공시되어야 한다. 따라서 완전공시의 원칙을 적용함에 따라 재무제표 본문에 넣기 어려운 사항은 주석으로 공시하도록 하고 있다.

보수주의

현재 진행중인 사건의 결과에 대해 불확실성이 존재하고 있을 때 이에 관련된 순자산 및 순이익의 금액을 모든 불확실성과 이에 따른 위험을 충분히 고려하여 평가해야 한다. 즉, 불확실성에 대한 순자산 및 순이익의 측정오류가 과대측정보다는 과소측정이 되는 방향으로 회계처리해야 한다. 이것은 재무제표에 근거하여 의사결정을 하는 재무정보이용자들이 어떤 기업에 대하여 지나치게 낙관적으로 판단함으로써 추후에 어려움에 직면하는 것을 예방하기 위한 것이다.

중요성

유사한 항목은 중요성 분류에 따라 구분하여 표시한다. 상이한 성격이나 기능을 가진 항목은 구분하여 표시한다. 다만, 중요하지 않은 항목은 성격이나 기능이 유사한 항목과 통합하여 표시할 수 있다.

또한 중요성은 상대적인 개념으로, 이론적으로 정확한 회계처리를 하기 위해서는 과다한 비용이 소요되나 그로부터 얻는 효익이 상대적으로 적다고 판단되면, 이 경우 기업은 비용이 적게 소요되는 간편한 회계처리방법을 적용할 수 있다.

업종별 실무

건설업이라든지 금융업의 경우에는 일반 제조업과는 다른 영업상의 특성이 있으므로, 일반적으로 인정된 회계원칙을 보완하거나, 추가하여 특성이 잘 반영되도록 업종별 회계원칙을 따로 두어 시행하는 것을 인정하고 있다.

회계정보의 질적 특성

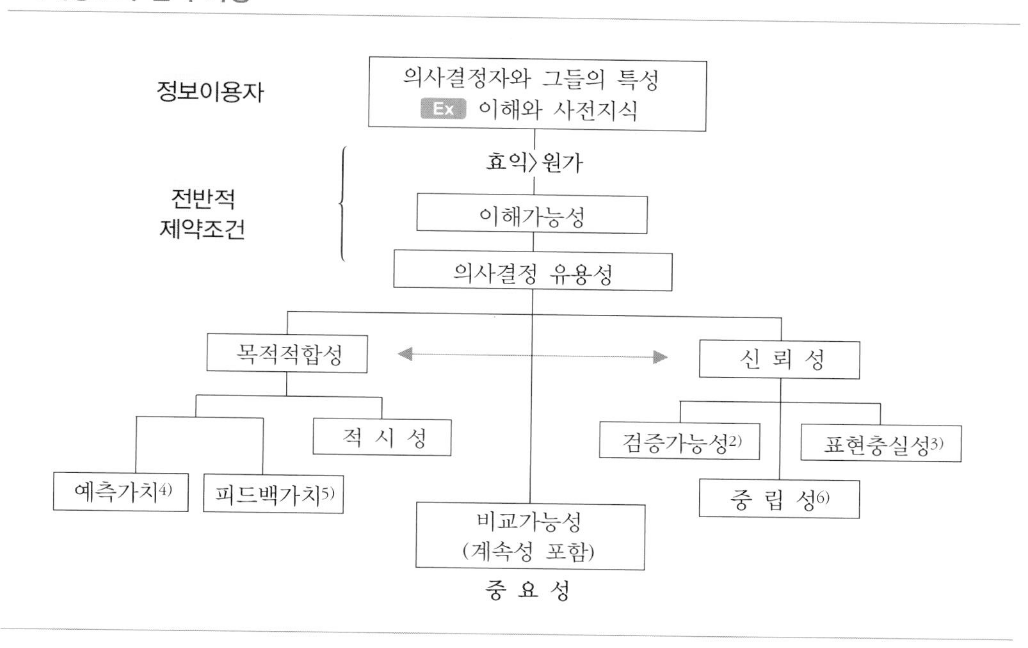

2) 검증가능성이란 동일한 경제적 사건이나 거래에 대하여 동일한 측정방법을 적용할 경우 다수의 독립적인 측정자가 유사한 결론에 도달할 수 있어야 함을 의미한다.

3) 표현의 충실성은 재무제표상의 회계수치가 회계기말 현재 기업실체가 보유하는 자산 및 부채의 크기를 충실히 나타내야 하고, 또한 자본의 변동을 충실히 나타내고 있어야 함을 의미한다.

4) 예측가치란 정보이용자가 기업실체의 미래 재무상태, 경영성과, 순현금흐름 등을 예측하는 데에 그 정보가 활용될 수 있는 능력을 의미한다. 예를 들어, 반기 재무제표에 의해 발표되는 반기이익은 올해의 연간 이익을 예측하는데 활용될 수 있다.

5) 피드백가치란 제공되는 회계정보가 기업실체의 재무상태, 경영성과, 순현금흐름 등에 대한 정보이용자의 당초 기대치(예측치)를 확인 또는 수정하게 해 줌으로써 의사결정에 영향을 미칠 수 있는 능력을 말한다.

6) 의도된 결과를 유도할 목적으로 회계기준을 제정하거나 재무제표에 특정 정보를 표시하여 특정 이용자 또는 이용자 집단의 의사결정이나 판단에 영향을 미친다면 그러한 회계정보는 중립적이라 할 수 없다.

1. 다음은 재무제표의 질적 특성에 관련된 내용이다. 성격이 다른 하나는?(45회)

① 표현의 충실성 ② 검증가능성 ③ 중립성 ④ 적시성

2. 재무제표를 통해 제공되는 정보에 관한 내용 중 올바르지 않은 것은?(44회)

① 화폐단위로 측정된 정보를 주로 제공한다.
② 특정기업실체에 관한 정보를 제공하며, 산업 또는 경제 전반에 관한 정보를 제공하지는 않는다.
③ 대부분 과거에 발생한 거래나 사건에 대한 정보를 나타낸다.
④ 추정에 의한 측정치는 포함하지 않는다.

3. 다음은 기업회계기준서의 중간재무제표에 대한 용어의 설명이다. 틀린 것은?(43회)

① "누적중간기간"은 회계연도 개시일부터 당해 중간기간의 종료일까지의 기간을 말한다.
② "중간기간"은 1회계연도보다 긴 회계기간을 말한다
③ "중간재무제표"는 중간기간 또는 누적중간기간을 대상으로 작성하는 재무제표를 말한다.
④ "연차재무제표"는 1회계연도를 대상으로 작성하는 재무제표를 말한다.

4. 회사가 소모품을 구입하면서 이를 모두 당기의 비용으로 회계처리하였을 경우 다음 중 어떤 회계개념을 고려한 것인가?(38회) 단,금액의 대소관계를 고려하지 않음.

① 보수주의 ② 수익비용의 대응 ③ 편리성 ④ 계속성

5. 다음 중 재무제표의 질적특성 중 신뢰성과 가장 관련성이 없는 것은?(57회)

① 회계정보를 생산하는데 있어서 객관적인 증빙자료를 사용하여야 한다.
② 동일한 거래에 대해서는 동일한 결과를 예측할 수 있도록 회계정보를 제공하여야 한다.
③ 유용한 정보를 위해서는 필요한 정보는 재무제표에 충분히 표시하여야 한다.
④ 의사결정에 제공된 회계정보는 기업의 미래에 대한 예측가치를 높일 수 있어야 한다.

6. 주식시장에 상장되어 있는 두 회사 중 한 회사에 투자하기 위해 두 회사의 회계정보를 비교하고자 하는 경우 회계정보가 갖추어야 할 속성으로 가장 적합한 것은?(54회)

① 비교가능성 ② 신뢰성 ③ 목적적합성 ④ 중립성

7. 다음 중 역사적원가주의와 가장 관련성이 적은 것은?(51회)

① 회계정보의 목적적합성과 신뢰성을 모두 높일 수 있다.
② 기업이 계속하여 존재할 것이라는 가정 하에 정당화되고 있다.
③ 취득 후에 그 가치가 변동하더라도 역사적원가는 그대로 유지된다.
④ 객관적이고 검증 가능한 회계정보를 생산하는데 도움이 된다.

8. 회사는 미래에도 계속적으로 정상적인 영업활동을 영위할 것이라는 전제하에 역사적 원가 주의의 근간이 되는 회계의 기본가정은?(43회)

① 기업실체의 가정 ② 계속기업의 가정 ③ 기간별보고의 가정 ④ 발생주의

9. 재무제표의 질적 특성(회계정보의 질적 특성)간 균형에 대한 설명 중 잘못된 것은?(48회)

① 신뢰성과 목적적합성은 서로 상충관계가 발생될 수 있다.
② 수익 인식과 관련하여 완성기준을 적용하면 목적적합성은 향상되는 반면 신뢰성은 저하될 수 있다.
③ 자산 평가와 관련하여 현행원가를 적용하면 목적적합성은 향상되는 반면 신뢰성은 저하될 수 있다.
④ 회계정보의 보고와 관련하여 중간보고의 경우 목적적합성은 향상되는 반면 신뢰성은 저하될 수 있다.

10. 회계순환과정에 있어 기말결산정리를 하게 되는 근거가 되는 가정으로 가장 적절한 것은?(56회)

① 기업실체의 가정 ② 기간별보고의 가정
③ 화폐단위의 가정 ④ 계속기업의 가정

제2절 재무제표

재무제표(financial statements)는 기업의 경영활동을 일반적으로 인정된 회계원칙에 따라 간결하게 요약하여 표시한 재무보고서이다. 재무제표의 작성목적은 기업과 이해관계를 가지고 있는 재무제표이용자들이 기업에 관한 의사결정을 할 때 도움이 될 수 있는 재무정보를 제공하고자 하는데 있다. 그러므로 재무제표이용자가 어떤 재무정보를 필요로 하느냐에 따라 작성하여야 할 재무제표의 종류가 결정된다.

한국채택국제회계기준(K-IFRS[7]))에서 제시하는 기본 재무제표는 재무상태표, 포괄손익계산서, 자본변동표, 현금흐름표로 구성되며, 주석을 포함한다.

- 재무상태표 : 일정시점에 기업이 보유하고 있는 자산과 부채 및 자본에 대한 정보를 제공하는 재무제표
- 포괄손익계산서 : 일정기간 동안 기업의 경영성과 및 수익성에 관한 정보를 제공해 주는 재무제표
- 현금흐름표 : 일정기간 동안 기업의 현금흐름 변동내용을 표시하는 재무제표
- 자본변동표 : 일정기간 동안 자본의 변동내용을 상세히 보여주는 재무제표
- 주석 : 재무제표상의 해당 과목 또는 금액에 기호를 붙이고 난외 또는 별지에 동일한 기호를 표시하여 그 내용을 명료하게 기재하는 것

현대의 회계는 전통적인 재무제표의 작성에만 국한되지 아니하고, 정보이용자의 의사결정에 도움일 될 수 있는 제반 재무정보를 포괄적으로 담아내어 전달하는 것을 기본목표로 하고 있다.

문제

1. 다음 중에서 재무제표에 해당하는 것은?(47회)
① 주석 ② 이익잉여금처분계산 ③ 결손금처리계산서 ④ 주기

7) 국제회계기준(IFRS; International Financial Reporting Standards)

답안

[1] ① 재무제표는 재무상태표, 손익계산서, 현금흐름표, 자본변동표로 구성되며, 주석을 포함한다.

1. 재무상태표

재무상태표(statement of financial position)는 일정시점에 기업이 보유하고 있는 자산과 부채 및 자본에 대한 정보를 제공하는 재무제표이다. 따라서 외부정보이용자들은 재무상태표를 통해 기업이 일정시점에 보유하고 있는 경제적 자원과 그러한 자원에 대해 채권자와 주주가 각각 청구할 수 있는 권리를 금액으로 표시함으로써 그 기업의 재무적 건전성과 탄력성, 기업의 유동성 등을 평가할 수 있게 된다.

재무상태표는 대차대조표(balance sheet)라고도 부르는데 기업의 자산, 부채 및 자본을 좌우 대칭형식으로 표시하고 있기 때문이다. 즉, 자산은 왼쪽에 부채와 자본은 오른쪽에 나타낸다. 재무상태표의 오른쪽 부분 전체를 지분(equities)이라고 부르는데 이 중 부채는 채권자 지분 그리고 자본은 소유주 지분을 나타낸다.

재무상태표에서 자산은 부채에 자본을 합한 금액과 항상 일치한다는 기본적인 특성을 발견할 수 있다. 왜냐하면, 기업이 소유하고 있는 자산은 채권자에 의한 타인자본(부채)이나, 소유주에 의한 자기자본(자본) 둘 중 어느 집단인가에 의해 기업에 제공되었기 때문이다. 따라서 기업의 자산에 대한 청구권은 제공한 자금의 비율만큼 채권자나 소유주에게 귀속되는 것으로 볼 수 있다.

이것을 대차평균의 원리라고 하고, 등식으로 표현하면 "**자산 = 부채 + 자본**"이다. 이 등식은 회계등식 또는 재무상태표 등식이라고 한다.

재무상태표

재무상태표

20××년 ×월 ×일 현재

회사명 (단위: 원)

자 산	×××	부 채	×××
		자 본	×××
자 산 총 계	₩×××	부채 · 자본총계	₩×××

문제

1. 다음 설명 중 가장 옳은 것은?(45회)

   ① 자산이 증가하고 부채가 증가하면 자본이 반드시 증가한다.
   ② 자산이 증가하고 부채가 감소하면 자본이 반드시 증가한다.
   ③ 자산이 증가하고 부채가 고정되면 자본이 반드시 감소한다.
   ④ 자산이 감소하고 부채가 증가하면 자본이 반드시 증가한다.

문제

2. 각 재무제표의 명칭과 함께 기재해야 할 사항으로 틀린 것은?(53회)

   ① 기업명　② 보고기간종료일　③ 금액단위　④ 기능통화

답안

[1] ②
[2] ④ 일반기업회계기준 2.16. 재무제표는 재무상태표, 손익계산서, 현금흐름표, 자본변동표 및 주석으로 구분하여 작성하며, 다음의 사항을 각 재무제표의 명칭과 함께 기재한다. (1) 기업명 (2) 보고기간종료일 또는 회계기간 (3) 보고통화 및 금액단위
기능통화란 외화환산회계에서 사용하는 용어로서, 국제기업이 국외에서 영업할 때 주로 사용하는 통화이며, 자국통화도 타국통화도 될 수 있다. 즉, 기업의 영업활동이 주로 이뤄지는 경제환경이 통화를 뜻한다.

(1) 자산(assets)

자산은 과거 사건의 결과로서 현재 기업이 통제하고 있으며, 미래에 경제적 효익을 창출할 것으로 기대되는 자원으로 정의한다. 자산에 내재된 미래의 경제적 효익이란 직접 혹은 간접 방법에 의해 장래에 현금 및 현금성자산으로 전환시킬 수 있는 능력을 말한다. 이 능력은 재화나 용역의 생산에 투입되거나 다른 자산과 교환됨으로써 혹은 부채를 상환하는데 사용됨으로써 다양한 형태로 기업에 공헌하게 된다.

자산은 기간의 장단에 따라 유동자산과 비유동자산으로 구분한다. 유동자산이란 보고기간말로부터 12개월 이내에 현금화 또는 실현될 것으로 예상되는 자산으로, 당좌자산과 재고자산으로 구분된다. 당좌자산이란 판매과정을 거치지 않고 보고기간 종료일로부터 1년 이내에 현금화 할 수 있는 자산을 말하며, 재고자산은 판매과정을 거쳐 보고기간 종료일로부터 1년 이내에 현금화 할 수 있는 자산을 말한다.

반면에, 장기적인 투자수익을 얻을 목적이나 장기간 영업활동에 사용할 목적으로 보유하고 있는 자사을 비유동자산이라고 하며, 비유동자산은 투자자산과 유형자산, 무형자산, 기타비유동자산으로 구분한다. 투자자산은 장기간 투자수익을 얻을 목적으로 보유하고 있는 자산을 말하며, 유형자산이란 장기간 영업활동에 사용할 목적으로 보유하고 있는 물리적인 형체가 있는 자산을 말한다. 무형자산은 장기간 영업활동에 사용할 목적으로 보유하고 있는 물리적인 형체가 없는 자산을 말하며, 기타비유동자산이란 비유동자산 중 투자자산, 유형자산, 무형자산에 속하지 않는 자산을 말한다.

자산의 분류에서 유동자산과 비유동자산의 분류를 엄격히 하는 이유는 기업의 유동성을 평가하는데 있어서, 비교적 단기간에 현금화되지 못하는 자산을 유동자산에 포함시켜 현금유동성을 높게 잘못 보고할 위험이 있기 때문이다.

■ 유동자산[8]

- 당좌자산 : 현금및현금성자산(현금, 당좌예금, 보통예금),
  단기금융상품(정기예금, 정기적금),
  단기투자자산(단기매매증권),
  매출채권(외상매출금, 받을어음), 단기대여금, 미수금, 선급금 등
- 재고자산 : 상품, 원재료, 재공품, 제품 등

■ 비유동자산

- 투자자산 ; 장기금융상품(장기성예금, 특정현금과예금), 매도가능증권, 장기대여금, 투자부동산 등
- 유형자산 ; 토지, 건물, 구축물, 기계장치, 차량운반구, 공구와기구, 비품 등
- 무형자산 ; 영업권, 특허권(특허권, 상표권 등), 개발비, 라이선스, 프랜차이즈, 저작권, 소프트웨어 등
- 기타비유동자산 ; 임차보증금, 전세권, 기타보증금, 장기매출채권, 장기미수금, 부도어음과수표 등

(2) 부채(liabilities)

부채는 과거 사건의 결과로서 발생했으며 경제적 효익이 내재된 자원이 기업으로부터 유출됨으로써 이행될 것으로 기대되는 현재의 의무이다. 즉 기업이 제3자에게 금전이나 재화 또는 용역을 제공해야 하는 경제적 의무를 말한다.

부채는 기간의 장단에 따라서 유동부채와 비유동부채로 구분한다. 유동부채란 기업의 정상적인 영업주기 내에 상환 등을 통하여 소멸할 것이 예상되는 부채와 보고기간

8) 각 계정과목에 대한 구체적인 설명 및 회계처리 방법은 5절 계정과목론에서 다루기로 한다.

말로부터 12개월 이내에 상환되어야 하는 부채를 말하며, 비유동부채란 12개월 이후에 만기가 도래하는 부채를 말한다.

- **유동부채** ; 매입채무(외상매입금, 지급어음), 미지급금, 예수금, 당좌차월, 가수금, 선수금, 단기차입금, 미지급세금 등
- **비유동부채** ; 사채, 장기차입금, 임대보증금, 퇴직급여충당부채, 장기성매입채무, 장기미지급금 등

(3) 자본(owner's equity)

자본은 기업의 자산 총액에서 부채 총액을 차감한 잔여액 또는 순자산(net worth)으로 서(자본 = 자산 - 부채), 자산에 대한 소유주의 잔여지분(residual equity)을 말한다. 이는 소유주에 귀속되어야 할 몫을 나타내기 때문에 소유주 지분이라고도 한다.

법인기업의 자본은 변동원천과 법률적 요구를 기준으로 자본금, 자본잉여금, 자본조정, 기타포괄손익누계액 및 이익잉영금으로 분류하지만 개인기업의 자본은 자본금 계정말 존재한다.

- **자본금** : 주주가 납입한 법정자본금
- **자본잉여금** : 주주와의 거래에서 발생하여 자본을 증가시키는 잉여금
- **자본조정** : 자본거래에 해당하나 자본금이나 자본잉여금으로 분류할 수 없는 임시적인 자본항목
- **기타포괄손익누계액** : 손익계산서의 당기손익으로 분류하기 어려운 손익 항목의 잔액
- **이익잉여금(결손금)** : 기업의 영업활동에 의하여 축적인 이익으로서 사외로 유출되지 않고 기업내부에 유보된 금액

문제

1.다음 자본에 대한 분류 중 잘못된 것은?(48회)

① 자본금 ② 자본잉여금 ③ 기타자본변동 ④ 자본조정

답안

[1] ③ 기타자본변동은 자본에 대한 분류(자본금, 자본잉여금, 자본조정, 이익잉여금, 기타포괄손익누계액)에 해당되지 아니함.

(4) 재무상태표 작성기준

① 구분표시 원칙

- 자산은 유동자산과 비유동자산으로 구분
- 부채는 유동부채, 비유동부채로 구분
- 자본은 자본금, 자본잉여금, 자본조정, 기타포괄손익누계액, 이익잉여금으로 구분

② 총액기준 원칙

- 자산 · 부채 및 자본은 총액에 의하여 기재함을 원칙으로 하고, 자산의 항목과 부채 또는 자본의 항목과는 상계함으로써 그 전부 또는 일부를 재무상태표에서 제외하여서는 안됨

③ 유동 · 비유동의 구분기준

- 자산과 부채는 1년을 기준으로 하여 유동자산 또는 비유동자산, 유동부채 또는 비유동부채로 구분 하는 것을 원칙으로 함

④ 유동성배열법

- 재무상태표에 기재하는 자산과 부채의 항목배열은 유동성이 큰 항목부터 배열하는 것을 원칙으로 함

문제

1. 다음의 자산계정들을 일반기업회계기준에 따라 유동성배열법으로 나열한 경우 맞는 것은?(55회)

• 기계장치	• 제품	• 현금및현금성자산	• 외상매출금

① 외상매출금, 현금및현금성자산, 제품, 기계장치
② 현금및현금성자산, 외상매출금, 기계장치, 제품
③ 현금및현금성자산, 제품, 외상매출금, 기계장치
④ 현금및현금성자산, 외상매출금, 제품, 기계장치

답안

[1] ④ 유동성배열법은 당좌자산, 재고자산, 투자자산, 유형자산, 무형자산 순이다.

⑤ 자본잉여금과 이익잉여금의 구분표시 원칙

- 자본거래에서 발생한 자본잉여금과 손익거래에서 발생한 이익잉여금을 혼동하여 표시하여서는 아니됨

⑥ 미결산항목과 비망계정의 불표시 원칙

- 가지급금 및 가수금 등의 미결산항목은 그 내용을 나타내는 적절한 과목으로 표시하고, 대조계정 등의 비망계정은 대차대조표의 자산 및 부채항목으로 표시하여서는 아니됨

⑦ 항목의 구분과 통합표시

- 자산, 부채, 자본 중 중요한 항목은 재무상태표 본문에 별도 항목으로 구분하여 표시

  중요하지 않은 항목은 성격 또는 기능이 유사한 항목에 통합하여 표시할 수 있으며, 통합할 적절한 항목이 없는 경우에는 기타 항목으로 통합하여 표시

문제

1. 다음은 일반기업회계기준상 재무상태표의 기본구조를 설명한 내용이다. 틀린 것은?(57회)
   ① 자산은 유동자산과 비유동자산으로 구분한다.
   ② 자산과 부채는 유동성이 작은 항목부터 배열하는 것을 원칙으로 한다.
   ③ 부채는 유동부채와 비유동부채로 구분한다
   ④ 자본은 자본금, 자본잉여금, 자본조정, 기타포괄손익누계액 및 이익잉여금(또는 결손금)으로 구분한다.

문제

2. 다음은 재무상태표의 기본구조에 대한 설명이다. 틀린 것은?(46회)
   ① 유동자산은 당좌자산과 재고자산으로 구분한다.
   ② 비유동자산은 투자자산, 유형자산, 무형자산, 기타비유동자산으로 구분한다.
   ③ 자산과 부채는 유동성이 작은 항목부터 배열하는 것을 원칙으로 한다.
   ④ 자본은 자본금, 자본잉여금, 자본조정, 기타포괄손익누계액 및 이익잉여금으로 구분한다.

답안

[1] ② 자산과 부채는 유동성이 큰 항목부터 배열하는 것을 원칙으로 한다.
[2] ③ 일반기업회계기준 문단 2.19 : 자산과 부채는 유동성이 큰 항목부터 배열하는 것을 원칙으로 한다.

2. 포괄손익계산서

포괄손익계산서(statement of recognized income and expense)는 일정기간 동안 기업 실체의 경영성과 및 수익성에 관한 정보를 제공해 주는 재무제표이다. 즉, 포괄손익계산서는 일정기간 동안 소유주와의 거래 이외의 모든 원천에서 자본이 증가하거나 감소한 정도와 그 내역에 관한 정보를 제공한다. 소유주와의 거래는 유상증자, 배당 또는 자기주식 거래로서, 이러한 거래를 제외한 다른 모든 자본증감 내용이 손익계산서에 기록된다는 의미이다. 이익은 흔히 성과의 측정치로 사용되거나 투자수익률이나 주당이익과 같은 평가치의 기초로 사용된다. 경영성과 특히 수익성에 관한 정보는 일정기간 동안 경영자 또는 기업의 경영성과를 평가하는데 도움을 줄 뿐만 아니라, 기업이 현재의 자원으로부터 현금을 창출할 수 있는 능력을 예측하는데 유용하다. 포괄손익계산서는 기업의 성과를 다음과 같은 형태로 요약한다.

(수익 − 비용) + 기타포괄손익 = 당기총포괄손익

전통적인 손익계산서가 당기순이익을 중심으로 작성되었다면, 포괄손익계산서는 이러한 당기순이익에서 시작하여 기타포괄손익의 구성요소를 배열하여 총포괄손익에 이르는 과정을 보여준다. 기업은 경영성과를 보고하는 방법으로서 당기순이익과 기타포괄손익을 함께 제시하는 단일의 포괄손익계산서를 작성하거나, 별개보고서로 분리해서 각각 작성하는 방법 중의 하나를 선택하면 된다.

〈단일의 포괄손익계산서〉

포괄손익계산서
20 ××년 ×월 ×일부터
20 ××년 ×월 ×일까지

회사명	(단위: 원)
수 익	×××
비 용	×××
당기순손익	×××
기타포괄손익	×××
총포괄손익	×××

〈두 개의 보고서〉

손익계산서
20 ××년 ×월 ×일부터
20 ××년 ×월 ×일까지

회사명	(단위: 원)
수 익	×××
비 용	×××
당기순손익	×××

포괄손익계산서
20 ××년 ×월 ×일부터
20 ××년 ×월 ×일까지

회사명	(단위: 원)
당기순손익	×××
기타포괄손익	×××
총포괄손익	×××

① 수익(revenues)[9)]

- 기업의 주요 경영활동으로서 재화의 판매 또는 용역의 제공 등의 대가로 발생하거나 그밖의 활동에서 발생하는 자산의 유입 또는 부채의 감소를 통하여 자본의 증가를 초래하는 일정 회계기간 동안에 발생한 경제적 효익의 증가
- 지분참여자(소유주)에 의한 출연과 관련된 것은 제외

② 비용(expenses)[10)]

- 기업의 주요 경영활동으로서 재화의 판매 또는 용역의 제공 등에 따라 발생하거나 그밖의 활동에서 발생하는 자산의 유출 또는 부채의 증가를 통하여 자본의 감소를 초래하는 일정 회계기간 동안에 발생한 경제적 효익의 감소
- 지분참여자(소유주)에 대한 분배와 관련된 것은 제외

③ 기타포괄손익

- 자본의 증가나 감소를 초래하며 광의의 수익이나 비용의 정의에 해당되지만 국제회계기준이 요구하거나 허용함으로써 당기순손익으로 인식하지 않는 수익과 비용

  Ex 유형자산의 재평가잉여금변동액, 종업원급여의 보험수리적손익, 해외사업장의 외화재무제표환산송익, 매도가능금융자산평가손익, 파생금융상품평가손익 등
- 당기의 기타포괄손익과 관련 당기손익으로의 재분류 항목은 법인세효과를 차감한 순액으로 당기순손익(이익잉여금)이 아닌 재무상태표 상의 자본항목(포괄손익누계액)에 직접 가감함.

---

9) 수익, 수입, 이익의 용어 구별
- 수익(revenue) - 비용을 차감하기 전의 총액
- 이익(profit, income) - 수익에서 비용을 차감하여 계산되는 순액
- 수입(receipt) - 현금의 유입을 지칭함

10) 비용, 손실, 원가의 용어 구별
- 비용(expenses) - 기업실체의 주요 경영활동에서 발생
- 손실(losses) - 기업실체의 주요 경영활동 이외에서 발생
- 원가(cost) - 재화나 용역을 취득하기 위하여 지급한 대가

(1) 손익계산서 구성요소

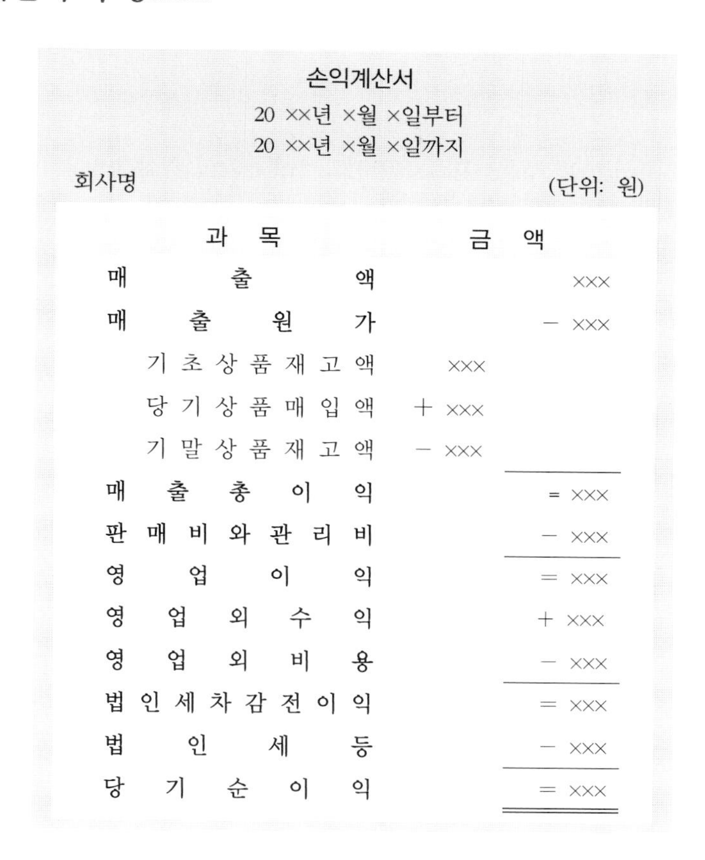

손익계산서

20 ××년 ×월 ×일부터

20 ××년 ×월 ×일까지

회사명 (단위: 원)

과 목		금 액
매 출 액		×××
매 출 원 가		− ×××
기초상품재고액	×××	
당기상품매입액	+ ×××	
기말상품재고액	− ×××	
매 출 총 이 익		= ×××
판매비와관리비		− ×××
영 업 이 익		= ×××
영 업 외 수 익		+ ×××
영 업 외 비 용		− ×××
법인세차감전이익		= ×××
법 인 세 등		− ×××
당 기 순 이 익		= ×××

① 매출액

기업의 가장 중요한 영업활동과 관련하여 재화나 용역을 제공함에 따라 발생하는 수익을 말한다.

매출액 = 총매출액 − 매출환입및에누리 - 매출할인

② 매출원가

매출원가란 매출액에 대응하는 원가로서 판매된 제품에 대한 매입원가이다. 매출원가의 산정과정은 손익계산서 본문에 표시하거나 주석으로 기재한다.

제품매출원가 = 기초제품재고액 + 당기제품제조원가 - 기말제품재고액

문제

1. 다음 주어진 재고자산 자료를 가지고 매출원가를 계산하면 얼마인가?(55회)

· 기초재고액 : 300,000원	· 당기총매입액 : 1,200,000원	· 기말재고액 : 200,000원
· 매출환입 : 50,000원	· 매입환출 : 80,000원	· 매입에누리 : 100,000원

① 1,070,000원 ② 1,120,000원
③ 1,200,000원 ④ 1,300,000원

답안

[1] ② 매출원가 = 기초재고액 + 당기순매입액(=총매입액−매입환출−매입에누리) − 기말재고액
1,120,000원= 300,000원+(1,200,000원−80,000원−100,000원)−200,000원

③ 판매비와 관리비

판매비와관리비는 제품, 용역 등의 판매활동과 기업의 관리활동에서 발생하는 비용으로서 매출원가에 속하지 아니하는 모든 영업비용을 포함한다. 판매비와관리비는 당해 비용을 표시하는 적절한 항목으로 구분하여 표시하거나 일괄 표시할 수 있다. 일괄 표시하는 경우에는 적절한 항목으로 구분하여 이를 주석으로 기재한다. 한편, 빈번하게 발생하는 것은 아니지만 영업활동과 관련하여 비용이 감소함에 따라 발생하는 대손충당금환입 등은 판매비와관리비의 부(-)의 금액으로 표시한다.

• 급여

급여란 임직원의 근로제공에 대한 대가로서 지급하는 인건비를 말하며 임원급여, 직원의 급료와 임금 및 제수당 등을 가리킨다.

• 복리후생비

복리후생비란 임직원의 복리와 후생을 위하여 지급한 비용으로서 일·숙직비, 직원 식대 및 차대, 직원 야유회 비용, 직원 식당운영비, 직원 회식대, 회사부담 의료보험료, 직원 경조사비, 피복비 등이 포함된다.

• 여비교통비

여비교통비란 임직원의 여비와 교통비를 말하며, 시내・외 교통비, 출장여비, 주차료 및 통행료 등이 포함된다.

• 접대비

접대비에는 회사의 업무와 관련하여 고객이나 거래처를 접대한 경우 이와 관련된 제반비용, 사례비 및 경조금 등을 계상한다.

• 통신비

통신비에는 전신, 전화, 팩시밀리, 우편, 인터넷 사용료 등의 비용을 계상한다.

• 수도광열비

수도광열비는 수도료, 전기료, 가스료, 난방용 연료대 등의 비용을 말한다.

• 세금과공과

세금과공과에는 사업소세, 재산세, 자동차세 등의 세금과 상공회의소회비 등의 공과금을 계상한다.

• 감가상각비

건물, 기계장치, 차량운반구 등 유형자산의 당해연도 감가상각비를 계상한다.

• 임차료

임차료에는 사무실, 공장 또는 토지 등의 임차료 및 컴퓨터나 집기비품의 리스료를 계상한다.

• 수선비

수선비에는 건물, 건물부속설비, 집기, 비품 등의 유형자산의 수선비를 계상한다. 수선비 중 자본적 지출에 해당되는 부분은 해당 자산 계정에 가산시켜야 한다.

• 보험료

보험료에는 기업이 소유하는 건물.기계장치 등의 유형자산, 제품.상품,원재료 등의 재고자산 등에 대하여 가입한 각종 손해보험(화재보험, 도난보험, 책임보험 등) 등의 비용을 계상한다. 다만, 유형자산이나 재고자산의 구입과 관련하여 소요되는 운송보험 등에 대한 보험료는 당해 자산의 취득부대비용으로 취급하여 취득원가에 산입한다.

• 차량유지비

차량유지비에는 차량운반구 유지비용으로 차량유류대, 주차비, 차량수리비, 안전협회비, 검사비 등을 계상한다.

• 운반비

제품이나 상품을 고객이나 대리점 기타 보관소로 운송하는데 지출된 비용을 계상한다.

• 교육훈련비

교육훈련비에는 임직원의 직무능력 향상을 위한 교육 및 훈련에 관련된 비용으로 강사초청료, 연수원임차료, 학우너연수비, 위탁교육훈련비, 해외연수비 등을 계상한다.

• 도서인쇄비

도서인쇄비에는 도서구입비 및 인쇄와 관련된 비용으로 신문구독료, 도서대금, 인쇄대금, 사진현상대금, 복사대금, 명함인쇄대금, 고무인대 등을 계상한다.

• 소모품비

소모품비는 소모성 비품 구입에 관한 비용으로서, 사무용 용지, 소모공구 구입비, 주방용품 구입비, 문구 구입비, 기타 소모자재 등의 구입비를 계상한다.

• 수수료비용

수수료비용에는 제공받은 용역의 대가를 지불할 때 사용되는 비용으로 점검수수료, 기장료, 세무조정료 등을 계상한다.

• 광고선전비

광고선전비에는 제품이나 상품의 판매촉진을 위해 지출한 광고선전비로 TV, 라디오, 신문, 잡지, 등의 대중매체에 지급되는 비용을 계상한다.

• **대손상각비**

대손상각비는 회수가 불확실한 매출채권에 대하여 합리적이고 객관적인 기준에 따라 산출한 대손추산액을 처리하는 계정으로서 대손충당금의 상대계정이다. 이 경우 대손추산액에서 대손충담금잔액을 차감한 금액을 대손상각비로 계상한다. 한편 회수가 불가능한 채권은 대손충당금과 상계하고 대손충당금이 부족한 경우에는 그 부족액을 대손상각비로 처리한다.

• **잡비**

이상에서 열거한 비용 이외에 판매와 관리 활동과 관련되어 지출된 기타의 비용을 계상하며, 이 비용이 중요한 경우에는 잡비로 하지 않고 적절한 계정과목을 설정하여 구분 표시하여야한다.

④ 영업외수익

영업외수익이란 기업의 주된 영업활동이 아닌 활동으로부터 발생한 수익과 차익 말한다.

• **이자수익**

금융업 이외의 판매업, 제조업 등을 영위하는 기업이 일시적인 유휴자금을 대여하고 받은 이자 및 할인료를 말한다.

• **배당금수익**

주식, 출자금 등의 장.단기 투자자산과 관련하여 피투자회사의 이익 또는 잉여금의 분배로 받는 금전배당금을 말한다.

• **임대료**

타인에게 물건이나 부동산 등을 임대하고 그 대가로 받는 금액을 말한다. 다만, 부동산임대업의 경우와 같이 부동산의 임대가 주된 영업활동인 경우에는 매출(임대료수입)로 분류한다.

• **단기투자자산평가이익**

단기매매증권을 공정가액(시가)으로 평가하는 경우 장부가액 보다 공정가액(시가)이 상승한 경우에 그 차액을 단기투자자산평가이익으로 계상한다.

• **단기투자자산처분이익**

단기매매증권을 처분하는 경우 장부가액 보다 처분가액이 더 큰 경우에 그 차액을 단기투자자산처분이익으로 계상한다.

• **유형자산처분이익**

유형자산의 매각시 장부가액(취득가액-감가상각누계액)보다 처분가액이 더 큰 경우에 그 차액을 유형자산처분이익으로 계상한다.

• **투자자산처분이익**

투자자산의 매각시 장부가액보다 처분가액이 더 큰 경우에 그 차액을 투자자산처분이익으로 계상한다.

• **자산수증이익**

회사가 주주, 채권자 등 타인으로부터 무상으로 자산을 증여받은 경우에 발생하는 이익을 계상한다.

• **채무면제이익**

회사가 주주, 채권자 등 타인으로부터 회사의 채무를 면제받은 경우에 발생하는 이익을 계상한다.

• **보험차익**

자산에 대하여 보험가입 후 보험금지급사유가 발생하여 지급받은 실제 보험금과 피보험자산의 장부가액의 차이를 계상한다.

• **잡이익**

기업회계기준에 열거된 영업외수익 중 금액적으로 중요하지 않거나 그 항목이 구체적으로 밝혀지지 않은 수익은 잡이익으로 처리한다.

⑤ 영업외비용

영업외비용이란 기업의 주된 영업활동이 아닌 활동으로부터 발생한 비용과 차손을 말한다.

• **이자비용**

당좌차월, 장・단기차입금 등으로부터 발생하는 지급이자와 사채이자가 해당된다.

• **기부금**

업무와 관련없이 무상으로 기증하는 금전, 기타의 자산가액을 말한다.

• **매출채권처분손실**

매출채권을 타인에게 양도 또는 할인하는 경우 당해 채권에 대하여 권리와 의무가 양도인과 분리되어 실질적으로 이전되는 때에는 동 금액은 매출채권에서 차감하고, 실수령액과의 차액은 매출채권처분손실로 계상한다.

• **단기투자자산평가손실**

단기매매증권을 공정가액(시가)로 평가하는 경우 장부가액 보다 공정가액(시가)이 하락한 경우에 그 차액을 단기투자자산평가손실로 계상한다.

• **단기투자자산처분손실**

단기매매증권을 처분하는 경우 장부가액 보다 처분가액이 더 적은 경우에 그 차액을 단기투자자산처분손실로 계상한다.

• **재해손실**

화재, 풍수해, 지진, 침수해 등 천재지변 또는 돌발적인 사건으로 인하여 발생한 손실액을 말한다.

• **유형자산처분손실**

유형자산의 매각시 장부가액(취득가액-감가상각누계액)보다 처분가액이 더 적은 경우에 그 차액을 유형자산처분손실로 계상한다.

• **투자자산처분손실**

투자자산의 매각시 장부가액보다 처분가액이 더 적은 경우에 그 차액을 투자자산처분손실로 계상한다.

• **잡손실**

기업회계기준에 열거된 영업외비용 중 그 금액이 중요하지 않거나, 그 항목이 구체적으로 밝혀지지 않는 비용은 잡손실로 처리한다.

문제

1. 다음의 계정과목 중 분류가 다른 것은?(57회)

① 기타의 대손상각비 ② 이자비용
③ 소모품비 ④ 외환차손

문제

2. 다음 자료를 이용하여 영업이익을 계산하면 얼마인가?(49회)

• 매 출 액 : 100,000,000원
• 매출원가 : 60,000,000원
• 본사 총무부 직원 인건비 : 4,000,000원
• 광고비 : 6,000,000원
• 기부금 : 1,000,000원
• 유형자산처분이익 : 2,000,000원

① 40,000,000원 ② 30,000,000원
③ 29,000,000원 ④ 26,000,000원

답안

[1] ③ 소모품비는 판매비와 관리비 또는 제조간접비로 분류된다. 나머지는 모두 영업외비용이다.
[2] ② 매출액100,000,000−매출원가60,000,000−인건비4,000,000−광고비6,000,000=30,000,000원

(2) 손익계산서 작성기준

① 발생주의 및 실현주의 원칙[11]

- 모든 수익과 비용은 그것이 발생한 기간에 정당하게 배분되도록 하여야 함. 다만, 수익은 실현시기를 기준으로 계상하고 미실현수익은 당기의 손익계산에 산입하지 아니함

② 수익 · 비용대응원칙

- 수익과 비용은 그 발생원천에 따라 명확하게 분류하고 각 수익 항목과 이에 관련되는 비용항목을 대응 표시하여야 함.

11) 현금기준 회계는 제품이나 용역을 제공하고 그 대가로 현금을 받은 기간에 수익을 인식하고, 이러한 수익을 발생시키는 데 소요되는 지출에 대해서도 현금으로 지급한 기간에 비용으로 인식한다. 현금기준회계는 적용이 간편하다는 장점 때문에 법률사무소, 설계사무소 등의 소규모 서비스업에서 많이 이용되고 있지만 기업의 경영성과와 재무상태를 지나치게 단순화하여 왜곡시킬 우려가 있기 때문에 대부분의 기업은 이를 채택하지 않고 있다.

③ 총액기준원칙

- 수익과 비용은 총액에 의하여 기재하는 것을 원칙으로 하고 수익항목과 비용항목을 직접 상계함으로써 그 전부 또는 일부를 손익계산에서 제외하여서는 아니됨.

④ 손익구분표시원칙

- 손익계산서는 매출총손익, 영업손익, 법인세비용차감전순손익과 당기순손익 등으로 구분하여 표시하여야 함.
  다만, 제조업 · 판매업 및 건설업 이외의 기업에 있어서는 매출총손익의 구분표시를 생략할 수 있음

(3) 손익계산 방법

① 순자산비교법

순자산이란 자산에서 부채를 차감한 잔액을 말하며, 자본과 동일한 것이다. 순자산비교법이란 기말순자산에서 기초순자산을 차감하여 당기순이익을 계산하는 방법을 말한다.

기말순자산 - 기초순자산 = 당기순이익

만일, 회계기간 중에 주주들이 자본을 추가로 출자한 것이 있으며 이를 적절히 고려하여 당기순이익을 산출하여야 한다.

기초자본 + 추가출자액 + 당기순이익 = 기말자본

순자산비교법에 의하면 기말자본 총액과 기초자본 총액을 이용하여 당기순이익을 간단히 구할 수 있다는 장점이 있지만, 당기순이익이 구체적으로 어떤 활동을 통해서 발생하였는지 그 발생 내역을 알 수 없다는 단점이 있다.

② 총거래기록법

총거래기록법이란 일정기간 발생한 수익과 비용을 항목별로 요약한 다음, 이 항목들을 체계적으로 모두 열거함으로써 구체적인 수익·비용의 발생 내역, 당기순이익 산출과정, 당기순이익 금액 등의 세 가지 모두를 알게 해주는 손익계산 방법이다. 우리나라 '기업회계기준'은 총거래기록법의 관점에서 손익계산서를 작성하도록 규정하고 있다.

수익 - 비용 = 순이익(순손실)

3. 현금흐름표(statement of cash flows)

- 일정 기간 동안 현금흐름(유입과 유출)의 변동내용을 표시하는 재무보고서
- 현금흐름표는 영업활동·투자활동·재무활동으로 인한 현금흐름, 현금의 증가, 기초의 현금 및 기말의 현금으로 구분
- 현금의 유입과 유출을 영업활동, 투자활동, 재무활동으로 구분하여 표시하여 현금 변동의 원인을 설명
  - ▸ 영업활동 : 재화의 판매 또는 용역을 제공함에 따라 발생하는 수익의 창출활동
  - ▸ 투자활동 : 영업활동을 가능케 하기 위하여 필요한 자산을 취득하거나 처분하는 활동
  - ▸ 재무활동 : 투자자나 채권자로부터 자금을 조잘 또는 상환하는 활동
- 현금흐름표의 유용성
  - ▸ 기업의 미래현금흐름 창출능력을 보다 잘 평가할 수 있게 함
  - ▸ 미래배당지급능력과 이자 및 급여 지급능력을 예측하는데 유용함
  - ▸ 당기순이익과 영업활동 현금흐름 간에 차이가 발생하는 이유를 알 수 있음
  - ▸ 일정 기간 동안의 현금 투자 및 자금조달 거래에 관한 정보를 제공함

현금흐름 분석

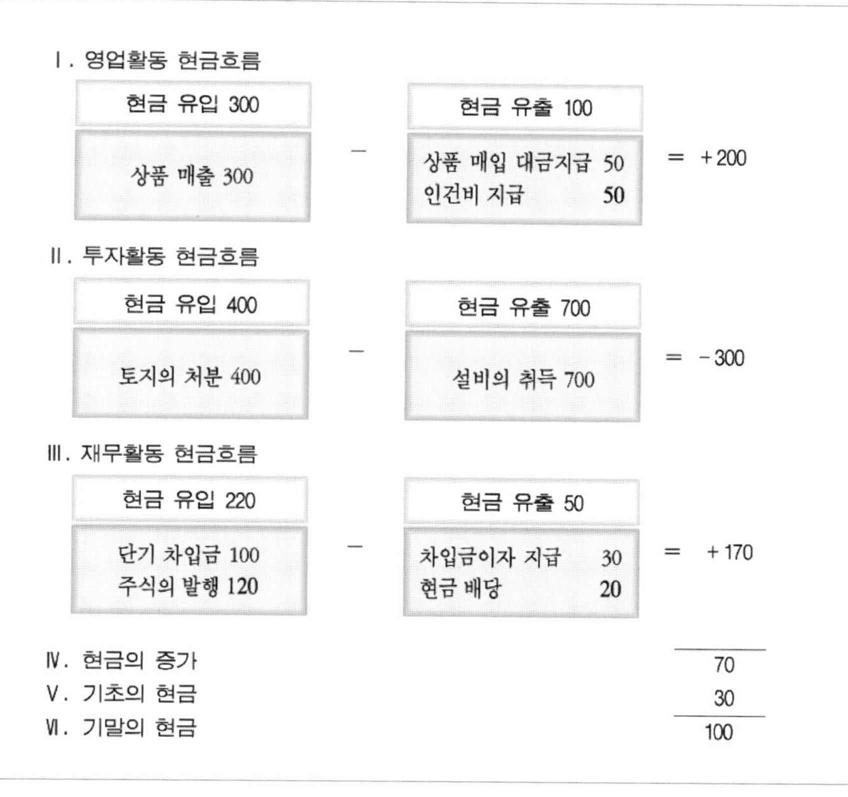

4. 자본변동표(statement of changes in equity)

- 재무상태표상에 표시되는 자본의 크기와 일정기간 동안 자본의 변동내용을 상세히 보여주는 재무보고서
- 자본항목 : 자본금, 자본잉여금, 이익잉여금, 기타포괄손익누계액, 자본조정
- 유용성 : ▸ 국제회계기준에의 정합성 제고
  ▸ 자본항목의 변동 내용에 대한 정보 제공
  ▸ 재무제표의 연계성 제고 및 이해가능성 제고

자본변동표

회사명　　제×기 20×1년 1월 1일부터 20×1년 12월 31일까지　　(단위 : 원)

구 분	자본금	자본 잉여금	자본조정	기타포괄 손익누계액	이익 잉여금	총 계
20×1. 1. 1.[1]	×××	×××	×××	×××	×××	×××
연차배당					(×××)	(×××)
처분후 이익잉여금					×××	×××
중간배당					(×××)	(×××)
유상증자(감자)	×××	×××				×××
당기순이익(손실)					×××	×××
자기주식 취득			(×××)			(×××)
매도가능증권평가손익				×××		×××
20×1. 12. 31.[2]	×××	×××	×××	×××	×××	×××

1) 20×0. 12. 31. 대차대조표상의 금액임.
2) 20×1. 12. 31. 대차대조표상의 금액임.

5. 주석(註釋, footnote)

- 주석이란 재무제표상의 해당 과목 또는 금액에 기호를 붙이고 난외 또는 별지에 동일한 기호를 표시하여 그 내용을 명료하게 기재하는 것
- 주석은 다음의 사항을 포함한다.
  ① 재무제표 작성기준 및 중요한 거래와 회계사건의 회계처리에 적용한 회계정책
  ② 기업회계기준에서 주석공시를 요구하는 사항
  ③ 재무상태표, 손익계산서, 이익잉여금처분계산서(또는 결손금처리계산서), 현금흐름표 및 자본변동표의 본문에 표시되지 않는 사항으로서 재무제표를 이해하는데 필요한 추가 정보

이론

1. 다음 중 재무상태표에 관련 자산 부채에서 차감하는 형식으로 표시되는 것이 아닌 것은?(46회)
   ① 퇴직급여충당부채　② 퇴직보험예치금　③ 감가상각누계액　④ 대손충당금

2. 다음중 유동성배열법에 의한 대차대조표 작성시 가장 나중에 배열되는 항목은?(44회)
   ① 장기차입금　② 미지급법인세　③ 미지급비용　④ 매입채무

3. 다음 계정 중 그 분류가 다른 것은?(43회)
   ① 미지급비용　② 매출　③ 매출채권　④ 자본잉여금

4. 다음 중 부채에 대한 설명으로 가장 옳지 않은 것은?(42회)
   ① 부채는 과거의 거래나 사건의 결과로 현재 기업실체가 부담하고 있고 미래에 자원의 유출 또는 사용이 예상되는 의무이다.
   ② 유동성장기부채는 유동부채로 분류한다.
   ③ 부채는 1년을 기준으로 유동부채와 비유동부채로 분류한다.
   ④ 정상적인 영업주기 내에 소멸할 것으로 예상되는 매입채무와 미지급비용 등이 보고기간 종료일로부터 1년 이내에 결제되지 않으면 비유동부채로 분류한다.

5. 다음 중 유동부채에 해당하는 금액을 모두 합하면 얼마인가?(47회)

   • 외상매입금 : 50,000원
   • 장기차입금 : 1,000,000원(유동성장기부채 200,000원 포함)
   • 단기차입금 : 200,000원　• 미 지 급 비 용 : 70,000원
   • 선 수 금 : 90,000원　• 퇴직급여충당부채 : 80,000원

   ① 410,000원　② 520,000원　③ 530,000원　④ 610,000원

6. 재무상태표상 자산, 부채 계정에 대한 분류가 잘못 연결된 것은?(48회)

① 미수수익 : 당좌자산 ② 퇴직급여충당부채 : 유동부채

③ 임차보증금 : 기타비유동자산 ④ 장기차입금 : 비유동부채

7. 다음 중 재무제표에 계상되는 적절한 계정과목이 아닌 것은?(49회)

① 미수수익 ② 선수수익 ③ 미지급수익 ④ 선급비용

8. 다음 자료에 의하여 자본총계를 계산하면 얼마인가?(49회)

• 현 금 : 100,000원	• 단기대여금 : 150,000원	• 단기차입금 : 50,000원
• 비 품 : 200,000원	• 감가상각누계액 : 50,000원	• 보통예금 : 60,000원
• 미지급금 : 80,000원	• 미 수 금 : 90,000원	• 지급어음 : 100,000원

① 270,000원 ② 300,000원 ③ 320,000원 ④ 370,000원

9. (주)경기의 4월 기말재고액이 기초재고액 보다 200,000원 증가되었고, 4월 매출액은 2,700,000원으로 매출원가의 20% 이익을 가산한 금액이라 한다면, 당기 매입금액은?(51회)

① 2,150,000원 ② 2,250,000원 ③ 2,350,000원 ④ 2,450,000원

10. 다음 중 판매비와 관리비에 해당되는 세금과공과 계정과목으로 처리되는 항목은?(50회)

① 공장 건물 보유 중 재산세를 납부하는 경우

② 영업부 차량 보유 중 자동차세를 납부하는 경우

③ 본사 직원에 대한 급여를 지급하면서 원천징수세액을 납부하는 경우

④ 법인의 소득에 대하여 부과되는 법인세를 납부하는 경우

11. 다음 중 수익과 비용의 직접적인 인과관계에 따라 비용을 인식하는 방법으로 가장 적절한것은?(52회)

① 감가상각비 ② 무형자산상각비 ③ 매출원가 ④ 사무직원 급여

12. 다음은 재무상태표 항목의 구분과 통합표시에 대한 설명이다. 가장 틀린 것은?(52회)

① 중요한 항목은 재무상태표 본문에 별도 항목으로 구분하여 표시한다.
② 현금및현금성자산은 별도 항목으로 구분하여 표시한다.
③ 자본잉여금은 법정적립금, 임의적립금으로 구분하여 표시한다.
④ 자본금은 보통주자본금과 우선주자본금으로 구분하여 표시한다.

13. 다음 중 재무상태표상의 비유동부채로 맞는 것은?(52회)

① 퇴직급여충당부채 ② 외상매입금 ③ 유동성장기부채 ④ 단기차입금

14. 다음 자료에 의하여 자본총계를 계산하면 얼마인가?(54회)

• 현 금 : 500,000원	• 단기대여금 : 250,000원	• 이익준비금 : 20,000원
• 선 수 금 : 200,000원	• 감가상각누계액 : 50,000원	• 기계장치 : 250,000원
• 미지급금 : 60,000원	• 퇴직급여충당부채 : 90,000원	• 임대보증금 : 100,000원

① 400,000원 ② 450,000원 ③ 480,000원 ④ 500,000원

15. 다음 발생하는 비용 중 영업비용에 해당하지 않는 것은?(51회)

① 거래처 사장인 김수현에게 줄 선물을 구입하고 50,000원을 현금 지급하다.
② 회사 상품 홍보에 50,000원을 현금 지급하다.
③ 외상매출금에 대해 50,000원의 대손이 발생하다.
④ 회사에서 국제구호단체에 현금 50,000원을 기부하다.

16. 다음 자료에 의한 매출총이익은 얼마인가?(44회)

• 총매출액 : 35,000,000원	• 총매입액 : 18,000,000원
• 매입할인 : 300,000원	• 이자비용 : 200,000원
• 매입에누리와환출 : 250,000원	• 복리후생비 : 1,000,000원
• 매출에누리와환입 : 200,000원	• 매출할인 : 200,000원
• 기초상품재고액 : 500,000원	• 기말상품재고액 : 450,000원

① 17,500,000원 ② 17,450,000원 ③ 17,100,000원 ④ 17,000,000원

17. 다음 중 손익계산서상 구분표시가 다른 것은?(47회)

① 복리후생비 ② 유형자산처분손실 ③ 기부금 ④ 이자비용

18. 다음 중 재무상태표가 제공할 수 있는 정보로서 가장 적합하지 않는 것은?(47회)

① 경제적 자원에 관한 정보
② 경영성과에 관한 정보
③ 유동성에 관한 정보
④ 지급능력에 관한 정보

19. 다음 자료를 이용하여 매출총이익을 계산하면 얼마인가?(48회)

- 총매출액 : 500,000원
- 매출할인 : 20,000원
- 매입환출 : 5,000원
- 기말 상품 재고액 : 100,000원
- 매입할인 : 5,000원
- 기초 상품 재고액 : 100,000원
- 매출에누리 : 10,000원
- 총매입액 : 200,000원

① 300,000원 ② 295,000원 ③ 290,000원 ④ 280,000원

20. 기말재고자산가액을 실제보다 높게 계상한 경우 재무제표에 미치는 영향으로 잘못된 것은?(48회)

① 매출원가가 실제보다 감소한다.
② 매출총이익이 실제보다 증가한다.
③ 당기순이익이 실제보다 증가한다.
④ 자본총계가 실제보다 감소한다.

제3절 회계거래의 측정과 기록

1. 회계거래의 개념

회계거래(accounting transactions)란 기업의 재무상태에 변동을 가져오는 영업활동과 경제적 사건을 말한다. 따라서, 회계거래는 반드시 기업의 재무상태 요소 중의 하나인 자산이나 부채 또는 자본에 영향을 주어야 하고, 그 영향을 객관적인 화폐액으로 측정 가능해야 한다. 이러한 성격을 가지지 못한 거래는 회계에서 회계거래로서 인식되지 않는다.

거래가 아닌 것	거래 인 것
· 제품을 주문하다	· 제품을 도난당하다
· 제품매매계약을 체결하다	· 현금을 분실하다
· 점포의 임대차계약을 체결하다	· 화재로 제품이 소실되다
· 은행에서 돈을 차입하기로 약속하다	· 제품의 파손, 부패가 발생하다
· 종업원을 채용하다.	· 외상대금을 못 받게 되다

문제

1. 다음 중 회계상의 거래에 해당되는 것은?(55회)

① 광고료 170,000원을 현금으로 지급하다.
② 사무실을 월세 700,000원으로 임대차계약을 맺기로 구두로 약속하다.
③ 제품 3,000,000원의 주문을 받다.
④ 종업원을 월급 2,300,000원으로 채용하다.

문제

2. 다음 중 회계상의 거래에 해당하지 않는 것은?(49회)

① 상품구매계약을 체결하였다. ② 신용카드로 우편요금을 지급하였다.
③ 사무실 임대료 2개월분을 받지 못했다. ④ 직원 급여를 미지급하였다.

답안

[1] ①
[2] ① 상품구매계약은 회계상 거래에 해당하지 않는다.

2. 거래요소의 결합관계

(1) 거래 8요소의 결합관계

거래는 자산의 증가와 감소, 부채의 증가와 감소, 자본의 증가와 감소 및 수익의 발생과 비용의 발생이라는 8개의 요소로 구성되어 있다.

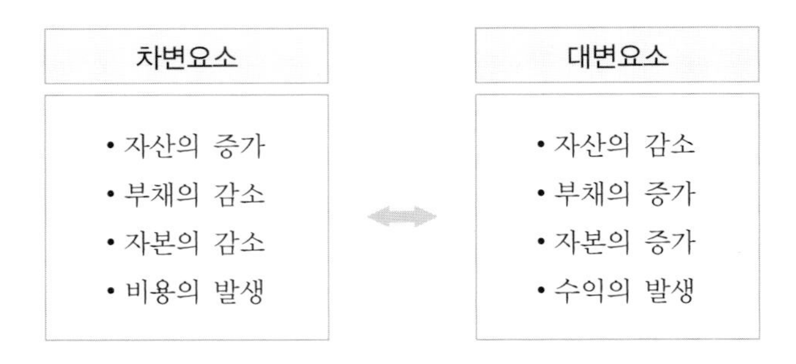

(2) 거래의 이중성

어떤 하나의 거래가 이루어지면 반드시 왼쪽 요소와 오른쪽 요소가 원인과 결과로서 대립되어 성립하므로 거래는 항상 같은 금액으로 발생하게 된다. 이것을 거래의 이중성이라 하며, 복식부기의 근본원리이다.

문제

1. 회계상 거래가 발생하면 재무제표의 차변과 대변에 동시에 영향을 미치게 되는데, 이는 회계의 어떤 특성 때문인가?(42회)

① 거래의 이중성 ② 중요성 ③ 신뢰성 ④ 유동성

문제

2. 다음의 거래로 인한 설명중 맞는 것은?(53회)

보유중인 기계장치를 장부금액보다 낮은 금액을 받고 처분하였다.

① 자산의 감소와 부채의 감소 ② 자산의 감소와 자본의 증가
③ 자산의 감소와 부채의 증가 ④ 자산의 감소와 자본의 감소

답안

[1] ①
[2] ④ 장부금액보다 현금유입이 적으므로 자산의 감소와 자본도 그만큼 줄어든다.

(3) 회계거래가 회계등식에 미치는 영향

어떤 경제적 사건이 회계거래로서 회계시스템에 기록되면, 이는 회계등식에서 한 개 이상의 요소에 영향을 미친다. 그러나 어떤 경제적 사건이 회계거래로 기록되든지 [그림4-1]에서 보듯이 "자산=부채+자본"이라는 회계등식은 항상 유지된다.

그러나 거래발생 전 회계등식을 구성하는 개별적인 자산, 부채, 자본은 거래로 인하여 변경되어 거래발생 후 회계등식의 개별적인 자산, 부채, 자본과는 동일하지 않다.

회계거래가 회계등식에 미치는 영향

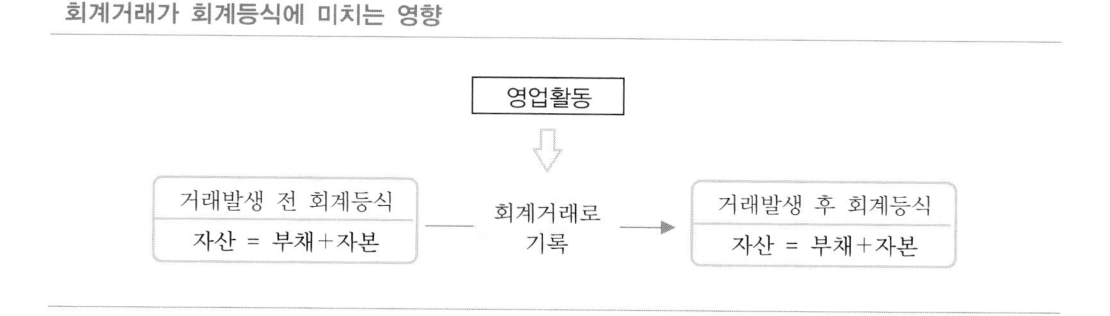

3. 거래의 종류

거래는 여러 가지 기준에 따라 나눌 수 있으며, 기업의 자산, 부채, 자본 및 수익, 비용 중 어디에 증감변화가 일어나는지에 따라 자본거래, 손익거래, 혼합거래로 구분한다.

(1) 자본거래(교환거래)

- 기업의 재무상태에는 영향을 미치지만 기업의 경영성과, 즉 기업의 수익이나 비용에 영향을 미치지 않는 회계거래
- 재무상태표 항목만 변화

· 재무상태표 항목 ××× / 재무상태표 항목 ×××

(2) 손익거래

- 기업의 순이익에 영향을 미치는 거래, 즉 기업의 수익과 비용에 영향을 미치고 결과적으로는 이익잉여금에 영향을 미치는 거래
- 거래요소의 어느 한쪽이 수익, 비용의 발생으로만 결합한 거래

· 재무상태표 항목 ××× / 손익계산서 항목 ×××
· 손익계산서 항목 ××× / 재무상태표 항목 ×××

(3) 혼합거래

- 기업의 재무상태와 경영성과에 동시에 영향을 주는 거래
- 교환거래와 손익거래가 혼합되어 동시에 발생하는 거래

• 재무상태표 항목 ××× / 재무상태표 항목 ×××
손익계산서 항목 ×××

or

• 재무상태표 항목 ××× / 재무상태표 항목 ×××
손익계산서 항목 ×××

4. 재무상태표와 손익계산서의 연계관계

손익계산서는 일정기간 동안 기업의 성과를 요약하여 나타내고 있으며, 이 결과로 나타나는 순이익은 그 기간말 현재로 작성되는 재무상태표의 이익잉여금에 반영된다. 따라서 재무상태표와 손익계산서는 당기순이익을 연결고리로 하여 연계관계를 갖는다.

재무상태표와 손익계산서의 연계관계

재무상태표
20 × 년 ×월 ×일 현재

회사명 (단위: 원)

자산		부채	
현금	×××	미지급금	×××
소모품	×××	차입금	×××
		부채총계	×××
		자본	
		자본금	×××
		이익잉여금	×××
		자본총계	×××
자산총계	₩ ×××	부채자본총계	₩ ×××

손익계산서
20 × 년 ×월 ×일부터
20 × 년 ×월 ×일까지

회사명 (단위: 원)

수익		×××
매출	×××	
비용		
급여	×××	
운반비	×××	×××
당기순이익		₩ ×××

(당기순이익 → 이익잉여금)

(1) 재무상태표계정과 평상잔액의 관계

계정의 평상잔액은 특정일자까지 잔액의 총증가액이 총감소액을 초과하는 부분을 나타내는 것으로 어떤 계정이든 평상잔액은 증가가 기입되는 편에 나타난다. 즉, 자산 및 비용의 평상잔액은 차변에, 부채와 자본, 수익의 평상잔액은 대변에 나타난다. 왜냐하면 어떤 계정이든 그 계정의 증가금액은 통상적으로 감소금액보다 크거나 같기 때문이다. 따라서 각 계정의 증가가 기록되는 위치와 각 계정이 재무상태표에 나타나는 위치가 일치한다는 것을 알 수 있다. 재무상태표와 손익계산서는 각 계정의 평상잔액을 이용하여 작성된다.

(2) 손익계산서계정과 평상잔액의 관계

① 수익계정

수익으로 분류되는 계정의 증가는 대변에, 감소는 차변에 기입되며, 평상잔액은 대변에 나타난다. 왜냐하면 수익의 증가가 자본(이익잉여금)의 증가를 초래하기 때문에 자본의 증가가 나타나는 대변에 기록되어야 하기 때문이다.

② 비용계정

비용으로 분류되는 계정의 증가는 차변에, 감소는 대변에 기입되며, 평상잔액은 차변에 나타난다. 왜냐하면 비용의 증가가 자본(이익잉여금)의 감소를 초래하기 때문에 자본의 감소가 나타나는 차변에 기록되어야 한다.

제4절 계정과목론 Ⅰ.

거래의 발생과 더불어 나타나는 자산, 부채, 자본의 증감변동과 수익, 비용의 발생내용을 조직적이고 체계적으로 기록하고 계산하기 위한 복식부기 특유의 계산단위를 "계정"이라고 한다. 이러한 계정의 명칭을 "계정과목"이라고 하며, 이 계정과목은 종류나 성질이 다른 다양한 거래를 일관된 기준에 의하여 정리할 수 있도록 해주는 계산의 기본단위가 된다.

계정은 자산, 부채, 자본, 수익, 비용에 속하는 계정으로 분류하며, 각각의 항목에 따라 독립적으로 설정하고 해당항목의 증감을 가져오는 거래들을 개별적으로 기록한다. 계정은 계정과목(title of account; 계정의 명칭), 차변(debit side; 계정의 왼편)과 대변(credit side; 계정의 오른편)으로 구성된다.

구분	내용
재무상태표 계정	■ 자산계정 : 유동자산(당좌자산, 재고자산) 비유동자산(투자자산, 유형자산, 무형자산, 기타비유동자산) ■ 부채계정 : 유동부채, 비유동부채 ■ 자본계정 : 자본금, 자본잉여금, 자본조정, 기타포괄손익누계액, 이익잉여금(또는 결손금)
손익계산서 계정	■ 수익계정 : 매출액, 이자수익 등 ■ 비용계정 : 매출원가, 급여, 이자비용 등

1. 현금 및 현금성자산

현금(통화 및 통화대용증권)과 예금(당좌예금, 보통예금, 기타의 예금) 및 현금성자산을 통합하여 표시한다.

(1) 현금(cash)

현금이란 유동성이 가장 높은 자산으로서 재화나 용역을 구입하는데 사용되는 교환의 대표적인 수단이며, 현재의 채무를 상환하는데 쉽게 이용할 수 있는 지불 수단이라는 의미에서 '기업의 혈액(blood)'과도 같다고 흔히 비유된다. 회계상 현금으로 취급되는 것은 통화뿐만 아니라 통화 대신으로 사용할 수 있는 증권(통화대용증권)까지 포함된다.

- 통화 : 지폐, 동전
- 통화대용증권 : 타인발행당좌수표, 은행발행자기앞수표, 송금수표, 가계수표, 여행자수표, 우편환증서[12], 전신환증서[13], 만기가 된 공 · 사채 이자표, 만기가 된 어음, 배당금지급통지표 등

문제

1. 제품을 제조하는 공장 건물에 대한 재산세 1,250,000원과 영업부 사무실에 대한 재산세 2,100,000원을 현금으로 납부하였다.(45회)

문제

2. 경리부에서 사용할 차와 음료수 30,000원을 진명할인마트에서 구입하고, 대금은 은행 발행 자기앞수표로 지급하였다.

문제

3. 병동상사에 제품 3,500,000원을 매출하고, 대금은 동점발행당좌수표로 회수하였다.

답안

	차변	금액	대변	금액
[1]	(차) 세금과공과(제)	1,250,000원	(대) 현 금	3,350,000원
	세금과공과(판)	2,100,000원		
[2]	(차) 복리후생비(판)	30,000원	(대) 현 금	30,000원
[3]	(차) 현금	3,500,000원	(대) 제품매출	3,500,000원

12) 우편환증서 : 은행의 송금과는 달리 가입계좌 없이 우편을 이용해 현금을 수송하는 제도
13) 전신환증서 : 수취인은 전신환증서를 우체국에 제시하고 환금을 지급받는 제도

(2) 예금(cash in bank)

예금이란 당좌예금과 보통예금 및 기타제예금을 지칭(정기적금이나 정기예금은 제외됨)하는데, 이 예금들은 언제든지 인출하여 영업활동에 사용할 수 있다.

1. 현금 5,000,000을 한국은행 보통예금 계좌에 입금하였다.

2. 당월분 공장임차료 500,000원과 송금수수료 1,600원을 보통예금에서 인출하여 지급하였다.(53회)

	(차)		(대)	
[1]	보통예금	5,000,000원	현　　금	5,000,000원
[2]	임차료(제)	500,000원	보통예금	501,600원
	수수료비용(판)	1,600원		

(3) 현금성자산(cash equivalent; 현금등가물)

현금성자산이란 비록 취득당시에는 현금 형태가 아니지만 바로 그 취득시점에서 볼 때 조만간 현금화될 예정인 자산을 말한다. 대개 ① 큰 거래비용 없이 현금으로 전환이 용이하고 ② 이자율 변동에 따른 가치하락 변동이 작은 금융상품으로서 ③ 취득당시 만기(또는 상환일)이 3개월 이내인 단기수익증권 등을 현금에 준하는 자산이라는 뜻에서 현금성자산이라고 한다.

이상의 현금, 예금, 현금성자산은 비록 각기 다른 형태를 취하고는 있지만, 경제적 관점에서 보면 모두 현금과 유사한 것으로 볼 수 있기 때문에, 회계에서는 재무상태표 작성시 이들 금액을 모두 합하여 현금 및 현금성자산 이라는 단일 계정으로 간결하게 기재하도록 하고 있다.

문제

1. 다음 중 기업회계기준상 현금및현금성자산이 아닌 것을 모두 고르면?

① 은행권, 주화	② 즉시 인출 가능한 보통예금
③ 타인발행수표	④ 수입인지
⑤ 통화	⑥ 통화대용증권
⑦ 요구불예금	⑧ 취득당시 만기가 1년 이내 도래하는 유가증권

답안

[1] ④, ⑧ 수입인지는 즉시비용으로 처리한다.

2. 현금계정의 조정 : 현금과부족

현금의 실제잔액과 장부상 잔액은 항상 일치하여야 하지만 기록의 잘못이나 분실, 도난 등으로 인하여 현금의 시재와 장부상 잔액이 일치하지 않는 경우가 있다. 이러한 경우에 그 불일치의 원인이 확인될 때까지 일시적으로 현금과부족 계정을 설정하여 장부상 잔액과 실제 현금보유액을 일치시켜야 한다. 그 후 원인이 판명되면 해당 계정으로 대체하고, 결산시까지 원인이 판명되지 않으면, 현금시재 부족액은 잡손실 계정으로, 초과액은 잡이익 계정으로 대체한다.

■ 현금부족시 :	(차) 현금과부족 ×××	(대) 현 금 ×××
☞ 결산시	(차) 잡 손 실 ×××	(대) 현금과부족 ×××
■ 현금초과시 :	(차) 현 금 ×××	(대) 현금과부족 ×××
☞ 결산시	(차) 현금과부족 ×××	(대) 잡 이 익 ×××

문제

1. 현금시재를 확인한 결과 장부잔액보다 현금잔고가 100,000원 더 적은 것을 확인하였으나 그 원인이 밝혀지지 않았다.

문제

2. 위 부족액 중 60,000원은 커피 등을 구입하고 장부에 기록하지 않은 사실을 알게 되어 복리후생비로 처리하였다.

문제

3. 현금부족액 40,000원은 결산시까지 그 원인이 밝혀지지 않아 잡손실 처리하였다.

답안

[1] (차) 현금과부족	100,000원	(대) 현 금	100,000원
[2] (차) 복리후생비	60,000원	(대) 현금과부족	60,000원
[3] (차) 잡 손 실	40,000원	(대) 현금과부족	40,000원

3. 당좌예금과 당좌차월

(1) 당좌예금(checking account)

당좌예금이란 기업이 은행과 당좌거래계약을 체결하여 현금을 예입하고, 대금결제수단으로 수표를 발행하면, 수표소지인은 해당 은행에 수표를 제시하여 현금을 지급받을 수 있도록 하는 무이자의 예금이다. 즉, 수표소지인이 은행에 당좌수표를 제시하면 발행인의 당좌예금계좌에서 인출되어 즉시 현금으로 지급받을 수 있기 때문에 발행인은 당좌수표를 발행한 시점에서 당좌예금의 감소로 처리하고, 수표소지인은 타인발행당좌수표를 수취한 시점에서 현금의 증가로 처리한다. 이렇듯 당좌예금은 언제든지 인출가능(만기까지 자금이 묶이는 불편 없음)하며, 한 장의 수표발행으로 간단히 거액의 대금지급을 완료 할 수 있다.

원칙적으로 당좌수표는 당좌예금 잔액의 범위내에서만 발행되어야 하며, 잔액이 없는데도 수표를 발행하면 은행은 수표대금의 지급을 거절하게 되고 그 수표는 부도수표(dishonored check)가 된다. 어음부도 때와는 달리 수표를 부도낸 경우에는 발행자가 구속되며, 따라서 경제활동이 경직화된다. 이를 완화할 목적으로 당좌차월이라는 제도가 시행되고 있다.

문제

1. 본사 당좌예금계좌의 잔액부족에 대비하여 본사의 보통예금계좌에서 당좌예금계좌로 30,000,000원을 계좌이체 하였다.(21회)

문제

2. 신입사원 채용을 위하여 생활정보지 "가로등"에 신입사원 채용광고를 게재하 고 대금 100,000원은 당점 발행 당좌수표로 지급하였다.(45회)

답안

[1] (차) 당좌예금 30,000,000원 (대) 보통예금 30,000,000원
[2] (차) 광고선전비(판) 100,000원 (대) 당좌예금 100,000원

(2) 당좌차월(bank overdraft)

당좌차월제도란 당좌예금 잔액의 범위를 초과하여 수표를 발행하더라도 일정 한도까지는 은행이 이를 부도처리하지 않고 수표대금을 지급해 주는 제도를 말한다. 즉, 은행과 당좌차월계약을 체결하고 동계약에 의한 당좌차월한도 범위 내에서 당좌예금잔액을 초과하여 수표를 발행할 경우 동초과금액을 당좌차월이라고 한다. 당좌차월액은 은행으로부터의 단기적인 차입에 해당하므로 단기차입금 성격의 부채이다. 당좌차월이 발생한 후에 다시 당좌예금을 하면 우선적으로 당좌차월액과 상계하고 나머지만 당좌예금계정 차변에 기록한다.[14]

문제

1. 성무상사에서 원재료 2,000,000원을 매입하고 대금은 국민은행에서 발행한 당좌수표로 지급하였다.(단, 당좌예금 잔액은 1,500,000원이며, 당좌차월 한도는 10,000,000원이다.)

14) 실무에서는 기중에 당좌차월이라는 별도의 계정을 설정하여 분개하지 않고, 모든 거래들을 당좌예금계정에 기록하는 한편, 기말에 가서 만일 당좌예금계정 잔액이 대변에 있으면 그 금액을 단기차입금 계정으로 재무상태표에 기재하는 것이 일반적이다.

문제

2. 재상물산에 제품 1,000,000원을 매출하고 대금은 당좌예금 계좌에 입금되었다.

답안

	차변	금액	대변	금액
[1]	(차) 원 재 료	2,000,000원	(대) 당좌예금	1,500,000원
			당좌차월	500,000원
[2]	(차) 당좌차월	500,000원	(대) 제품매출	1,000,000원
	당좌예금	500,000원		

(3) 당좌예금의 결산정리: 은행계정조정표

기업이 기록하고 있는 당좌예금계정 잔액과 은행이 기록하고 있는 금액에 차이가 나기도 하는데, 이것은 대부분 양측의 기록시점이 서로 다르기 때문이다. 예컨대 기업은 수표 발생시에 즉시 당좌예금계정 대변에 기록하지만, 은행은 수표가 제시되는 시점까지 계좌 잔액을 차감하지 않는다. 또한 은행은 당좌차월액에 대한 이자를 이자계산 시점에서 기업의 계좌 잔액에서 차감하지만, 기업은 통보받는 시점까지 차감하지 않는다. 따라서 만일 양자간에 차이가 있다면 기말 재무상태표 작성시점에 은행계정조정표를 작성하여 기말의 정확한 예금 잔액을 파악한 후, 이 금액으로 기록해야 한다.

4. 금융상품

금융상품이란 금융기관이 취급하는 정기예금 · 정기적금 · 사용이 제한되어 있는 예금[15] 및 기타 정형화된 상품 등을 말한다. 기타 정형화된 상품에는 기업어음(CP)[16], 어음관리구좌(CMA)[17], 양도성예금증서(CD)[18], 환매채(RP)[19] 등이 있다.

15) 회사가 이미 발행한 사채를 상환하는데 필요한 자금을 마련하기 위하여 설정한 감채기금, 금융기관에서 기업에 대출할 때 대출액의 일정비율만큼을 대출기간 중 예금 또는 적금으로 예치하도록 한 양건예금, 차입금에 담보로 제공된 예금, 당좌거래를 개설한 은행에 예치한 당좌개설보증금 등이 있으며 사용이 제한되어 있는 예금에 대해서는 그 내용을 주석으로 기재함

16) 기업어음(CP; Commercial Paper) : 신용도 높은 우량기업이 단기 운영자금을 조달하기 위해 발행하는 단기의 무담보 융통어음

17) 어음관리구좌(CMA; Cash Management Account) : 투자금융회사가 고객이 맡긴 예금을 기업어음, 할인어음 등에 투자하여 얻은 수익을 고객에게 돌려주는 상품

이때, 보고기간말로부터 1년 이내에 만기가 도래하는 것을 단기금융상품(정기예금 · 정기적금)으로 분류하고, 1년 이후에 만기가 도래하는 것을 장기금융상품(장기성예금)으로 분류한다.

1. 만기가 6개월인 정기예금에 가입하고 현금 10,000,000원을 은하은행에 입금하였다.

2. 은하은행에 예치된 정기예금이 만기가 되어 원금 10,000,000원과 당기발생분 이자 500,000원이 당좌예금 통장으로 이체되었다.

3. 만기가 3년인 정기예금에 가입하고 현금 30,000,000원을 대한은행에 입금하였다.

	차변	금액	대변	금액
[1]	(차) 정 기 예 금	10,000,000원	(대) 현　　금	10,000,000원
[2]	(차) 당 좌 예 금	10,500,000원	(대) 정 기 예 금	10,000,000원
			이 자 수 익	500,000원
[3]	(차) 장기성예금	30,000,000원	(대) 현　　금	30,000,000원

5. 유가증권

유가증권이란, 재산적 가치를 포함하고 있는 증권으로서 보통주나 우선주 등의 지분증권과 국 · 공채나 회사채 등의 채무증권으로 구분된다. 지분증권이란 회사, 조합 또는 기금 등의 순자산에 대한 소유지분을 나타내는 유가증권(예: 보통주, 우선주 등)과

18) 양도성예금증서(CD; Certificate of deposit) : 은행이 정기예금에 대해 발행하는 무기명 예금증서
19) 환매채(RP; repurchase agreement) : 환매조건부채권의 줄임말로 발행기관이 일정기간 경과 후 다시 매입하는 조건으로 판매하는 채권

일정금액으로 소유지분을 취득할 수 있는 권리(예: 신주인수권 또는 콜옵션) 또는 소유지분을 처분할 수 있는 권리(예: 풋옵션)를 나타내는 유가증권 및 이와 유사한 유가증권을 말한다. 지분증권에 투자한 경우에는 배당금수익을 얻거나, 이들 증권들의 취득원가보다 시가가 높을 경우에는 유가증권을 처분함으로써 매매차익을 얻을 수 있다.

채무증권이란 발행자에 대하여 금전을 청구할 수 있는 권리를 표시하는 유가증권 및 이와 유사한 유가증권을 말하며, 국채, 공채, 사채(전환사채 포함) 등을 포함한다. 채무증권에 투자한 경우에는 이자수익율을 얻을 수 있다.

- **지분증권** : 주식(보통주, 우선주) → 매매차익, 배당금수익
- **채무증권** : 사채, 국채, 공채 → 이자수익, 원금회수

(1) 유가증권의 분류

기업은 일시적인 유휴자금을 활용하기 위해서 유가증권에 단기적인 투자를 하는데, 유가증권이 유동자산으로 분류되기 위해서는 주식의 경우 시장성[20]이 있어야 하고, 일시적으로 소유할 목적이어야 한다. 그렇지 않을 경우 투자자산(투자유가증권)으로 분류되어야 한다. 즉, 유가증권의 실제 보유 의도와 보유능력에 따라 단기매매증권, 매도가능증권, 만기보유증권으로 분류할 수 있다.

• 단기매매증권
  - 단기간 내의 매매차익을 목적으로 취득한 증권으로서, 매수나 매도가 적극적이고 빈번하게 이루어지는 것(지분증권과 채무증권)
  - 현금이 필요할 때 쉽게 팔아 현금화할 수 있어야 한다는 전제조건(=시장성)이 충족되어야 함. 단, 채무증권의 경우 시장성 조건이 필요없으며, 시장성을 상실한 지분증권의 경우에는 매도가능증권으로 분류
  - 단기매매증권은 유동자산으로 분류
  - 단기매매증권은 회계연도말 평가를 하는데 회계연도초와 회계연도말의 평가손익은 영업외손익으로 처리

20) 주식·사채 등이 비교적 용이하게 안정된 가격으로 매매가 가능하여 현금으로 전환하고자 할 때 언제든지 현금으로 전환이 가능해야하고, 증권거래소에 상장되어 있거나 장외거래종목으로 권위있는 기관에 의하여 시세가 공표되고 있는 것

• 만기보유증권

- 만기가 확정된 채무증권으로서 상환금액이 확정되었거나 확정이 가능한 채무증권을 만기까지 보유할 적극적인 의도와 능력이 있어야 함.
- 주식은 안되고(주식은 만기라는 것이 없기 때문), 사채만 가능
- 원칙적으로 투자자산으로 분류하나, 보고기간말로부터 1년 내에 만기가 도래하는 만기보유증권은 유동자산으로 분류
- 만기보유증권은 평가가 없음

• 매도가능증권

- 단기매매증권이나 만기보유증권으로 분류되지 아니하는 모든 것(지분증권과 채무증권)
- 원칙적으로 투자자산으로 분류하나, 보고기간말로부터 1년 내에 매도 등에 의하여 처분할 것이 거의 확실한 매도가능증권은 유동자산으로 분류
- 평가손익은 매도가능증권평가손익으로 하여 "기타포괄손익누계액"으로 처리함.

회계상 유가증권의 구분

구 분	대 상	목적, 의도, 능력	대차대조표
단기매매증권	주식, 사채	단기매매차익 목적 적극적 · 빈번한 매매	유동자산
매도가능증권	주식, 사채	장기매매차익, 배당금 수익, 이자수익	원칙적으로 투자자산
지분법적용투자 주식	20% 이상 보유하는 주식	타사의 지배통제	투자자산
만기보유사채	사채	만기까지 보유할 의도와 능력	원칙적으로 투자자산

문제

1. 다음 중 유가증권에 대한 설명으로 틀린 것은?(53회)

① 단기매매증권과 매도가능증권은 원칙적으로 공정가치로 평가한다.
② 매도가능증권은 보유목적에 따라 유동자산이나 투자자산으로 분류된다.
③ 단기매매증권과 매도가능증권의 미실현보유이익은 당기순이익항목으로 처리한다.
④ 단기매매증권이 시장성을 상실한 경우에는 매도가능증권으로 분류하여야 한다.

문제

2. 기업회계기준상 유가증권의 분류내용에 해당되지 않는 것은?

① 단기매매증권 ② 단기보유증권 ③ 매도가능증권 ④ 만기보유증권

답안

[1] ③ 매도가능증권에 대한 미실현보유손익은 기타포괄손익누계액으로 처리한다.
[2] ②

(2) 단기매매증권의 회계처리

① 단기매매증권 취득시

단기매매증권의 취득원가는 공정가치(거래가격)로 인식하며, 취득과 관련되는 거래원가(대리인 또는 중개인에게 지급하는 수수료, 증권거래소의 거래수수료 및 세금 등)는 취득원가에 가산하지 않고 당기비용인 '수수료비용(영업외비용)' 계정으로 처리한다. 유가증권취득시 거래원가는 당사가 금융업이라면 판매비와관리비에 해당되지만, 일반기업이라면 영업외비용인 '수수료비용'으로 회계처리 한다.

(차변)	단기매매증권	×××	(대변)	현금	×××
(차변)	수수료비용	×××			

문제

1. 단기 매매차익을 목적으로 상장회사인 (주)도전의 주식 100주를 주당 15,000원(액면가액 5,000원)에 구입하고 매입수수료 5,000원을 포함하여 당사의 보통예금계좌에서 인터넷뱅킹으로 지급하였다.(53회)

문제

2. 단기매매를 목적으로 엘지전자의 사채 100좌를 1주당 @7,000원에 현금으로 지급하였다.

답안

[1]	(차) 단기매매증권	1,500,000원	(대) 보통예금	1,505,000원
	수수료비용	5,000원		
[2]	(차) 단기매매증권	700,000원	(대) 현 금	700,000원

② 이자 또는 배당금 수령시

보통주나 우선주 등의 지분증권에 투자한 경우에는 취득일 이후에 배당수익을 얻을 수 있으며, 사채나 국·공채 등 채무증권에 투자한 경우에는 이자수익을 얻게 되는데, 배당금이나 이자를 받았을 때에는 이를 각각 배당금수익계정과 이자수익계정으로 처리한다. 단, 주식 배당을 받은 경우에는 회계처리하지 않고 보유주식의 수량과 단가의 변동을 비망기록 한다.

■ 배당금 수령시 :	(차변)	현 금	×××	(대변)	배당금수익	×××
■ 이자 수령시 :	(차변)	현 금	×××	(대변)	이자수익	× × ×

문제

1. 삼성전자(주)의 주식에 대하여 현금배당 100,000원이 확정되어 보통예금 계좌에 입금되었다.

문제

2. LG전자 주식에 투자한 대가로 주식 2주(액면 @5,000원)를 받았다.

문제

3. ㈜대용의 사채에 대한 이자 200,000원이 보통예금 계좌에 입금되었다.

답안

[1] (차) 보통예금 100,000원 (대) 배당금수익 100,000원
[2] 회계처리하지 않고 보유주식의 수량과 단가의 변동을 비망기록 한다.
[3] (차) 보통예금 200,000원 (대) 이자수익 200,000원

③ 단기매매증권 처분시

단기매매증권을 취득한 연도에 처분하는 경우에는 처분가액과 취득원가를 비교하고, 취득한 연도의 이후연도에 처분하는 경우에는 처분가액과 장부가액(직전연도말 공정가액)을 비교하여 그 차액을 단기매매증권처분손익(영업외손익)으로 계상한다. 이때, 단

기매매증권의 처분가액은 단기매매증권의 매각대금에서 매각과 관련된 수수료를 차감한 금액으로 한다.

동일한 유가증권을 여러 번에 걸쳐 각각 서로 다른 가격으로 구입한 경우, 이를 처분하는 시점에서 단가를 산정할 때, 단가 산정은 개별법, 총평균법, 이동평균법 또는 기타 합리적인 방법을 사용하되, 매기 계속 적용하여야 한다.

■ 처분시 (장부가액<공정가액) :

(차변) 현 금	×××	(대변) 단 기 매 매 증 권	×××
		단기투자자산처분이익	×××

■ 처분시 (장부가액>공정가액) :

(차변) 현 금	×××	(대변) 단 기 매 매 증 권	×××
단기투자자산처분손실	×××		

문제

1. 시장성 있는 단기보유목적의 한라무역(주)의 주식(장부가액 4,000,000원)을 4,200,000원에 매각하고 대금은 당사 당좌예금계좌로 이체되었다.

문제

2. (주)대신증권의 주식(장부가액 4,500,000원)을 4,000,000원에 매각하고 대금은 당사 당좌예금계좌로 이체되었다.

문제

3. (주)대물의 주식(장부가액 1,500,000원)을 2,000,000원에 매각하고 매각수수료 50,000원을 차감한 자액 1,950,000원은 현금으로 받았다.

답안

[1]	(차) 당 좌 예 금	4,200,000원	(대) 단 기 매 매 증 권	4,000,000원
			단기투자자산처분이익	200,000원
[2]	(차) 당 좌 예 금	4,000,000원	(대) 단 기 매 매 증 권	4,500,000원
	단기투자자산처분손실	500,000원		
[3]	(차) 현 금	1,950,000원	(대) 단 기 매 매 증 권	1,500,000원
			단기투자자산처분이익	450,000원

④ 단기매매증권 평가시

단기매매증권을 결산일 현재 보유하고 있는 경우에는 이를 공정가액[21]으로 평가하며, 공정가액의 변동분은 단기매매증권평가손익(영업외손익)으로 처리하여 손익계산서에 반영한다. 평가이익과 평가손실이 동시에 발생하는 경우에는 평가손익을 서로 상계하지 않고 손익계산서의 작성기준(총액주의)에 따라 평가이익과 평가손실을 각각 보고하는 것이 원칙이지만, 그 금액이 중요하지 않은 경우에는 이를 상계하여 순액으로 표시할 수 있다.

■ 기말평가시 (장부가액<공정가액) :

(차변) 단 기 매 매 증 권 ××× (대변) 단기투자자산평가이익 ×××

■ 기말평가시 (장부가액>공정가액) :

(차변) 단기투자자산평가손실 ××× (대변) 단 기 매 매 증 권 ×××

문제

1. 다음은 보유중인 단기매매증권에 대한 내역이다. 기말평가에 관한 회계처리를 하시오.

종목	장부가액	공정가액
(주)한강	1,000,000	1,100,000
(주)대물	2,000,000	1,500,000

답안

(주)한강 : (차) 단기매매증권 100,000원 (대) 단기투자자산평가이익 100,000원
(주)대물 : (차) 단기투자자산평가손실 500,000원 (대) 단기매매증권 500,000원
=> (차) 단기투자자산평가손실 400,000원 (대) 단기매매증권 400,000원

21) 공정가액이란 "합리적인 판단력과 거래의사가 있는 독립된 당사자간에 거래될 수 있는 교환가격"을 말하는데, 시장성 있는 유가증권의 경우에는 시장가격을 곧 공정가액으로 봄. 그리고 시장가격이란 보고기간말 현재의 종가를 의미하며, 보고기간말이 휴장일인 경우에는 직전거래일의 종가를 의미함

이론

1. 기업회계기준상 단기시세차익 목적으로 시장성있는 사채를 취득하는 경우 가장 적합한 계정과목은 무엇인가?(42회)

① 만기보유증권 ② 매도가능증권
③ 단기매매증권 ④ 지분법적용투자주식

2. 다음은 (주)고려개발이 단기매매목적으로 매매한 (주)삼성가전 주식의 거래내역이다. 기말에 (주)삼성가전의 공정가치가 주당 20,000원인 경우 손익계산서상의 단기매매증권평가손익과 단기매매증권처분손익은 각각 얼마인가?(41회) 단, 취득원가의 산정은 이동평균법을 사용한다.

거래일자	매입수량	매도(판매)수량	단위당 매입금액	단위당 매도금액
6월 1일	200주		20,000원	
7월 6일	200주		18,000원	
7월 20일		150주		22,000원
8월 10일	100주		19,000원	

① 단기투자자산평가손실 450,000원 단기투자자산처분이익 350,000원
② 단기투자자산평가이익 450,000원 단기투자자산처분이익 350,000원
③ 단기투자자산평가이익 350,000원 단기투자자산처분손실 450,000원
④ 단기투자자산평가이익 350,000원 단기투자자산처분이익 450,000원

3. 유가증권 중 단기매매증권에 대한 설명이다. 다음 보기 중 가장 틀린 것은?(39회)

① 시장성이 있어야 하고, 단기시세차익을 목적으로 하여야 한다.
② 기말의 평가방법은 공정가액법이다.
③ 기말평가차이는 영업외수익 또는 영업외비용으로 처리한다.
④ 단기매매증권은 유형자산으로 분류된다.

4. 매도가능증권의 평가에 대한 설명 중 가장 옳지 않은 것은?(38회)

① 매도가능증권평가손익은 영업외손익으로 손익계산서에 반영된다.
② 장부가액이 공정가액보다 높을 경우에는 매도가능증권평가손실로 계상한다.
③ 단기매매증권이나 만기보유증권으로 분류되지 않는 유가증권에 대한 평가이다.
④ 시장성있는 매도가능증권은 장부상 금액을 공정가액에 일치시켜야 한다.

5. 유가증권을 보유함에 따라 무상으로 주식을 배정받은 경우 회계처리방법은?(37회)

① 배당금수익(영업외수익)으로 처리한다.
② 장부가액을 증가시켜주는 회계처리는 하지 않고, 수량과 단가를 새로이 계산한다.
③ 장부가액을 증가시켜주는 회계처리를 하고, 수량과 단가를 새로이 계산한다.
④ 장부가액을 증가시켜주는 회계처리를 하고, 수량과 단가를 새로이 계산하지 않는다.

6. 다음 중 기업회계기준상 (이 아닌 것은?(37회)

① 단기매매증권 ② 보통예금 ③ 단기대여금 ④ 단기금융상품

7. 다음은 유가증권과 관련된 내용이다. 틀린 것은?(36회)

① 지분증권과 채무증권으로 구성되어 있다.
② 지분증권은 주식 등을 말한다.
③ 채무증권은 국채, 공채, 회사채를 말한다.
④ 만기보유증권은 지분증권이다.

8. 다음은 유가증권의 취득원가와 평가에 대한 설명이다. 틀린 것은?(35회)

① 유가증권의 취득원가는 유가증권 취득을 위하여 제공한 대가의 시장가격에 취득부대비용을 포함하지 않은 가액으로 측정한다.
② 제공한 대가의 시장가격이 없는 경우에는 취득한 유가증권의 시장가격으로 취득원가를 측정한다.
③ 제공한 대가와 취득한 유가증권 모두 시장가격이 없는 경우에는 공정가액을 추정하여 취득원가를 측정한다.
④ 단기매매증권과 매도가능증권은 취득가액으로 평가한다.

9. 다음 중 기업회계기준서에 의한 유가증권의 분류로서 적합하지 않은 것은?(34회)

① 단기매매증권　② 만기보유증권　③ 매도가능증권　④ 장기보유증권

10. 다음 자료에 의하여 결산 대차대조표에 표시되는 현금및현금성자산은 얼마인가 ?(32회)

㉠ 당좌예금	150,000원
㉡ 보통예금	120,000원
㉢ 자기앞수표	500,000원
㉣ 양도성예금증서(30일 만기)	500,000원

① 1,270,000원　② 1,500,000원　③ 620,000원　④ 270,000원

11. 기말 현재 단기매매증권 보유현황은 다음과 같다. 단기매매증권 보유를 함에 따라 손익계산서에 반영할 영업외손익의 금액은 얼마인가?(54회)

· A사 주식의 취득원가는 200,000원이고 기말공정가액은 300,000원이다
· A사 주주총회를 통해 현금배당금 60,000원을 받다.
· B사 주식의 취득원가는 150,000원이고 기말공정가액은 120,000원이다.

① 70,000원　② 100,000원　③ 130,000원　④ 160,000원

12. 다음 중 유가증권에 대한 내용으로 옳지 않은 것은?(46회)

① 유가증권은 취득 후에 만기보유증권, 단기매매증권, 매도가능증권 중의 하나로 분류한다.
② 유가증권의 분류는 취득시 결정되면 그 후에 변동되지 않는다.
③ 주로 단기간 내의 매매차익을 목적으로 취득한 유가증권으로서 매수와 매도가 적극적이고 빈번하게 이루어지는 것은 단기매매증권이다.
④ 만기가 확정된 채무증권으로서 상환금액이 확정되었거나 확정이 가능한 채무증권을 만기까지 보유할 적극적인 의도와 능력이 있는 경우에는 만기보유증권이다.

13. 기말 현재 단기매매증권 보유현황은 다음과 같다. 다음 중 일반기업회계기준에 따른 기말 평가를 하는 경우 올바른 분개로 가장 타당한 것은?(52회)

· A사 주식의 취득원가는 200,000원이고 기말공정가액은 300,000원이다.
· B사 주식의 취득원가는 150,000원이고 기말공정가액은 120,000원이다.

① (차) 단기매매증권 100,000원 (대) 단기매매증권평가이익 100,000원
② (차) 단기매매증권 70,000원 (대) 단기매매증권평가이익 70,000원
③ (차) 단기매매증권 420,000원 (대) 단기매매증권평가이익 420,000원
④ (차) 단기매매증권 350,000원 (대) 단기매매증권평가이익 350,000원

14. 유가증권의 취득과 관련된 직접 거래원가에 관한 설명이다. 틀린 것은?(50회)

① 기타의 금융부채로 분류하는 경우에는 공정가치에 가산
② 만기보유증권으로 분류하는 경우에는 공정가치에 가산
③ 매도가능증권으로 분류하는 경우에는 공정가치에 가산
④ 단기매매증권으로 분류하는 경우에는 공정가치에 가산

15. 다음 중 유가증권의 후속측정에 대해 바르게 설명하지 않은 것은?(49회)

① 단기매매증권과 매도가능증권은 원칙적으로 공정가치로 평가한다
② 매도가능증권 중 시장성이 없는 지분증권의 공정가치를 신뢰성있게 측정할 수 없는 경우에는 취득원가로 평가한다.
③ 만기보유증권을 상각후원가로 측정할 때에는 장부금액과 만기액면금액의 차이를 상환기간에 걸쳐 유효이자율법에 의하여 상각하여 취득원가와 이자수익에 가감한다.
④ 만기보유증권은 공정가치와 상각후원가 중 선택하여 평가한다.

16. (주)영광은 제1기(1.1~12.31)의 1월 2일에 단기적인 시세차익 목적으로 상장주식 100주(주당 20,000원)를 현금으로 취득하였다. 12월 31일의 1주당 시가는 25,000원이었다.(주)영광은 제2기(1.1~12.31) 1월 1일에 1주당 30,000원에 50주를 매각하였다. 제2기 12월 31일의 1주당 시가는 20,000원이었다. 일련의 회계처리 중 잘못된 것을 고르면?(48회)

① 주식 취득시 :	(차) 단기매매증권	2,000,000원	(대) 현 금	2,000,000원
② 제1기 12월 31일 :	(차) 단기매매증권	500,000원	(대) 단기매매증권평가이익	500,000원
③ 제2기 1월 1일 :	(차) 현 금	1,500,000원	(대) 단기매매증권	1,000,000원
			단기매매증권처분이익	500,000원
④ 제2기 12월 31일 :	(차) 단기매매증권평가손실	250,000원	(대) 단기매매증권	250,000원

17. 다음 중 재무상태표의 현금및현금성자산에 포함되지 않는 것은?(47회)

① 통화 및 타인발행수표 등 통화대용증권
② 단기매매증권
③ 취득 당시 만기일(또는 상환일)이 3개월 이내인 금융상품
④ 당좌예금과 보통예금

18. 다음 항목 중 반드시 현금성자산에 해당하는 것은?(57회)

① 지급기일 도래한 사채이자표
② 결산시점 만기 6개월 양도성예금증서
③ 선일자수표
④ 결산시점 만기 3개월 양도성예금증서

19. 다음의 자료로 2013년 5월 5일 현재 주식수와 주당금액을 계산한 것으로 맞는 것은?(57회)

- (주)갑의 주식을 2012년 8월 5일 100주를 주당 10,000원(액면가액 5,000원)에 취득하였다. 회계처리시 계정과목은 단기매매증권을 사용하였다.
- (주)갑의 주식을 2012년 12월 31일 주당 공정가치는 7,700원이었다.
- (주)갑으로부터 2013년 5월 5일에 무상으로 주식 10주를 수령하였다.

① 100주, 7,000원/주
② 100주, 7,700원/주
③ 110주, 7,000원/주
④ 110주, 7,700원/주

분개

1. 단기매매차익을 목적으로 소유하고 있는 삼성전자 주식300주를 1주당 5,500원(장부가격 5,000원)에 매각 처분하고 대금은 매매수수료 20,000원을 차감한 후 현금으로 받았다.(40회)

[분개] (차변) (대변)

2. 보통예금에서 5,000,000원을 정기예금으로 이체하였으며, 이때 보통예금에서 700원의 송금수수료가 인출되었다.(40회)

[분개] (차변) (대변)

3. 공장에서 사용하는 승용차에 대한 자동차세 570,000원과 본사 사무실에서 사용하는 승용차에 대한 자동차세 360,000원을 현금으로 납부하였다.(39회)

[분개] (차변) (대변)

4. 단기보유목적으로 6월 1일 24,000,000원(1,000주, @24,000원)에 취득하였던 상 장주식 전부를 1주당 20,000원에 처분하고 보통예금에 계좌이체 되었다.(37회)

[분개] (차변) (대변)

5. 영업부건물의 임차보증금의 간주임대료에 대한 부가가치세 900,000원을 건물소유주에게 당좌수표를 발행하여 결제하였다.(37회)

[분개] (차변) (대변)

6. 공장건물에 대한 화재보험료 1,000,000 원을 현금으로 납부하고 비용으로 처리하였다.(36회)

[분개] (차변) (대변)

7. 당사가 속한 의료기기협회에 협회비 200,000원을 현금으로 지급하였다.(36회)

[분개] (차변) (대변)

8. 보유 중인 (주)한성의 주식에 대하여 중간배당금 1,000,000원을 보통예금계좌로 송금받다.(36회)

[분개] (차변) (대변)

9. 당사는 영업부 직원 김상호의 모친 조의금으로 100,000원을 현금으로 전달하였다.(35회)

[분개] (차변) (대변)

10. 단기매매차익을 목적으로 상장회사인 (주)삼한의 주식 1,000주를 주당 6,000원(액면가액 5,000원)에 구입하고 대금은 매입수수료 8,000원을 포함하여 총 6,008,000원을 보통예금계좌에서 이체하였다.(47회)

[분개] (차변) (대변)

11. 파손된 본사 영업팀 건물의 유리를 교체하고, 대금 1,500,000원을 당좌수표로 발행하여 지급하였다.(48회)

[분개] (차변) (대변)

12. 공장용 건물에 대한 재산세 2,500,000원을 현금 납부하였다.(48회)

[분개] (차변) (대변)

13. 공장 건물에 대한 재산세 1,550,000원과 영업부 사무실에 대한 재산세 2,370,000원을 보통예금으로 납부하였다.(56회)

[분개] (차변) (대변)

14. 회사는 판매부문 이사의 변경으로 인한 변경등기를 하고 이에 대한 등록세로 50,000원을 현금으로 지급하였다.(53회)

[분개] (차변) (대변)

15. 기업은행으로부터 차입한 단기차입금에 대한 이자 250,000원을 당사의 보통예금 계좌에서 이체하였다.(52회)

[분개] (차변) (대변)

16. 공장건물의 화재와 도난에 대비하여 (주)미래화재에 손해보험을 가입한 후 보험료 3,000,000원을 보통예금계좌에서 송금하고 전액 비용으로 회계처리하였다.(52회)

[분개] (차변) (대변)

17. 제조부문 사원에 대하여 새로이 명함을 인쇄하여 배부하고 그 대금 30,000원을 현금으로 지급하였다.(52회)

[분개] (차변) (대변)

18. 단기간의 매매차익을 목적으로 총액 7,000,000원에 구입한 상장회사 (주)구노물산의 주식 200주 중 80주를 주당 40,000원에 처분하였으며 처분대금은 소망은행 보통예금에 입금되다.(50회)

[분개] (차변) (대변)

19. 기말 현재 당사가 단기매매차익을 목적으로 보유하고 있는 주식현황과 기말 현재 공정가치는 다음과 같다.(53회)

주 식 명	보유주식수	주당 취득원가	기말 공정가치
(주)한성 보통주	2,000주	10,000원	주당 12,000원
(주)강화 보통주	1,500주	8,000원	주당 10,000원
(주)도전 보통주	100주	15,000원	주당 15,000원

[분개] (차변) (대변)

20. 12월 31일 장부상 현금잔액은 35,245,450원이나, 실제 보유하고 있는 현금잔액은 35,232,780원으로 현금부족액에 대한 원인이 밝혀지지 아니하였다. 영업외비용 중 적절한 계정과목에 의하여 회계처리 하시오.(51회)

[분개] (차변) (대변)

제5절

계정과목론 Ⅱ. 채권과 채무

1. 매출채권과 매입채무

매출채권과 매입채무는 일반적인 상거래에서 발생하는 채권과 채무를 말한다. 일반적 상거래라 함은 당해 회사의 사업목적을 위한 경상적 영업활동에서 발생한 거래로서 판매기업의 경우에는 제품매출 거래를, 제조기업의 경우에는 제품매출 거래를 말한다.

매출채권 및 매입채무가 재무제표의 중요한 항목인 이유는 기업 본연의 중심적 활동인 영업활동에서 발생하는 것이며, 가까운 미래에 유입되거나 유출될 현금의 크기를 알려 주고(정보이용자들에게는 기업의 현금유입 및 유출정보가 매우 중요한 정보임), 또한 금액이 큰 경우가 많기(회계에서는 금액이 크면 중요한 계정으로 봄) 때문이다.

(1) 매출채권

매출채권이란 상품 혹은 제품을 매출하면서 대금을 미래에 받기로 합의함에 따라 나타나는 권리로서, 외상매출금과 받을 어음으로 구성된다.

- 외상매출금 : 일반적인 상거래에서 발생한 매출채권으로, 외상으로 상품이나 제품을 판매하고 아직 대금을 회수하지 않은 미수금액
- 받을어음 : 일반적인 상거래에서 발생한 어음상의 권리로서 타인이 발행한 약속어음[22] 또는 환어음[23]

22) 약속어음이란 발행인(채무자)이 수취인(채권자)에게 일정한 기일에 일정한 금액을 지급할 것을 약속한 '지급약속증권'을 말한다.

23) 환어음이란 발행인이 인수인(채무자)에게 일정한 기일에 일정한 금액을 수취인(채권자)에게 지급할 것을 위탁한 '지급위탁증권'을 말한다. 환어음의 수취인은 어음을 받으면 지명인에게 제시하여 지급의 승낙을 받아야 한다. 지명인이 지급을 승낙하여 환어음의 인수란에 서명함으로써 지명인은 지급인이 된다. 이와 같이 어음의 인수란에 서명하는 것을 어음의 인수라고 한다. 따라서 환어음의 수취인은 어음의 인수를 받음으로써 어음상의 채권을 갖게 되고, 지명인은 인수함으로써 어음상의 채무를 지게 된다. 일반적으로 약속어음이 많이 쓰이고 환어음은 국제거래의 결제 이외에는 거의 사용되지 않고 있다.

어음에는 어음수취인, 만기일, 어음발행인(채무자)의 거래은행, 만기금액 등이 기재되어 있음

약속어음 견본

NO. 12
자가00357812
발행일 2006년 7월 13일
지급일 2006년 11월 15일
금액 ₩2000000
수취인 명경사
적요
잔액

사업자등록번호: 128-81-22320

약 속 어 음

서울 277118

명경사 귀하 자가00357812

citibank 금 이백만원정 (₩2,000,000)

위의 금액을 귀하 또는 귀하의 지시인에게 이 약속어음과 상환하여 지급하겠습니다.

지급기일 2006년 11월 15일
지급지
지급장소 (주)한국 씨티은행 기업영업부

발행일 2006년 7월 13일
발행지
주소
발행인 주식회사 북센 代表理事 安庚鉀

어음조회:031)955-6654

00357812 27 06

문제

1. 하림유통에 제품 7,000,000원을 외상으로 매출하였다.

문제

2. 하림유통의 외상매출금 7,000,000원이 당사의 보통예금계좌에 입금되었다.

문제

3. 미진상사에 제품 3,000,000원을 판매하고 대금 중 2,000,000원은 어음으로 받고, 잔액은 외상으로 하였다.

답안

[1]	(차) 외상매출금	7,000,000원	(대) 제 품 매 출	7,000,000원
[2]	(차) 보 통 예 금	7,000,000원	(대) 외상매출금	7,000,000원
[3]	(차) 받 을 어 음	2,000,000원	(대) 제 품 매 출	3,000,000원
	외상매출금	1,000,000원		

(2) 매입채무

매입채무란 상품 혹은 원재료를 매입하면서 현금을 미래에 지급하기로 함에 따라 나타나는 의무로서, 구두 약속에 의한 외상매입금과 어음을 써주고 약속하는 지급어음으로 구성된다.

• 외상매입금 : 일반적인 상거래에서 발생한 매입채무로, 외상으로 상품이나 원재료를 매입하고 아직 대금을 지급하지 않은 금액

• 지급어음 : 일반적 상거래에서 발생한 어음상의 채무 상품이나 원재료의 매입 등에 의해서 발생한 약속어음

1. 이영상회에서 원재료 3,000,000원을 매입하고 대금은 외상으로 하였다.

2. 이영상회의 외상대금 3,000,000원을 당좌수표를 발행하여 지급하였다.

3. (주)서강으로부터 원재료 14,000,000원을 매입함과 동시에 대금 중 8,000,000원을 현금으로 지급하고, 나머지 금액에 대하여는 약속어음을 발행하여 교부하였다.(30회)

	차변	금액	대변	금액
[1]	(차) 원 재 료	3,000,000원	(대) 외상매입금	3,000,000원
[2]	(차) 외상매입금	3,000,000원	(대) 당 좌 예 금	3,000,000원
[3]	(차) 원 재 료	14,000,000원	(대) 현 금	8,000,000원
			지 급 어 음	6,000,000원

(3) 어음의 배서

어음의 배서란 어음의 소지인이 만기일 이전에 어음상의 채권을 타인에게 양도하는 것을 말한다. 즉, 배서는 어음소지인(배서인)이 어음의 뒷면에 의사표시를 하고 기명날인을 하여 양수인(피배서인)에게 어음을 교부하는 것이다. 어음의 배서에는 추심위임배서, 배서양도, 어음할인을 위한 배서 세 가지 경우가 있다.

① 추심위임배서(목적 - 대금의 추심(회수))

- 소유하고 있는 어음의 대금추심(회수)을 거래은행에 의뢰하는 경우, 어음 뒷면에 배서하고 어음은 은행에 넘겨주는 것

- 이 경우 추심의뢰 한 어음에 대해서는 소유권 이전이 아니므로 회계처리하지 않고 추심료 지급에 대한 것만 수수료비용으로 회계처리 함
- 만기일에 은행으로부터 추심되었다는 통지를 받으면 어음상의 권리를 소멸시키고 해당자산을 증가시킴

문제

1. (주)영진전자에 제품 15,000,000을 매출하고 대금은 동사가 발행한 약속어음으로 받았다.

문제

2. 만기가 도래하여 거래은행에 추심 의뢰한 (주)영진전자의 받을어음 15,000,000원 중에서 추심수수료 150,000원을 차감한 금액이 보통예금계좌에 입금되었다.(55회)

답안

[1] (차) 받을어음 15,000,000원 (대) 제품매출 15,000,000원
[2] (차) 보통예금 14,850,000원 (대) 받을어음 15,000,000원
수수료비용(판) 150,000원

② 배서양도(목적 - 거래대금 결제)
- 어음소지인이 만기일 이전에 어음상의 권리를 타인에게 양도하는 것
- 배서양도는 어음에 대한 소유권이 이전되므로 배서양도 하는 시점에서 어음상의 권리를 소멸시킴

문제

(주)상주상사에 대한 지급어음 10,000,000원을 결제하기 위하여 당사가 제품매출 대가로 받아 보유하고 있던 (주)영주상회의 약속어음 10,000,000원을 배서하여 지급하였다.(53회)

답안

(차) 252.지급어음(161.(주)상주상사) 10,000,000원 (대) 110.받을어음(160.(주)영주상회) 10,000,000원

③ 어음의 할인(목적 - 자금의 유통)

- 소유어음을 만기일 이전에 자금조달의 수단으로 거래은행에 배서하고 할인료를 차감한 잔액을 받아 현금화하는 것

'할인료' = 어음금액 × 연이자율 × 일수(신용제공기간) / 365

- 어음할인은 매각거래와 차입거래로 구분
  - **매각거래** : 매출채권 등을 타인에게 양도 또는 할인하는 경우, 당해 채권에 대한 권리와 의무가 양도인과 분리되어 실질적으로 이전되는 때에는 동 금액을 매출채권에서 차감함
  - **차입거래** : 위 이외의 경우에는 매출채권 등을 담보제공한 것으로 보며, 매출채권 등의 양도 또는 할인에 관한 내용은 주석으로 기재함

매 각 거 래	차 입 거 래
① 할인받는 시점	① 할인받는 시점
현 금 ××× / 받을어음 ×××	현 금 ××× / 단기차입금 ×××
매출채권처분손실 ×××	이자비용 ×××
② 어음만기일	② 어음만기일
분 개 없 음	단기차입금 ××× / 받을어음 ×××

문제

1. 영업활동자금의 원활한 운용을 위하여 주옥상회에서 받은 받을어음 9,000,000원을 국민은행에서 할인하고 대금은 할인료 750,000원을 제외한 전액을 당사 당좌예금으로 송금받았다.(매각거래로 회계처리할 것)(43회)

문제

2. ㈜한국상사에 대한 받을어음 12,000,000원(만기 2008년 1월 12일)을 기업은행에서 할 인율 연10%로 할인받고, 그 할인받은 금액이 당좌예금으로 입금되었다.(받을어음의 만기일은 2개월 남았으며, 매각거래로 처리하고, 할인액은 월 단위로 계산한다.)

답안

[1] (차) 당좌예금 8,250,000원 (대) 받을어음 9,000,000원
매출채권처분손실 750,000원

[2] (차) 당좌예금 11,800,000원 (대) 받을어음 12,000,000원
매출채권처분손실 200,000원

☞ 매출채권처분손실 ; 2개월 × (12,000,000×0.1×1/12) = 200,000

2. 외화 채권과 채무

국제간의 거래가 활발해짐에 따라 외화거래가 빈번하게 발생하게 되는데, 외화거래란 대금의 수취와 지급이 외국통화로 이루어지는 거래를 말한다. 외화거래를 장부에 기록하기 위해서는 원화로 환산하는 과정이 필요한데 일반적인 외화거래는 거래발생일, 기말평가, 완결거래로 나누어 살펴볼 수 있다.

(1) 거래발생일

외화거래가 발생한 경우에는 발생시점의 환율로 환산하여 회계처리한다.

문제

1. $10,000의 제품을 수출하고 대금은 다음연도 2월 10일 회수하기로 하였다. 동 일자의 환율은 1,000원/$ 이다.

답안

[1] (차) 외상매출금 10,000,000원 (대) 제품매출 10,000,000원
($10,000 × ₩1,000)

(2) 기말평가

기말 현재 외화 채권·채무가 있는 경우에는 보고기간 종료일 현재의 환율로 환산하고, 장부상 표시된 외화채권·채무의 잔액과의 차액은 외화환산이익(손실)의 과목으로 하여 영업외수익(비용)으로 처리한다. 외화환산이익과 외화환산손실이 동시에 발생하는 경우에는 서로 상계하지 아니하고 각각 영업외수익과 영업외비용으로 처리한다.

문제

1. 12월 31일 외상매출금 10,000,000($10,000)원에 대하여 기말 평가를 하시오. 기말 현재 환율은 1,020원/$ 이다.

답안

[1] (차) 외상매출금 200,000원 (대) 외화환산이익 200,000원
[$10,000 × (1,020-1,000)]

(3) 완결거래

완결거래란 실제로 외화채권·채무의 대금을 수취하거나 지급하여 거래가 종결되는 경우를 말한다. 실제로 외화가 수수될 경우에는 그 시점의 환율을 적용하여 회계처리하고 장부상 금액과의 차액은 외환차익(차손)의 과목으로 하여 영업외수익(비용)으로 처리한다.

문제

1. 미국기업인 벤카인터내셔날에 수출(선적일자 9월 5일)하였던 제품에 대한 외상매출금이 당일(9월 14일)보통예금 계좌에 입금되었다.(46회)

- 외상매출금 : 20,000달러
- 9월 05일 환율 : 1,500원/달러
- 9월 14일 환율 : 1,300원/달러

답안

9/05 (차) 외상매출금 30,000,000 (대) 제 품 매 출 30,000,000
(20,000달러 × 1,500원)
9/14 (차) 보 통 예 금 26,000,000 (대) 외상매출금 30,000,000
외 환 차 손 4,000,000

3. 대손회계

(1) 대손회계의 개념

대손이란 거래처의 파산 등의 사유로 매출채권 등의 회수가 불가능하게 되어 이를 손실로 인식하는 것을 말한다. 대손회계란 이러한 대손을 중심으로 대손의 회계처리를

다루는 것으로 실제로 발생한 대손의 처리와 회수불능채권의 예상에 의한 대손추정의 문제를 다루는 회계이다.

① 대손상각비

- 회수불능채권에 대한 손실을 계상하는 비용계정
- 매출채권에 대한 대손비용은 판매비와 관리비로, 기타채권에 대한 대손비용은 영업외비용으로 처리

② 대손충당금

- 충당금설정법에 의해 설정되는 것으로 수취채권의 잔액 중 회수불능 채권의 추정금액을 나타내는 것
- 이것은 수취채권의 평가계정으로 수취채권 장부가액(또는 순실현가능가액)을 나타내기 위해 수취채권으로부터 차감하는 형식으로 표시

③ 대손충당금환입

- 충당금설정법에 의하여 대손충당금을 설정하였으나 전기에 설정한 대손충당금 잔액이 당기에 새로 설정할 대손충당금보다 많아 차액을 환입하는 경우에 나타나며, 이는 판매비와관리비의 부(-)의 금액으로 표시

(2) 대손회계처리 방법

① 직접상각법

- 특정채권의 회수가 실제로 불가능하게 되었을 때 회수불가능한 금액을 당기비용으로 인식하고 동시에 매출채권에서 직접 차감하는 방법

(차)	대손상각비 ×××	(대)	외상매출금 ×××

[문제점1] 수익 · 비용대응의 원칙에 어긋남

- 대손비용을 신용판매가 이루어진 회계연도가 아니라, 대손이 발생한 시점에서 비용처리하기 때문

[문제점2] 회계기말시 매출채권금액에 대손예상액이 포함되므로, 매출채권의 순실현가치를 과대평가 함

② 충당금설정법(재무상태표 접근법)

- 매출채권이 기록되는 연도에 매출액 또는 매출채권잔액으로부터 회수불능채권액을 추정하여 대손충당금을 설정하고, 동시에 이를 동기간의 비용으로 회계처리하는 방법
- 재무상태표 접근법은 기말 수취채권잔액을 순실현가능가액으로 평가하는데 목적이 있으므로 수취채권을 순실현 가능한 가치로 계상할 수 있다는 장점이 있는 반면에 합리적인 수익 · 비용대응을 기대할 수 없다는 단점이 있음.

(3) 대손추산액의 추정방법

① **일정비율법** : 경험적인 비율을 외상매출금의 기말잔액 또는 연간 외상매출액 전체에 곱하여 대손액을 추산하는 방법

② **경과기간 분석법** : 외상매출금의 경과기간을 감안하여 각기 다른 비율을 적용하여 대손추산액을 추정하는 방법
일정비율법보다 정확하나, 번거로움

(4) 대손 회계처리

① 대손이 발생한 경우의 회계처리

회수가 불가능한 채권은 대손충당금과 상계하고 대손충당금이 부족한 경우에는 그 부족액을 대손상각비로 처리한다.

거래내역	차 변	대 변
대손액 〈 대손충당금 잔액	대 손 충 당 금 ×××	외 상 매 출 금 ×××
대손액 〉 대손충당금 잔액	대 손 충 당 금 ××× 대 손 상 각 비 ×××	외 상 매 출 금 ×××
대손충당금 잔액이 없을 경우	대 손 상 각 비 ×××	외 상 매 출 금 ×××

문제

1. 외상매출금 20,000원이 회수불능 되었다. 다음 각 상황별로 회계처리 하시오.

상황 1 : 대손충당금 잔액이 23,000원인 경우
상황 2 : 대손충당금 잔액이 13,000원인 경우
상황 3 : 대손충당금 잔액이 없는 경우

답안

[상황 1] (차) 대손충당금 20,000원 (대) 외상매출금 20,000원
[상황 2] (차) 대손충당금 13,000원 (대) 외상매출금 20,000원
대손상각비 7,000원
[상황 3] (차) 대손상각비 20,000원 (대) 외상매출금 20,000원

② 대손처리된 채권의 회수

당기 이전에 대손처리한 채권을 회수한 경우에는 대손충당금을 증가시키고, 당기에 대손처리한 채권을 회수한 경우에는 당기 대손발생시 회계처리한 차변분개의 내용을 대변으로 분개한다.

거래내역	차 변	대 변
전기에 대손 처리된 외상매출금을 회수	현 금 ×××	대 손 충 당 금 ×××
당기에 대손 처리된 외상매출금을 회수	현 금 ×××	대 손 충 당 금 ×××
	현 금 ×××	대 손 충 당 금 ××× 대 손 상 각 비 ×××
	현 금 ×××	대 손 상 각 비 ×××

문제

1. 당기에 대손 처리된 외상매출금 20,000원이 전액 현금으로 회수되었다.

상황 1 : 대손충당금 잔액이 23,000원인 경우
상황 2 : 대손충당금 잔액이 13,000원인 경우
상황 3 : 대손충당금 잔액이 없는 경우

문제

2. 전기에 대손 처리된 외상매출금 20,000원이 전액 현금으로 회수되었다.

상황 1 : 대손충당금 잔액이 23,000원인 경우
상황 2 : 대손충당금 잔액이 13,000원인 경우
상황 3 : 대손충당금 잔액이 없는 경우

답안

[1] [상황 1] (차) 현　　금　20,000원　　(대) 대손충당금　20,000원
[상황 2] (차) 현　　금　20,000원　　(대) 대손충당금　13,000원
　　　　　　　　　　　　　　　　　　　　대손상각비　7,000원
[상황 3] (차) 현　　금　20,000원　　(대) 대손상각비　20,000원
[2] [상황 1], [상황 2], [상황 3] 모두
(차) 현　　금　20,000원　　(대) 대손충당금　20,000원

③ 년 말 결산시 대손예상액을 추정하여 대손충당금 설정

기말에 외상매출금 등의 채권잔액에 대하여 몇 % 정도 회수가 불가능하게 될 것인가를 추정하여 실제 대손에 대비한다. 이때 새로이 예상한 금액과 대손충당금 잔액을 서로 비교하여 다음과 같이 분개한다.

- **총액법** : 결산정리 전 대손충당금잔액을 모두 환입하고 당기말 현재 대손추산액을 전액 설정하는 방법 (기업회계기준 인정 ×)
- **보충법** : 당기말 현재 대손추산액과 결산정리 전 대손충당금잔액을 서로 비교하여 부족분은 추가로 설정하고 초과분은 환입하는 방법

기말설정액 = 기말채권잔액 × 대손추정율(%) - 대손충당금잔액

거래내역	차 변	대 변
대손충당금 잔액이 없을 경우	대 손 상 각 비　×××	대 손 충 당 금　×××
대손예상액 〉 대손충당금 잔액	대 손 상 각 비　×××	대 손 충 당 금　×××
대손예상액 〈 대손충당금 잔액	대 손 충 당 금　×××	대손충당금환입　×××

문제

1. 기말 현재 외상매출금 잔액은 100,000,000원이며, 이에 대하여 1%의 대손충당금을 설정하였다(보충법).

상황 1 : 대손충당금 잔액이 없는 경우
상황 2 : 대손충당금 잔액이 200,000원인 경우
상황 3 : 대손충당금 잔액이 1,300,000원인 경우

[상황 1]	(차) 대손상각비	1,000,000원	(대) 대 손 충 당 금	1,000,000원
[상황 2]	(차) 대손상각비	800,000원	(대) 대 손 충 당 금	800,000원
[상황 3]	(차) 대손충당금	300,000원	(대) 대손충당금환입	300,000원

4. 기타 채권과 채무

(1) 미수금과 미지급금

• 미 수 금 : 일반적 상거래 이외에서 발생한 미수금액으로, 상품・제품이 아닌 차량이나 비품의 매각대금, 서비스 제공대금 등이 입금되지 않은 경우
미수수익 중 지급기한이 경과한 미수수익은 그 경과시점에서 확정채권인 미수금계정으로 대체

• 미지급금 : 일반적 상거래 이외의 거래나 계약 등에 의하여 발생한 것

1. 사용하던 차량을 대한중고자동차에 4,000,000원에 매각하고 대금은 1개월 후에 받기로 하였다.(단, 취득원가는 5,000,000원이고 감가상각누계액은 없다.)

2. 영업부에서 매출거래처 직원과 식사를 하고, 식사비용 120,000원을 법인카드인 하나카드로 결제하였다.(56회)

[1]	(차) 미 수 금	4,000,000원	(대) 차 량 운 반 구	5,000,000원
	유형자산처분손실	1,000,000원		
[2]	(차) 접 대 비 (판)	120,000원	(대) 미지급금(하나카드)	120,000원

(2) 대여금과 차입금

• 대여금 - 기간의 장・단기에 따라 단기대여금과 장기대여금으로 구분
- 금액이 중요할 경우 차입자가 누구인가에 따라 임직원등 단기채권, 관계회사 단기대여금으로 분류

- 단기대여금에 대하여도 회수가 불확실한 대손추산액을 대손충당금으로 설정할 수 있으며, 이때의 대손상각비는 영업외비용(기타의 대손상각비)으로 분류하여야 함.

• **차입금** - 기업의 영업활동에 필요한 자금을 금융기관으로부터 차입한 것

1. 예성상사는 정원금속에 20,000,000원을 현금으로 1개월간 대여하였다.

2. 예성상사는 정원금속에 단기대여한 자금 20,000,000원과 동대여금에 대한 이자 500,000원을 현금으로 회수하였다.

3. 신한은행에서 현금 50,000,000원을 8개월후에 상환하기로 하고 현금으로 차입하다.

4. 신한은행에 대한 차입금 50,000,000원과 이자 500,000원을 당사 보통예금계좌를 통하여 이체하다.

답안

	차변	금액	대변	금액
[1]	(차) 단기대여금	20,000,000원	(대) 현　　금	20,000,000원
[2]	(차) 현　　금	20,500,000원	(대) 단기대여금	20,000,000원
			이 자 수 익	500,000원
[3]	(차) 현　　금	50,000,000원	(대) 단기차입금	50,000,000원
[4]	(차) 단기차입금	50,000,000원	(대) 보통예금	50,500,000원
	이 자 비 용	500,000원		

(3) 선급금과 선수금

• **선급금** - 상품 · 원재료 등의 매입이나 외주가공을 위하여 선지급한 금액[24)]
- 일반적 상거래에 의한 상품 · 원재료 등 재고자산의 확실한 구입을 위하여 미리 선지급하거나 상품 및 부분품의 외주가공을 위하여 선지급한 계

24) 토지나 기계장치 등의 비유동자산(고장자산)의 구입을 위하여 지출한 계약금은 건설 중인 자산으로 처리

약금 등으로 장차 재고자산계정 등과 대체정리 될 임시적 계정

• 선수금 - 수주공사, 수주품 및 기타 일반적 상거래에서 발생한 선수액[25)]

1. (주)동해산업에 원재료를 주문하면서 계약금 명목으로 5,000,000원을 당좌예금에서 이체하였다.(29회)

2. (주)동해산업에서 원재료 10,000,000원을 구입했다. 대금은 계약금 5,000,000원을 차감하고, 잔액은 어음을 발행하여 결제하였다.

3. 매출처 사고파가구에 제품 5,000,000원을 판매하기로 하고 계약금 500,000원을 현금으로 받다.

4. 매출처 사고파가구에 판매계약한 제품을 인도하고 대금 중 1,800,000원은 자기앞수표로 받고 잔액은 외상으로 하다.

	차변	금액	대변	금액
[1]	(차) 선 급 금	5,000,000원	(대) 당좌예금	5,000,000원
[2]	(차) 원 재 료	10,000,000원	(대) 선 급 금	5,000,000원
			지급어음	5,000,000원
[3]	(차) 현 금	500,000원	(대) 선 수 금	500,000원
[4]	(차) 현 금	1,800,000원	(대) 제품매출	5,000,000원
	선 수 금	500,000원		
	외상매출금	2,700,000원		

(4) 가지급금 · 전도금과 가수금

• 가지급금 – 실제로 현금지출은 있었으나, 계정과목이나 금액을 확정할 수 없을때 사용하며, 계정과목이나 금액이 확정되면 해당계정에 대체

25) 백화점 등이 발행하는 상품권은 추후 상품공급을 전제로 대금을 미리 받는 것이기 때문에 백화점은 상품권 판매액을 선수금으로 기록한다(또는 상품권 계정을 사용하기도 함).

• 전 도 금 – 한 회사의 사업장이 여러개 있을 경우, 사업장의 운영비를 충당하기 위해 본사에서 보내주는 경비를 통틀어 일컫는다.
• 가 수 금 – 현금을 받았으나, 계정과목이나 금액을 확정할 수 없을 때 사용하며, 계정과목이나 금액이 확정되면 해당계정에 대체

기업회계기준에서는 가지급금 또는 가수금 등의 미결산항목은 그 내용을 나타내는 적절한 항목으로 대체하여 외부보고용 재무상태표(제출용)에는 나타나지 않도록 하여야 한다.

문제

1. 관리부 직원 김종주의 지방 출장비 500,000원을 현금으로 가지급하였다.

문제

2. 관리부 직원 김종주 씨가 지방출장에서 돌아와 출장비를 다음과 같이 정산하고 잔액은 현금으로 회수하였다.(24회)

지출내역	금액
교통비 숙박비	250,000원 200,000원
계	450,000원

문제

3. 가수금 3,000,000원 중 1,000,000원은 (주)대부에 대한 제품매출의 계약금이고 나머지는 동사의 외상매출금을 회수한 것으로 결정되었다.(41회)

답안

[1]	(차) 가 지 급 금	500,000원	(대) 현 금	500,000원
[2]	(차) 여비교통비(판)	450,000원	(대) 가 지 급 금	500,000원
	현 금	50,000원		
[3]	(차) 가 수 금	3,000,000원	(대) 선 수 금	1,000,000원
			외상매출금	2,000,000원

(5) 가불금과 예수금

• 가불금 - 종업원의 요구에 따라 급여 일부를 미리 선불하는 경우
- 후에 월급날에 제거
- 결산일 현재 가불금 잔액이 존재하면 재무상태표에는 선급비용 또는 단기대여금으로 기재

• 예수금 - 일반적 상거래 이외에서 발생한 일시적 제 예수액
- 예를 들면, 종업원에게 급여 지급시 원천징수하여 세무서에 납부하기까지 일시적으로 예수하는 원천징수 소득세예수금, 국민연금예수금, 의료보험료 예수금 등

문제

1. 다음과 같이 7월분 영업부 직원 급여를 당사의 보통예금에서 지급하였다.(57회)

직종구분	급여총액	근로소득세 등 공제액 합계	차인지급액
영업부	5,000,000원	270,000원	4,730,000원

문제

2. 다음과 같은 내용의 7월분 건강보험료를 현금으로 납부하다.(46회)

• 회사부담분 : 280,000원(이 중 생산직 직원에 대한 건강보험료는 180,000원임)
• 종업원부담분 : 280,000원
• 회사는 건강보험료 회사부담분에 대하여 복리후생비로 처리하고 있다.

답안

	차변	금액	대변	금액
[1]	(차) 급여(판)	5,000,000원	(대) 보통예금	4,730,000원
			예수금	270,000원
[2]	(차) 복리후생비(제)	180,000원	(대) 현금	560,000원
	복리후생비(판)	100,000원		
	예수금	280,000원		

(6) 선납세금과 미지급세금 · 미지급배당금

• 선납세금 - 기중에 원천징수[26)]된 법인세나 중간예납 한 법인세 등이 처리되는 계정
- 기말 결산시 법인세비용 계정으로 대체됨

- 미 지 급 세 금 - 당해 회계연도에 부담하여야 할 법인세와 법인세에 부가되어 징수되는 법인세할 주민세 및 농어촌특별세로서 회계연도 말 현재 미지급된 금액
  - 즉, 당해연도 결산 종료 후 과세소득에 대한 법인세액을 추정하고 기 납부한 중간예납세액, 원천징수세액 등을 차감한 잔액을 처리하는 계정과목
  - 만약, 기말에 계산된 총부담세액보다 기중에 납부한 세액이 더 많은 경우 동 초과액은 세무당국으로부터 환급받을 세액이므로 결산시는 선납세금 계정으로 남겨 두었다가, 법인세 과세표준 신고 후에는 미수금계정으로 대체하는 것이 바람직함
- 미지급배당금 - 배당결의일 현재 미지급된 현금배당액
  - · 배당기준일 - 배당 받을 권리가 있는 주주를 확정짓는 날로서, 일반적으로 결산일을 기준으로 함
  - · 배당결의일 - 배당의무의 발생일로서, 주주총회의 결의에 따라 잉여금 처분내역을 회계처리 함
  - · 배당지급일 - 배당의무의 이행일로서, 이행내역을 거래로 기록하여야 함

문제

1. 보통예금에 대한 이자 100,000원이 발생하여 원천징수 15,000원을 제외한 금액이 보통예금 통장에 입금되었다.

문제

2. 당해 사업연도의 법인세 중간예납액 500,000원을 현금으로 납부하였다.

문제

3. 기말 결산시 법인세차감전순이익에 대한 법인세등 추산액은 700,000원이다.

답안

	차변	금액	대변	금액
[1]	(차) 보통예금	85,000원	(대) 이 자 수 익	100,000원
	선납세금	15,000원		
[2]	(차) 선납세금	500,000원	(대) 현 금	500,000원
[3]	(차) 법인세등	700,000원	(대) 선 납 세 금	515,000원
			미지급세금	185,000원

26) 원천징수란 상대방의 소득이 되는 금액을 지급할 때 이를 지급하는 자(원천징수 의무자)가 그 금액을 받는 사람(납세의무자)이 내야 할 세금을 미리 떼어서 대신 납부하는 제도를 말한다.

(7) 미결산

사건이 발생하여 재산의 변동은 있었으나 사건의 결과가 밝혀지지 않아 처리할 계정과목과 금액이 불확실할 때 일시적으로 설정하는 계정이 미결산 계정이다. 예를 들면, 화재로 인하여 건물이 소실되어 보험금을 청구하였으나 보상액이 미확정인 경우 또는 채무불이행에 대하여 소송을 제기하였으나 판결이 나지 않은 때에는 미결산 계정에서 처리한다.

문제

1. 화재보험에 가입되어 있는 건물(취득가액 5,000,000)이 화재로 소실되어 삼성화재에 보험금을 청구하였다.

문제

2. 삼성화재로부터 보험금이 4,000,000원으로 확정되었다는 통보를 받았다.

문제

3. 확정된 보험금 4,000,000원이 당일 보통예금 계좌로 입금되었다.

답안

	차변	금액	대변	금액
[1]	(차) 미 결 산	5,000,000원	(대) 건물	5,000,000원
[2]	(차) 미 수 금	4,000,000원	(대) 미결산	5,000,000원
	재해손실	1,000,000원		
[3]	(차) 보통예금	4,000,000원	(대) 미수금	4,000,000원

이론

1. 다음 중에서 대손충당금 설정대상자산으로 적합한 것은?(45회)

① 미지급금　② 미수금　③ 선수금　④ 예수금

2. 다음은 결산시 매출채권에 대한 대손충당금을 계산하는 경우의 예이다. 틀린 것은?(44회)

	결산전 대손충당금잔액	기말 매출채권잔액(대손율 1%)	회계처리의 일부
①	10,000원	100,000원	(대)대손충당금환입 9,000원
②	10,000원	1,000,000원	회계처리 없음
③	10,000원	1,100,000원	(차)대손상각비 1,000원
④	10,000원	1,100,000원	(차)기타의대손상각비 1,000원

3. 매출채권에 대한 설명이다. 다음 중 가장 틀린 것은?(38회)

① 기업의 일반적인 상거래에서 발생하는 외상대금을 처리하는 계정이다.
② 제품을 매출한 후 제품의 파손, 부패등의 사유로 값을 깎아 주는 것을 매출할인이라 한다.
③ 제품의 하자로 인하여 반품된 매출환입은 제품의 총매출액에서 차감한다.
④ 매출채권을 매각할 경우 "매출채권처분손실" 계정이 발생할 수 있다.

4. (주)성원은 채권잔액의 2%를 대손충당금으로 설정한다. 다음 자료에서 2008년 말 대손충당금 추가설정액은 얼마인가?(34회)

2008.12.31	매출채권잔액	200,000,000원
2008.1.1	대손충당금	1,000,000원
2008.5.1	대손발생	300,000원

① 1,000,000원　② 4,000,000원　③ 3,000,000원　④ 3,300,000원

5. 다음 중 대손충당금 설정 대상으로 적절하지 않는 것은?(31회)

① 외상매출금 ② 받을어음 ③ 선수금 ④ 단기대여금

6. 거래처로부터 원재료매입과 관련하여 받은 계약금을 매출액으로 잘못 처리하였다. 이의 회계처리가 재무상태표와 손익계산서에 미치는 영향은 어떠한가?(54회)

① 자산이 과대계상되고, 부채가 과대계상되었다
② 자산이 과대계상되고, 수익이 과대계상되었다
③ 부채가 과소계상되고, 수익이 과대계상되었다
④ 자산이 과소계상되고, 부채가 과소계상되었다

7. 다음의 거래에 대한 분개로 맞는 것은?(52회)

8월 31일 : 거래처의 파산으로 외상매출금 100,000원이 회수불능이 되다.(단, 8월 31일 이전에 설정된 대손충당금 잔액은 40,000원이 있다)

① (차) 대손상각비 100,000원 (대) 외상매출금 100,000원
② (차) 대손충당금 40,000원 (대) 외상매출금 100,000원
대손상각비 60,000원
③ (차) 대손충당금 60,000원 (대) 외상매출금 100,000원
대손상각비 40,000원
④ (차) 대손충당금환입 40,000원 (대) 외상매출금 100,000원
대손상각비 60,000원

8. (주)서울은 유형자산 처분에 따른 미수금 기말잔액 45,000,000원에 대하여 2%의 대손충당금을 설정하려 한다. 기초 대손충당금 400,000원이 있었고 당기 중 320,000원 대손이 발생되었다면 보충법에 의하여 기말 대손충당금 설정 분개로 올바른 것은?(51회)

① (차) 대손상각비 820,000원 (대) 대손충당금 820,000원
② (차) 기타의 대손상각비 820,000원 (대) 대손충당금 820,000원
③ (차) 대손상각비 900,000원 (대) 대손충당금 900,000원
④ (차) 기타의 대손상각비 900,000원 (대) 대손충당금 900,000원

9. (주)흑룡상사는 거래처와 제품 판매계약을 체결하면서 계약금 명목으로 수령한 2,000,000원에 대하여 이를 수령한 시점에서 미리 제품매출로 회계처리하였다. 이러한 회계처리로 인한 효과로 가장 올바른 것은?(51회)

① 자산 과대계상 ② 비용 과대계상 ③ 자본 과소계상 ④ 부채 과소계상

10. 다음 자료에 의하여 기말외상매입금잔액를 계산하면 얼마인가?(50회)

· 기초상품재고액 : 500,000원	· 기말상품재고액 : 600,000원
· 기중상품매출 : 1,500,000원	· 매출총이익률 : 30%
· 기초외상매입금 : 400,000원	· 기중 외상매입금 지급 : 1,200,000원

단, 상품매입은 전부 외상이다.

① 330,000원 ② 340,000원 ③ 350,000원 ④ 360,000원

11. 영업활동과 관련하여 비용이 감소함에 따라 발생하는 매출채권의 대손충당금환입은 다음의 계정구분 중 어디에 속하는가?(56회)

① 판매비와 관리비 ② 영업외수익 ③ 자본조정 ④ 이익잉여금

12. 다음은 기말자산과 기말부채의 일부분이다. 기말재무상태표에 표시될 계정과목과 금액이 틀린 것은?(56회)

· 지급어음 : 10,000,000원	· 타인발행수표 : 25,000,000원	· 받을어음 : 10,000,000원
· 외상매입금 : 50,000,000원	· 외상매출금 : 40,000,000원	· 우편환증서 : 5,000,000원

① 매입채무 60,000,000원 ② 현금및현금성자산 30,000,000원
③ 매출채권 50,000,000원 ④ 당좌자산 75,000,000원

13. 대형마트에서 상품권 500,000원을 소비자에게 현금으로 판매하면서 상품권 판매시점에서 상품매출로 회계처리 하였을 경우 나타난 효과로 가장 올바른 것은?(56회)

① 자본 과소계상 ② 자산 과소계상 ③ 수익 과소계상 ④ 부채 과소계상

14. 다음의 거래를 회계처리할 때 사용되지 않는 계정과목은?(57회)

> 공장사무실에 사용하는 컴퓨터 10대(@500,000원)를 구입하고, 대금 중 50%는 타인이 발행한 당좌수표로 지급하고 나머지는 외상으로 하다.

① 외상매입금 ② 미지급금 ③ 비품 ④ 현금

분개

1. 제품을 생산하기 위해 희망상사로부터 원재료를 매입하기로 하고, 계약금으로 1,000,000원을 보통예금에서 지급하였다.(56회)

   [분개] (차변) (대변)

2. 원재료를 18,700,000원 매입하고 (주)희망에 대금으로 발행하여 주었던 어음이 만기가 되어서 당좌수표를 발행하여 지급하였다.(45회)

   [분개] (차변) (대변)

3. 평화상사의 외상매출금 20,000,000원이 법인세법상 대손금처리 요건이 충족되어서 당사는 이를 대손처리 하기로 하였다. 지금까지 설정되어 있는 대손충당금은 16,000,000원 이다.(단, 부가가치세는 고려하지 않는다.)(44회)

   [분개] (차변) (대변)

4. 주주총회에서 결의한 중간배당금 30,000,000원을 현금으로 지급하였다.(원천징수는 없는 것으로 가정함.)(44회)

   [분개] (차변) (대변)

5. 원재료 매입처인 (주)독도의 외상매입금 10,000,000원을 지급하기 위해 (주)세마에서 받아 보관중인 약속어음 8,000,000원을 배서양도하고 나머지는 당좌수표를 발행하여 지급하였다.(43회)

   [분개] (차변) (대변)

6. 생산라인에 필요한 외국기술서적의 번역을 의뢰한 프리랜서에게 번역비 1,000,000원에서 원천징수세액 33,000원을 차감한 금액을 자기앞수표로 지급하였다.(수수료비용으로 회계처리할 것)(43회)

   [분개] (차변) (대변)

7. 거래처인 (주)청계전자의 미지급금 35,000,000원 중 32,000,000원은 보통예금 계좌에서 이체하고, 나머지 금액은 면제받았다.(47회)

[분개] (차변) (대변)

8. (주)케스터에 대한 받을어음 30,000,000원이 만기가 되었다. 추심수수료 170,000원을 차감하고 나머지 잔액은 당좌예입되었다.(57회)

[분개] (차변) (대변)

9. 개인 김돈아씨로부터 차입한 자금에 대한 이자비용 1,500,000원이 발생하여 원천징수세액 412,500원을 차감한 나머지 금액 1,087,500원을 자기앞수표로 지급 하였다.(47회)

[분개] (차변) (대변)

10. 길음상사의 파산으로 인해 외상매출금 1,000,000원이 회수불가능하게 되어 대손처리하였다. 외상매출금에 대한 대손충당금 현재 잔액은 280,000원이며, 대손세액공제는 고려하지 않기로 한다.(48회)

[분개] (차변) (대변)

11. 당사의 제품 대리점을 운영하는 안성실씨가 법원으로부터 파산선고를 받음에 따라 안성실씨가 운영하던 이화상사의 외상매출금 6,600,000원이 회수가 불가능할 것으로 판단되어 당일자로 대손처리 하였다.(현재 외상매출금에 대한 대손충당금잔액 4,250,000원)(57회)

[분개] (차변) (대변)

12. 만기가 도래하여 거래은행에 추심 의뢰한 (주)송도전자의 받을어음 70,000,000원 중에서, 추심수수료 100,000원을 차감한 금액이 보통예금 계좌에 입금되었다.(46회)

[분개] (차변) (대변)

13. 충남상사로부터 전자제품 원재료를 구입하기로 하고, 계약금 1,000,000원을 현금으로 지급하였다.(50회)

[분개] (차변) (대변)

14. 거래처인 (주)인성상사에 1년 이내 회수목적으로 100,000,000원을 대여하기로 하여 80,000,000원은 보통예금에서 지급하였고, 나머지 20,000,000원은 (주)인성상사에 대한 외상매출금을 대여금으로 전환하기로 약정하였다.(48회)

[분개] (차변) (대변)

15. 8월 31일의 공장근로자 급여와 관련된 원천징수금액 중 국민연금(회사부담분 포함)과 근로소득세, 지방소득세를 현금으로 납부하였다.(국민연금의 비용항목과 관련한 부분은 '세금과 공과'로 처리할 것)(49회)

· 국 민 연 금 : 324,000원 납부(회사부담분:162,000원, 근로자부담분:162,000원)
· 근로소득세 : 200,000원 납부, 지방소득세 20,000원 납부

[분개] (차변) (대변)

16. 보통예금계좌에서 300,000원의 이자수익이 발생하였으며, 원천징수법인세를 제외한 나머지 금액이 보통예금계좌로 입금되었다.(원천징수법인세율은 14%로 가정한다)(49회)

[분개] (차변) (대변)

17. 출장갔던 생산직사원 이익동이 복귀하여 6월 2일에 가지급금으로 처리하였던 출장비 150,000원을 정산하고, 초과지출분 16,000원을 추가로 현금지급 하였다.(49회)

[분개] (차변) (대변)

18. (주)두리산업의 외상매입금 20,000,000원을 결제하기 위하여 당사가 제품매출대가로 받아 보유하고 있던 (주)한국기업의 약속어음 20,000,000을 배서하여 지급하였다.(45회)

[분개] (차변) (대변)

19. 외상매출금과 받을어음 및 미수금에 대하여 다음 금액을 대손충당금으로 추가 설정하시오. 회사는 미수금에 대한 대손상각비는 영업외비용으로 처리하고 있다.(51회)

· 외상매출금 : 5,694,200원 · 받을어음 : 415,500원 · 미수금 : 20,000원

[분개] (차변) (대변)

20. 단기차입금 중에는 (주)연재의 외화단기차입금 10,000,000원(미화 $10,000)이 포함되어 있다.(회계기간 종료일 현재 적용환율 : 미화 1$당 1,100원)(53회)

[분개] (차변) (대변)

21. 결산일 현재 12월 19일자 가수금 3,000,000원의 내역이 다음과 같이 확인되었다.(53회)

· (주)정상에 대한 거래로 제품매출을 위한 계약금을 받은 금액 : 500,000원
· (주)정상에 대한 외상대금 중 일부를 회수한 금액 : 2,500,000원

[분개] (차변) (대변)

22. 매출채권(외상매출금과 받을어음)에 대한 1%의 대손충당금을 설정하다. 단, 외상매출금 잔액(230,000,000), 109.대손충당금 잔액(780,000), 받을어음 잔액(352,000,000), 111.대손충당금 잔액(2,450,000)이다.(54회)

[분개] (차변) (대변)

23. 당해 사업연도 법인세의 중간예납세액 24,000,000원을 현금으로 납부하였다.(단, 법인세납부액은 자산계정으로 처리할 것)(50회)

[분개] (차변) (대변)

24. 창고 임차보증금에 대한 계약금 2,000,000원을 (주)삼성개발에 당점발행 당좌수표로 지급하였다. 계약기간은 2013년 8월 1일부터 2014년 7월 31일까지이다.(54회)

[분개] (차변) (대변)

25. 생산라인 증설을 위해 지난 5월 9일 계약금 5,000,000원을 주고 (주)광속테크에 제작 의뢰한 기계장치가 설치완료 되어 잔금 25,000,000원 중 22,000,000원은 소망은행 보통예금으로 지급하고 나머지는 15일 후에 지급하기로 하다.(단, 부가가치세는 고려하지 말것)(50회)

[분개] (차변) (대변)

26. 거래처인 (주)용산전자의 외상매입금 55,000,000원 중 33,000,000원은 당좌수표로 지급하고, 나머지 금액은 면제받았다.(51회)

[분개] (차변) (대변)

27. 구글에 수출(선적일자 6월 25일)한 제품 외상매출금이 보통예금 계좌에 원화로 환전되어 입금되었다.(51회)

· 외상매출금 : 3,000달러	· 6월25일 환율 : 1,200원/달러	· 8월26일 환율 : 1,300원/달러

[분개] (차변) (대변)

28. 개인 이시영씨로부터 차입한 자금에 대한 이자비용 1,000,000원이 발생하여 원천징수세액 275,000원을 차감한 나머지 금액 725,000원을 현금으로 지급하였다.(55회)

[분개] (차변) (대변)

29. (주)성일기업에 대한 외상매출금 2,700,000원과 외상매입금 3,800,000원을 상계처리하고 나머지 잔액은 당좌수표를 발행하여 (주)성일기업에 지급하였다.(51회)

[분개] (차변) (대변)

30. 지난 해 대손이 확정되어 대손충당금과 상계 처리한 외상매출금 450,000을 현금으로 회수하였다.(부가가치세법상 대손세액은 고려하지 말 것)(54회)

[분개] (차변) (대변)

제6절

계정과목론 Ⅲ. 재고자산

기업의 정상적인 영업활동과정에서 판매를 목적으로 보유하고 있는 자산(제품, 상품) 판매를 목적으로 생산과정에 있는 자산(재공품), 판매할 자산을 생산하는데 사용되거나 소모될 자산(원재료, 저장품 등)을 말한다.

제품은 기업이 정상적인 영업활동을 통하여 판매할 목적으로 생산한 것으로 업종에 따라서 재고자산의 성격은 달라진다.

- **부동산매매업인 경우** : 토지와 건물 등은 일반업종인 경우에는 유형자산에 포함되지만 부동산 매매업인 경우에는 사용할 목적이 아니라 판매할 목적으로 보유하기 때문에 재고자산에 포함됨.
- **차량판매회사의 경우** : 차량운반구는 일반업종인 경우에는 유형자산에 포함되지만 차량판매회사는 차량판매를 주업으로 하기 때문에 재고자산에 포함됨.

1. 재고자산의 분류

재고자산은 총액으로 보고하거나 상품, 제품, 재공품, 원재료 및 소모품 등으로 분류하여 재무상태표에 표시한다. 서비스업의 재고는 재공품으로 분류할 수 있다.

① 상품 - 기업이 정상적인 영업활동을 통하여 판매할 목적으로 구입한 상품 등
② 제품 - 판매를 목적으로 제조한 생산품 및 부산물 등
③ 재공품 - 제품의 제조를 위하여 재공과정에 있는 것을 말하며, 반제품을 포함함
반제품은 현재 상태로 판매가능한 재공품을 말함
④ 원재료 - 제품의 생산에 소비할 목적으로 구입한 원료, 재료 등
⑤ 저장품 - 소모품, 소모공구기구, 비품 및 수선용부분품 및 기타 저장품으로 당기
생산과정에 소비 또는투입될 품목에 한함
⑥ 기타의 재고자산 - 위에 속하지 아니하는 재고자산

2. 재고자산의 회계처리

재고자산의 취득원가는 "매입원가" 또는 "제조원가"를 말한다. 재고자산의 취득원가에는 취득에 직접적으로 관련되어 있으며, 정상적으로 발생되는 부대비용을 포함한다. 부대비용에는 수입과 관련한 수입관세 및 제세금(기업이 세무당국으로부터 나중에 환급받을 수 있는 관세환급금 등은 제외) 등이 포함된다.

(1) 매입원가

재고자산의 매입원가는 매입가액에 매입운임, 하역료 및 보험료 등 취득과정에서 정상적으로 발생한 부대비용을 가산한 금액이다. 매입과 관련된 매입환출 및 에누리와 매입할인, 기타 유사한 항목은 매입원가에서 차감한다.

문제

1. 인천세관으로부터 수입 원재료에 대한 통관수수료 230,000원이 발생하여 보통예금으로 지급하였다.(취득원가로 회계처리 할것)(57회)

문제

2. 중국에서 수입한 원재료 20톤을 인천항에서 공장까지 운송하고 운송료 1,200,000원과 이체수수료 2,000원을 당사 보통예금계좌에서 지급하였다.(46회)

답안

[1] (차)	원재료	230,000원	(대) 보통예금	230,000원
[2] (차)	원재료(제)	1,200,000원	(대) 보통예금	1,202,000원
	수수료비용(판)	2,000원		

① 매입환출 및 에누리27)

매입환출이란 매입한 원재료를 판매자에게 반품 처리한 금액을 말하며, 매입에누리란 매입한 원재료에 파손이나 결함 등이 있어서 결제금액을 깎는 것을 말한다. 매입환출 및 에누리는 매입원가에서 차감한다.

27) 전산회계 프로그램 운영상 주의할 점은 "146.상품"의 매입환출 및 에누리는 147. 코드를 사용해야 하며, "153.원재료"의 매입환출 및 에누리는 154. 코드를 사용해야 하는 것이다. 즉, 해당 자산 코드번호의 아래 코드번호를 사용해야 해당 자산의 매입원가에서 차감된다.

문제

1. 본재상회에서 원재료 200,000원을 매입하고 대금은 한달 후에 지급하기로 하였다.

문제

2. 매입한 원재료 일부에서 불량품을 발견하고 그 사실을 통보한 결과 외상대금 200,000원 중 30,000원을 감액하기로 하고 나머지는 현금으로 지급하였다.

답안

[1]	(차) 원 재 료	200,000원	(대) 외 상 매 입 금	200,000원
[2]	(차) 외상매입금	200,000원	(대) 매입환출및에누리	30,000원
			현 금	170,000원

② 매입할인[28)]

매입할인이란 외상대금을 약정된 할인기간 내에 지급하고 대금의 일부를 할인을 받는 것을 말한다. 매입할인은 매입원가에서 차감한다.

문제

1. (주)한강기업으로부터 원재료 30,800,000원을 외상으로 구입하였다.

문제

2. (주)한강기업으로부터 구입한 원재료의 외상매입금 30,800,000원을 약정에 따라 600,000원을 할인받고 잔액은 당좌수표를 발행하여 지급했다.(24회)

답안

[1]	(차) 원 재 료	30,800,000원	(대) 외상매입금	30,800,000원
[2]	(차) 외상매입금	30,800,000원	(대) 당 좌 예 금	30,200,000원
			매 입 할 인	600,000원

28) 전산세무회계 프로그램 운영상 주의할 점은 "146.상품"의 매입할인은 148. 코드를 사용해야하며, "153.원재료"의 매입할인은 155. 코드를 사용해야 하는 것이다. 즉, 해당 자산 코드번호의 아래코드를 사용해야 해당 자산의 매입원가에서 차감되는 것이다.

(2) 제품매출

제품매출은 기업의 주된 영업활동에서 발생한 제품의 총매출액에서 매출할인, 매출환입및에누리 등을 차감한 금액이다. 차감 대상 금액이 중요한 경우에는 총매출액에서 차감하는 형식으로 표시하거나 주석으로 기재한다.

매출액 = 총매출액 - 매출환입및에누리 - 매출할인

① 매출환입 및 에누리[29)]

매출환입이란 판매한 상품, 제품이 반품 처리된 금액을 말하며, 매출에누리란 판매한 상품.제품에 파손이나 결함이 있어서 결제금액을 깎아주는 것을 말한다. 매출환입 및 에누리는 총매출액에서 차감한다.

문제

1. 창제상회에서 제품 200,000원을 매출하고 대금은 한달 후에 받기로 하였다.

문제

2. 매출한 제품 일부에서 불량품이 있다는 사실을 통보받고 외상대금 200,000원 중 30,000원을 감액하기로 하고 나머지는 현금으로 회수하였다.

답안

	차변	금액	대변	금액
[1]	(차) 외 상 매 출 금	200,000원	(대) 제품매출	200,000원
[2]	(차) 현 금	170,000원	(대) 외상매출금	200,000원
	(차) 매출환입및에누리	30,000원		

② 매출할인

매출할인이란 외상대금을 약정된 할인기간 내에 회수하고 대금의 일부를 할인해 주는 것을 말한다. 매출할인은 총매출액에서 차감한다.

29) 매출환입및에누리와 매출할인의 코드사용법
상품을 매출하고 매출환입및에누리가 발생한 경우에는 "401.상품매출" 바로 아래에 있는 "402. 매출환입및에누리"를 사용하고, 제품을 매출하고 매출환입 및 에누리가 발생한 경우에는 "404.제품매출"바로 아래에 있는 "405.매출환입및에누리"를 사용한다. 이와 마찬가지로 상품을 매출하고 매출할인이 발생한 경우에는 "403.매출할인"을 사용하고, 제품을 매출하고 매출할인이 발생한 경우에는 "406.매출할인"을 사용한다.

문제

1. 창제상사에서 제품 200,000원을 매출하고 대금은 한달 후에 받기로 하였다(5일이내 현금 결제시 10% 할인조건).

문제

2. 외상대금 200,000원이 할인기간 내에 조기 회수되어 10%의 현금할인을 해 주었다.

답안

[1] (차) 외상매출금	200,000원	(대) 제품매출	200,000원
[2] (차) 현 금	180,000원	(대) 외상매출금	200,000원
(차) 매 출 할 인	20,000원		

③ 판매장려금

판매장려금이란 고정거래처의 매출에 따른 반대급부로서 거래수량이나 거래금액에 따라 장려의 뜻으로 지급하는 금액 등을 말한다. 기업회계기준에서는 일정기간의 거래수량이나 거래금액에 따라 감액하는 것은 매출에누리에 포함된다고 규정하고 있다.

3. 재고자산의 수량결정

재고자산의 수량을 파악하는 방법에는 실지재고조사법과 계속기록법이 있다.

(1) 실지재고조사법

기말에 남아있는 실지재고를 조사하여 기말재고수량을 파악하는 방법으로 재고자산의 입고만을 기록하고 출고기록은 하지 않는다. 따라서 당기 판매가능수량(기초 재고수량+ 당기매입수량)에서 기말 실지재고수량을 차감하여 당기 판매수량을 파악한다.

(기초재고수량 + 당기매입수량) - 기말실지재고수량 = 당기판매수량

문제

1. 다음 자료에 의하여 실지재고조사법에 의한 당기판매 수량을 파악하시오.

1 / 1 전기이월 : A상품 200개
3 / 3 입 고 : A상품 300개
8 / 8 출 고 : A상품 ?
9 / 9 입 고 : A상품 300개
11 / 11 출 고 : A상품 ?
12 / 31 기말에 실지재고를 조사한 결과 실지재고수량은 80개 이다.

답안

(기초재고수량 200개 + 당기매입수량 600개) – 기말실지재고수량 80개 = 720개

(2) 계속 기록법

재고자산의 입고와 출고가 이루어질 때마다 장부에 계속적으로 그 사실을 기록함으로써, 기중 판매량 및 재고수량을 장부에서 언제든지 파악할 수 있는 방법이다.

기초 재고수량 + 당기 매입수량 - 당기 판매수량 = 기말 재고수량

또한 실지재고조사법과 병행하여 사용하면, 장부상재고량과 실지재고량을 모두 알 수 있기 때문에 보관 중에 발생한 재고감모량을 쉽게 파악할 수 있다.

재고감모량 = 장부상재고량 - 실지재고량

문제

1. 다음 자료에 의하여 계속 기록법에 의한 기말재고수량을 파악하시오.

1 / 1 전기이월: A상품 200개
3 / 3 입 고: A상품 300개
8 / 8 출 고: A상품 400개
9 / 9 입 고: A상품 300개
11 / 11 출 고: A상품 300개
12 / 31 기말에 실지재고를 조사한 결과 실지재고수량은 80개 이다.

답안

[1] (기초재고수량200개 + 당기매입수량600개) - 당기판매수량700개 = 100개
[2] 장부상 재고량 100개 - 실지재고량 80개 = 재고감모량 20개

4. 재고자산의 원가결정방법

재고자산의 판매량 및 기말재고량에 적용할 단위원가를 결정하는 방법으로는 원가흐름의 가정에 따라 개별법, 선입선출법, 후입선출법, 가중평균법(총평균법과 이동평균법), 표준원가법, 소매재고법 등이 있다. 통상적으로 상호 교환될 수 없는 재고항목이나 특정프로젝트별로 생산되는 제품 또는 서비스의 원가는 개별법을 사용하여 결정하며, 개별법으로 원가를 결정할 수 없는 재고자산의 단위원가는 선입선출법, 후입선출법, 가중평균법을 사용하여 결정하도록 규정하고 있다. 성격과 용도면에서 유사한 재고자산에는 동일한 단위원가 결정방법을 적용하여야 하며, 성격이나 용도면에서 차이가 있는 재고자산에는 서로 다른 단위원가 결정방법을 적용할 수 있다. 표준원가법이나 소매재고법 등의 원가측정방법은 그러한 방법으로 평가한 결과가 실제원가와 유사한 경우에 편의상 사용할 수 있다.

(1) 개별법

재고자산의 매입상품별로 매입가격을 알 수 있도록 개별적으로 관리하여 판매된 부분에 대한 원가와 기말에 남아 있는 재고 자산의 원가를 개별적으로 파악하여 매출원가와 기말 재고액을 결정하는 방법이다.

① 실제 물량흐름과 일치하므로 이론상 가장 이상적인 방법이다.
② 수익과 비용이 정확하게 대응되어 정확한 이익을 측정할 수 있다.
③ 재고자산의 종류와 수량이 많고 거래가 빈번한 경우에는 적용하기가 불가능하다

(2) 선입선출법(first-in, first-out method: FIFO method)

실제 물량의 흐름과는 관계없이 먼저 매입한 재고자산이 먼저 판매되는 것으로 가정하여 매출원가와 기말 재고액을 결정하는 방법이다.

① 일반적인 물량흐름과 일치한다.
② 매출원가는 과거의 원가로 계상되어, 현재의 수익과 과거의 원가가 대응되므로 수익과 비용의 대응이 적절히 이루어 지지 않는다.
③ 물가상승시에는 순이익이 높게 계상된다.
④ 기말재고액은 최근에 구입한 원가로 보고되므로 재무상태표상 재고자산가액은 시가에 가깝다.

(3) **후입선출법**(last-in, first-out method: LIFO method)

가장 최근에 매입한 재고자산부터 판매되는 것으로 가정하여 매출원가와 기말재고액을 결정하는 방법이다.
① 일반적인 물량흐름과 일치하지 않는다.
② 매출원가는 현재의 원가로 계상되어, 현재의 수익과 현재의 원가가 대응되므로 수익과 비용의 대응이 적절히 이루어진다.
③ 물가상승시에는 당기순이익이 낮게 계상된다.
④ 기말재고액이 오래전에 구입한 원가로 계상되므로 기말재고액이 낮게 계상된다.

(4) **이동평균법**(moving average method)

재고자산이 출고되는 시점에서의 평균단가로 매출원가와 기말재고액을 결정하는 방법이다. 이동평균법을 사용할 때에는 재고자산을 매입할 때마다 직전 재고액과 금번 매입액의 합계액을 매입 직전 재고수량과 금번 매입수량의 합계로 나누어 평균단가를 계산해 두었다가 이후에 판매되는 재고자산의 매출원가로 사용한다.

$$\text{이동평균단가} = \frac{\text{매입 직전의 재고액} + \text{금번의 매입액}}{\text{매입 직전의 재고수량} + \text{금번의 매입수량}}$$

$$\text{매출원가} = \text{재고자산 판매량} \times \text{이동평균단가}$$

(5) 총평균법

당기에 판매된 재고자산은 모두 동일한 단가라는 가정하에 매출원가와 기말재고액을 결정하는 방법이다. 총평균법을 사용할 때에는 기말에 재고자산의 기초재고액과 당기매입액의 합계액을 기초재고수량과 당기매입수량의 합계로 나누어 총평균단가를 계산하고, 이 총평균 단가를 당기 재고자산 판매량에 곱하여 재고자산의 매출원가를 계산한다.

$$\text{총평균단가} = \frac{\text{기초재고액} + \text{당기매입액}}{\text{기초재고수량} + \text{당기매입수량}}$$

매 출 원 가 = 재고자산 판매량 × 총평균 단가

문제

1. 다음 자료에 의하여 (1) 선입선출법과 (2) 후입선출법 (3)이동평균법과 (4)총평균법의 가정하에서 매출원가를 계산하시오.

   1 / 1 전기이월 : A상품 200개 @100원
   3 / 3 입 고 : A상품 300개 @120원
   8 / 8 출 고 : A상품 400개 (1)
   9 / 9 입 고 : A상품 300개 @140원
   11 / 11 출 고 : A상품 200개 (2)

답안

[1] 선입선출법
① (200개 × @100원 + 200개 × @120원) = 44,000원
② (100개 × @120원 + 100개 × @140원) = 26,000원
∴ 매출원가는 70,000원

[2] 후입선출법
① (300개 × @120원 + 100개 × @100) = 46,000원
② (200개 × @140원) = 28,000원
∴ 매출원가는 74,000원

[3] 이동평균법
① (200개 × @100원 + 300개 × @120원) / 500 = @112원 × 400개=44,800원
② (100개 × @112원 + 300개 × @140원) / 400 = @133 × 200개=26,600원
∴ 매출원가는 71,400원

[4] 총평균법
총평균단가 : (200개×@100원+300개×@120원+300개×@140원)/800개 = @ 122.5원
① @122.5원 × 400개 = 49,000원
② @122.5원 × 200개 = 24,500원
∴ 매출원가는 73,500원

5. 재고자산감모손실

재고자산감모손실은 재고자산의 도난, 분실, 파손, 증발, 마모 등에 의한 수량 부족으로 발생한 손실로서, 장부상재고수량에 비하여 실제재고수량이 부족한 경우에 발생하는 손실이다.

재고자산감모손실 = (장부수량 - 실제수량) × 단위당원가

재고자산감모손실이 발생한 경우에는 장부상의 기말재고액을 감소시키고 감모손실만큼 비용으로 처리해야 하는데, 재고자산감모손실이 정상적(경상적)으로 발생하는 경우에는 원가성이 인정되는 경우로서 매출원가에 가산하고, 비정상적(비경상적)으로 발생하는 경우에는 원가성을 인정할 수 없는 경우로서 손익계산서상의 매출원가란에 "매출이외의 제품감소액(타계정으로 대체액)"이라는 과목으로 하여 매출원가에서 제외시키고 이를 영업외비용으로 처리하여야 한다.

문제

1. 기말 제품의 장부상 잔액은 1,000,000원이고 실제 재고액은 800,000원이다. 재고자산 감모액이 (1)정상적인 경우와 (2)비정상적인 경우의 결산시 회계처리 하시오.

문제

2. 제품 장부상 재고수량은 200개이나 실지재고조사 결과 180개인 것으로 판명되었다. 개당 원가 200원이고 시가가 180원일 경우 제품감모손실은?(28회)

① 4,000원 ② 3,600원 ③ 2,000원 ④ 1,600원

답안

[1] (1) (차) 제 품 매 출 원 가 200,000원 (대) 제품 200,000원

(2) (차) 재고자산감모손실 200,000원 (대) 제품 200,000원

(적요: ⑧ 타계정으로 대체액)

[2] ① · 감모손실 : (장부수량 – 실지수량) × 취득원가 = (200개 – 180개) × 200원 = 4,000원

· 평가손실 : 실지재고수량 × (취득원가 – 시가) = 180개 × (200원 – 180원) = 3,600원

6. 기타의 회계처리

(1) 타계정대체

기업이 영업활동을 하는 과정에서 자사의 제품이나 제품을 광고선전 목적으로 사용하거나 시험연구용 등으로 사용하는 경우가 있는데, 이를 "타계정대체"라고 한다. 이와 같이 제품이나 제품을 판매목적 이외에 다른 목적으로 사용하는 경우에는 사용된 제품이나 제품의 원가를 손익계산서상의 매출원가란에 "매출이외의 제품감소액(타 계정으로 대체액)"이라는 과목으로 하여 매출원가에서 제외시켜야 한다.

문제

1. 제품(원가 200,000원, 시가 300,000원)을 사무실 직원의 복리후생 목적으로 사용하였다.

문제

2. 제품 1개(원가 : 500,000원)를 매출거래처에 견본품으로 무상 제공하였다. 단, 견본비 계정으로 처리할 것.(56회)

문제

3. 회사에서 보관 중이던 원재료(원가 600,000원, 시가 800,000원)를 영업부 소모품으로 사용하였다(비용으로 처리할 것).(55회)

답안

[1] (차) 복리후생비 200,000원 (대) 제 품 200,000원 (적요: ⑧ 타계정으로 대체액)
[2] (차) 견본비(판) 500,000원 (대) 제 품 500,000원 (적요 8. 타계정으로대체액 손익계산서 반영분)
[3] (차) 소모품비(판) 600,000원 (대) 원재료 600,000원 (적요: ⑧ 타계정으로 대체액)

(2) 관세환급금[30)]

관세환급금이란 수출하기 위해 수입한 원재료에 대하여, 수입한 때에는 관세를 부담하지만 이를 다시 수출할 때에는 이미 부담한 관세를 환급 받게 되는 바, 동 환급액을 가리킨다.관세환급금에 대한 회계처리는 관세 등의 납부액을 원재료 가액에 가산한 후 환급시 매출원가에서 차감하는 방법이 일반적으로 많이 사용되는 방법이다. 관세환급금은 제품 또는 제품의 매출원가에서 차감하는 형식으로 표시한다.

문제

1. 원재료를 수입하면서 관세 40,000원을 현금으로 지급하였다.

문제

2. 원재료를 수입하면서 지급한 관세 40,000원의 환급을 신청한 바, 김포세관으로 부터 금일 확정통지를 받았다.

답안

[1] (차) 원재료　40,000원　　(대) 현　　금　40,000원
[2] (차) 미수금　40,000원　　(대) 관세환급금　40,000원

7. 기말 재고자산에 포함될 항목의 결정

재고자산의 매입과 매출은 회계기간 중에 계속적으로 발생하므로 평소에는 보유 현황을 간단히 파악하더라도 결산시점에는 정확한 매출액과 매출원가를 산정하기 위하여 재고자산의 법적 소유권 및 계약조건 등을 고려하여 기말재고자산에 포함될 항목을 결정하여야 한다. 일반적인 재고자산의 수익인식 시점은 판매시점(인도시점)이므로 결산일 현재 보유하고 있는 재고자산은 기업의 자산이다.

30) 전산세무회계 프로그램에서는 상품매출원가에서 차감되어야 할 관세환급금은 149.관세환급금을 사용하고 제품매출원가에서 차감되어야 할 관세환급금은 151.관세환급금을 사용해야한다.

(1) 미착품

미착품이란 운송 중에 있어 아직 도착하지 않은 재고자산을 말한다. 미착품은 법률적인 소유권의 유무에 따라서 재고자산 포함여부를 결정한다. 법률적인 소유권 유무는 매매계약상의 거래조건에 따라서 다르다.

① 선적지인도조건: 선적지인도조건이란 운송과정에서 발생하는 비용과 위험을 구매자가 부담하는 경우로서 판매자는 선적시점에 매출을 인식하므로 운송중인 자산은 구매자의 재고자산에 포함된다.

② 도착지인도조건: 도착지인도조건이란 운송과정에서 발생하는 비용과 위험을 판매자가 부담하는 경우로서 판매자는 도착시점에 매출을 인식하므로 운송중인 자산은 판매자의 재고자산에 포함된다.

(2) 적송품

적송품이란 위탁판매계약에 따라 위탁자(본인)가 수탁자(타인)에게 판매를 의뢰하고 인도된 재고자산이다. 위탁매매의 수익인식시점은 수탁자가 판매한 날이므로 결산일 현재 판매되지 않은 위탁품은 위탁자의 기말재고에 포함된다.

(3) 시송품

시송품이란 매입자로 하여금 일정기간 사용한 후에 매입 여부를 결정하라는 조건으로 판매한 제품을 말한다. 시용판매의 수익인식시점은 매입자가 매입의사표시를 한 날이므로 결산일 현재 매입의사표시가 없는 시송품은 판매자의 기말재고에 포함된다.

(4) 할부판매재고

할부판매재고란 재고자산을 고객에게 인도하고 대금의 회수는 미래에 분할하여 회수하기로 한 것으로서, 할부판매의 수익인식시점은 판매시점(인도시점)이므로 대금이 모두 회수되지 않았다 하더라도 판매자의 재고자산에서 제외한다.

문제

1. 다음은 기말재고자산에 포함될 항목의 결정에 대한 설명이다. 가장 틀린 것은?(42회)

① 적송품은 수탁자가 판매한 경우 위탁자의 재고자산에서 제외한다.

② 시송품은 매입자가 매입의사표시를 한 경우 판매자의 재고자산에서 제외한다.

③ 할부판매상품은 인도기준으로 매출을 인식하므로 대금회수와 관계없이 인도시점에서 판매자의 재고자산에서 제외한다.

④ 미착품이 도착지인도조건인 경우 도착시점에서 판매자의 재고자산에 포함한다.

답안

④ 미착품의 도착지인도조건인 경우 도착시점에서 매입자의 재고자산에 포함한다.

이론

1. 다음은 청솔상회의 재고자산과 관련된 문제이다. 선입선출법에 의하여 평가할 경우 매출총이익은 얼마인가?(46회)(다른 원가는 없다고 가정한다.)

일 자	매입매출구분	수 량	단 가
10월 1일	기초재고	10개	개당 100원
10월 8일	매 입	30개	개당 110원
10월 15일	매 출	25개	개당 140원
10월 30일	매 입	15개	개당 120원

① 850원 ② 2,650원 ③ 3,500원 ④ 6,100원

2. 다음은 재고자산의 평가에 대한 설명이다. 틀린 것은?(45회)
① 재고자산의 평가손실누계액은 재고자산의 차감계정으로 표시한다.
② 재고자산의 평가손실은 영업외비용으로 처리한다.
③ 재고자산의 감모손실이 정상적인 범위내에 해당하는 경우에는 매출원가에 가산한다.
④ 재고자산의 감모손실이 비정상적인 것으로 판단되는 경우에는 영업외비용으로 처리한다.

3. 다음은 재고자산의 원가배분에 관한 내용이다. 선입선출법의 특징이 아닌 것은?(43회)
① 일반적인 물량흐름은 먼저 매입한 것이 먼저 판매되므로 물량흐름과 원가흐름이 일치한다.
② 기말재고는 최근에 구입한 것이므로 기말재고자산은 공정가액에 가깝게 보고된다.
③ 물가상승시 현재의 매출수익에 오래된 원가가 대응되므로 수익 · 비용대응이 잘 이루어 지지 않는다.
④ 이익을 가장 적게 계상하므로 가장 보수적인 평가방법이다.

4. 다음 중 재고자산의 단가결정방법에 해당하는 것은?(43회)

① 개별법 ② 실지재고조사법 ③ 혼합법 ④ 계속기록법

5. 다음 재고자산의 원가결정방법에 대한 설명 중 옳지 않은 것은?(41회)

① 선입선출법은 가장 최근에 매입한 상품이 기말재고로 남아있다.
② 평균법에는 총평균법과 이동평균법이 있다.
③ 성격 또는 용도면에서 차이가 있는 재고자산이더라도 모두 같은 방법을 적용하여야만 한다.
④ 기초재고와 기말재고의 수량이 동일하다는 전제하에 인플레이션 발생시 당기순이익이 가장 적게 나타나는 방법은 후입선출법이다.

6. 다음 중 기업회계기준에 의한 수익인식기준으로 올바른 것은?(40회)

① 위탁판매 - 수탁자에게 상품을 인도한 날
② 상품권판매 - 상품권을 회수한 날
③ 정기간행물(가액이 매기간 동일) 판매 - 구독금액을 일시에 수령한 날
④ 할부판매 - 매회 할부금을 회수하는 날

7. 다음 중 재고자산의 취득원가에 포함시켜야 하는 항목으로 가장 적절한 것은?(39회)

① 판매수수료 ② 판매시의 운송비용
③ 재고자산 매입시 수입관세 ④ 인수 후 판매까지의 보관료

8. 다음은 재고자산의 인식시점에 대한 설명이다. 다음 중 가장 틀린 것은?(38회)

① 적송품은 수탁자가 판매하기 전까지 위탁자의 재고자산에 포함한다.
② 시송품은 매입자가 매입의사표시를 하기 전까지 판매자의 재고자산에 포함한다.
③ 할부판매상품은 인도기준으로 매출을 인식하므로 대금회수와 관계없이 인도시점에서 판매자의 재고자산에서 제외한다.
④ 미착품은 도착지 인도조건인 경우 선적시점에서 매입자의 재고자산에 포함한다.

9. 다음 중 재고자산의 수량결정방법에 해당하는 것은?(35회)

① 실지재고조사법 ② 선입선출법 ③ 개별법 ④ 이동평균법

10. 다음 자료를 이용하여 매출총이익을 계산하면 얼마인가?(57회)

· 매출액 : 250,000원	· 매출할인 : 30,000원	· 매입할인 : 10,000원
· 기말재고액 : 7,000원	· 매출에누리 : 50,000원	· 매입액 : 190,000원
· 매입환출 : 15,000원	· 타계정으로 대체 : 30,000원	

① 42,000원 ② 52,000원 ③ 62,000원 ④ 72,000원

11. 다음 중 재고자산의 수량결정방법에 해당하는 것은 어느 것인가?(56회)

① 선입선출법 ② 이동평균법 ③ 후입선출법 ④ 계속기록법

12. 다음 중 재고자산의 원가에 대한 설명으로 옳지 않은 것은?(47회)

① 매입원가는 매입가액에 취득과정에서 정상적으로 발생한 부대비용을 가산한 금액이다.
② 제조원가는 보고기간 종료일까지 제조과정에서 발생한 직접재료비, 직접노무비, 제조와 관련된 변동제조간접비 및 고정제조간접비의 체계적인 배부액을 포함한다.
③ 매입원가에서 매입과 관련된 에누리는 차감하나 할인은 차감하지 않는다.
④ 제조원가 중 비정상적으로 낭비된 부분은 원가에 포함될 수 없다.

13. 다음 중 재고자산 평가방법이 아닌 것은?(53회)

① 실지재고조사법 ② 후입선출법 ③ 가중평균법 ④ 선입선출법

14. 다음 중 물가가 상승하는 경우 재무상태표에 재고자산을 가장 최근의 원가, 즉 시가나 공정가치로 표현 할 수 있는 재고자산의 원가 결정방법은 무엇인가?(54회)

① 개별법 ② 선입선출법 ③ 후입선출법 ④ 이동평균법

15. 다음 중 재화의 판매로 인한 수익인식 조건이 아닌 것은?(50회)

① 재화의 소유에 따른 유의적인 위험과 보상이 구매자에게 이전된다.
② 수익금액을 신뢰성 있게 측정할 수 있다.
③ 경제적 효익의 유입 가능성이 매우 높다.
④ 판매자는 판매한 재화에 대하여 소유권이 있을 때 통상적으로 행사하는 정도의 관리나 효과적인 통제를 할 수 있다.

16. 재화의 판매에 대한 수익인식기준으로 틀린 것은?(53회)

① 비용금액을 신뢰성 있게 측정할 수 있다.
② 경제적 효익의 유입 가능성이 매우 높다.
③ 재화의 소유에 따른 유의적인 위험과 보상이 구매자에게 이전된다.
④ 거래와 관련하여 발생했거나 발생할 원가를 신뢰성 있게 측정할 수 있다.

17. 다음 중 재고자산의 취득원가에 포함시켜야 하는 항목으로 가장 맞는 것은?(52회)

① 판매수수료
② 판매시의 운송비용
③ 재고자산 매입시 수입관세
④ 인수 후 판매까지의 보관료

18. 기초재고와 기말재고가 동일하다는 가정하에 물가가 상승하고 있다면 다음 중 어떤 재고평가 방법이 가장 높은 순이익과 가장 높은 매출원가를 기록하게 하는가?(51회)

	가장 높은 순이익	가장 높은 매출원가
①	선입선출법	후입선출법
②	선입선출법	선입선출법
③	후입선출법	선입선출법
④	후입선출법	후입선출법

19. 재고자산과 관련한 다음 설명 중 가장 옳지 않은 것은?(50회)

① 재고자산의 판매와 관련된 비용은 재고자산의 원가에 포함한다.
② 소매재고법은 실제원가가 아닌 추정에 의한 원가결정방법으로 주로 유통업에서 사용한다.
③ 재고자산의 감모손실은 주로 수량의 감소에 기인한다.
④ 재고자산의 평가손실은 시가의 하락에 기인한다.

20. 다음은 장비상사의 제1기(1.1.~12.31.)재고자산 내역이다. 이를 통하여 이동평균법에 의한 기말재고자산의 단가를 계산하면 얼마인가?(49회)

일 자	적 요	수 량	단 가
1월 4일	매입	200	1,000원
3월 6일	매출	100	1,200원
5월 7일	매입	200	1,300원
7월 10일	매입	300	1,100원

① 1,150원 ② 1,200원 ③ 1,250원 ④ 1,270원

분개

1. 생산된 제품(원가 50,000,000원, 시가 85,000,000원)을 국군 위문금품으로 전달하였다.(44회)

   [분개] (차변) (대변)

2. 7월에 구입하여 보관 중인 원재료(원가 200,000원, 시가 300,000원)를 회사 소모품으로 사용하고자 대체하였다.(소모품은 자산으로 회계처리할 것)(43회)

   [분개] (차변) (대변)

3. 인천세관으로부터 수입한 원재료에 대한 통관수수료 160,000원을 현금지급하였 다.(취득원가로 회계처리 할 것)(42회)

   [분개] (차변) (대변)

4. 창고에 보관 중인 제품 3,000,000원이 화재로 인하여 소실되었다. 당 회사는 화재보험에 가입되어 있지 않다.(40회)

   [분개] (차변) (대변)

5. 미국에서 수입한 원재료 5톤을 인천공항에서 공장까지 운송하고 운송료 2,000,000원을 현금으로 지급하였다.(52회)

   [분개] (차변) (대변)

6. 미국 에이프상사에 원재료 물품대금 10,000,000원을 보통예금에서 이체하여 결제하였다.(선적지인도조건이며 해당물품은 선적되어 운송 중에 있다.)(37회)

   [분개] (차변) (대변)

7. 거래처인 (주)무상랜드의 제품매출에 대한 외상매출금 9,800,000원이 보통예금 계좌에 입금되었으며, 이는 판매당시 조기회수약정에 따라 200,000원이 할인된 금액이다.(47회)

[분개] (차변) (대변)

8. 당사에서 생산한 제품 4,000,000원(장부가액)을 국군장병위문품으로 국방부에 무상으로 기탁하였다.(52회)

[분개] (차변) (대변)

9. 기말재고조사 결과 제품재고 1,000,000원이 부족하여 확인한 결과 매출거래처에 접대비로 제공된 것이다.(적요에 타계정으로 대체액을 사용할 것)(46회)

[분개] (차변) (대변)

10. 6월 20일 발생한 길음상사의 제품 외상매출금 7,000,000원을 회수하면서 약정기일보다 10일 빠르게 회수되어 외상매출금의 3%를 할인해 주었다. 대금은 모두 보통예금으로 입금되었다.(49회)

[분개] (차변) (대변)

제7절

계정과목론 Ⅳ. 비유동자산[31)]

1. 투자자산

기업고유의 사업목적이 아니라 타회사를 지배하거나 통제할 목적 또는 장기적인 투자이윤을 얻을 목적으로 장기적으로 투자된 자산을 말한다. 투자자산은 장기적으로 투자된다는 점에서 유가증권이나 단기성예금과 다르며, 주요영업활동에서 사용할 목적으로 투자된 것이 아니라는 점에서 유형자산과 다르다. 투자자산으로는 장기금융상품(장기성예금, 특정현금과예금[32)]), 장기투자증권(매도가능증권, 만기보유증권, 지분법적용투자주식), 장기대여금, 투자부동산[33)], 퇴직보험예치금, 퇴직연금운용자산 등이 있다.

문제

1. 당좌거래개설보증금 8,300,000원을 현금 입금하여 국민은행 당좌거래를 개설하고 당좌수표용지와 약속어음용지를 교부받았다.(32회)

문제

2. 투자를 목적으로 상가를 20,000,000원에 취득하고 대금은 당좌수표를 발행하여 지급하였다.

31) 기업의 장기성 자산이 토지, 건물, 비품 정도밖에 없었던 아주 오랜 옛날에는 이들을 고정자산(fixed assets)라고 부르는 것이 조금도 어색하지 않았을 것이다. 왜냐하면 이들은 특정 장소에 꼼짝않고 붙박이처럼 존재하는 자산이었기 때문이다. 그러나 오늘날의 경제활동은 옛날과 아주 많이 달라졌고, 따라서 기업의 장기성 자산에는 이들 말고도 투자주식이나 특허권 같은 것도 생겼다. 이에 영어 표현은 오늘날 유동자산이 아니라는 관점에서 non-current assets(비유동자산) 또는 long-term assets(장기성 자산)으로 바뀌었다.

32) 특정현금과예금이란 장기금융상품 중 사용이 제한되어 있는 예금으로서 그 내용을 주석으로 기재하여야 함. 사용이 제한되어 있는 예금이란 회사가 이미 발행한 사채를 상환하는데 필요한 자금을 마련하기 위하여 설정한 감채기금, 금융기관에서 기업에 대출할 때 대출액의 일정비율 만큼을 대출기간 중 예금 또는 적금으로 예치하도록 한 양건예금, 차입금에 담보로 제공된 예금, 당좌거래를 개설한 은행에 예치한 당좌개설보증금 등

33) 투자부동산이란 고유의 영업활동과는 직접 관련없이 투자의 목적 또는 비영업용으로 소유하는 토지, 건물 및 기타의 부동산을 말한다. 투자부동산에 대하여는 그 내용을 주석으로 기재하여야 한다.

문제

3. 투자를 목적으로 취득한 상가(장부가액 20,000,000원)를 25,000,000원에 매각하고 대금은 현금으로 회수하였다.

문제

4. ㈜서울에서 발행한 채권(만기는 2015년 3월 31일이고, 시장성은 없다) 10,000,000원을 만기까지 보유할 목적으로 당좌수표를 발행하여 취득하였다. 단, 채권을 취득하는 과정에서 발생한 수수료 50,000원은 현금으로 지급하였다.(56회)

답안

	차변	금액	대변	금액
[1]	(차) 특정현금과예금	8,300,000원	(대) 현 금	8,300,000원
[2]	(차) 투자부동산	20,000,000원	(대) 당좌예금	20,000,000원
[3]	(차) 현금	25,000,000원	(대) 투자부동산	20,000,000원
			투자자산처분이익	5,000,000원
[4]	(차) 만기보유증권(투자)	10,050,000원	(대) 당 좌 예 금	10,000,000원
			현 금	50,000원

(1) 퇴직보험예치금

종업원이 퇴직을 하면 근로기준법이나 회사규정에 따라 퇴직금을 지급하여야 하는데, 회사가 종업원의 퇴직시 퇴직금지급에 충당하고자 퇴직보험에 가입하고 납입한 보험료를 퇴직보험예치금이라 한다. 회사가 종업원의 수급권을 보장하는 퇴직보험에 가입한 경우 퇴직보험예치금은 퇴직급여충당부채에서 차감하는 형식으로 표시한다.[34]

퇴직보험 가입시 납입한 금액 중 일부(보통 1%)는 보험회사의 사업비로 충당되므로 이를 비용으로 처리하고, 나머지 금액은 퇴직보험예치금으로 회계처리 한다. 기중에 실제로 퇴직금을 지급할 경우에는 퇴직급여충당부채에서 지급하는 것으로 처리하고, 퇴직금 지급액 중 일부는 퇴직보험예치금으로 충당하게 된다.

문제

1. 퇴직보험에 가입하여 1,000,000원을 현금으로 납입하였다. 납부액 중 1%는 보험회사의 사업비로 충당되었다.

34) 퇴직보험제도가 폐지되고 퇴직연금제도로 전환됨으로써 이 계정은 실무에서 더 이상 사용하지 않는다.

문제

2. 사무직 종업원이 퇴직하여 퇴직금총액 600,000원 중 회사가 부담할 퇴직금 400,000원은 현금으로 지급하였으며, 나머지 200,00원은 종업원이 직접 보험회사로부터 수령한다(퇴직급여충당부채 잔액은 2,000,000원).

답안

[1] (차)	퇴직보험예치금	990,000원	(대) 현 금	1,000,000원
	지급수수료	10,000원		
[2] (차)	퇴직급여충당부채	600,000원	(대) 퇴직보험예치금	200,000원
			현 금	400,000원

(2) 퇴직연금운용자산

기업은 종업원의 퇴직시 퇴직금지급에 충당하고자 퇴직연금에 가입해야 한다. 퇴직연금제도란 기업이 사외의 금융기관에 일정금액을 적립하고, 근로자는 퇴직한 뒤 연금 또는 일시금으로 수령하는 제도로서 퇴직금의 사외적립을 통해 근로자의 퇴직금 지급재원을 안전하게 보장해 주는 제도이다.

퇴직연금제도에는 '확정기여제도'와 '확정급여제도'가 있다. 기업이 확정기여제도를 설정한 경우에는 당해 회계기간에 대하여 기업이 납부하여야 할 부담금(기여금)을 퇴직급여로 인식하고, 확정급여제도를 설정한 경우에는 기업의 연금부담금을 퇴직연금운용자산으로 계상한다. 퇴직연금운용자산은 퇴직급여와 관련된 부채(퇴직급여충당부채와 퇴직연금미지급금)에서 차감하는 형식으로 표시한다. 퇴직연금운용자산이 퇴직급여충당부채와 퇴직연금미지급금의 합계액을 초과하는 경우에는 그 초과액을 투자자산의 과목으로 표시한다.

	확정급여형	확정기여형
개요	• 근로자가 받을 퇴직급여가 노사합의에 의하여 사전에 정해지고, 회사는 연금수리에 의해 산출된 부담금을 매년 정지적으로 납입, 운용하는 제도이다. • 기업의 운용성과에 따라 기업이 부담하는 퇴직금비용 부담액이 변동하게 된다. • 근로자는 퇴직시 확정된 퇴직급여를 일시금 또는 연금의 형태로 받을 수 있다.	• 회사는 사전에 정해져 있는 부담금을 근로자의 개인별 계좌에 정기적으로 적립하고 근로자가 직접 적립금을 운용, 그 결과에 따라 장래의 퇴직급여가 달라지는 제도이다. • 근로자의 운용성과에 따라 확정급여형에서 정한 퇴직급여 수준 이상의 퇴직금을 받을 수도 있다. • 근로자는 퇴직시 일시금 또는 연금의 형태로 퇴직급여를 받을 수 있다.
회계처리	• 회사의 연금부담금을 퇴직연금운용자산으로 계상한다. 동 금액만큼 퇴직금 지급의무가 감소하므로 퇴직급여충당부채에서 차감하는 형식으로 표시한다.	• 회사의 연금부담금을 퇴직급여로 처리한다. (퇴직시에는 회계처리 없음)

문제

1. 생산부 직원에 대한 확정기여형(DC) 퇴직연금에 가입하고 8,000,000원을 보통예금 계좌에서 지급하였다. 이 금액에는 연금운용에 대한 수수료 500,000원이 포함되어 있다.(55회)

문제

2. 확정급여형 퇴직연금에 가입하고 연금부담금 1,000,000원을 현금으로 납입하였다.

답안

[1]	(차) 퇴직급여(제)	7,500,000원	(대) 보통예금	8,000,000원
	수수료비용(제)	500,000원		
[2]	(차) 퇴직연금운용자산	1,000,000원	(대) 현금	1,000,000원

2. 유형자산

판매 또는 처분을 목적으로 하지 않고, 비교적 장기간 기업의 정상적인 영업활동과정에서 재화의 생산·판매 및 용역제공을 위한 수단으로 보유하고 있는 유체물을 말한다.

(1) 유형자산의 특징

① 영업활동에 사용할 목적으로 취득한 자산이다.

- 따라서 투자목적으로 취득한 자산은 투자자산(투자부동산)으로 분류하여야 하며, 판매를 목적으로 취득한 자산은 재고자산(상품)으로 분류하여야 한다.

② 여러 회계기간에 걸쳐 기업에 서비스를 제공하는 미래의 용역잠재력을 지닌 자산이다.

- 유형자산은 그 용역잠재력이 존속하는 한 계속하여 보유하며, 수익창출활동에 이용됨에 따라 당기에 소모된 용역잠재력을 비용인 감가상각비로 인식하게 된다. 따라서 내용연수가 1년 미만인 공구와 기구 및 비품 등은 유형자산으로 분류하지 않고 소모품비 등으로 하여 당기 비용으로 처리하여야 한다.

③ 물리적인 형체가 있는 자산이다.

- 이 점에서 물리적 형체가 없는 무형자산과 구별된다.

④ 인식기준

- 자산으로부터 발생하는 미래경제적효익이 기업에 유입될 가능성이 매우 높다.
- 자산의 원가를 신뢰성있게 측정할 수 있다.

문제

다음은 유형자산의 정의에 대한 설명이다. 틀린 것은?(45회)

① 투자목적으로 소유하는 것 ② 내구적인 사용이 가능할 것
③ 미래의 경제적 효익이 기대될 것 ④ 물리적 실체가 있을 것

답안

① 영업활동에 사용할 것

(2) 유형자산의 분류

① **토지** - 대지, 임야, 전답 등
매매목적으로 보유하고 있는 토지와 비업무용 토지는 제외

② **건물** - 점포, 창고, 사무소, 공장 등의 건물과 냉난방, 전기, 통신 및 기타의 건물부속설비 등

③ **구축물** - 영업활동을 위해 사용하는 토지 위에 정착한 건물 이외의 교량, 궤도, 갱도, 정원설비 및 기타의 토목설비 또는 공작물 등

④ **기계장치** - 제품 등의 제조 · 생산을 위해 사용되는 기계장치, 운송설비(콘베어, 호이스트, 기중기 등)와 기타의 부속설비 등

⑤ **건설중인 자산** - 유형자산의 건설을 위한 재료비, 노무비 및 경비와 유형자산을 취득하기 위하여 지출한 계약금 및 중도금 등을 포함
- 건설중인자산은 유형자산의 취득을 위하여 취득 완료시까지 지출한 금액을 처리하는 임시계정으로서 취득 완료시에 본 계정으로 대체됨

⑥ **기타의 유형자산** - 위 이외에 차량운반구, 선박, 비품, 공구와기구 등 기타자산
- 유형자산은 업종의 특성 등을 반영하여 신설하거나 통합 할 수 있음 Ex 항공회사 - 항공기, 해운회사 - 선박

문제

1. 건물의 신축 계약을 맺고, 도급금액 8,000,000원 중 5,000,000원은 당좌수표를 발행하여 지급한다.

문제

2. 위 건물이 완공되어 인수하고, 공사비 잔액 3,000,000원을 당좌수표를 발행하여 지급하다.

답안

[1]	(차) 건설중인자산	5,000,000원	(대) 당 좌 예 금	5,000,000원
[2]	(차) 건 물	8,000,000원	(대) 건설중인자산	5,000,000원
			당 좌 예 금	3,000,000원

(3) 유형자산의 취득원가

① 취득원가의 구성

유형자산의 취득원가는 당해 자산의 제작원가 또는 매입가액에 취득부대비용을 가산한 가액으로 하며, 현물출자, 증여, 기타 무상으로 취득한 자산의 가액은 공정가액을 취득원가로 한다. 유형자산의 매입부대비용이란 유형자산을 본래 의도한 사용목적에 적합한 상태에 이르게 하기까지 발생하는 모든 비용을 말하며, 자산을 사용할 수 있도록 준비하는데 직접 관련된 지출은 다음과 같다.

- 설치장소 준비를 위한 지출
- 외부 운송 및 취급비
- 설치비
- 설계와 관련하여 전문가에게 지급하는 수수료 등
- 취득세, 등록세 등 유형자산의 취득과 직접 관련된 제세공과금
- 유형자산의 취득과 관련하여 국.공채 등을 불가피하게 매입하는 경우 당해 채권의 매입가액과 기업회계기준에 따라 평가한 현재가치와의 차액
- 자본화대상 차입원가[35] 등

35) 차입원가는 기간비용으로 처리함을 원칙으로 한다. 다만, 유형자산, 무형자산 및 투자부동산과 제조 · 매입 · 건설 또는 개발이 개시된 날로부터 의도된 용도로 사용하거나 판매할 수 있는 상태가 될 때까지 1년 이상의 기간이 소요되는 재고자산, 투자자산, 유형자산 및 무형자산의 취득을 위한 자금에 차입금이 포함된다면 이러한 차입금에 대한 차입원가는 취득에 소요되는 원가로 회계처리할 수 있도록 규정하고 있는데, 이를 금융비용의 자본화라 한다.

· 해당 유형자산의 경제적 사용이 종료된 후에 원상회복을 위하여 그 자산을 제거, 해체하거나 또는 부지를 복원하는데 소요될 것으로 추정되는 원가가 충당부채의 인식요건을 충족하는 경우 그 지출의 현재가치(복구원가)
· 유형자산이 정상적으로 작동되는지 여부를 시험하는 과정에서 발생하는 원가. 단, 시험과정에서 생산된 재화(시제품)의 순 매각대금은 당해 원가에서 차감

취득원가 = 순수구입대금 + 취득부대비용(중개인수수료, 취득세, 등록세 등)

문제

1. 다음 중 차량운반구의 취득원가에 해당하는 것은?(48회)

① 취득세 ② 자동차 보험료 ③ 유류대 ④ 자동차세

문제

2. (주)에이텍으로부터 공장건물 건축용 토지를 60,000,000원에 구입하고, 토지대금 중 40,000,000원과 토지매입에 따른 취득세 등 관련 부대비용 6,000,000원을 보통예금계좌에서 지급하였으며, 나머지는 외상으로 하였다.(55회)

답안

[1] ① 취득세는 차량운반구의 취득원가로서 자산의 원가이다.

[2] (차) 토지 66,000,000원 (대) 보통예금 46,000,000원
미지급금 20,000,000원

② 채권의 강제 매입

유형자산의 취득과 관련하여 불가피하게 채권을 매입하는 경우에는 당해 채권의 매입가액과 기업회계기준에 따라 평가한 현재가치(공정가액)와의 차액은 유형자산의 취득원가에 산입한다.

문제

1. 업무용차량(취득원가 1,000,000원)을 5개월 할부로 취득하고, 채권(액면 150,000원)을 현금으로 구입 하였다. 동 채권의 공정가액은 100,00원이며 단기간 내에 매매할 목적으로 분류 하였다.

2. (주)한국자동차로부터 업무용 승용차를 구입하는 과정에서 취득해야 하는 공채를 현금 200,000원(액면금액)에 구입하였다. 단, 공채의 현재가치는 160,000원이며 회사는 이를 단기매매증권으로 처리하고 있다.(52회)

[1] (차) 차량운반구 1,050,000원 (대) 미지급금 1,000,000원
단기매매증권 100,000원 현금 150,000원

[2] (차) 차량운반구 40,000원 (대) 현금 200,000원
단기매매증권 160,000원

③ 구건물 철거

기존 건물이 있는 토지를 구입하여 철거한 후 건물을 신축하는 경우라며, 이 경우는 토지와 건물을 일괄 구입한 것이 아니라 토지를 구입한 것이므로 건물의 원가는 없다. 이때 기존 건물의 철거 관련 비용에서 철거된 건물의 부산물을 판매하여 수취한 금액을 차감한 금액은 토지의 취득원가에 포함한다. 한편, 건물을 신축하기 위하여 사용 중인 기존 건물을 철거하는 경우에는 그 건물의 장부금액은 제거하여 처분손실로 반영하고, 철거비용은 전액 당기비용으로 처리한다.

1. 구입 즉시 철거하고 신사옥을 건설할 목적으로 기존 건물이 있는 토지를 1,500,000원에 현금으로 취득하였으며, 추가로 철거비용 100,000원이 현금으로 지출되었다.

2. 본사 건물을 신축하기 위하여 동 건물을 철거하고 철거비용 50,000원은 현금으로 지급하였다.(취득금액 800,000원, 감가상각누계액 600,000원)

[1] (차) 토지 1,600,000원 (대) 현금 1,600,000원

[2] (차) 감가상각누계액 600,000원 (대) 건물 800,000원
유형자산처분손실 250,000원 현금 50,000원

④ 증여 기타 무상으로 취득

유형자산을 증여, 기타 무상으로 취득하는 경우에는 취득한 자산의 공정가치를 취득원가로 계상한다. 이 경우 자산의 상대 계정은 자산수증이익(영업외수입)으로 처리한다.

문제

1. 대주주로주터 공정가액 1,000,000원의 토지를 무상으로 증여받고, 소유권 이전비용으로 20,000원을 현금으로 지출 하였다.

답안

[1] (차) 토 지	1,020,000원	(대) 자산수증이익	1,000,000원
		현 금	20,000원

⑤ 교환에 의한 취득

- 이종자산 간의 교환 : 다른 종류의 자산과 교환으로 취득한 유형자산의 취득원가는 교환을 위하여 제공한 자산의 공정가치로 측정한다. 다만, 교환을 위하여 제공한 자산의 공정가치가 불확실한 경우에는 교환으로 취득한 자산의 공정가치를 취득원가로 할 수 있다.
- 동종자산 간의 교환 : 동일한 업종 내에서 유사한 용도로 사용되고 공정가치가 비슷한 동종자산과의 교환으로 유형자산을 취득하는 경우에는 제공된 유형자산으로부터의 수익창출과정이 아직 완료되지 않았기 때문에 교환에 따른 거래손익을 인식하지 않아야 하며, 교환으로 받은 자산의 원가는 교환으로 제공한 자산의 장부금액으로 한다.

문제

1. 기계장치(취득원가 500,000원, 감가상각누계액 300,000원, 공정가치 250,000원)를 거래처의 비품과 교환하였다.

문제

2. 기계장치(취득원가 500,000원, 감가상각누계액 300,000원, 공정가치 250,000원)를 거래처의 기계장치와 교환하였다.

답안

[1] (차) 비품	250,000원	(대) 기계장치	500,000원
감가상각누계액	300,000원	유형자산처분이익	50,000원
[2] (차) 기계장치(신)	200,000원	(대) 기계장치(구)	500,000원
감가상각누계액	300,000원		

(4) 유형자산 취득후 지출

유형자산을 취득하여 영업활동에 사용하는 경우에는 취득 이후에 추가적인 비용, 즉 수선유지비용 · 개량비용 · 증설비용 · 재배치 및 이전비용 등이 발생한다. 이 때, 지출되는 비용이 가장 최근에 평가된 성능수준을 초과하여 미래 경제적 효익을 증가시키는 경우에는 자본적 지출로 처리하고, 그렇지 않은 경우에는 발생한 기간의 비용으로 인식한다.

① 자본적 지출

자본적 지출이란 해당 자산의 미래의 경제적 효익을 증가시켜 주는 지출로서 자산의 내용연수를 연장시키거나 가치를 실질적으로 증가시키는 지출을 말한다. 예를 들면, 새로운 생산 공정의 채택이나 기계부품의 성능 개선을 통하여 생산능력 증대, 내용연수 연장, 상당한 원가절감이나 품질향상을 가져오는 경우에는 관련된 지출이 미래 경제적 효익을 증가 시키므로 자본적 지출로 처리한다. 자본적 지출 발생시에는 그 지출액 만큼 자산계정을 증액시켜 그 지출의 효익이 지속되는 기간 동안에 감가상각을 통하여 비용으로 인식한다.

(차) 유형자산	XXX	(대) 현　　금	XXX

② 수익적 지출

수익적 지출이란 해당 자산으로부터 당초 예상되었던 성능수준을 회복하거나 유지하기 위한 비용으로, 자산의 원상을 회복시키거나 능률유지를 위한 지출을 말한다. 예를 들면, 공정설비에 대한 유지 · 보수나 수리를 위한 지출은 당초 예상 되었던 성능 수준을 향상시켜 주기보다는 유지시켜주기 위한 지출이므로 수익적 지출로 처리한다. 수익적 지출 발생시에는 발생시점에 비용으로 인식 한다.

(차) 수선비 등	XXX	(대) 현　　금	XXX

자본적 지출	수익적 지출
① 본래의 용도를 변경하기 위한 개조 ② 엘리베이터 또는 냉·난방장치의 설치 ③ 빌딩 등에 있어서 피난시설 등의 설치 ④ 재해 등으로 인하여 건물, 기계, 설비 등이 멸실 또는 훼손되어 당해 자산 본래의 용도에 이용가치가 없는 것을 복구 ⑤ 기타 개량, 확장, 증설 등 위 각호와 유사한 성질의 것	① 건물 또는 벽의 도장 ② 파손된 유리나 기와의 대체 ③ 기계의 소모된 부속품의 대체와 벨트의 대체 ④ 자동차의 타이어튜브의 대체 ⑤ 재해를 입은 자산에 대한 외장의 복구, 도장, 유리의 삽입 ⑥ 기타 조업 가능한 상태의 유지 등 위 각호와 유사한 성질의 것

문제

1. 공장의 전등설비 수선대금 24,000,000원을 ㈜태양조명에 어음으로 발행(만기:1년이내)하여 지급하였다. 단, 수선비용 중 4,000,000원은 수익적지출로 처리하고, 나머지는 자본적지출('비품' 계정)로 처리 한다.(57회)

답안

[1] (차) 수선비(제)	4,000,000원	(대) 미지급금(㈜태양조명)	24,000,000원
비품	20,000,000원		

(5) 유형자산의 감가상각

유형자산은 기업이 이를 사용하거나 시간이 경과함에 따라, 또는 그 수요의 변동이나 기술적 진보 등 여러 가지 원인으로 인하여 물리적으로나 경제적으로 그 가치가 점차 감소되어 가는데, 이러한 현상을 측정하여 기업의 재무상태와 경영성과에 반영시키는 회계절차를 감가상각이라고 한다. 즉, 감가상각이란 유형자산의 취득원가 또는 기타 기초가액에서 잔존가치를 차감한 잔액을 그 자산의 경제적 효익이 발생하는 기간(추정내용연수) 동안 체계적이고 합리적으로 배분하는 과정으로 감가상각의 주목적은 취득원가의 배분이다.

문제

1. 유형자산에 대한 감가상각을 하는 가장 중요한 목적은 무엇인가?(27회)
   ① 유형자산의 정확한 가치평가 목적
   ② 사용가능한 연수를 매년마다 확인하기 위해서
   ③ 현재 판매할 경우 예상되는 현금흐름을 측정할 목적으로
   ④ 자산의 취득원가를 체계적인 방법으로 기간배분하기 위해서

문제

2. 유형자산에 대한 감가상각을 하는 가장 중요한 목적으로 맞는 것은?(53회)
① 유형자산의 정확한 가치평가 목적
② 사용가능한 연수를 매년마다 확인하기 위해서
③ 현재 판매할 경우 예상되는 현금흐름을 측정할 목적으로
④ 자산의 취득원가를 체계적인 방법으로 기간배분하기 위해서

답안

[1] [2] 문제가 똑같군 ☞☜
④ 감가상각은 자산의 취득원가를 체계적인 방법으로 기간배분하기 위해서 하는 것이다.

① 감가상각비의 계산요소

- **감가상각대상금액** : 취득원가에서 잔존가액을 차감한 금액
  - 취득원가 : 유형자산의 매입가액에 본래의 용도에 사용할 수 있을 때까지 소요된 부대비용과 취득이후의 자본적 지출액을 포함한 금액
  - 잔존가액 : 자산의 내용연수가 종료되는 시점에서 그 자산을 처분할 경우 예상처분가액에서 예상처분 비용을 차감한 금액
- **내용연수** : 유형자산의 경제적 효익이 발생하는 기간
  즉, 취득한 목적대로 이용할 수 있으리라고 추정되는 기간

② 감가상각 방법

유형자산의 감가상각 방법은 해당 자산으로부터 예상되는 미래 경제적 효익의 소멸행태에 따라 선택하고, 소멸 행태가 변하지 않는 한 매기 계속 적용하고 정당한 사유없이 변경해서는 안된다. 새로 취득한 유형자산에 대한 감가상각 방법도 동종의 기존 유형자산에 대한 감가상각 방법과 일치시켜야 한다.

- **정액법**(straight line method)
  - 자산의 내용연수 동안 일정액의 감가상가가액을 인식하는 방법

$$\text{연 감가상각비} = \frac{(\text{취득원가} - \text{잔존가치})}{\text{내용연수}}$$

정액법에 의한 감가상각

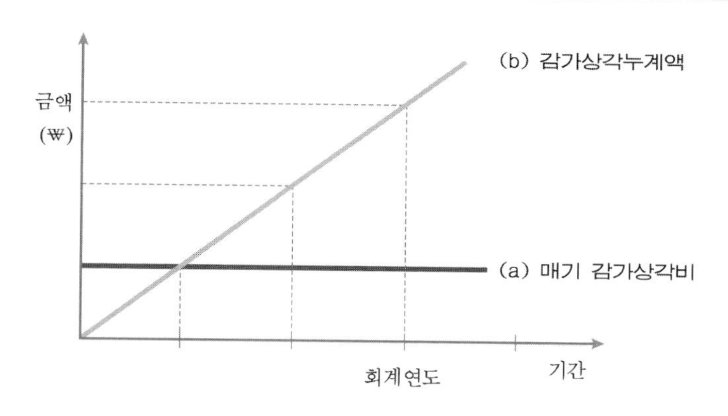

문제

1. 기계장치 취득원가는 1,000,000원이며 잔존가액은 100,000원, 추정내용 연수는 4년이다. 감가상각방법이 정액법일 경우의 각 연도말 감가상각비를 계산하시오.

답안

연도	계산식	감가상각비	감가상각누계액	기말장부가액
X 1	(1,000,000–100,000)/4	225,000	225,000	775,000
X 2	(1,000,000–100,000)/4	225,000	450,000	550,000
X 3	(1,000,000–100,000)/4	225,000	675,000	325,000
X 4	(1,000,000–100,000)/4	225,000	900,000	100,000
합 계		900,000		

■ **정률법**(fixed rate method)

- 자산의 내용연수 동안 감가상가가액이 매기간 감소하는 방법
- 정률법을 사용하면 초기에 감가상각비를 많이 계상함으로써 순이익을 줄이고, 결과적으로 법인세 지출을 줄일 수 있다는 장점이 있음

연 감가상각비 = 미상각잔액 × 정률(%)

• 정률 = $1-\sqrt[n]{잔존가액/취득원가}$ (n=내용연수)
• 미상각잔액 = 취득원가 - 감가상각누계액

문제

1. 기계장치 취득원가는 1,000,000원이며 잔존가액은 100,000원, 추정내용 연수는 4년이다. 감가상각방법이 정률법일 경우의 각 연도말 감가상각비를 계산하시오.

문제

2. 2006년 1월 1일에 취득한 기계의 취득원가는 100,000원이고 잔존가치는 5,000원이며 내용연수는 5년이다. 이 기계를 정률법으로 감가상각하는 경우 2007년 감가상각비는?(28회)(단, 감가상각률은 0.45로 가정한다)

① 45,000원 ② 42,845원 ③ 25,770원 ④ 24,750원

답안

연도	계산식	감가상각비	감가상각누계액	기말장부가액
x 1	1,000,000 × 0.438	438,000	438,000	562,000
x 2	(1,000,000−438,000) × 0.438	246,156	684,156	315,844
x 3	(1,000,000−684,156) × 0.438	138,339	822,495	177,505
x 4	(1,000,000−822,495) × 0.438	77,505	900,000	100,000
합 계		900,000		

[2] ④ • 1년차 : 100,000원 × 0.45 = 45,000원
• 2년차 : (100,000원 − 45,000원) × 0.45 = 24,750원

■ **생산량비례법**

- 특정기간 동안에 실제 생산된 수량 또는 작업시간을 기준으로 매기의 감가상각비를 계산하는 방법

$$연\ 감가상각비 = (취득원가-잔존가액) \times \frac{당기실제생산량}{총추정생산량}$$

문제

1. 기계장치 취득원가는 1,000,000원이며 잔존가액은 100,000원, 추정내용 연수는 4년이다. 기계의 총생산량은 1,000개로 추정된다. 내용연수 동안 실제생산량은 다음과 같다. 감가상각방법이 생산량 비례법일 경우의 각 연도말 감가상각비를 계산하시오.

• 1년도 400개 • 2년도 300개 • 3년도 200개 • 4년도 100개

답안

연도	계산식	감가상각비	감가상각누계액	기말장부가액
x 1	(1,000,000−100,000)×400개/1,000개	360,000	360,000	640,000
x 2	(1,000,000−100,000)×300개/1,000개	270,000	630,000	370,000
x 3	(1,000,000−100,000)×200개/1,000개	180,000	810,000	190,000
x 4	(1,000,000−100,000)×100개/1,000개	90,000	900,000	100,000
합 계		900,000		

■ **연수합계법**(sum of years digits method)

- 취득원가에서 잔존가액을 차감한 금액을 내용연수의 합계에 대한 잔여 내용연수의 비율을 곱하여 감가상각비를 계산하는 방법
  즉, n=3인 경우 : 각각 3/6, 2/6, 1/6 씩 상각
  위 비율을 감가상각대상금액에 곱하여 매기 감가상각비를 계산함
  정률 계산이 쉽지 않았던 과거에 호평을 받았던 방법임

$$\text{연 감가상각비} = (\text{취득원가} - \text{잔존가액}) \times \frac{\text{연수의 역순}}{\text{내용연수의 합계}}$$

문제

1. 기계장치 취득원가는 1,000,000원이며 잔존가액은 100,000원, 추정내용 연수는 4년이다. 감가상각방법이 연수합계법일 경우의 각 연도말 감가상각비를 계산하시오.

답안

연도	계산식	감가상각비	감가상각누계액	장부가액
x 1	(1,000,000-100,000)×4/10	360,000	360,000	640,000
x 2	(1,000,000-100,000)×3/10	270,000	630,000	370,000
x 3	(1,000,000-100,000)×2/10	180,000	810,000	190,000
x 4	(1,000,000-100,000)×1/10	90,000	900,000	100,000
합 계		900,000		

■ **이중체감법(정액법의 배법)**

- 미상각 잔액(취득원가에서 감가상각누계액을 공제한 금액)에 정액법에 의한 상각률의 2배를 곱하여 감가상가비를 계산 하는 방법

연 감가상각비 = 미상각잔액 × 상각률
• 상각률 = 1/내용연수 × 2

문제

1. 기계장치 취득원가는 1,000,000원이며 잔존가액은 100,000원, 추정내용 연수는 4년이다. 감가상각방법이 이중체감법일 경우의 x1년말 감가상각비를 계산하시오.

답안

연도	계산식	감가상각비	감가상각누계액	기말장부가액
x 1 년	1,000,000×(2/4)	500,000	500,000	500,000

감가상각 방법 비교

	매기 감가상각비	계산기준
정 액 법	감가상각대상금액÷내용연수	경과시간
정 률 법	기초 장부가액×정률	
연수합계법	감가상각대상금액×연도별 지수	
생산량비례법	단위당 감가상각비*×당기생산량(또는 사용시간)	사용정도

* 단위당 감가상각비 = 감가상각대상금액÷추정총생산량

(6) 유형자산의 폐기 및 처분

유형자산을 처분하거나, 영구적으로 폐기하여 미래 경제적 효익을 기대할 수 없게 될 때 재무상태표에서 제거한다. 유형자산의 폐기 또는 처분으로부터 발생하는 손익은 처분가액과 장부가액의 차액으로 결정하며, 손익계산서에 유형자산처분손익(영업외손익)으로 인식한다.

① 매각에 의한 처분

유형자산의 내용연수가 경과한 뒤 또는 그 이전에 처분하는 경우에는 처분시점에서 유형자산의 취득원가와 그에 대한 감각상각누계액을 장부에서 제거하는 회계처리를 한다. 이 때 유형자산의 장부가액(취득원가 -감가상각 누계액)과 처분가액과의 차액을 유형자산처분손익(영업외손익)으로 처리한다.

거 래 내 역	차 변		대 변	
■ 처분시 (장부가액〉처분가액)	현 금 감가상각누계액 유형자산처분손실	××× ××× ×××	건 물	×××
■ 처분시 (장부가액〈처분가액)	현 금 감가상각누계액	××× ×××	건 물 유형자산처분이익	××× ×××

문제

1. "회사의 업무용 컴퓨터 1대(취득가액 1,500,000원, 처분시까지의 감가상각누계액 1,200,000원)를 500,000원에 처분하고 현금으로 받다." 올바른 분개는?

문제

2. 사용중인 업무용 화물차(취득가액 5,000,000원, 처분시까지의 감가상각누계액 2,300,000원)를 보배중고차상사에 2,000,000원에 처분하고 대금은 월말에 받기로 하다.

답안

[1] (차)	현 금	500,000원	(대)	비 품	1,500,000원
	감가상각누계액	1,200,000원		유형자산처분이익	200,000원
[2] (차)	감가상각누계액	2,300,000원	(대)	차 량 운 반 구	5,000,000원
	미 수 금	2,000,000원			
	유형자산처분손실	700,000원			

② 비자발적 처분

천재지변 등으로 인하여 유형자산의 용역잠재력이 소멸되는 경우가 발생할 수 있으므로 기업은 이러한 재난에 대비하여 보험에 가입하는 것이 일반적이다. 만약, 천재지변에 의하여 유형자산이 소멸한 경우에는 유형자산의 장부가액을 제거하고 보험회사로부터 받은 보험금과 비교하여 그 차액만큼을 이익이나 손실로 인식한다. 기업회계기준에서는 천재지변 등으로 인하여 보험회사로부터 받은 보험금이 소멸된 자산의 장부가액을 초과하는 경우에는 이를 보험차익(영업외수익)으로 처리하고, 보험회사로부터 받은 보험금이 소멸된 자산의 장부가액에 미달하는 경우에는 이를 재해손실(영업외 비용)로 처리하도록 규정하고 있다.

1. 화재로 인하여 공장건물(취득가액 1,000,000원, 감가상각누계액 400,000원)이 완전히 소실되었다. 동 건물에 대하여 800,000원의 보험에 가입되어 있다.

2. 위 [1]의 거래와 관련하여 보험회사로부터 보험금이 500,000원으로 확정 되었다는 통보를 받았다.

3. 위 (1)의 거래와 관련하여 보험금이 800,000원으로 확정되었다는 통보를 받다.

	차변	금액	대변	금액
[1]	(차) 감가상각누계액	400,000원	(대) 건 물	1,000,000원
	미 결 산	600,000원		
[2]	(차) 미 수 금	500,000원	(대) 미 결 산	600,000원
	재 해 손 실	100,000원		
[3]	(차) 미 수 금	800,000원	(대) 미 결 산	600,000원
			보험차익	200,000원

3. 무형자산

무형자산이란 재화의 생산이나 용역의 제공, 타인에 대한 임대 또는 관리에 사용할 목적으로 기업이 보유하고 있으며, 물리적 형체가 없지만 식별가능하고, 기업이 통제하고 있으며, 미래 경제적 효익이 있는 비화폐성자산[36]을 말한다. 무형자산에는 특허권, 라이선스와 프렌차이즈, 저작권, 컴퓨터소프트웨어, 개발비, 임차권리금, 광업권 및 어업권 등이 포함된다.

36) 화폐성자산이란 현금 및 확정되었거나 확정가능한 화폐금액으로 받을 자산(매출채권, 대여금 등)을 말하며, 비화폐성자산이란 화폐성자산 외의 자산을 말한다.

(1) 무형자산의 요건

① 식별가능성

- 그 자산이 기업실체나 다른 자산으로부터 분리될 수 있거나 법적 권리를 창출할 수 있는 경우
- 분리 가능하다는 것은 그 자산과 함께 동일한 수익창출활동에 사용되는 다른 자산의 미래 경제적 효익을 희생하지 않고 그 자산을 임대, 매각, 교환 또는 분배할 수 있는 것

② 자산에 대한 통제

- 그 자산으로부터 미래 경제적 효익을 획득할 수 있고 그 효익에 대한 제3자의 접근을 제한할 수 있는 경우
- 무형자산의 미래 경제적 효익에 대한 통제는 법적 권리로부터 나옴

③ 미래 경제적 효익의 존재

- 미래에 수익을 증가시키거나 비용을 감소시킬 수 있는 능력 有
- 미래 경제적 효익은 재화의 매출이나 용역수익, 원가절감 또는 그 자산의 사용에 따른 기타 효익의 형태로 발생

(2) 무형자산 종류

① 영업권

- 기업을 계속적으로 영위하는 가운데 이루어진 일정한 거래관계, 종업원의 자질, 신용, 지리적 조건 및 법률적·결제적 우위조건 등에 의해 발생된 정상적인 수익력을 초과하는 초과수익력
- 기업회계기준 "영업권은 합병, 영업양수 및 전세권 취득 등의 경우에 유상으로 취득한 것"으로 규정

  ∴ 영업권은 유상취득의 경우인 매입영업권만 자산으로 허용
- 내부적으로 개발한 경우인 자가창설영업권은 허용 ×
- 매수기업결합에서 발생한 영업권과 그 밖의 무형자산을 구별할 수 있는 유일한 차이는 매수기업결합에서 발생한 영업권은 식별가능하지 않고 그 밖의 무형자산은 식별가능함

② 특허권 · 상표권 · 실용신안권 · 의장권 · 면허권

- 일정기간 독점적 · 배타적으로 이용할 수 있는 권리

③ 개발비

- 신상품, 신기술 등의 개발과 관련하여 발생한 비용(s/w개발 비용 포함)
- 개별적으로 식별가능하고, 미래의 경제적 효익을 기대할 수 있는 것으로 그 이외의 경우(연구단계에서 발생한 지출 포함)에는 경상개발비로 하여 발생한 기간에 비용으로 인식

④ 라이선스

- 타 기업, 특히 외국의 어떤 상표 · 특허 · 제조 기술 등을 독점적으로 사용할 수 있는 권리

⑤ 프랜차이즈

- 체인 본부의 가맹점에 가입되어 일정한 지역에서 특정 상품을 독점으로 판매할 수 있는 권리

⑥ 저작권

- 문학 · 연극 · 음악 · 예술 및 기타 지적 · 정신적인 작품을 포함하는 저작물의 저작자에게 자신의 저작물을 사용 또는 수익 · 처분하거나 타인에게 그러한 행위를 허락할 수 있는 독점 · 배타적인 권리

⑦ 컴퓨터소프트웨어

- 외부에서 소프트웨어를 구입하는 경우 그 구입비용

⑧ 임차권리금

- 토지 · 건물의 임대차에 부수하여 그 부동산이 가지는 특수한 장소적 이익 등의 대가로서 보증금 이외에 지급하는 금액

⑨ 광업권

- 일정한 광구에서 부존하는 광물을 독점적 · 배타적으로 채굴하여 취득할 수 있는 권리

⑩ 어업권

- 일정한 수면에서 어업을 경영할 권리

1. 무형자산과 관련한 다음의 설명 중 적절치 않은 것은?(54회)

① 무형자산으로 인식되기 위해서는 식별가능하여야 한다.

② 무형자산은 기업이 그 무형자산에 대한 미래경제적효익을 통제할 수 있어야 한다.

③ 내부적으로 창출한 영업권은 원가를 신뢰성 있게 측정할 수 없을 뿐만 아니라 기업이 통제하고 있는 식별가능한 자원도 아니기 때문에 자산으로 인식하지 않는다.

④ 내부적으로 창출한 모든 무형자산은 무형자산으로 인식할 수 없다.

2. 다음 중 일반기업회계기준상 무형자산으로 계상할 수 없는 것은?(56회)

① 합병 등으로 인하여 유상으로 취득한 영업권

② 기업의 프로젝트 연구단계에서 발생하여 지출한 연구비

③ 일정한 광구에서 부존하는 광물을 독점적 · 배타적으로 채굴하여 취득할 수 있는 광업권

④ 일정기간동안 독점적 · 배타적으로 이용할 수 있는 산업재산권

[1] ④ 내부적으로 창출한 무형자산이 인식기준에 부합하는지를 평가하기 위하여 무형자산의 창출 과정을 연구단계와 개발단계로 구분하여 개발단계에 해당하는 경우 무형자산으로 인식한다.

[2] ② 기업의 연구개발활동 중 연구단계에서 발생하여 지출한 연구비는 당기비용으로 처리 한다.

(3) 무형자산의 취득원가

외부에서 구입한 무형자산의 취득원가는 유형자산과 마찬가지로 구입원가와 자산을 사용할 수 있도록 준비하는데 직접 관련된 지출로 구성된다.

1. 한국대학에 의뢰한 신제품 개발에 따른 연구용역비 10,000,000원을 보통예금계좌에서 이체 지급하였다.(무형자산으로 처리할 것)(54회)

2. 신상품 개발에 성공하여 특허권을 취득하고, 특허출원 등의 제비용 200,000원을 현금으로 지급하다.

답안

[1] (차) 개발비 10,000,000원 (대) 보통예금 10,000,000원
[2] (차) 특허권 200,000원 (대) 현 금 200,000원

(4) 취득이후의 지출

무형자산을 취득한 후에 발생한 지출은 무형자산의 미래 경제적 효익을 실질적으로 증가시킬 가능성이 매우 높고, 그 지출이 신뢰성 있게 측정될 수 있으며, 무형자산과 직접 관련된 경우에 한하여 자본적 지출로 처리하고 그렇지 않은 경우에는 비용으로 인식한다.

(5) 무형자산의 상각

무형자산의 미래 경제적 효익은 시간의 경과에 따라 소비되기 때문에 상각을 통하여 장부가액을 감소시킨다.

① 상각대상금액

무형자산의 상각대상금액은 무형자산의 취득원가에서 잔존가액을 차감한 잔액을 말한다. 잔존가액은 자산의 내용연수가 종료되는 시점에서 그 자산의 예상처분대가에서 예상처분비용을 차감한 금액을 말하는데, 무형자산의 잔존가액은 없는 것을 원칙으로 한다.

② 상각기간

무형자산의 상각기간은 독점적. 배타적인 권리를 부여하고 있는 관계 법령이나 계약에 정해진 경우를 제외하고는 20년을 초과할 수 없으며 상각은 자산이 사용가능한 때부터 시작한다.

③ 상각방법

무형자산의 상각방법은 자산의 경제적 효익이 소비되는 형태를 반영한 합리적인 방법이어야 한다. 이러한 상각방버에는 정액법, 체감잔액법(정률법 등), 연수합계법, 생산량비례법 등이 있다. 다만, 합리적인 상각방법을 정할 수 없는 경우에는 정액법을 사용한다.

무형자산의 상각이 다른 자산의 제조와 관련된 경우에는 관련 자산의 제조원가로, 그 밖의 경우에는 판매비와관리비로 계상한다. 예를 들면, 제조공정에서 사용된 무형자산의 상각비는 재고자산의 원가를 구성한다.

(6) 재무상태표상 표시방법

무형자산의 재무상태표상 표시방법은 두 가지로 구분할 수 있다. 첫째는 무형자산의 취득원가에서 상각액을 직접 차감하는 직접법이고, 둘째는 취득원가에서 상각누계액을 차감하는 형식으로 표시하는 간접법이다.

① **직접법** : (차) 무형자산상각비 xxx / (대) 무 형 자 산 xxx
② **간접법** : (차) 무형자산상각비 xxx / (대) 무형자산상각누계액 xxx

재무제표 이용자에게 더 많은 정보를 제공할 수 있고 동일한 자산범주에 소하는 유형자산의 표시방법과 일관성을 가질 수 있다는 측면에서 본다면 간접법이 보다 유용할 것이다. 그러나 간접법을 적용함으로써 제공할 수 있는 정보를 주석에 의해서 제공할 수 있고, 대부분의 국가에서 아직까지는 무형자산에 대해서 직접법으로 표시하고 있는 점을 고려하여 기준서 제5호(무형자산)에서는 무형자산의 표시방법에 대해서 종전과 같이 직접법을 사용하는 경우에는 각각의 무형자산 장부가액의 증감내용을 주석으로 기재하도록 하고 있다.

1. 더존 디지털웨어의 회계소프트웨어를 1,500,000원에 현금으로 구입하였다.

2. 결산시 위 (1)의 무형자산을 직접법으로 상각한다.(내용연수: 10년, 상각방법: 정액법)

답안

[1]	(차) 컴퓨터소프트웨어	1,500,000원	(대) 현 금	1,500,000원
[2]	(차) 무형자산상각비	150,000원	(대) 컴퓨터소프트웨어	150,000원

4. 기타비유동자산

기타비유동자산이란 비유동자산 중 투자자산, 유형자산, 무형자산으로 분류할 수 없는 항목으로, 장기매출채권, 장기미수금, 전신전화가입권, 임차보증금, 이연법인세자산[37] 등이 이에 해당한다.

① 임차보증금

- 타인의 부동산, 동산을 월세 등의 조건으로 사용하기 위하여 지급하는 보증금

② 전세권

- 전세금을 지급하고 타인의 부동산을 그 용도에 따라 사용・수익하는 권리로서 전세계약에 따라 지급된 금액으로 평가함

③ 전신전화가입권

- 특정한 전신 또는 전화를 소유・사용하는 권리로서 이 권리를 얻기 위하여 지급된 설치비로 평가됨

④ 장기매출채권

- 장기매출채권이란 일반적 상거래에서 발생한 장기의 외상매출금과 받을어음

⑤ 장기미수금

- 일반적인 상거래 이외의 거래에서 발생한 채권으로서 보고기간말로부터 만기가 1년이후에 도래하는 것

⑥ 부도어음과수표[38]

- 어음소지인이 만기일 또는 그 후 2일 이내에 지급장소에서 어음을 제시하고 어음대금의 지급을 청구하는 때에, 지급이 거절된 어음

37) 이연법인세자산은 자산이나 부채의 장부가액과 세무가액의 일시적 차이 등으로 인하여 미래에 경감될 법인세 부담액이다.

38) 종전 기업회계기준에서는 부도어음을 투자자산으로 인정하였으나 1996년 3월 개정된 기업회계기준에서는 이를 삭제하였다. 그러나 실무에서는 어음의 부도가 발생하면 임시계정인 부도어음 계정으로 처리하였다가, 기말에 회수가능성을 판단하여 매출채권 계정으로 재분류하던지 대손처리하고 있다.

- 어음이 부도되면 어음 소지인은 어음채무자에게 어음금액을 청구(소구권)할 수 있으며, 이때 청구하는 금액은 어음금액, 만기일로부터 상환일까지의 법정이자, 공증인에 의한 지급거절증서 작성비 등의 합계액이다.

문제

5월10일에 제품을 매출하고 (주)동우로부터 수취한 어음 5,000,000원이 부도처리 되었다는 것을 행복은행으로부터 통보받았다(2013년 7월 10일자로 회계처리 하시오).(55회)

답안

(차) 부도어음과수표 5,000,000원 (대) 받을어음 5,000,000원

이론

1. 유형자산의 감가상각과 관련한 다음 설명 중 가장 옳지 않은 것은?(46회)
   ① 감가상각대상금액은 취득원가에서 잔존가치를 차감하여 결정한다.
   ② 감가상각의 주목적은 취득원가의 배분에 있다.
   ③ 감가상각비는 다른 자산의 제조와 관련된 경우 관련자산의 제조원가로 계상한다.
   ④ 정률법은 내용연수동안 감가상각비를 매 기간 동일하게 계산하는 방법이다.

2. 기업회계기준서상 수익에 대한 내용으로 올바르지 않은 것은?(45회)
   ① 경제적효익의 유입가능성이 매우 높고, 그 효익을 신뢰성 있게 측정할 수 있을때 인식한다.
   ② 판매대가의 공정가액으로 측정하며, 매출에누리 · 할인 · 환입은 차감한다.
   ③ 성격과 가치가 상이한 재화나 용역간의 교환시 교환으로 제공한 재화나 용역의 공정가액으로 수익을 측정하는 것이 원칙이다.
   ④ 성격과 가치가 유사한 재화나 용역간의 교환시 제공한 재화나 용역의 공정가액으로 수익을 측정하는 것이 원칙이다.

3. 다음은 유형자산의 자본적지출을 수익적지출로 처리한 경우에 대한 설명이다. 맞는 것은?(44회)
   ① 당기순이익이 증가한다.　　② 자본이 감소한다
   ③ 자기자본이 증가한다.　　④ 이익잉여금이 증가한다.

4. 다음 항목 중 재무상태표(대차대조표)상 기타비유동자산에 속하는 계정과목은?(43회)
   ① 만기보유증권　② 투자부동산　③ 임차보증금　④ 지분법적용투자주식

5. 다음 중 유형자산으로 분류하기 위한 조건으로서 가장 부적합한 것은?(43회)

① 영업활동에 사용할 목적으로 취득하여야 한다.
② 물리적인 실체가 있어야 한다.
③ 사업에 장기간 사용할 목적으로 보유하여야 한다.
④ 생산 및 판매목적으로 보유하고 있어야 한다.

6. 다음은 유형자산 취득시 회계처리를 설명한 것이다. 옳지 않는 것은?(42회)

① 유형자산에 대한 건설자금이자는 취득원가에 포함할 수 있다.
② 무상으로 증여받은 건물은 취득원가를 계상하지 않는다.
③ 교환으로 취득한 토지의 가액은 공정가액을 취득원가로 한다.
④ 유형자산 취득시 그 대가로 주식을 발행하는 경우 주식의 발행가액을 그 유형자산의 취득원가로 한다.

7. 다음 중 기업회계기준상 무형자산에 해당되는 항목으로만 묶어 놓은 것은?(42회)

a. 특허권	b. 개발비	c. 연구비
d. 개업비	e. 상표권	f. 창업비

① a, c, d ② a, b, d ③ a, b, e ④ a, b, f

8. 다음 설명 중 가장 올바른 회계처리방법을 설명한 것은?(41회)

① 기계장치를 구입하는 과정에서 발생된 보험료는 판매비와관리비에 포함된다.
② 연구비와 개발비는 전액 비용으로 처리한다.
③ 자가 창설(내부창출)된 영업권(goodwill)은 무형자산으로 계상할 수 없다.
④ 무형자산은 진부화되거나 시장가치가 급격히 하락해도 감액손실을 인식할 수 없다.

9. 다음은 무형자산에 관한 설명이다. 잘못된 것은?(40회)

① 무형자산의 상각방법은 자산의 경제적 효익이 소비되는 행태를 반영한 합리적인 방법이어야 한다.
② 무형자산의 상각방법에는 정액법, 체감잔액법(정률법 등), 연수합계법, 생산량비례법 등이 있다.
③ 무형자산의 합리적인 상각방법을 정할 수 없는 경우에는 정률법을 사용한다.
④ 무형자산의 상각이 다른 자산의 제조와 관련된 경우에는 관련 자산의 제조원가로, 그밖의 경우에는 판매비와 관리비로 계상한다.

10. 유형자산을 취득한 후에 추가의 지출이 발생하는 경우 처리하는 성격이 다른 하나는?(40회)

① 파손된 유리 등의 교체비용
② 사용 용도를 변경하기 위한 비용
③ 엘리베이터, 냉난방 장치 설치비
④ 개량, 증설, 확장 등을 위한 비용

11. 다음 중 현행 기업회계기준에서 인정하는 유형자산의 감가상각방법이 아닌 것은?(39회)

① 자산의 내용연수 동안 일정액의 감가상각비를 계상하는 방법
② 자산의 내용연수 동안 감가상각비가 매기간 감소하는 방법
③ 자산의 예상조업도 혹은 예상생산량에 근거하여 감가상각비를 계상하는 방법
④ 자산의 원가가 서로 다를 경우에 이를 평균하여 감가상각비를 계상하는 방법

12. 당기에 기계장치에 대한 자본적지출을 수익적지출로 잘못 처리한 경우의 영향이다. 틀린 것은?(39회)

① 당기순이익의 감소　② 이익잉여금의 감소　③ 자기자본의 감소　④ 자본금의 감소

13. 다음 중 감가상각대상자산은?(38회)

① 개발비　② 투자부동산　③ 건설중인 자산　④ 신주발행비

14. 사옥신축용부속토지를 취득시 납부한 취득세에 대한 적정한 계정과목은?(37회)

① 세금과공과　② 취득세　③ 수수료비용　④ 토지

15. 다음 중 유형자산에 대한 설명으로 틀린 것은?(36회)

① 취득원가에는 자산을 사용할 수 있도록 준비하는데 직접 관련되는 지출 등을 포함한다.
② 자산의 수선 · 유지를 위한 지출은 감가상각을 통하여 비용처리한다.
③ 감가상각비는 제조와 관련된 경우에는 관련 자산의 제조원가로, 그 밖의 경우에는 판매 비와 관리비로 처리한다.
④ 자산 취득에 사용한 국고보조금은 취득원가에서 차감하는 형식으로 표시한다.

16. 유형자산 중 감가상각자산을 취득한 연도의 감가상각비를 비교한 것이다. 맞는 것은?(36회)

① 정액법 〉 정률법 ② 정액법 〈 정률법 ③ 정액법 = 정률법 ④ 알 수 없다.

17. 다음 중 기업회계기준상 투자자산이 아닌 것은 ?(36회)

① 장기대여금 ② 투자유가증권 ③ 장기성예금 ④ 미착품

18. 수선비를 비용처리 하지 않고 유형자산의 가액을 증가시킨 경우 해당연도의 상황으로 맞는 것은?(36회)

① 당기순이익이 증가한다. ② 자산의 장부가액이 과소계상 된다.
③ 자기자본이 과소계산 된다. ④ 자본의 총액이 과소계상 된다.

19. 최초 취득연도에 정액법에 의하여 감가상각비를 계산하는데 있어 필요하지 않은 자료는?(35회)

① 취득원가 ② 잔존가액 ③ 내용연수 ④ 감가상각누계액

20. 다음 중 비유동자산이 아닌것은?(35회)

① 투자부동산 ② 장기대여금 ③ 선급금 ④ 특허권

21. 유형자산의 감가상각비를 계산하는 방법으로 옳은 것은?(57회)

① 정액법 : (취득원가 − 감가상각누계액) ÷ 내용연수
② 정률법 : (취득원가 − 잔존가치) × 상각률
③ 연수합계법 : (취득원가 − 감가상각누계액) × $\dfrac{\text{잔여내용연수}}{\text{내용연수의 합계}}$
④ 생산량비례법 : (취득원가 − 잔존가치) × $\dfrac{\text{당기실제생산량}}{\text{총추정예정량}}$

22. 유형자산의 감가상각과 관련한 다음 설명 중 가장 옳지 않은 것은?(56회)

① 연수합계법은 자산의 내용연수 동안 동일한 금액의 감가상각비를 계상하는 방법이다.
② 감가상각의 주목적은 원가의 합리적이고 체계적인 배분에 있다.
③ 감가상각비가 제조와 관련된 경우 재고자산의 원가를 구성한다.
④ 유형자산의 잔존가치가 유의적인 경우 매 보고기간 말에 재검토한다.

23. 무형자산을 합리적인 방법으로 상각방법을 정할 수 없는 경우에는 어떤 상각방법을 사용하는가?(47회)

① 정액법　② 체감잔액법(정률법 등)　③ 연수합계법　④ 생산량비례법

24. 다음 항목들 중에서 무형자산으로 인식할 수 없는 것은?(49회)

① 향후 5억원의 가치창출이 확실한 개발단계에 2억원을 지출하여 성공한 경우
② 내부창출한 상표권으로서 기말시점에 회사 자체적으로 평가한 금액이 1억원인 경우
③ 통신기술과 관련한 특허권을 출원하는 데 1억원을 지급한 경우
④ 12억원인 저작권을 현금으로 취득한 경우

25. 다음 자료를 보고 정률법으로 감가상각할 경우 2차 회계연도에 계상될 감가상각비로 맞는 것은?(53회)

· 취득원가 : 10,000,000원　· 잔존가치 : 1,000,000원　· 내용연수 : 5년　· 상각율 : 0.45(가정)

① 1,800,000원　② 2,227,500원　③ 2,475,000원　④ 2,677,500원

26. 다음 중 유형자산에 대한 설명 중 잘못된 것은?(50회)

① 동일한 업종 내에서 유사한 용도로 사용되고 공정가액이 비슷한 동종자산과의 교환으로 유형자산을 취득하는 경우 당해 자산의 취득원가는 교환으로 제공한 자산의 공정가액으로 한다.
② 현물출자, 증여, 기타 무상으로 취득한 유형자산의 가액은 공정가액을 취득원가로 한다.
③ 건물을 신축하기 위하여 사용중인 기존 건물을 철거하는 경우 그 건물의 장부가액은 제거하여 처분손실로 반영하고, 철거비용은 전액 당기비용으로 처리한다.
④ 유형자산의 취득과 관련하여 국 · 공채 등을 불가피하게 매입하는 경우 당해 채권의 매입가액과 기업회계기준에 따라 평가한 현재가치와의 차액은 유형자산의 취득원가로 구성된다.

27. 다음은 유형자산의 취득원가와 관련된 내용이다. 틀린 것은?(55회)

① 유형자산은 최초 취득원가로 측정한다.
② 현물출자, 증여, 기타 무상으로 취득한 자산은 공정가치를 취득원가로 한다.
③ 취득원가는 구입원가 또는 경영진이 의도하는 방식으로 자산을 가동하는데 필요한 장소와 상태에 이르게 하는데 지출된 직접원가와 간접원가를 포함한다.
④ 유형자산이 정상적으로 작동되는지 여부를 시험하는 과정에서 발생하는 원가도 취득원가에 포함한다.

28. 다음은 무형자산과 관련된 내용이다. 가장 올바르지 못한 것은?(46회)

① 물리적 형체가 없지만 식별할 수 있다.

② 기업이 통제하고 있어야 한다.

③ 무형자산에는 어업권, 특허권, 선수금, 영업권 등이 있다.

④ 미래에 경제적 효익이 있는 비화폐성 자산이다.

29. 다음 중 기업회계기준상 무형자산에 해당하지 않는 것은?(52회)

① 광업권　　② 영업권　　③ 전세권　　④ 특허권

30. 다음 중 수익적지출로 회계처리 하여야할 것으로 가장 타당한 것은?(51회)

① 냉난방 장치 설치로 인한 비용

② 파손된 유리의 원상회복으로 인한 교체비용

③ 사용용도 변경으로 인한 비용

④ 증설 · 확장을 위한 비용

분개

1. 영업부 직원에 대하여 확정기여형 퇴직연금에 가입하고 10,000,000원을 보통예금에서 지급하였다. 이 금액에는 연금운용에 대한 수수료 500,000원이 포함되어 있다.(46회)

[분개] (차변)　　(대변)

2. 사용중인 창고건물(취득가액 50,000,000원, 감가상각누계액 40,000,000원)을 새로 신축하기 위해 철거하였으며, 철거용역업체에 철거비용 2,000,000원을 보통예금에서 지급하였다.(45회)

[분개] (차변)　　(대변)

3. 사용중인 기계장치(취득원가 : 30,000,000원, 감가상각누계액 : 15,000,000원)를 동일업종인 거래처의 유사한 용도로 사용하던 기계장치(장부가액 : 18,000,000원, 공정가액 : 20,000,000원)와 교환하였다. 교환되는 기계장치 상호간의 공정가액은 동일하다.(44회)

[분개] (차변)　　(대변)

4. (주)부동산개발로부터 투자목적으로 토지를 300,000,000원에 구입하고, 현금으로 100,000,000원, 나머지는 약속어음을 발행하여 교부하였다. 또한 당일 취득세와 등록세 10,000,000원은 현금 납부하였다.(44회)

[분개] (차변) (대변)

6. 자금부족으로 인하여 업무용으로 사용하던 토지(장부금액 19,000,000원)를 35,000,000원에 처분하고, 대금은 ㈜개성이 발행한 어음(90일 만기)을 받았다.(56회)

[분개] (차변) (대변)

7. 업무용 승용차를 구입하면서 다음과 같은 금액을 구매대행회사에 전액 현금으로 지급하다. 회사는 차량구입시 필수적으로 매입하는 지역개발채권을 만기까지 보유하기로 하였다.(47회)

- 차 량 가 액 : 18,500,000원
- 취득세 및 등록세 : 500,000원
- 지역개발채권매입액 : 500,000원(만기 2020년 5월 18일)

[분개] (차변) (대변)

8. 공장신축을 위한 차입금의 이자비용 1,000,000원을 보통예금 계좌에서 이체하였다. 공장의 착공일은 2010년 12월 1일이며, 완공일은 2012년 10월 31일이다.(단, 차입금의 이자비용은 자본화한다)(47회)

[분개] (차변) (대변)

9. 7월 1일에 기계장치를 취득하였다. 기계장치 취득 후 2년이 지난 현재 주요수선 및 설비증설을 위한 자본적지출로 6,000,000원을 현금지출하였다.(48회)

[분개] (차변) (대변)

10. 당사의 신제품 개발을 위해 보통예금에서 인출된 개발비 2,000,000원에 대하여 자산계정을 사용하여 회계처리하시오.(49회)

[분개] (차변) (대변)

11. 대표이사로부터 토지 300,000,000원을 무상으로 수증받았다.(49회)

[분개] (차변) (대변)

12. 김해남씨로부터 장기투자목적으로 토지를 취득하면서 6,000,000원은 당좌수표를 발행하여 지급하고, 나머지 1,000,000원은 30일 후에 지급하기로 하였다. 또한 이전등기 하면서 취득세 150,000원을 현금으로 지급하였다.(51회)

[분개] (차변) (대변)

13. 영업점을 이전하면서 임대인(대성빌딩)으로부터 임차보증금 중 임차료 미지급액 6,000,000원을 차감한 나머지 194,000,000원을 보통예금으로 반환받았다.(미지급비용 계정과목을 사용하시오)(50회)

[분개] (차변) (대변)

14. 창고건물과 토지를 총 220,000,000원에 보통예금으로 지급하고 매입하였다. 토지의 취득가격은 200,000,000원, 창고건물의 취득가격은 20,000,000원이며, 매입에 따른 추가부대비용은 다음과 같이 모두 현금으로 지급하였다.(48회)

· 토지 중개수수료 및 등기이전비용 : 1,000,000원
· 토지 조경공사비(영구성 있음) : 2,000,000원
· 배수로 및 하수처리장 설치(유지보수책임은 지방자치단체에 있음) : 3,000,000원
· 대대적인 창고건물의 리모델링을 위한 지출 : 6,000,000원

[분개] (차변) (대변)

15. 제조부 소속 신상용 대리(6년 근속)의 퇴직으로 퇴직금 9,000,000원 중 소득세 및 지방소득세로 230,000원을 원천징수한 후 차인지급액을 전액 믿음은행 보통예금 계좌에서 이체하였다.(퇴직 직전 퇴직급여충당부채잔액은 없었다)(51회)

[분개] (차변) (대변)

16. 공장신축을 위한 차입금의 이자비용 5,000,000원을 현금으로 지급하였다. 차입금의 이자비용을 자본적 지출로 처리하시오.(공장의 착공일은 2011년 6월 15일이며, 완공일은 2013년 12월31일이다)(53회)

[분개] (차변) (대변)

17. 공장 건물을 신축하기 위해 외부로부터 취득한 토지 50,000,000원에 대해 건물 신축을 포기하게 되어, 토지의 보유목적을 지가상승을 목적으로 하는 투자자산으로 변경하였다.(54회)

[분개] (차변) (대변)

18. 공장의 기계장치를 (주)대성기업에서 수리하고 당좌수표를 발행하여 수리비용 3,000,000원을 지급하다.(수익적지출로 회계처리 할 것)(54회)

[분개] (차변) (대변)

19. 기계장치 취득후 1년이 지난 현재 주요수선 및 설비증진을 위한 자본적지출로 8,000,000원을 현금으로 지급하였다.(53회)

[분개] (차변) (대변)

20. 제품을 매출하고 (주)암석으로부터 수취한 어음 5,000,000원이 부도처리되었다는 것을 국민은행으로부터 통보받았다.(46회)

[분개] (차변) (대변)

제8절

계정과목론 V. 비유동부채

비유동부채란 보고기간말로부터 1년 이후에 상환되어야 하는 사채, 장기차입금, 퇴직급여충당부채, 장기성매입채무(장기의 외상매입금, 장기의 지급어음), 장기미지급금, 임대보증금 등의 장기의 채무를 말한다.

문제

1. 다음의 계정과목 중 그 분류가 다른 것은?(45회)

① 사채 ② 장기차입금

③ 퇴직급여충당부채 ④ 유동성장기부채

문제

2. 다음 중 재무상태표에서 해당 자산이나 부채의 차감적 평가항목이 아닌 것은 어느 것인가?(55회)

① 감가상각누계액 ② 퇴직급여충당부채

③ 대손충당금 ④ 사채할인발행차금

답안

[1] ④ 유동성장기부채는 유동부채로 분류한다.

[2] ② 퇴직급여충당부채는 부채성항목으로 비유동부채이다. 사채할인발행차금은 당해 사채의 액면가액에서 차감하는 형식으로 기재하는 부채의 차감적 평가항목이다.

1. 사채(社債 : bonds)

사채란 회사가 장기자금을 조달하기 위하여 발행하는 것으로, 계약에 따라 일정한 이자를 지급하며 일정한 시기에 원금을 상환할 것을 계약하고 차입한 채무를 말한다. 사채의 종류에는 사채권자의 청구에 의하여 주식으로 전환할 수 있는 전환사채, 사채의 상환기간 중에 그 회사가 발행하는 신주에 대한 인수권이 부여된 신주인수권부사채 등 그 종류가 다양하다. 기업회계기준에서는 사채의 종류별로 구분하여 회계처리하고 그 내용을 주석으로 기재하도록 하고 있다.

사채의 발행방법은 액면발행 · 할인발행 · 할증발행의 3가지가 있는데, 이는 변화하는 시장이자율과 액면이자율의 차이에 따라 구분되는 것이다.

거래유형	비교	상황
액면발행	발행가액 = 액면가액	액면이자율 = 시장이자율
할인발행	발행가액 〈 액면가액	액면이자율 〈 시장이자율
할증발행	발행가액 〉 액면가액	액면이자율 〉 시장이자율

(1) 액면발행

액면발행이란 사채가 발행될 때 회사가 수령하는 금액(발행가액)이 사채의 액면가액과 같은 경우를 말한다.

(2) 할인발행

할인발행이란 발행가액이 사채의 액면가액보다 적은 경우를 말한다. 이때 만기시에 지급할 액면가액과 발행시 실수령가액(발행가액)과의 차이를 "사채할인발행차금"이라 하며, 사채할인발행차금은 당해 사채의 액면가액에서 차감하는 형식으로 기재한다.

(3) 할증발행

할증발행이란 발행가액이 사채의 액면가액보다 큰 경우를 말한다. 이때 만기시에 지급할 액면가액과 발행가액과의 차이를 "사채할증발행차금"이라 하며, 사채할증발행차금은 당해 사채의 액면가액에 부가하는 형식으로 기재한다.

문제

1. 사채(액면가액 : 10,000, 만기 : 3년, 액면이자율 : 10%)를 10,000원에 발행하고 대금은 보통예금계좌에 입금되었다.

문제

2. 사채(액면가액 : 10,000, 만기 : 3년, 액면이자율 : 10%)를 7,000원에 발행하고 대금은 보통예금계좌에 입금되었다.

문제

3. 사채(액면가액 : 10,000, 만기 : 3년, 액면이자율 : 10%)를 13,000원에 발행하고 대금은 보통예금계좌에 입금되었다.

답안

	차변	금액	대변	금액
[1]	(차) 보통예금	10,000원	(대) 사채	10,000원
[2]	(차) 보통예금	7,000원	(대) 사채	10,000원
	(차) 사채할인발행차금	3,000원		
[3]	(차) 보통예금	13,000원	(대) 사채	10,000원
			(대) 사채할증발행차금	3,000원

(4) 사채발행비

사채발행비란 사채를 발행하는데 직접적으로 발생한 사채권인쇄비, 인수수수료, 안내광고비 등의 비용을 말한다. 기업회계기준에서는 사채발행수수료와 사채발행을 위하여 직접 발생한 사채발행비용은 사채의 발행가액에서 차감하도록 규정하고 있다. 따라서 사채가 액면발행 되었거나 할인발행 된 경우에는 이를 사채할인발행차금으로 처리하며, 사채가 할증발행 된 경우에는 사채할증발행차금에서 감액시켜야 한다.

문제

1. 사채(액면가액 : 10,000, 만기 : 3년, 액면이자율 : 10%)를 10,000원에 발행하고, 발행수수료 200원을 제외한 잔액은 보통예금계좌에 입금되었다.

문제

2. 사채(액면가액 : 10,000, 만기 : 3년, 액면이자율 : 10%)를 7,000원에 발행하고, 발행수수료 200원을 제외한 잔액은 보통예금계좌에 입금되었다.

문제

3. 사채(액면가액 : 10,000, 만기 : 3년, 액면이자율 : 10%)를 13,000원에 발행하고, 발행수수료 200원을 제외한 잔액은 보통예금계좌에 입금되었다.

답안

	차변	금액	대변	금액
[1]	(차) 보통예금	9,800원	(대) 사채	10,000원
	(차) 사채할인발행차금	200원		
[2]	(차) 보통예금	6,800원	(대) 사채	10,000원
	(차) 사채할인발행차금	3,200원		
[3]	(차) 보통예금	12,800원	(대) 사채	10,000원
			(대) 사채할증발행차금	2,800원

(5) 할인액의 상각(할증액의 환입)

사채 만기시에는 사채의 액면금액을 상환해야 하기 때문에 사채가 할인(할증)발행된 경우에는 할인액(할증액)을 사채 상환기간 동안 상각(환입)해야 한다. 할인액 상각액은 지급할 이자비용(액면이자)에 가산하고, 할증액 환입액은 지급할 이자비용(액면이자)에서 차감시키는데 상각(환입)액을 계산하는 방법에는 정액법과 유효이자율법이 있다. 정액법은 할인액 또는 할증액을 사채 보유기간 동안 매기 동일한 금액을 상각(환입)하는 방법이며, 유효이자율법은 유효이자와 액면이자의 차이만큼을 상각(환입)하는 방법이다. 본서에서는 정액법만을 살펴보기로 하고 유효이자율법은 전산세무 2급에서 설명하기로 한다. 기업회계기준에서는 "사채할인발행차금 및 사채할증발행차금은 사채 발행시부터 최종 상환시까지의 기간에 유효이자율법을 적용하여 상각 또는 환입하고, 동 상각 또는 환입액은 사채이자에 가감한다"라고 규정하고 있다.

문제

(1) x1년 초 사채(액면가액 : 10,000, 만기 : 3년, 액면이자율 : 10%, 이자지급일 : 매년 말)를 9,100원에 발행하고 대금은 보통예금계좌에 입금되었다.

(2) x1년 말 사채이자를 현금으로 지급하였다.(할인액 상각은 정액법)

(3) x2년 말 사채이자를 현금으로 지급하였다.

(4) x3년 말 사채원금 10,000원과 사채이자를 현금으로 지급하였다.

답안

	차변	금액	대변	금액
(1)	(차) 보통예금	10,900원	(대) 사채	10,000원
			(대) 사채할증발행차금	900원
(2)	(차) 이자비용	700원	(대) 현금	1,000원
	(차) 사채할증발행차금	* 300원		
(3)	(차) 이자비용	700원	(대) 현금	1,000원
	(차) 사채할증발행차금	* 300원		
(4)	(차) 이자비용	700원	(대) 현금	11,000원
	(차) 사채할증발행차금	* 300원		
	(차) 사채	10,000원		

* 900 ÷ 3년 = 300원

2. 장기차입금

장기차입금이란 기업이 필요한 운용자금조달을 위하여 금융기관 등으로부터 금전 등을 차입한 경우로서 그 상환기한이 보고기간말로부터 1년 후에 도래하는 것을 말한다. 장기차입금 중 보고기간말 현재 1년 이내에 만기가 도래하는 유동성 장기차입금은 "유동성 장기부채(유동부채)"로 대체한다.

문제

(1) x1년 2월 장기간 운용자금에 사용할 목적으로 서울은행에서 x3년 10월 상환조건으로 500,000원을 차입하고 담보설정수수료 50,000원을 차감한 잔액은 보통예금계좌로 입금되었다.

(2) x2년 기말 결산시 상환기한이 1년 이내로 도래하는 장기차입금 500,000원을 유동성대체하였다.

답안

	차변	금액	대변	금액
[1]	(차) 보통예금	450,000원	(대) 장기차입금	500,000원
	(차) 수수료비용	50,000원		
(2)	(차) 장기차입금	500,000원	(대) 유동성장기부채	500,000원

3. 퇴직급여충당부채

충당부채란 지출의 시기 또는 금액이 불확실한 부채를 말하며 다음의 인식요건을 모두 충족하는 경우에 인식한다.

① 과거사건이나 거래의 결과로 현재의무가 존재한다.

② 당해 의무를 이행하기 위하여 자원이 유출될 가능성이 매우 높다

③ 그 의무의 이행에 소요되는 금액을 신뢰성 있게 추정할 수 있다.

퇴직급여충당부채란 장래에 종업원이 퇴직할 때 지급하게 될 퇴직금에 대비하여 설정한 준비액으로서, 종업원이 노동력을 제공한 기간에 발생된 퇴직금이라는 비용을 인식함에 따라 발생한 부채이다.

(1) 퇴직급여충당부채의 설정

퇴직급여충당부채는 회계연도 말 현재 전 임직원이 일시에 퇴직할 경우 지급하여야 할 퇴직금에 상당하는 금액(퇴직금추계액)으로 한다. 따라서 매년 말 전 임직원이 일시에 퇴직할 경우 지급해야 할 퇴직금추계액과 이미 계상된 퇴직급여충당부채 잔액을 비교하여 차액을 추가로 퇴직급여충당부채로 전입하고, 퇴직급여충당부채의 잔액이 과다한 경우에는 차액을 환입한다. 퇴직급여충당부채환입은 판매비와관리비의 부(-)의 금액으로 표시한다.

- 퇴직급여충당부채 전입액
  = 당기말 퇴직금추계액 - (전기말 퇴직금추계액 - 당기중 퇴직금지급액)

(2) 퇴직금의 지급

퇴직금을 지급할 경우에는 퇴직급여충당부채에서 지급하는 것으로 처리하고, 퇴직급여충당부채를 초과하여 퇴직금을 지급하는 경우 그 초과액은 퇴직급여로 처리한다.

문제

(1) x1년 말 전 임직원이 일시에 퇴직할 경우 지급해야 할 퇴직금은 1,000,000이다

(2) x2년 중 사무직 종업원 1명이 퇴직하여 퇴직금 200,000원을 현금으로 지급하였다.

(3) x2년 말 전 임직원이 일시에 퇴직할 경우 지급해야 할 퇴직금은 1,600,000원이다.

답안

(1) (차) 퇴직급여 1,000,000 (대) 퇴직급여충당부채 1,000,000
(2) (차) 퇴직급여충당부채 200,000 (대) 현금 200,000
(3) (차) 퇴직급여 800,000 (대) 퇴직급여충당부채 800,000
* 1,600,000 − (1,000,000 − 200,000) = 800,000

이론

1. 다음 중 대차대조표상 비유동부채로 분류되는 것은?(40회)

① 단기차입금 ② 유동성장기부채 ③ 미지급비용 ④ 장기차입금

2. 다음 중 사채에 대한 설명으로 틀린 것은?(37회)

① 사채발행비용은 사채의 발행가액에서 차감한다.
② 유효이자율법 적용시 사채할증발행차금 상각액은 매년 증가한다.
③ 유효이자율법 적용시 사채할인발행차금 상각액은 매년 감소한다.
④ 사채할인발행차금은 당해 사채의 액면가액에서 차감하는 형식으로 기재한다.

3. (주)서원은 2008년 6월 1일 은행으로부터 30,000,000원(상환기간2년,이자율12%)을 차입하여 단기투자 목적으로 삼성전자(주) 주식을 매입하였다. 주가가 상승하여 2008년 10월 10일 일부를 처분하였다. 이와 관련하여 2008년 재무제표에 나타나지 않는 계정과목은?(35회)

① 단기매매증권 ② 단기투자자산처분이익 ③ 이자비용 ④ 단기차입금

4. 다음 중 유동부채와 비유동부채의 분류가 올바르게 짝지어진 것은?(33회)

	유동부채	비유동부채
①	미지급비용	미지급법인세
②	퇴직급여충당부채	선수수익
③	선수수익	퇴직급여충당부채
④	매입채무	미지급법인세

5. 종업원급여는 퇴직급여 외의 종업원급여와 퇴직급여로 구분한다. 다음 중 퇴직급여에 해당하지 않는 것은?(48회)

① 퇴직일시금 ② 퇴직연금 ③ 퇴직 후 의료급여 ④ 명예퇴직금

분개

1. (주)덕산과 사무실 임대차계약을 맺고 임대보증금 15,000,000원 중 5,000,000원은 (주)덕산 발행 당좌수표로 받고 나머지는 월말에 지급받기로 하였다.(45회)

   [분개] (차변) (대변)

2. 2007년 우리은행으로부터 차입한 장기차입금(100,000,000원, 만기는 내년 2011년 4월 30일)이 있다. 동 차입금은 만기에 상환할 예정이다.(43회)

   [분개] (차변) (대변)

3. 사채 액면 총액 6,000,000원, 상환기한 5년, 발행가액은 5,800,000원으로 발행하고 납입금은 보통예금하다. 그리고 사채발행비 100,000원은 현금으로 지급하다.(36회)

   [분개] (차변) (대변)

4. 2012년 1월 31일 전기 말 큰빛은행으로부터 차입한 장기차입금 중 5,000,000원은 2013년 1월 20일 만기가 도래하고 회사는 이를 상환할 계획이다.(51회)

   [분개] (차변) (대변)

5. 2011년 7월 1일 도시은행으로부터 차입한 장기차입금 50,000,000원은 2014년 6월 30일에 만기가 도래하고, 회사는 이를 상환할 계획이다.(56회) 단, 현재날짜는 2013년 12월 31일이다.

   [분개] (차변) (대변)

6. (주)부흥상사에 사무실을 임대하였는데, 임대보증금 30,000,000원 중 3,000,000원만 (주)부흥상사 발행 당좌수표로 받고, 나머지는 월말에 지급 받기로 하였다.(57회)

   [분개] (차변) (대변)

제9절

계정과목론 Ⅵ. 자본

자본은 기업이 소유하고 있는 자산총액에서 부채총액을 차감한 잔액으로 정의되며, 소유주 지분 또는 순자산이라고 한다. 법인기업의 자본은 변동원천과 법률적 요구를 기준으로 자본금, 자본잉여금, 자본조정, 기타포괄손익누계액 및 이익잉여금으로 분류한다.

- 자본금 : 주주가 납입한 법정자본금
  Ex 보통주자본금, 우선주자본금
- 자본잉여금 : 증자, 감자 및 기타 자본거래에서 발생한 잉여금
  Ex 주식발행초과금, 기타자본잉여금(감자차익, 자기주식처분이익 등)
- 자본조정 : 자본거래에 해당하나 자본금이나 자본잉여금으로 분류할 수 없는 임시적인 자본항목
  Ex 주식할인발행차금, 감자차손, 자기주식, 자기주식처분손실, 미교부주식배당금
- 기타포괄손익누계액 : 손익계산서의 당기손익으로 분류하기 어려운 손익항목의 잔액
  Ex 매도가능증권평가손익, 해외사업환산손익, 현금흐름위험회피파생상품평가손익
- 이익잉여금(또는 결손금) : 기업의 영업활동에 의하여 축적된 이익으로서 사외로 유출되지 않고 기업내부에 유보된 금액
  Ex 법정적립금(이익준비금, 기타법정적립금), 임의적립금, 미처분이익잉여금(또는 미처리결손금)

문제

1. 다음 중 나머지 셋과 성격이 다른 하나는?(55회)
   ① 주식발행초과금 ② 감자차익 ③ 이익준비금 ④ 자기주식처분이익

문제

2. 다음 중 이익잉여금 항목에 해당하지 않는 것은?(51회)
   ① 이익준비금 ② 임의적립금 ③ 주식발행초과금 ④ 미처분이익잉여금

답안

[1] ③ 주식발행초과금, 감차차익, 자기주식처분이익은 자본잉여금이고, 이익준비금은 이익잉여금.
[2] ③ 주식발행초과금은 자본잉여금에 해당함

1. 자본금

자본금이란 주주에 의해 불입된 자본 중 상법규정에 의하여 법정자본으로 계상된 부분을 말한다. 자본금은 발행주식 총수에 주당액면금액을 곱한 것으로서 보통주자본금과 우선주자본금 등으로 분류할 수 있다. 여러종류의 주식을 발행하는 경우 다른 주식에 대해 표준이 되는 주식을 보통주라 하며, 보통주에 비하여 특정한 사항에 대하여 우선적인 권리를 부여한 주식을 우선주라 한다. 특별한 언급이 없는 한 주식은 보통주로 전제하며 보통주자본금 대신 자본금을 사용하기도 한다.[39]

(1) 주식의 발행

주식의 발행은 액면가액을 기준으로 하여 액면발행, 할인발행, 할증가액으로 구분할 수 있다. 주식의 액면가액은 기업의 법정자본금을 의미할 뿐 주식의 시장가격이나 주주가 실제 불입하는 금액을 나타내는 것이 아니다.

① 액면발행(액면가액=발행가액)

액면발행이란 주권상의 액면금액과 동일한 금액으로 주식을 발행하는 경우를 말한다. 주식을 액면발행한 경우에는 대변에 액면가액을 자본금 계정으로 기록하고 차변에 주주로부터 제공받은 금액을 기입한다.

문제

1. 자본금을 증자하기 위해 액면금액 5,000원인 보통주 신주 1,500주를 액면금액으로 발행하고 보통예금으로 납입 받다.(18회)

문제

2. (주)강남스타일의 2012년 1월 1일 자본금은 50,000,000원(주식수 50,000주, 액면가액 1,000원)이다. 2012년 7월 1일에 주당 1,200원에 10,000주를 유상증자 하였다. 2012년 기말 자본금은 얼마인가?(53회)

① 12,000,000원 ② 50,000,000원 ③ 60,000,000원 ④ 62,000,000원

39) 주식회사의 설립과 관련된 상법상 규정
- 주식회사의 자본은 주식으로 분할하여야 하며, 1주의 금액은 100원 이상으로 균일하여야 한다.
- 주식회사는 정관에 회사가 발행할 주식의 총수, 1주의 금액, 회사의 설립시에 발행하는 주식의 총수를 기재하여야 한다.
- 회사의 설립시에 발행하는 주식의 총수는 회사가 발행할 주식의 총수의 1/4이상이어야 한다.

답안

[1] (차) 보통예금 7,500,000원 (대) 자 본 금 7,500,000원
[2] ③ 기말 자본금 (50,000주+10,000주) x 1,000원 = 60,000,000원

② 할인발행(액면가액>발행가액)

할인발행이란 주권상의 액면금액보다 낮은 금액으로 주식을 발행하는 경우를 말한다. 주식을 할인발행 한 경우에는 주식의 발행가액과는 상관없이 주식의 액면가액을 대변에 자본금계정으로 기록하고, 차변에 주주로부터 제공받은 자금을 기입한다. 그리고 액면가액에 미달하는 부분은 주식할인발행차금 계정으로 기록한다. 주식할인발행차금은 자본조정 항목으로 분류되며 자본에서 차감하는 형식으로 기재한다.

문제

1. 주식 1주(액면 @5,000원)를 4,000원에 발행하여 전액 보통예금계좌로 납입 받았다.

답안

[1] (차) 보 통 예 금 4,000원 (대) 자 본 금 5,000원
(차) 주식할인발행차금 1,000원

③ 할증발행(액면가액<발행가액)

할증발행이란 주권상의 액면금액보다 높은 금액으로 주식을 발행하는 경우를 말한다. 주식을 할증발행한 경우에는 주식의 발행가액과는 상관없이 주식의 액면가액을 대변에 자본금계정으로 기록하고, 차변에 주주로부터 제공받은 자금을 기입한다. 그리고 액면가액을 초과하는 부분은 주식발행초과금 계정으로 처리한다.

문제

1. 주주총회에서 결의된 바에 따라 유상증자를 실시하여 신주 10,000주(액면가액 1,000원)를 주당 2,500원에 발행하고, 증자와 관련하여 수수료 120,000원을 제외한 나머지 증자대금이 보통예금계좌에 입금되다.(54회)

답안

[1] (차) 보통예금 24,880,000원 (대) 자본금 10,000,000원
주식발행초과금 14,880,000원

(2) 현물출자에 의한 주식발행

주식발행의 대가로 현금을 납입 받는 것이 일반적이지만, 현금 대신에 회사가 필요로하는 자산으로 납입받는 경우가 있는데, 이를 현물출자라 한다. 현물출자시 주식의 발행가액은 주식의 공정가액으로 하되, 취득한 자산의 공정가액이 더 명확할 경우에는 취득한 자산의 공정가액으로 할 수 있다.

문제

1. 신주 1,000주를 발행하여 기계장치를 구입하였다. 주당 액면가액은 5,000원이며 발행시점의 공정가액은 주당 6,000원이다.(28회)

답안

[1] (차) 기계장치	6,000,000원	(대) 자 본 금	5,000,000원
		주식발행초과금	1,000,000원

(3) 신주발행비

신주발행비란 주식의 발행과 직접 관련하여 발생한 비용으로서, 법률비용, 주주모집을 위한 광고비, 주권인쇄비, 증권회사수수료 등이 있다. 신주발행비는 주식발행가액에서 차감한다. 즉, 주식이 액면발행 또는 할인발행된 경우에는 주식할인발행차금으로 처리하고, 주식이 할증발행된 경우에는 주식발행초과금에서 감액시키는 것으로 처리한다. 단, 회사설립시에 발생하는 신주발행비는 창업비로서 발생한 기간의 비용으로 처리한다.

문제

1. 주식 1주(액면 @5,000원)를 5,000원에 증자하고 신주발행비 300원을 차감한 잔액이 보통예금계좌로 입금되었다.

문제

2. 주식 1주(액면 @5,000원)를 4,000원에 증자하고 신주발행비 300원을 차감한 잔액이 보통예금계좌로 입금되었다.

문제

3. 주식 1주(액면 @5,000원)를 6,000원에 증자하고 신주발행비 300원을 차감한 잔액이 보통예금계좌로 입금되었다.

답안

	차변 과목	금액	대변 과목	금액
[1]	(차) 보 통 예 금	4,700원	(대) 자 본 금	5,000원
	주식할인발행차금	300원		
[2]	(차) 보 통 예 금	3,700원	(대) 자 본 금	5,000원
	(차) 주식할인발행차금	1,300원		
[3]	(차) 보 통 예 금	5,700원	(대) 자 본 금	5,000원
			주식발행초과금	700원

2. 자본잉여금

자본잉여금이란 증자, 감자 및 기타 자본과 관련된 거래에서 발생한 잉여금을 말한다. 자본잉여금은 주식발행초과금과 기타자본잉여금으로 구분하여 표시한다. 기타자본잉여금으로 분류되는 것에는 감자차익, 자기주식처분이익 등이 있다. 자본잉여금은 주주에 대한 배당금의 재원으로 사용할 수 없고 무상증자를 통한 자본금으로의 전입(자본전입) 및 결손보전을 위하여만 사용될 수 있다.

① 주식발행초과금

- 주식발행초과금이란 주식을 할증발행하는 경우에 발행가액이 액면가액을 초과하는 부분[40)]

문제

1. 주식10주(액면@5,000원)를 @5,500원에 발행하고 전액 현금으로 납입 받았다.

문제

2. 주식발행초과금 5,000원을 자본에 전입하고 액면가액 5,000원인 주식을 무상으로 교부하였다.

40) 다만, 주식발행초과금이 발생할 당시에 장부상 주식할인발행차금 미상각액이 존재하는 경우에는 발생된 주식발행초과금의 범위 내에서 주식할인발행차금 미상각 잔액을 상계처리한 후의 금액으로 한다.

답안

[1] (차) 현　　금　55,000원　(대) 자　본　금　50,000원
주식발행초과금　5,000원

[2] (차) 주식발행초과금　5,000원　(대) 자　본　금　5,000원

② 감자차익

- 감자차익이란 자본금을 감소하는 경우에 그 감소액이 주식소각의 대가로 주주에게 반환되는 금액 또는 결손금 보전에 충당한 금액을 초과한 때에 그 초과금액
- 단, 감자차손이 있는 경우에는 동 금액을 차감한 후의 금액으로 함

문제

1. 사업의 축소를 위하여 주주총회의 승인을 얻어 주식 10주(액면 @5,000원원)를 1주당 4,000원으로 매입소각하고 대금은 현금으로 지급하였다.

답안

[1] (차) 자본금　50,000원　(대) 현　　금　40,000원
감자차익　10,000원

* 감자금액 : 10주 * @₩5,000 = ₩50,000

③ 자기주식처분이익

- 자기주식이란 회사가 이미 발행한 주식을 유상 또는 무상으로 재취득한 주식으로서 공식적으로 소각되지 않은 주식
- 자기주식을 처분하는 경우 취득원가를 처분하여 처분할 때 발생하는 이익을 자기주식처분이익이라 함

문제

1. 자기주식(액면가 @5,000원) 10주를 @6,000원에 취득하고 현금을 지급하였다.

문제

2. 취득가액 60,000원인 자기주식을 70,000원 처분하고 현금을 수취하였다.

답안

[1] (차) 자기주식 60,000원 (대) 현 금 60,000원

* 자기주식을 유상으로 취득한 경우에는 취득시 지불한 금액을 취득원가로 계상한다.

[2] (차) 현 금 70,000원 (대) 자 기 주 식 60,000원

자기주식처분이익 10,000원

3. 자본조정

자본조정이란 자본거래에 해당하나 자본금이나 자본잉여금으로 분류할 수 없는 임시적인 자본항목으로서 자본에 차감 또는 가산되어야 하는 항목들을 말한다.

① 주식할인발행차금

- 주식발행가액이 액면가액에 미달하는 경우 그 미달하는 금액
- 주식할인발행차금 발생시에는 주식발행초과금과 우선 상계하고, 나머지 잔액은 바존에서 차감하는 형식으로 기재하며, 주식발행연도부터 3년 이내의 기간에 매기 균등액을 상각한다.
- 다만, 결손이 있는 경우에는 차기 이후 연도에 이월하여 상각할 수 있다.

문제

1. 주식 10주(액면 @5,000원)를 @4,100원에 발행하고 전액 현금으로 납입받았다.

문제

2. 주주총회에서 미처분이익잉여금 500,000원을 다음과 같이 처분하기로 결의하였다.

- 현금배당 100,000원
- 이익준비금 10,000원
- 주식할인발행차금 3,000원

답안

[1] (차) 현 금 41,000원 (대) 자 본 금 50,000원

주식할인발행차금 9,000원

[2] (차) 미처분이익잉여금 113,000원 (대) 미지급배당금 100,000원

이 익 준 비 금 10,000원

주식할인발행차금 3,000원

* 전산세무회계 프로그램에서는 미처분이익잉여금 대신에 375. 이월이익잉여금을 사용한다.

② 감자차손

- 감자차손이란 자본금을 감소하는 경우에 주주에게 환급되는 금액이 소각된 주식의 액면가액을 초과한 때에 그 초과금액을 감자차익과 상계하고, 그것으로 부족한 경우에 그 차액을 말하며, 감자차손은 자본에서 차감하는 형식으로 기재한다.[41]

문제

1. 사업의 축소를 위하여 주주총회의 승인을 얻어 주식 10주(액면 @5,000원)를 1주당 6,000원으로 매입소각하고 대금은 현금으로 지급하였다.

문제

2. 주주총회에서 미처분이익잉여금 500,000원을 다음과 같이 처분하기로 하였다.
   - 현금배당 100,000원
   - 이익준비금 10,000원
   - 감자차손 10,000원

답안

[1]	(차) 자본금	50,000원	(대) 현금	60,000원
	감자차손	10,000원		
[2]	(차) 미처분이익잉여금	120,000원	(대) 미지급배당금	100,000원
	(375. 이월이익잉여금)		이익준비금	10,000원
			감자차손	10,000원

③ 자기주식처분손실

- 자기주식처분손실이란 자기주식 매각시 처분가액이 취득원가보다 적은 경우에 자기주식처분이익과 상계하고, 그것으로 부족한 경우에 그 차액을 말한다. 자기주식처분손실은 자본에서 차감하는 형식으로 기재한다.

41) 기업회계기준해석에 의하면 감자차손과 자기주식처분손실은 결손금처리순서에 준하여 먼저 이익잉여금의 처분으로 보전하고, 잔액이 있는 경우에는 자본잉여금의 처분으로 보전하도록 하고 있다. 다만, 이익잉여금과 자본잉여금으로 처분으로도 잔액이 남을 경우에는 처분가능한 잉여금이 생길때까지 자본의 차감항목으로 이연하도록 규정하고 있다.
※ 결손금 처리순서
① 임의적립금이입액 → ② 기타법정적립금이입액 → ③ 이익준비금이입액 → ④ 자본잉여금이입액

문제

1. 자기주식(액면가 @5,000원) 1주를 @6,000원에 현금 지급하고 취득하다.

문제

2. 취득가액 6,000원인 자기주식을 5,000원 처분하고 현금을 수취하다.

답안

	차변 과목	금액		대변 과목	금액
[1]	(차) 자 기 주 식	6,000원		(대) 현 금	6,000원
[2]	(차) 현 금	5,000원		(대) 자기주식	6,000원
	자기주식처분손실	1,000원			

④ 미교부주식배당금

- 배당결의일 현재 미지급된 주식배당액을 말하며, 배당지급일에 주식을 교부하면 자본금 계정에 대체된다.

문제

1. 주주총회에서 미처분이익잉여금 500,000원을 다음과 같이 처분하기로 하였다.
   • 주식배당　　200,000원(액면가 @5,000원)

문제

2. 주권을 발행하여 주식배당을 실시하였다.

답안

	차변 과목	금액	대변 과목	금액
[1]	(차) 미처분이익잉여금	200,000원	(대) 미교부주식배당금	200,000원
[2]	(차) 미교부주식배당금	200,000원	(대) 자 본 금	200,000원

⑤ 배당건설이자

- 회사설립 후 정상적인 영업이 시작되기까지 장기간(2년 이상)이 소요되어 장기간 이익배당을 할 수 없는 회사가 이익잉여금 잔액이 없이 배당을 하는 경우에 이 배당액을 말한다. 배당건설이자는 상법상 배당가능이익이 있어야만 주주들에게 배당금을 줄 수 있다는 상법규정의 예외사항으로서, 투자를 촉진하기 위한 한 방법이라고 할 수 있다.

⑥ 자기주식

- 자기주식이란 회사가 이미 발행한 주식을 유상 또는 무상으로 재취득한 주식으로 공식적으로 소각되지 않는 주식을 말한다. 기업회계기준에서는 자기주식은 장부가액(취득가액)을 자본에서 차감하는 형식으로 기재하도록 규정하고 있다. 자기주식을 유상으로 취득한 경우에는 취득시 지불한 금액을 자기주식의 취득원가로 기록하고 증여받은 경우에는 별도의 회계처리를 하지 않고 주석으로만 그 내용을 공시한다.

4. 기타포괄손익누계액과 이익잉여금

(1) 기타포괄손익누계액

기타포괄손익누계액이란 손익거래 중 손익계산서의 당기손익으로 분류하기 어려운 손익항목의 잔액을 말한다. 기타포괄손익누계액은 소멸시 당기손익에 반영된다.

① 매도가능증권평가손익

- 매도가능증권평가이익(손실)은 매도가능증권으로 분류된 주식이나 채권을 공정가액(시가법)으로 평가함에 따라 발생하는 평가손익을 말한다.

② 해외사업환산손익

- 해외환산사업손익이란 해외지점, 해외사무소 또는 해외소재 지분법대상회사의 외화표시 자산. 부채를 현행 환율법에 의하여 원화로 환산하는 경우에 발생하는 환산손익을 말한다.

③ 현금흐름위험회피 파생상품평가손익

- 현금흐름위험회피를 목적으로 투자한 파생상품에서 발생하는 평가손익을 말한다.

문제

1. 다음 중 기업회계기준서상 기타포괄손익누계액 항목이 아닌 것은?(41회)

① 매도가능증권평가손익 ② 해외사업환산손익
③ 현금흐름위험회피 파생상품평가손익 ④ 자기주식처분손실

④ 자본조정항목이다. 기업회계기준서 제21호

(2) 이익잉여금

이익잉여금이란 기업의 영업활동에 의하여 축적된 이익으로서 사외로 유출되거나 자본금으로 대체되지 않고 사내에 유보된 부분을 말한다.

① 이익준비금

- 이익준비금은 상법규정에 따라 적립된 법정적립금으로서 상법에서는 "회사는 자본금의 1/2에 달할 때까지 매 결산기에 금전에 의한 이익배당액의 1/10 이상의 금액을 이익준비금으로 적립하여야 한다." 라고 규정하고 있다. 이러한 이익준비금은 자본전입(무상증자)과 결손보전 이외에는 사용할 수 없다.

② 기타법정적립금

- 기타법정적립금은 상법이외의 기타 법령에 의하여 적립이 강제되는 것으로 기업합리화 적립금(폐지)과 재무구조개선적립금 등이 있다. 이러한 기타법정적립금은 자본전입(무상증자)과 결손보전 이외에는 사용할 수 없다.

③ 임의적립금

- 임의적립금은 법령이 아닌 회사 임의적으로 일정한 목적을 위하여 정관 또는 주주총회의 결의에 의하여 이익의 일부를 적립하는 것이다. 이러한 임의적립금에는 사업확장적립금, 감채적립금, 배당평균적립금, 결손보전적립금, 별도적립금 등이 있다.

④ 미처분이익잉여금(또는 미처리결손금)

- 미처분이익잉여금이란 기업이 벌어들인 이익 중 배당금이나 다른 잉여금으로 처분되지 않고 남아 있는 이익잉여금으로서 당기 이익잉여금처분계산서의 미처분이익잉여금을 말한다. 그리고 미처리결손금이란 기업이 결손을 보고한 경우에 보고된 결손금 중 다른 잉여금으로 보전되지 않고 이월된 부분으로서 당기 결손금처리계산서의 미처리결손금을 말한다.

이론

1. 다음 중 자본에 대한 내용으로 옳지 않은 것은?(46회)
   ① 현물출자로 인한 주식의 발행금액은 제공받은 현물의 공정가치이다.
   ② 기말 재무상태표상 미처분이익잉여금은 당기 이익잉여금의 처분사항이 반영된 후의 금액이다.
   ③ 주식배당과 무상증자는 순자산의 증가가 발생하지 않는다.
   ④ 주식발행초과금은 주식의 발행가액이 액면가액을 초과하는 경우 그 초과금액을 말한다.

2. 자본금이 100,000,000원인 회사가 이월결손금 18,000,000원을 보전하기 위하여 유통 중인 주식 중 1/5에 해당하는 부분을 무상 소각하였다. 이 경우 분개에서 사용하여야 할 자본항목과 금액 중 옳은 것은?(45회)
   ① 감자차손 2,000,000원 ② 주식발행초과금 2,000,000원
   ③ 감자차익 2,000,000원 ④ 합병차익 2,000,000원

3. 다음의 회계거래 중에서 자본총액에 변화가 없는 것은?(44회)
   ① 주식을 할인발행하다. ② 이익준비금을 계상하다.
   ③ 당기순손실이 발생하다. ④ 주식을 할증발행 하다.

4. (주)피제이전자는 주식 1,000주(1주당 액면가액 1,000원)를 1주당 1,500원에 증자하면서 주식발행관련 제비용으로 100,000원을 지출하였다. 이에 대한 결과로 올바른 것은?(43회)
   ① 주식발행초과금 400,000원 증가 ② 자본금 1,400,000원 증가
   ③ 주식발행초과금 500,000원 증가 ④ 자본금 1,500,000원 증가

5. 다음 보기 중 이익잉여금으로 분류하는 항목을 모두 고른 것은?(42회)

〈 보 기 〉

ㄱ. 현금배당액의 1/10 이상의 금액을 자본금의 2분의 1에 달할 때까지 적립해야 하는 금액
ㄴ. 액면을 초과하여 주식을 발행한 때 그 액면을 초과하는 금액
ㄷ. 감자를 행한 후 주주에게 반환되지 않고 불입자본으로 남아있는 금액

① ㄱ ② ㄴ ③ ㄱ, ㄷ ④ ㄴ, ㄷ

6. 다음 자료를 바탕으로 자본잉여금의 금액을 계산한 것으로 옳은 것은?(41회)(단, 계정과목별 연관성은 전혀 없다.)

· 감 자 차 익 : 500,000원
· 이 익 준 비 금 : 100,000원
· 사업확장적립금 : 300,000원
· 주식발행초과금 : 700,000원
· 자기주식처분이익 : 300,000원
· 자기주식처분손실 : 100,000원
· 감 자 차 손 : 250,000원
· 주식할인발행차금 : 150,000원

① 600,000원 ② 900,000원 ③ 1,200,000원 ④ 1,500,000원

7. 대차대조표상의 자본금에 대한 설명 중 가장 올바른 것은?(40회)

① 자본금은 할인발행 혹은 할증발행에 따라 표시되는 금액이 다르다.
② 자본금은 보통주자본금, 우선주자본금 그리고 기타자본금으로 구분된다.
③ 자본금은 총납입금액에서 주식발행에 따른 제비용을 차감하여 표시된다.
④ 자본금은 반드시 발행주식수 × 1주당 액면가액으로 표시된다.

8. (주)수원기업은 결산시 회사자본의 구성내용이 자본금 50,000,000원, 자본잉여금 3,000,000원, 이익준비금 700,000원이었고, 당해 연도의 당기순이익은 500,000원이었다. 현금배당을 300,000원을 할 경우 이익준비금으로 적립해야 할 최소 금액은 얼마인가?(39회)

① 30,000원 ② 50,000원 ③ 70,000원 ④ 100,000원

9. 다음 중 주식회사의 자본 구성 요소에 관한 설명으로 바르게 짝지은 것은?(38회)

㉠은 1주의 액면금액에 발행한 주식수를 곱한 금액이다. ㉡은 영업활동과 직접적인 관계가 없는 자본거래에서 생긴 잉여금이다. ㉢은 회사의 영업활동 결과로 발생한 순이익을 원천으로 하는 잉여금이다.

	㉠	㉡	㉢
①	적립금	자본잉여금	이익잉여금
②	자본금	자본잉여금	이익잉여금
③	자본금	이익잉여금	자본잉여금
④	적립금	이익잉여금	자본잉여금

10. 결손금의 처리 항목 중 마지막으로 이입되는 잉여금은?(38회)

① 감자차익 ② 감채적립금 ③ 이익준비금 ④ 사업확장적립금

11. 대차대조표에서 자본금을 표시하는 방법으로 맞는 것은?(37회)

① 납입금액을 표시한다.
② 주식할인발행차금을 차감하여 기재한다.
③ 주식발행초과금을 가산하여 기재한다.
④ 액면금액을 표시한다.

12. 다음 중 자본항목의 분류로 틀린 것은?(37회)

① 매도가능증권평가이익 – 이익잉여금 ② 감자차익– 자본잉여금
③ 결손보전적립금 – 이익잉여금 ④ 감자차손 – 자본조정

13. 자기주식을 구입가액보다 낮게 처분하여 발생하는 부분은 대차대조표상 자본항목 중 어디에 표시되는가?(36회)

① 자본금 ② 자본잉여금 ③ 자본조정 ④ 기타포괄손익누계액

14. 이익잉여금을 자본금에 전입하였을 경우 다음 설명 중 올바른 것은?(35회)

① 자본총액이 증가한다. ② 자본총액이 감소한다.
③ 자본금이 증가한다. ④ 자본금이 감소한다.

15. 주식을 할증발행하는 경우 발행가액이 액면가액을 초과하는 부분은 대차대조표상 자본항목 중 어디에 표시되는가?(34회)

① 자본금 ② 자본잉여금 ③ 자본조정 ④ 기타포괄손익누계액

16. 신주 10,000주(액면가액 1주당 10,000원)를 9,800원에 발행하였다면, 발행차액은 어느 항목에 해당되는가?(33회)

① 이익잉여금 ② 자본잉여금
③ 자본조정 ④ 임의적립금

17. 다음 중 자산의 증감도 없고, 자본의 증감도 없는 경우는?(49회)

① 유상증자 ② 무상증자 ③ 주식의 할인발행 ④ 주식의 할증발행

18. 다음 중 자본의 분류와 해당 계정과목의 연결이 올바르지 않은 것은?(47회)

① 자 본 금 : 보통주자본금, 우선주자본금
② 자본잉여금 : 주식발행초과금, 자기주식처분이익
③ 자 본 조 정 : 감자차익, 감자차손
④ 이익잉여금 : 이익준비금, 임의적립금

19. 주식발행회사가 이익배당을 주식으로 하는 경우(주식배당) 배당 후 상태변화로 가장 옳지 않은 것은?(50회)

① 배당 후 이익잉여금은 증가한다. ② 배당 후 자본금은 증가한다.
③ 배당 후 총자본은 불변 이다. ④ 배당 후 발행주식수는 증가한다.

20. 재무상태표상 계정의 분류가 옳지 않은 것은?(54회)

① 자기주식처분손실 : 영업외비용 ② 배당건설이자 : 자본조정
③ 자기주식 : 자본조정 ④ 매도가능증권처분손실 : 영업외비용

분개

1. 금년 3월 10일에 열린 주주총회에서 결의한 주식배당 20,000,000원에 대해 주식배정을 실시하였다. 단, 원천징수세액은 없는 것으로 한다.(45회)

   [분개] (차변) (대변)

2. 이사회의 승인을 얻어 매입처 LT전자(주)에 지급하여야 할 외상매입금 중 일부인 12,000,000원을 당사에 출자전환하고 신주 2,000주(액면가액 5,000원)를 교부하였다. 신주교부에 따른 제비용은 없다고 가정한다.(41회)

   [분개] (차변) (대변)

3. 주식 10,000주(액면가액 5,000원)를 주당 4,000원에 발행하고 납입금은 전액 국민은행 보통예금 계좌에 입금되었다. 신주발행비 2,000,000원은 전액 현금으로 지급하였다.(39회)

   [분개] (차변) (대변)

4. 보유중인 자기주식을 처분하였다. 장부가액은 12,340,000원(10,000주, 1,234원/주)으로 처분가액은 11,000,000원(10,000주,1,100원/주)이었다. 처분대금은 보통예금 계좌에 입금되었다. 단, 자기주식처분이익계정의 잔액이 500,000원 있다. 또한 처분수수료는 없는 것으로 가정한다.(38회)

   [분개] (차변) (대변)

5. 이익준비금 2,000,000원을 자본전입하기로 이사회 결의하였다. 이사회 결의일에 자본전입에 대한 회계처리 하시오.(35회)

   [분개] (차변) (대변)

6. 이사회의 결의로 신주 20,000주(액면 @5,000원)를 주당 7,000원에 발행하였다. 주식발행에 따른 수수료 12,000,000원을 제외한 대금잔액은 전액 당사의 보통예금계좌에 입금되었다.(34회)

[분개] (차변) (대변)

7. 액면가액이 1주당 5,000원인 보통주를 증권시장에서 주당 10,000원씩 5,000주를 현금으로 발행하였다. 주식발행에 소요된 인쇄비, 광고비, 수수료 등의 주식발행비로 5,000,000원이 현금지출되었다.(49회)

[분개] (차변) (대변)

제10절 회계순환과정

기업은 재무보고를 위하여 회계거래의 기록으로부터 재무제표를 작성하기까지의 일련의 회계처리 절차를 주기적으로 밟게 되는데, 이러한 일련의 회계처리과정을 회계순환과정(accounting cycle)이라고 한다.

회계순환과정

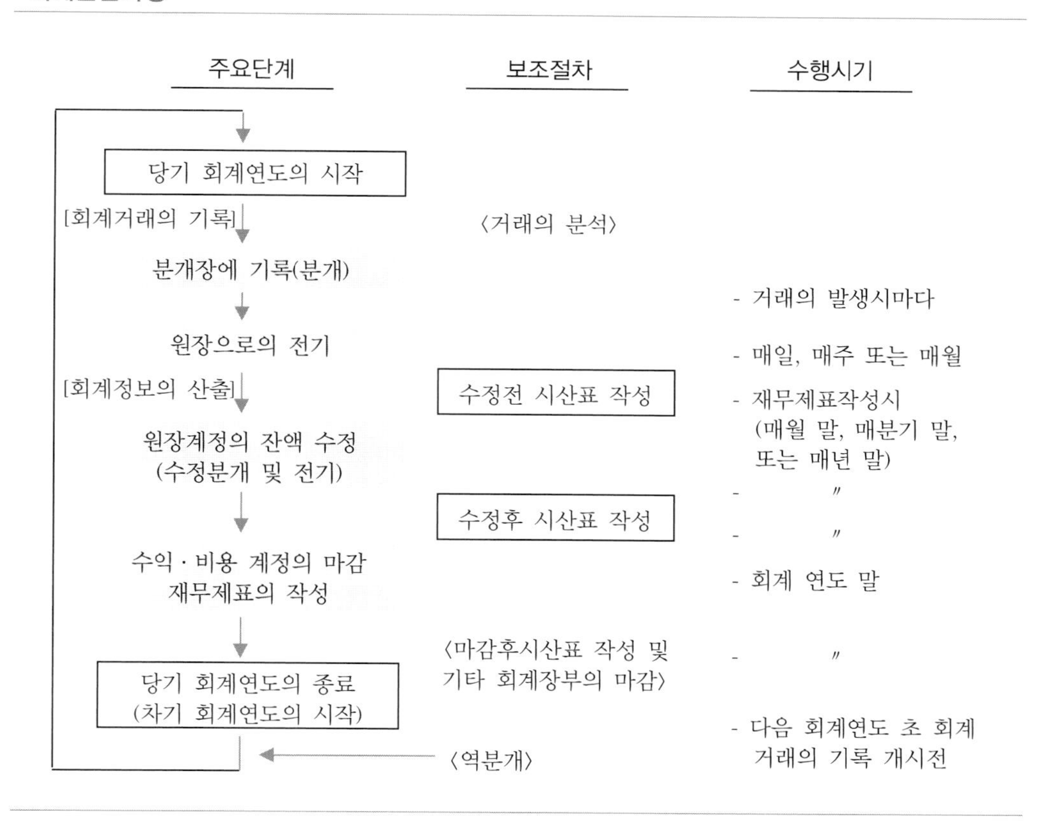

1. 회계거래의 기록

분개장에 기록(분개)

분개(journalizing)란 회계의 첫 번째 단계로서 거래가 발생했을 경우 장부에 기록하는 최초의 과정으로 거래를 차변 요소와 대변 요소의 계정과목으로 분류하고, 그 금액을 결정 하고 동시에 이중으로 기록하는 것을 말한다. 즉, 분개란 거래가 발생하면 '어느 계정에 기입할 것인가?', '차변(왼쪽) 또는 대변(오른쪽) 어느 변에 기입할 것인가?', '얼마를 기입할 것인가?'를 결정하는 과정으로, 거래가 발생한 순서에 따라 분개장에 기록한다.

따라서 어떤 거래를 분개의 형태로 표현하기 위해서는 거래의 성격을 완전히 파악해야 하며, 그 거래가 기업의 재무상태 및 성과에 미치는 영향을 분석할 수 있어야 한다.

원장으로의 전기

분개장에 기록된 모든 계정은 집합되어 하나의 장부에 모아지게 되는데, 이를 원장 또는 총계정원장이라고 한다. 이때 분개장의 차변에 기입된 내용은 원장 해당계정의 차변에 옮겨 적고, 대변에 기입된 내용은 원장의 대변에 옮겨 적는다. 이러한 과정을 전기(posting)라고 한다. 각 계정에는 계정과목 및 계정번호, 금액의 증감, 다른 회계기록과 상호연관 관계, 일자와 거래내용을 설명하는 적요 등의 정보가 기록되도록 계정 양식이 설계되어 있다.

문제

1. 다음 괄호 안에 들어갈 적절한 용어가 순서대로 정렬되어 있는 것은?(45회)

> 기업에서 발생하는 거래를 발생 순서에 따라 분개하여 기입하는 장부를 (   )(이)라하고, 이를 해당 계정에 옮겨 적는 것을 (   )(이)라 하는데, 이 때 이들 각 계정이 설정되어 있는 장부를 (   )(이)라고 한다.

① 총계정원장 – 전기 – 분개장　② 총계정원장 – 대체 – 분개장
③ 분개장 – 전기 – 총계정원장　④ 분개장 – 분개 – 총계정원장

문제

2. 다음 거래에서 계정의 증감 내용이 기입될 계좌로 바른 것을 모두 고른 것은?(39회)

[거래] 현금 300,000원을 차입하고 1개월 후에 상환하기로 하다.

자산계정		부채계정	
가	나	다	라

① 가, 다　② 가, 라　③ 나, 다　④ 다, 라

답안

[1] ③ [2] ②

2. 결산

기업은 일정기간을 정하여 회계기간을 설정하고 이 기간 중에 매일매일 발생하는 모든 거래를 분개하고 이를 총계정원장에 전기한다. 그러나 이것만으로는 기업의 정확한 재무상태와 경영성과를 파악할 수 없기 때문에, 회계기간 말에 기업의 재무상태를 실제로 조사하여 장부를 수정 정리하고 마감한 후 정확한 재무상태와 경영성과를 파악하여 재무제표를 작성한다. 이와 같이 회계기간이 종료된 후 일정 시점에 있어서 기업의 재무상태와 일정기간에 있어서 기업의 경영성과를 명확히 하기 위하여 장부를 정리·마감하는 절차를 결산이라 한다.

결산의 절차는 구체적으로 결산의 예비절차, 결산의 본절차, 재무제표 작성으로 구분한다.

1. 결산의 예비절차	① 시산표 작성 : 분개장에서 원장으로의 전기 검증 ② 재고조사표 작성 : 부정확한 계정의 잔액을 실제액에 일치시키기 위하여 장부의 수정에 필요한 결산정리사항만을 기재한 일람표 ③ 결산정리분개 ④ 정산표 작성(임의선택 사항) : 잔액시산표를 기초로 하여 손익계산서와 재무상태표의 내용을 하나의 표에 모아서 작성하는 일람표
2. 결산의 본절차	① 집합손익 계정의 설정 ② 수익·비용 계정의 마감 : 집합손익계정으로 대체하고 집합손익 계정에서 계산된 당기순손익을 자본 계정으로 대체 ③ 자산·부채·자본 계정의 마감 ④ 수정후시산표의 작성 및 보조부의 마감
3. 재무제표작성	① 손익계산서 ② 재무상태표 ③ 현금흐름표 ④ 자본변동표 ⑤ 이익잉여금처분계산서(또는 결손금처리계산서) ⑥ 주석

시산표 작성

모든 거래가 분개장에서 원장의 계정으로 전기되면 각 계정별 잔액을 시산표에 집합한다. 시산표는 원장계정의 차변총계와 대변총계가 일치하는지를 검증하며, 재무제표의 작성을 용이하게 하는 보조적인 절차이다.

시산표에서 발견 할 수 있는 오류	시산표에서 발견 할 수 없는 오류
• 원장에 전기할 때 차변금액을 잘못 기록한 경우	• 원장에 전기할 때 대차금액을 똑같이 잘못 기록한 경우
• 원장에 전기할 때 대변금액을 잘못 기록한 경우	• 차변과 대변 계정과목을 반대로 전기한 경우
• 원장에 전기할 때 한쪽만을 잘못 기록한 경우	• 분개가 누락되거나, 이중으로 전기한 경우
	• 두개의 오류가 우연히 상계된 경우
	• 계정과목을 잘못 전기한 경우

문제

1. 다음 중 시산표에 대한 설명으로 옳은 것은?(43회)

① 작성 시기에 따라 합계시산표와 잔액시산표로 구분된다.
② 대차평균의 원리에 근거하여 계정 기록의 정확성을 점검한다.
③ 계정기입 오류가 구체적으로 어느 계정에서 발생한 것인지를 알 수 있다.
④ 차변, 대변의 합계액이 일치하다면, 계정기록의 오류가 전혀 없다는 것을 의미한다.

답안

[1] ②

재고조사표 작성

결산정리사항들을 정확하고 신속하게 기장하기 위해서는 모든 결산정리사항을 하나로 모아 일람표를 작성하면 편리하다. 이와 같이 원장 마감에 앞서 부정확한 계정의 잔액을 실제액에 일치시키기 위하여 장부의 수정에 필요한 결산정리사항만을 기재한 일람표를 재고조사표라 한다. 재고조사표에 기재될 결산정리사항은 다음과 같다.

■ 자산계정에 대한 결산정리	① 기말재고자산 재고액 : 제품매출원가 계산 ② 유형자산 및 무형자산의 감가상각 ③ 매출채권 및 기타채권에 대한 대손충당금 설정 ④ 유가증권의 평가 ⑤ 외화자산 및 외화부채의 평가 ⑥ 퇴직급여충당부채의 설정
■ 손익계정에 대한 결산정리	① 수익의 예상(미수수익) ② 비용의 예상(미지급비용) ③ 수익의 이연(선수수익) ④ 비용의 이연(선급비용)
■ 기타 결산정리	① 현금과부족 계정의 정리 ② 소모품의 정리 ③ 가지급금 및 가수금 계정의 정리 ④ 법인세 등의 추산

결산 수정분개

수정분개는 일상의 거래기록과정에서 적정하게 측정하지 못한 회계기간의 수익과 비용을 발생주의 회계개념에 따라 수정하는 데 그 목적이 있다. 다시말해서 수익은 실현되었을 때 인식하고, 비용은 그 비용으로 인하여 창출된 관련 수익이 보고된 기간에 대응하여 귀속시키는 발생주의 회계개념을 회계기말시점에서 구체적으로 점검하고 실행하는 기능을 담당한다. 결산정리사항은 다음과 같다.

(1) 제품매출원가

제품매출액에 대응되는 원가로서 일정기간 중에 판매된 제품에 대하여 배분된 제조원가를 "제품매출원가"라 하며, 제조업에 있어서의 매출원가는 기초제품재고액과 당기제품제조원가와의 합계액에서 기말제품재고액을 차감하는 형식으로 기재한다.

제품매출원가 = 기초제품재고액 + 당기제품제조원가 - 기말제품재고액

① 원재료 사용분 원재료비계정 대체

(차) 원재료비	×××	(대) 원재료	×××

② 원재료비 · 노무비 · 제조경비 제조로 대체

(차) 재 공 품	×××	(대) 원재료비	×××
		임 금	×××
		500번대 제조경비	×××

③ 완성품제조원가 제품대체

(차) 제 품	×××	(대) 재 공 품	×××

④ 제품매출원가대체

(차) 제품매출원가	×××	(대) 제　　품	×××

(2) 유형자산의 감가상각

유형자산은 기업이 이를 사용하거나 시간이 경과함에 따라 또는 그 수요의 변동이나 기술적 진보 등 여러 가지 원인으로 물리적으로나 경제적으로 그 가치가 점차 감소되어 가는데, 이러한 현상을 측정하여 기업의 재무 상태와 경영성과에 반영시키는 회계 절차를 감가상각이라고 한다.

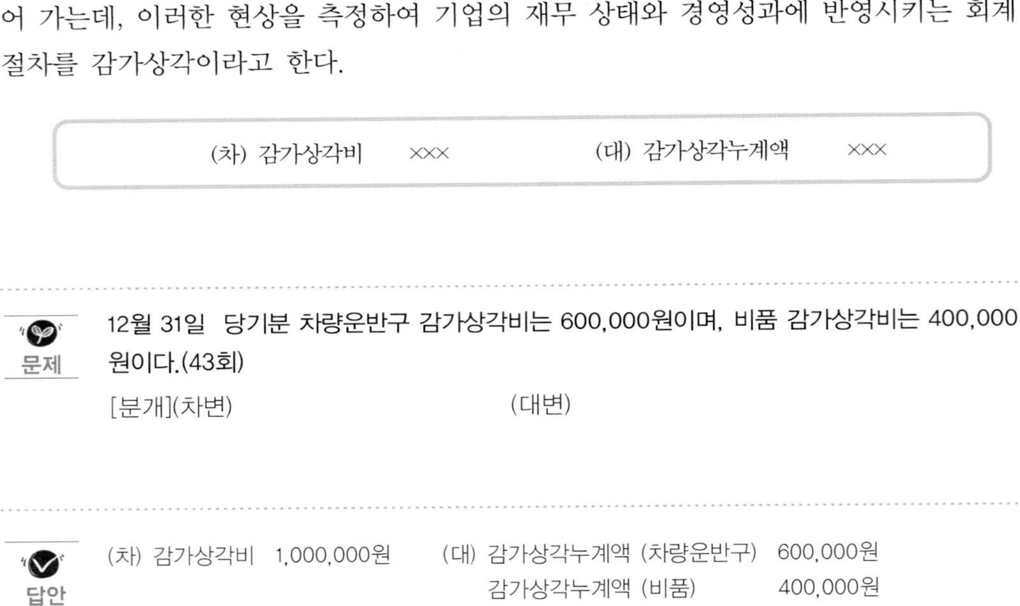

(차) 감가상각비	×××	(대) 감가상각누계액	×××

문제 12월 31일 당기분 차량운반구 감가상각비는 600,000원이며, 비품 감가상각비는 400,000원이다.(43회)

[분개](차변)　　　　　　　　　　(대변)

답안

(차) 감가상각비	1,000,000원	(대) 감가상각누계액 (차량운반구)	600,000원
		감가상각누계액 (비품)	400,000원

(3) 무형자산의 상각(자동분개)

무형자산의 미래 경제적 효익은 시간의 경과에 따라 소비되기 때문에, 상각을 통하여 장부가액을 감소시킨다. 무형자산의 상각은 유형자산의 경우와 같이 감가상각누계액 계정을 설정하지 않고 무형자산계정에서 직접 상각하는 것이 일반적이며, 이러한 경우에는 각각의 무형자산 장부가액의 증감내용을 주석으로 기재하여야 한다.

(차) 무형고정자산상각 ×××	(대) 무형자산 ×××

(4) 매출채권에 대한 대손충당금 설정(자동분개)

결산 시에 매출채권(외상매출금, 받을어음 등)은 차기 이후에 회수하기 위하여 이월한다. 그러나 매출채권의 잔액이 모두 차기 이후에 회수될 금액을 정확히 나타낸다고 볼 수 없다. 왜냐하면 그 중에는 거래처의 경영악화, 부도 등의 사유로 회수할 수 없는 채권액이 포함되어 있기 때문이다. 따라서 결산에 있어서 대손의 예상액을 장부상에 계상해 줄 필요가 있다.

기말에 매출채권의 채권 잔액에 대하여 몇 %정도 회수가 불가능하게 될 것인가를 추정하여 실제 대손에 대비한다. 이때 새로이 예상한 금액과 대손충당금 잔액을 서로 비교하여 다음과 같이 처리한다.

- 대손충당금 잔액이 없을 경우 - 대손상각비 ××× / 대 손 충 당 금 ×××
- 대손예상액 〉 대손충당금잔액 - 대손상각비 ××× / 대 손 충 당 금 ×××
- 대손예상액 〈 대손충당금잔액 - 대손충당금 ××× / 대손충당금환입[42] ×××

문제

12월 31일 대손충당금은 매출채권(외상매출금, 받을어음) 잔액에 대하여 1%를 보충법으로 설정하다.(46회)

(외상매출금 잔액 : 89,480,000원, 외상매출금에 대한 대손충당금 잔액 :48,000원)
(받을어음 잔액 : 63,300,000원, 받을어음에 대한 대손충당금 잔액 : 33,000원)

답안

(차) 대손상각비 1,446,800 (대) 대손충당금(외상매출금) 846,800
대손충당금(받을어음) 600,000

대손충당금 추가설정액 : 외상매출금 : 89,480,000원 × 1% − 48,000원 = 846,800원
받을어음 : 63,300,000원 × 1% − 33,000원 = 600,000원

42) 대손충당금환입에 대한 분개는 [일반전표입력] 메뉴에서 결산일자에 수동으로 분개해야 한다.

(5) 단기매매증권평가

단기매매증권을 취득하여 결산일 현재 보유하고 있는 경우에는 이를 공정가액(시가)으로 평가하며, 공정가액의 변동분은 단기매매증권평가손익(영업외손익)으로 처리한다.

① 공정가액이 장부가액보다 높은 경우

(차) 단기매매증권 ××× (대) 단기투자자산평가이익 ×××

문제

기말 현재 당사가 단기매매차익을 목적으로 보유하고 있는 주식현황과 기말 현재 공정가치는 다음과 같다.(46회)

주 식 명	보유주식수	주당 취득원가	기말 공정가치
(주)삼화 보통주	1,000주	15,000원	주당 16,000원
(주)동성 보통주	500주	20,000원	주당 21,000원

답안

(차) 단기매매증권 1,500,000 (대) 단기투자자산평가이익 1,500,000
(1,000주× 1,000원 + 500주×1,000원)

② 공정가액이 장부가액보다 낮은 경우

(차) 단기투자자산평가손실 ××× (대) 단기매매증권 ×××

(6) 외화자산 · 부채의 평가

과거에 발생한 외화거래로 기말 현재 외화로 표시된 채권 · 채무가 있는 경우에는 이를 보고기간말 현재의 환율로 환산하고, 장부상에 표시된 금액과 기말환율로 환산한 금액과의 차액을 외화환산손익으로 처리한다.

(차) 외화자산 ×××　　(대) 외화환산이익 ×××
외화부채 ×××
(차) 외화환산손실 ×××　　(대) 외화자산 ×××
외화부채 ×××

문제

1. 12월 31일 단기대여금 중에는 외화대여금 15,000,000원(미화 $8,000)이 포함되어 있다.(대차대조표일 현재 환율: 미화 1$당 1,200원)(41회)

답안

(차) 외화환산손실 5,400,000원　　(대) 단기대여금 5,400,000원

(7) 퇴직급여충당부채 설정

종업원의 퇴직시 회사의 규정에 의하여 지급하여야 할 퇴직금 중 연도 부담분에 속하는 금액을 기말에 계상한다.

(차) 퇴직급여(제조간접비) ×××　　(대) 퇴직급여충당부채 ×××
퇴직급여(판매비와관리비)

문제

당사는 기업회계기준에 의하여 퇴직급여충당부채를 설정하고 있으며, 기말 현재 퇴직급여 추계액 및 당기 퇴직급여충당부채 설정 전의 퇴직급여충당부채 잔액은 다음과 같다. 결산 시 회계처리를 하시오.(44회)

부 서	퇴직급여추계액	퇴직급여충당부채잔액
생산부	30,000,000원	25,000,000원
관리부	50,000,000원	39,000,000원

[답] 생산직 사원 : 30,000,000원 − 25,000,000원 = 5,000,000원
사무직 사원 : 50,000,000원 − 39,000,000원 = 11,000,000원
(차) 퇴직급여(제) 5,000,000원 (대) 퇴직급여충당부채 16,000,000원
퇴직급여(판) 11,000,000원

(8) 수익 · 비용의 이연

① 수익의 이연

회계기간 중에 당기의 수익으로 회계처리 하였으나 차기 이후에 속하는 금액은 당기의 수익에서 차감하여 "선수수익"의 계정에 계상한다.

(차변) 이자수익 ×××   (대변) 선수수익 ×××

② 비용의 이연

회계기간 중에 당기의 비용으로 회계처리 하였으나 차기 이후에 속하는 비용은 당기의 비용에서 차감하여 "선급비용"의 계정에 계상한다.

(차변) 선급비용 ×××   (대변) 보험료 ×××

1. 이자수익으로 계상한 ₩150,000 중에는 차기에 속하는 금액이 50,000 포함되어 있다.

2. 6월 1일 전액 비용으로 회계처리된 보험료(제조부문 1,320,000원, 본사 관리부문 1,440,000원)는 1년분에 해당하므로 차년도분에 대한 회계처리를 하시오. 당기분과 차기분에 대한 계산은 월단위로 계산한다.(56회)

[1] (차) 이자수익 50,000원 (대) 선수수익 50,000원
[2] (차) 선급비용 1,150,000원 (대) 보험료(제) 550,000원
보험료(판) 600,000원

(9) 수익 · 비용의 예상

① 수익의 예상

당기에 속하는 수익으로 결산일까지 아직 입금되지 않아도 당기의 수익으로 계상하여야 하므로 "미수수익"의 계정에 계상한다.

(차변) 미수수익 ××× (대변) 이자수익 ×××

② 비용의 예상

당기에 속하는 비용으로 결산일까지 아직 지급기일이 도래하지 않아 지급하지 않은 금액은 당기의 비용으로 계상하여야 하므로 "미지급비용"의 계정에 계상한다.

(차변) 이자비용 ××× (대변) 미지급비용 ×××

[1] 12월 31일 단기대여금에 대한 당기분 이자미수액 150,000을 계상하다.(46회)

[2] 12월 31일 매장의 2개월분(11월,12월) 임차료(매월 말 지급 약정) 600,000원이 미지급 되었다.(46회)

[1] (차) 미수수익 150,000원 (대) 이자수익 150,000원
[2] (차) 지급임차료 600,000원 (대) 미지급비용 600,000원

(10) 소모품의 정리

① 구입시 비용(소모품비)으로 처리한 경우

결산일에 미사용분이 있는 경우에는 그 금액을 소모품비 계정에서 차감하여 자산계

정인 소모품계정으로 대체하여야 한다. 차기의 초일에는 재대체 분개를 하여 차기의 비용으로 기장처리한다.

(차변) 소모품 ×××	(대변) 소모품비 ×××

② 구입시 자산(소모품)으로 처리한 경우

구입시 자산계정인 소모품계정에 기입하고, 결산일에는 당기의 사용분을 소모품계정에서 차감하여 소모품비 계정으로 대체한다.

(차변) 소모품비 ×××	(대변) 소모품 ×××

문제

영업부에서는 계속적으로 소모품 구입시 전액 소모품비로 비용화하여 계상하고 결산시 미사용분을 자산으로 계상한다. 결산시 영업부서로부터 미사용분으로 소모품 2,000,000원을 통보받았다.(45회)

답안

(차) 소모품 2,000,000원 (대) 소모품비(판) 2,000,000원

(11) 현금과부족 정리

① 현금시제가 부족한 경우

장부상 현금잔액보다 실제 보유하고 있는 현금이 부족하여 현금과부족계정을 설정하였으나 결산시까지 원인이 밝혀지지 않는 경우에는 잡손실로 처리한다.

(차변) 잡손실 ×××	(대변) 현금과부족 ×××

② 현금시제가 많은 경우

실제 보유하고 있는 현금잔액이 장부상 현금잔액보다 많아 현금과부족계정을 설정하였으나 결산시까지 원인이 밝혀지지 않는 경우에는 잡이익으로 처리한다.

(차변) 현금과부족 ××× (대변) 잡이익 ×××

문제

장부상 현금보다 실제 현금이 부족하여 현금과부족으로 계상하였던 금액 50,000원에 대하여 결산일 현재에도 그 원인을 알 수 없어 당기 비용(영업외비용)으로 처리하다.(45회)

답안

(차) 잡손실 50,000원 (대) 현금과부족 50,000원

(12) 가지급금, 가수금의 정리

가지급금 및 가수금 계정은 실제로 현금유입 및 지출은 있었으나, 계정과목이나 금액을 확정할 수 없을 때에 사용하며, 계정과목이나 금액이 확정되면 해당계정에 대체한다. 결산시에 가급적이면 그 성질을 표시하는 과목으로 정리해야 한다.

(차변) 해당계정과목 ××× (대변) 가 지 급 금 ×××
(차변) 가 수 금 ××× (대변) 해당계정과목 ×××

(13) 법인세 등 추산(일부 자동분개)

법인세비용은 법인세비용차감전순손익에 법인세법 등의 법령에 의하여 과세하였거나 과세할 세율을 적용하여 계산한 금액으로 하며 법인세에 부가하는 세액을 포함한다. 중소기업은 기업회계기준의 중소기업특례규정에 의해 “법인세비용” 아닌 “법인세 등” 과목으로 회계 처리한다. 기말결산 시 법인세 추산액이 선납세금보다 큰 경우에는 “선납세금” 계정을 “법인세 등” 계정으로 대체하고 법인세 추산액의 나머지는 “미지급세금” 계정으로 대체한다.

(차) 법인세등	×××	(대) 선납세금	×××
(차) 법인세등	×××	(대) 미지급세금	×××

수익·비용 계정의 마감

수익 및 비용과 같은 손익계정은 일종의 임시계정(temporary account)이다. 이 계정들을 임시계정이라고 하는 이유는 한 회계기간 동안 거래에서 발생하는 모든 금액은 잠정적으로 손익계산서에 집계되나 궁극적으로는 재무상태표에서 주주의 몫인 자본으로 가산되어야 하므로 임시적 혹은 중간적인 성격을 갖게 되기 때문이다. 임시계정들은 일단 재무제표가 완성되면 소멸하여 그 역할이 종료되므로, 다음 회계연도에는 각 계정별로 다시 새로운 거래자료를 처음부터 기록해 나가게 된다. 즉, 다음 연도를 위하여 임시계정의 잔액을 ₩0으로 만들어야 하는데, 이와 같이 임시계정의 잔액을 ₩0으로 만드는 절차를 장부의 마감절차(closing procedures)라고 한다.

① 집합손익 계정의 설정

집합손익 계정은 순손익을 산출하기 위하여 결산시에 설정하는 계정이다. 집합손익 계정의 차변에는 비용계정의 잔액이 집계되고, 대변에는 수익계정의 잔액이 집계된다. 집합손익 계정의 잔액이 차변인 경우 순손실을 나타내며, 잔액이 대변인 경우 순이익을 나타낸다.

손		익	
매출원가	×××		
판매비와관리비	×××	매출액	×××
영업외비용	×××		
순이익을 나타냄	×××	영업외수익	×××

② 수익·비용 계정의 마감

모든 수익 계정은 그 잔액이 대변에 발생하며, 이러한 계정 잔액을 집합손익 계정 대변에 대체하여 마감하고, 모든 비용 계정은 그 잔액이 차변에 발생하며, 이러한 계정 잔액을 집합손익 계정 차변에 대체하여 마감한다.

수익과 비용 계정의 잔액을 집합손익 계정에 대체하면, 집합손익 계정의 차변합계는 비용총액이 되고 대변합계는 수익총액이 된다. 따라서 손익계정의 대변합계가 차변합계 보다 크면 순이익이 되고, 대변합계가 차변합계 보다 적으면 순손실이 된다. 이러한 순손익은 자본의 증감사항이므로 집합손익 계정의 잔액은 자본금 계정으로 대체되고 집합손익 계정은 마감된다.

거래내용	회계처리			
가. 수익계정을 손익계정에 대체:	(차) 수익계정	XXX	(대) 손익	XXX
나. 비용계정을 손익계정에 대체:	(차) 손익	XXX	(대) 비용계정	XXX
다. 순이익을 자본금계정에 대체:	(차) 손익	XXX	(대) 자본금	XXX
라. 순손실을 자본금계정에 대체:	(차) 자본금	XXX	(대) 손익	XXX

문제

1. 다음 개인기업의 집합손익계정에 관한 설명으로 올바르지 못한 것은?(45회)
   ① 집합손익계정은 임시계정이다.
   ② 집합손익계정은 마감단계에만 나타낸다.
   ③ 집합손익계정은 최종적으로 자본금으로 대체된다.
   ④ 집합손익계정은 결산정리 후에도 계정잔액들이 다음 회계기간에 이월된다.

답안

[1] ④ 집합손익계정은 결산시에만 설정되는 임시계정으로 차기로 이월되지 않는다.

수정후 시산표 및 재무제표 작성

수정분개 후 시산표가 작성되면 이를 토대로 재무제표를 작성한다. 수정후시산표에는 이미 손익계산서와 재무상태표에 필요한 모든 정보들이 적절한 양식과 금액으로 분류되어 있기 때문이다.

3. 회계순환과정의 예시

제1단계 : 분개

간소주식회사는 세무자문업무를 하기 위하여 2011년 1월 1일에 설립하였다. 1월중 이 회사에서 발생한 거래는 다음과 같다.

- **1월 3일** : 액면 5,000의 주식 2,000주를 액면가액으로 발행하고 주주로부터 전액 현금으로 납입받다.
  (차변) 현 금 10,000,000원 (대변) 자본금 10,000,000원
- **1월 5일** : 1월, 2월 및 3월분 보험료 300,000을 현금으로 지급하다.
  (차변) 보험료 300,000원 (대변) 현 금 300,000원
- **1월 25일** : 1월중 세무자문업무를 수행하고 고객으로부터 현금 3,000,000을 받다.
  (차변) 현 금 3,000,000원 (대변) 매 출 3,000,000원
- **1월 30일** : 1월분 급여 2,000,000을 현금으로 지급하다.
  (차변) 급 여 2,000,000원 (대변) 현 금 2,000,000원
- **1월 31일** : 은행에서 현금 5,000,000을 6개월간 차입하다.
  (차변) 현 금 5,000,000원 (대변) 단기차입금 5,000,000원

제2단계 : 전기

현 금 (차변)	현 금 (대변)
(1) 10,000,000	(2) 300,000
(3) 3,000,000	(4) 2,000,000
(5) 5,000,000	

단기차입금 (차변)	단기차입금 (대변)
	(5) 5,000,000

보험료 (차변)	보험료 (대변)
(2) 300,000	

자본금 (차변)	자본금 (대변)
	(1) 10,000,000

급 여 (차변)	급 여 (대변)
(4) 2,000,000	

매 출 (차변)	매 출 (대변)
	(3) 3,000,000

수정전 시산표

분개장의 모든 기록이 원장으로 전기된 후, 다음과 같은 1월 31일 현재의 시산표를 작성하면 차변총계와 대변총계가 일치하는지 여부를 확인할 수 있다.

수 정 전 시 산 표

간소(주) 2011년 1월 31일 현재 (단위 : 원)

	차 변	대 변
현 금	₩15,700,000	
단 기 차 입 금		₩5,000,000
자 본 금		10,000,000
매 출		3,000,000
보 험 료	300,000	
급 여	2,000,000	
총 계	₩18,000,000	₩18,000,000

제3단계 : 수정 분개

1월 5일에 지급된 보험료 ₩300,000은 3개월분이다. 이중 ₩100,000만 1월 말 현재, 보험료에 해당되므로 다음과 같은 수정분개를 해야 한다.

- **1월 5일** : 1월, 2월 및 3월분 보험료 ₩300,000을 현금으로 지급하다.
  (차변) 보 험 료 300,000 (대변) 현 금 300,000

⬇

- **1월31일** : (차변) 선급비용 200,000 (대변) 보 험 료 200,000

보 험 료

(2) 300,000	200,000

선급비용

200,000	

수정후 시산표

원장잔액의 수정이 완료된 후 시산표를 작성하면 다음과 같다.

수 정 후 시 산 표

간소(주) 2011년 1월 31일 현재 (단위 : 원)

	차 변	대 변
현 금	₩15,700,000	
선 급 비 용	200,000	
단 기 차 입 금		₩ 5,000,000
자 본 금		10,000,000
매 출		3,000,000
급 여	2,000,000	
보 험 료	100,000	
총 계	₩18,000,000	₩18,000,000

수익·비용 계정의 마감

임시계정인 모든 손익계정을 다음과 같이 이익잉여금계정으로 마감한다.

• 1월 31일 : (차변) 매 출	3,000,000	(대변)	급 여	2,000,000
			보 험 료	100,000
			이익잉여금	900,000

손 익 계 산 서

간소(주) 2011년 1월 1일부터 2011년 1월 31일까지 (단위 : 원)

수 익		₩3,000,000
매 출	3,000,000	
비 용		2,100,000
급 여	2,000,000	
보 험 료	100,000	
당 기 순 이 익		₩ 900,000

재 무 상 태 표

간소(주) 2011년 1월 31일 현재 (단위 : 원)

자 산		부 채	
현 금	₩15,700,000	단 기 차 입 금	₩ 5,000,000
선 급 비 용	200,000	자 본	
		자 본 금	10,000,000
		이 익 잉 여 금	900,000
자 산 총 계	₩15,900,000	부 채 와 자 본 총 계	₩15,900,000

이론

1. 다음 중 제조기업의 재무제표를 작성하는 순서로 가장 올바른 것은?(40회)

㉠ 제조원가명세서	㉡ 손익계산서	㉢ 이익잉여금처분계산서	㉣ 대차대조표

① ㉠ → ㉢ → ㉣ → ㉡
② ㉡ → ㉢ → ㉣ → ㉠
③ ㉠ → ㉡ → ㉢ → ㉣
④ ㉢ → ㉣ → ㉠ → ㉡

2. 다음 중 빈칸의 내용으로 가장 적합한 것은?(38회)

· 선급비용이 (㉠)되어 있다면 당기순이익은 과대계상된다.
· 미수수익이 (㉡)되어 있다면 당기순이익은 과대계상된다.

	㉠	㉡
①	과대계상	과소계상
②	과소계상	과소계상
③	과소계상	과대계상
④	과대계상	과대계상

3. 결산과정에서 시산표를 작성하였는데, 차변합계는 491,200원이고 대변합계는 588,200원이었다. 다음과 같은 오류만 있다고 가정한다면 시산표의 올바른 합계금액은 얼마인가?(55회)

· 당기 중 소모품비로 지급한 45,500원을 복리후생비로 기입하였다.
· 미수금 23,500원을 대변에 잘못 기록하였다.
· 상품재고 50,000원이 누락되었다.

① 588,200원
② 564,700원
③ 541,200원
④ 538,200원

4. 다음 중 시산표등식으로 맞는 것은?(53회)

① 기말자산 + 총비용 = 기말부채 + 기말자본 + 총수익
② 기말자산 + 총비용 = 기말부채 + 기초자본 + 총수익
③ 기말자산 + 총비용 = 기말부채 + 기초자본 + 총수익 – 순손실
④ 기말자산 + 총비용 + 순이익 = 기말부채 + 기초자본 + 총수익

5. 다음 중 이론상 회계순환과정의 순서가 가장 맞는 것은?(52회)

① 기말수정분개→수정후시산표→수익 · 비용계정 마감→집합손익계정 마감→자산 · 부채 · 자본계정 마감→재무제표 작성
② 기말수정분개→수정후시산표→자산 · 부채 · 자본계정 마감→집합손익계정 마감→수익 · 비용계정 마감→재무제표 작성
③ 수정후시산표→기말수정분개→수익 · 비용계정 마감→집합손익계정 마감→자산 · 부채 · 자본계정 마감→재무제표 작성
④ 수정후시산표→기말수정분개→자산 · 부채 · 자본계정 마감→수익 · 비용계정 마감→집합손익계정 마감→재무제표 작성

6. 발생주의 회계는 발생과 이연의 개념을 포함한다. 이와 관련된 계정과목이 아닌 것은?(51회)

① 미수수익 ② 미지급비용 ③ 선수금 ④ 선급비용

7. 다음 중 시산표에서 발견할 수 없는 오류가 아닌 것은?(50회)

① 대차 양편에 틀린 금액을 같이 전기 ② 대차 반대로 전기한 금액
③ 전기를 누락하거나 이중전기 ④ 대차 어느 한 쪽의 전기를 누락

8. 결산시 대손충당금을 과소설정 하였다. 정상적으로 설정한 경우와 비교할 때, 어떠한 차이가 있는가?(50회)

① 당기순이익이 많아진다. ② 당기순이익이 적어진다.
③ 자본이 과소표시 된다. ④ 자산이 과소표시 된다.

9. 다음 설명의 괄호 안에 들어갈 것으로 옳은 것은?(56회)

이연이란 ( )과 같이 미래에 수익을 인식하기 위해 현재의 현금유입액을 부채로 인식하거나, ( )과 같이 미래에 비용을 인식하기 위해 현재의 현금유출액을 자산으로 인식하는 회계과정을 의미한다.

① 미수수익, 선급비용 ② 선수수익, 선급비용
③ 미수수익, 미지급비용 ④ 선수수익, 미지급비용

분개

1. 12월 31일 이자수익 중 다음연도 회계기간에 해당 하는 금액은 240,000원이다.(46회)

   [분개] (차변) (대변)

2. 당기 '법인세등'을 2,520,000원으로 계상한다.(법인세중간예납세액인 '선납세금'은 42,000원이다)(48회)

   [분개] (차변) (대변)

3. 월간기술지를 생산부서에서 1년 정기구독(정기구독기간 2010.10.01 ~ 2011.09.30, 정기구독비용 600,000원은 10월 1일에 전액 선지급 하였음)하고 전액 선급비용으로 회계처리 하였다. 월할계산으로 할 것.(45회)

   [분개] (차변) (대변)

4. 거래은행인 (주)하나은행에 예금된 정기예금에 대하여 당기분 경과이자를 인식하다.(예금 금액 100,000,000원, 만기 3년, 가입연월일 2010년 4월 1일, 연이자율 10%, 만기일 2013년 3월 31일, 월할계산으로 할 것)(44회)

   [분개] (차변) (대변)

5. 선지급(50만원)한 생산직 사원에 대한 출장비(전도금으로 회계처리하였음)에 대하여 다음과 같이 출장비 명세서를 받았다. 초과된 출장비는 보통예금에서 지급하였다.(전액 여비교통비로 회계처리할 것)(43회)

   ▪ 교통비 : 160,000원 ▪ 숙박비 : 210,000원 ▪ 식 대 : 120,000원 ▪ 입장료 : 70,000원

   [분개] (차변) (대변)

6. 1월 20일에 지급할 이자 3,000,000원 중 당기(2010년)에 귀속되는 금액은 2,200,000원이다.(42회)

[분개] (차변) (대변)

7. 소모품으로 1,000,000원을 구입(소모품계정으로 회계처리)하였으며, 결산시 소모품 잔액을 확인한 결과 100,000원이 남아있었다. 소모품은 사무직과 생산직에서 1:2의 비율로 사용하였다. 기말수정분개를 하시오.(41회)

[분개] (차변) (대변)

8. 2011년 1월 20일에 지급할 이자 3,000,000원 중 당기(2010년)에 귀속되는 금액은 2,200,000원이다.(42회)

[분개] (차변) (대변)

9. 당사는 결산시 장부상 현금보다 실제현금이 부족하여 현금과부족계정으로 처리한 금액 400,000원 중 320,000원은 영업사원의 시내교통비 누락분으로 밝혀졌고 나머지 금액은 결산일까지 밝혀지지 않아 잡손실로 회계처리하기로 하였다.(40회)

[분개] (차변) (대변)

10. 단기차입금 중에는 ABC사의 외화단기차입금 12,000,000원(미화 $10,000)이 포함되어 있다.(보고기간종료일 현재 적용환율 : 미화 1$당 1,100원)(47회)

[분개] (차변) (대변)

11. 당기말 영업부 본사 총무부서 직원에 대한 퇴직급여충당부채 전입액은 32,000,000원이다.(48회)

[분개] (차변) (대변)

12. 무형자산으로 처리된 개발비의 당기 무형자산상각액은 12,000,000원이다.(단, 판매관리비로 처리하고 직접법으로 상각함)(50회)

[분개] (차변) (대변)

13. 당사는 영업부에서는 소모품 구입시 전액 소모품비로 비용화하고 결산시 미사용분을 자산으로 계상해 오고 있다. 결산시 영업부로부터 미사용분인 소모품은 1,000,000원으로 통보 받았다.(50회)

[분개] (차변) (대변)

14. 부가가치세 신고에 대한 부가세예수금 10,706,000원과 부가세대급금 7,616,000원을 정리하고 납부세액은 미지급세금 계정으로 회계처리 한다. 당사의 관할 세무서는 서초세무서이다.(55회)

[분개] (차변) (대변)

15. 영업부 비품에 대한 감가상각비는 3,670,000원이며, 공장 기계장치에 대한 감가상각비는 2,330,000원이었다.(49회)

[분개] (차변) (대변)

16. 거래은행인 우리은행에 예금된 정기예금에 대하여 당기분 경과이자를 인식하다.(54회)

· 예금금액 : 50,000,000원	· 예금기간 : 2013. 4. 1 ~ 2016. 3. 31
· 연이자율 : 10%, 월할계산으로 할 것	· 이자지급일 : 연 1회(매년 3월 31일)

[분개] (차변) (대변)

17. 기말현재 당기비용으로 처리한 대표이사 업무용 차량에 대한 보험료 중 기간미경과액은 400,000원이다.(적절한 적요내용에 해당하는 계정과목으로 회계처리할 것)(49회)

[분개] (차변) (대변)

18. 결산정리사항은 다음과 같다. 7월 1일 영업부문의 자동차보험료 720,000원(1년분)을 현금으로 납부하면서 모두 자산으로 처리하였다. 단, 보험료는 월할계산하는 것으로 가정한다.(55회)

[분개] (차변) (대변)

19. 2011년 4월 1일 (주)상훈상사에 300,000,000원을 2013년 3월 31일 까지 대여하고, 연 12%의 이자를 매년 3월 31일 수취하기로 계약을 체결하였다. 기간 경과분에 대한 이자를 결산서상에 반영하시오.(이자는 월할 계산하시오)(49회)

[분개] (차변) (대변)

20. 2012년 7월 1일 사무실을 임대(임대기간 2012.7.1 ~ 2013.6.30)하면서 1년분 임대료 12,000,000원을 자기앞수표로 받고 전액 선수수익으로 회계처리 하였다. 월할 계산하여 기말수정분개를 하시오.(52회)

[분개] (차변) (대변)

전산 회계

Part 3

부가가치세법

제1절
부가가치세의 기초

1. 부가가치와 부가가치세

부가가치세(value added tax; VAT)란 재화나 용역의 생산 또는 유통단계에서 발생되는 부가가치에 대해 부과되는 조세이다. 여기서 부가가치란 생산 또는 유통단계에서 사업자가 독자적으로 새로이 창출한 가치이다.

- **부가가치**(Value Added)란
  생산 또는 유통단계에서 사업자가 독자적으로 새로이 창출한 가치
- **부가가치세**(Value Added Tax; VAT)란
  재화나 용역의 생산 또는 유통단계에서 발생되는 부가가치에 대해 부과되는 조세

(1) 부가가치의 계산방법

① 가산법

가산법은 부가가치를 구성하는 생산요소의 가치를 직접 계산하고 이를 합산하여 부가가치를 계산하는 방법이다.

부가가치 = 지대 (토지) + 임금 (노동) + 이자 (자본) + 이윤 (경영활동의 댓가)

② 공제법

공제법은 다음단계에 제공한 총부가가치(매출액)에서 직전 단계까지 형성된 총 부가가치를 차감하여 부가가치를 계산하는 방법이다.

부가가치 = 매출액 - 매입액

(2) 부가가치세의 계산방법

부가가치세는 부가가치에 일정한 세율을 곱하여 계산한다.

① 가산법

부가가치를 구성하는 생산요소를 합계한 금액에 세율을 곱하여 부가가치세를 계산하는 방법이다.

부가가치 = (지대 +임금 +이자 +이윤) × 세율
→ 부가가치합계액

② 공제법

- 전단계거래액공제법 : 매출액에서 매입액을 공제하여 부가가치를 계산하고 이에 세율을 곱하여 부가가치세를 계산하는 방법이다.

부가가치세 = (매출액 - 매입액) × 세율

- 전단계세액공제법 : 일정기간의 매출액에 세율을 곱하여 매출세액을 계산하고 매입액에 세율을 곱하여 매입세액을 계산한 다음, 매출세액에서 매입세액을 공제하여 부가가치세를 계산하는 방법이다.
  현재 우리나라는 전단계세액공제법을 채택하고 있다.

부가가치세 = 매출세액 - 매입세액
(매출액×세율) (매입액×세율)

문제

1. 다음 자료에 의하여 납부해야 할 부가가치세액은?

- 제품 현금판매 : 공급가액 40,000,000원
- 제품 외상판매 : 공급가액 20,000,000원
- 원재료 현금매입 : 공급가액 20,000,000원
- 원재료 외상매입 : 공급가액 10,000,000원

답안

- 매출세액 : (40,000,000 × 10%) + (20,000,000 × 10%) = 6,000,000
- 매입세액 : (20,000,000 × 10%) + (10,000,000 × 10%) = 3,000,000
- 납부세액 : 6,000,000 − 3,000,000 = 3,000,000

2. 부가가치세의 특징 및 효과

(1) 우리나라 부가가치세법의 특징

① **국세** : 부가가치세는 국가가 부과하는 조세이다. (≠지방세)

② **일반소비세** : 부가가치세는 부가가치세법상 면세로 열거되어 있지 아니한 모든 재화와 용역의 소비에 대하여 포괄적으로 과세하므로 일반세이며, 소비를 담세력으로 하므로 소비세이다. (≠개별소비세)

③ **다단계거래세** : 부가가치세는 재화 또는 용역이 생산되거나 유통되는 제조 · 도매 · 소매 등 모든 거래의 자기단계에서 부가되는 가치에 대해 과세하는 다단계거래세이다.

④ **간접세** : 부가가치세는 각 단계의 사업자가 납부하여야 하나 실질적인 세부담은 최종소비자가 지게 되는 간접세이다. (≠직접세)

⑤ **물세** : 부가가치세는 납세의무자의 부양가족이나 교육비 · 의료비 등 인적사정이 전혀 고려되지 않는 물세이다. (≠인세)

⑥ **전단계세액공제법** : 부가가치세는 매출세액에서 전단계에서 지급한 매입세액을 공제하는 전단계세액공제법을 채택하고 있다.

⑦ **소비지국 과세원칙** : 수출의 경우 영세율을 적용함으로써 완전면세하여 주고 수입재화에 대하여는 과세함으로써 결국 국내소비에 대하여만 과세하는 소비지국과세원칙을 채택하고 있다. (≠생산지국 과세원칙)

⑧ **신고납세제도** : 원칙적으로 납세의무자의 과세표준신고에 의해 납세의무가 확정된다. (≠정부부과제도)

문제

1. 다음 중 우리나라의 부가가치세법의 특징이 아닌 것은?(45회)

① 개별소비세　② 소비형 부가가치세　③ 간접세　④ 전단계세액공제법

문제

2. 다음 중 우리나라의 부가가치세의 특징으로 틀린 것은?(53회)

① 일반소비세　② 직접세

③ 전단계세액공제법　④ 소비지국과세원칙

답안

[1] ① 개별소비세가 아니라 일반소비세이다.
[2] ②

(2) 부가가치세의 효과

① **수출 촉진** : 부가가치세는 수출 또는 수출지원 사업에 대하여 영세율을 적용하여 거래 징수당한 매입세액을 전액 환급해 줌으로써 수출촉진에 기여한다.

② **투자 촉진** : 소비형[1] 부가가치세에서는 제작 · 매입한 자본재에 대한 매입세액을 공제 또는 환급 받기 때문에 투자를 촉진한다.

③ **근거과세의 확립** : 매입세액을 공제받기 위해서는 세금계산서가 수수되어야 하므로 근거과세확립에 공헌한다.

④ **세부담의 역진성** : 부가가치세는 최종소비자에게 조세부담이 전가되고 단일세율이므로 소득이 달라도 동일한 세부담을 해야 하는 조세부담의 역진성을 갖는다.

3. 과세기간

과세기간이란 세법에 의하여 국세의 과세표준 계산의 기초가 되는 기간을 말한다. 여기서 과세표준이란 세법에 의하여 직접적으로 세액산출의 기초가 되는 과세대상, 즉 과세물건의 수량 또는 가액을 말한다.

1) 국민총생산(GDP)형 : 부가가치 = output － 중간재매입액
소득형 : 부가가치 = output － 중간재매입액 － 감가상각비
소비형 : 부가가치 = output － 중간재매입액 － 자본재매입액

(1) 일반적인 경우

사업자에 대한 부가가치세의 과세기간은 다음과 같다.

과 세 기 간		신 고 납 부 기 한		
구 분	대상기간	구 분	신고대상기간	신고납부기한
제1기	1.1 ~ 6.30	예정신고	1.1 ~ 3.31	4.25
		확정신고	4.1 ~ 6.30	7.25
제2기	7.1 ~ 12.31	예정신고	7.1 ~ 9.30	10.25
		확정신고	10.1 ~ 12.31	익년 1.25

① 예정신고와 납부

사업자는 각 과세기간 중 예정신고기간이 끝난 후 25일 이내에 각 예정신고 기간에 대한 과세표준과 납부세액 또는 환급세액을 사업장 관할세무서장에게 신고하여야 한다. 다만, 신규로 사업을 시작하거나 시작하려는 자에 대한 최초의 예정신고기간은 사업개시일 또는 등록한 날부터 그 날이 속하는 예정신고기간의 종료일까지로 한다.

개인사업자에 대하여는 각 예정신고기간마다 직전 과세기간에 대한 납부세액의 2분의 1에 해당하는 금액(1,000원 미만 단수는 절사)을 결정하여 해당 예정신고기한까지 징수한다(예정고지). 다만, 징수하여야 할 금액이 20만원 미만이거나 간이과세자에서 해당 과세기간 개시일 현재 일반과세자로 변경된 경우에는 이를 징수하지 아니한다.

② 확정신고와 납부

사업자는 각 과세기간에 대한 과세표준과 납부세액 또는 환급세액을 그 과세기간이 끝난 후 25일(폐업하는 경우에는 폐업일이 속하는 달의 다음달 25일) 이내에 사업장 관할세무서장에게 신고하고, 신고와 함께 그 과세기간에 대한 납부세액을 사업장 관할세무서장에게 납부하여야 한다. 확정신고·납부와 관련하여 참고할 사항을 살펴보면 다음과 같다.

- 예정신고 및 조기환급신고에 있어서 이미 신고한 내용은 확정신고 대상에서 제외하며, 예정신고시 미환급된 세액은 확정신고시 납부세액에서 공제한다.
- 확정신고시에 부가가치세확정신고서와 함께 매출·매입처별세금계산서합계표, 영세율첨부서류, 신용카드매출전표등수취명세서, 기타 첨부서류를 제출하여야 하나, 이미 예정신고 및 조기환급신고에 있어서 제출한 것은 제외한다.

③ 환급

부가가치세 납부세액을 계산함에 있어서 매입세액이 매출세액을 초과하는 경우에는 환급세액이 발생하게 되는데, 이 경우 관할세무서장은 각 과세기간별로 당해 과세기간에 대한 환급세액을 그 확정신고기한 경과 후 30일내에 사업자에게 환급하여야 한다. 따라서 예정신고기간에 대한 환급세액은 원칙적으로 이를 환급하지 않고 확정신고시 납부할 세액에서 정산하는 것이다.

(2) 기타의 경우

① **신규사업개시자** : 신규로 사업을 개시하는 자에 대한 최초의 과세기간은 사업개시일부터 그 날이 속하는 과세기간의 종료일까지로 한다.

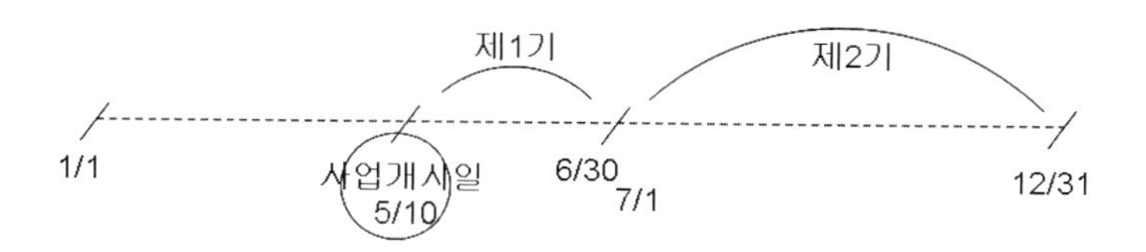

다만, 사업개시 전에 사업자등록을 한 경우에는 그 등록일로부터 그 날이 속하는 과세기간의 종료일까지로 한다.

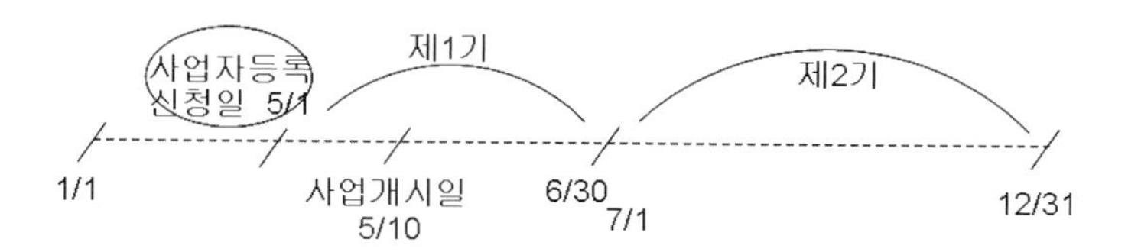

② **폐업자** : 사업자가 폐업하는 경우의 과세기간은 폐업일이 속하는 과세기간의 개시일로부터 폐업일까지로 한다. 또한, 폐업한 경우에는 폐업일이 속하는 달의 다음달 25일까지 신고하여야 한다.

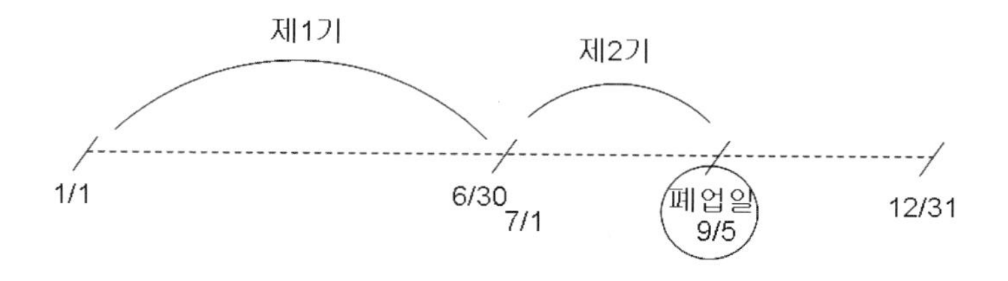

문제

1. 홍길동은 일반과세사업자로 2009년 9월 1일에 사업을 시작하여 당일 사업자등록 신청을 하였다. 홍길동의 부가가치세법상 2009년 제2기 과세기간은?(40회)

① 2009년 1월 1일 ~ 12월 31일　② 2009년 9월 1일 ~ 12월 31일
③ 2009년 1월 1일 ~ 9월 1일　④ 2009년 7월 1일 ~ 12월 31일

문제

2. 부가가치세법상 부가가치세의 과세기간으로 옳지 않은 것은?(제48회 세무회계3급)

① 계속사업자 제1기 : 1월1일 ~ 6월30일
② 계속사업자 제2기 : 7월1일 ~ 12월31일
③ 사업개시 전 등록한 사업자 : 사업개시일 ~ 당해과세기간 종료일
④ 폐업자 : 당해 과세기간 개시일 ~ 폐업일

답안

[1] ② 신규사업자의 최초 과세기간은 사업개시일로부터 당해 과세기간의 종료일까지이다.
[2] ③ 사업개시 전 등록의 경우: 등록일~당해 과세기간종료일

4. 납세의무자

부가가치세의 납세의무자는 사업자이다. 사업자란 영리목적의 유무에 관계없이 사업상 독립적으로 재화 또는 용역을 공급하는 자와 재화를 수입하는자를 말한다.

(1) 사업자의 요건

① **재화 또는 용역의 공급** : 부가가치세의 과세대상인 재화 또는 용역의 공급은 사업자가 되기 위한 기본적인 요건이다.

② **사업성** : 사업성이란 최소한 부가가치를 창출할 수 있을 정도의 실체적인 사업형태를 갖추고, 사회통념상 인정될 수 있는 정도의 계속적·반복적 공급이 있는 것을 말한다.

③ **사업상 독립성** : 타인에게 고용된 지위에 있지 않아야 하며(인적독립), 주된 사업에 부수되거나 연장이 아닌 별도의 것이어야 한다(물적독립).

④ **영리목적 유무와 무관** : 부가가치세는 사업자가 얻은 소득에 대해 과세하는 것이 아니라 그가 창출하여 공급한 부가가치에 대하여 공급받는자로부터 세액을 징수하여 납부하는 것이므로 사업의 영리목적 유무와는 무관하다. 따라서 사업자에는 국가·지방자치단체와 지방자치단체조합도 포함된다.

부가가치세의 납세의무자는 사업자이다. 다음 중 사업자의 요건으로 볼 수 없는 것은? (제50회 세무회계3급)

① 재화나 용역을 공급하는 자를 말한다. ② 독립적이어야 한다.
③ 사업목적이 영리이어야 한다. ④ 사업상이어야 한다.

(2) 사업자의 분류

부가가치세법상의 사업자는 납세의무를 진다. 그러므로 납세의무가 없는 면세사업자를 제외한 사업자, 즉 과세사업자만이 부가가치세법상의 사업자이다. 과세사업자는 업종과 매출규모에 따라 일반과세자와 간이과세자로 구분한다. 일반 과세자와 간이 과세자는 소득세의 계산에서는 차이가 없지만, 부가가치세에 있어서는 세금 계산 방식, 세금 계산서 발행 의무 등 여러 가지 차이가 있다.

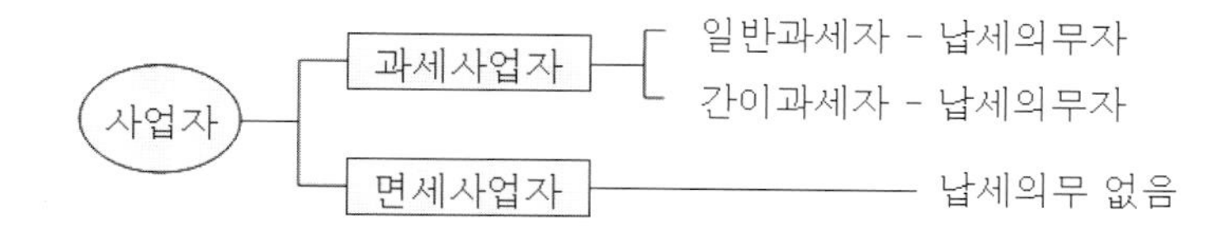

① 일반 과세자

법인은 모두 일반 과세자에 해당하며 개인의 경우는 간이 과세 기준에 해당하지 않는 경우, 즉 매출액이 4,800만원 이상이 되는 경우와 업종 및 지역 등이 간이 과세 기준에 해당하지 않는 경우에는 반드시 일반 과세자로 사업자 등록을 해야 한다.

② 간이 과세자

간이 과세자는 업종별로 주로 소매 등 최종 소비자를 상대로 하는 경우로, 매출 규모가 크지 않은 소규모 사업자에 해당된다. 소규모 사업자들이기 때문에 체계적인 자료의 관리, 사업 실적의 관리 등이 이루어지지 않는 경우가 많고, 납세 의무를 이행하는데 따라 비용의 부담이 상대적으로 크기 때문에 법령에서는 간편한 방식으로 의무를 이행할 수 있도록 편의를 제공하고 있다.

구분	일반과세자	간이과세자
적용 대상자	간이과세자 이외의 과세사업자	1역년의 공급대가의 합계액이 4,800만원 미만이고 간이과세가 배제되는 사업 및 지역에 해당되지 않는 경우의 개인사업자
적용 배제업종	없음	광업, 제조업, 도매업, 부동산매매업, 일정한 부동산 임대업, 일정한 과세유흥장소, 일정한 전문자격사업 등
포기제도	없음	간이과세를 포기하고 일반과세자가 될 수 있음
세금계산서	원칙적으로 세금계산서 발급	영수증 발급만 가능
납부 세액	(매출세액) - (공제대상매입세액)	(공급대가 × 업종별부가가치율 × 10%) - (매입세금계산서등의매입세액 × 업종별부가가치율)
의제매입 세액공제	없음	음식점만 해당[2]
예정신고 의무	예정신고 있으며, 개인 사업자는 고지 납부(예정고지액이 10만원 이하일 경우 고지 생략)	예정신고 없이 확정신고 함
세액 공제 및 환급	매출 세액을 초과하는 매입 세액은 환급	납부 세액을 초과하는 매입 세액 공제액은 환급하지 않음
납부의무 면제	없음	1과세 기간(6개월)의 공급대가가 1,200만원 미만인 경우 부가세 신고는 하되, 부가세 납부 의무가 면제됨
가산세	부가가치세법상 모든 가산세 적용	미등록 가산세 0.5%
기장 의무	장부 비치 · 기장의무 있음	영수 보관의 의무

간이과세자는 직전 1역년의 공급대가의 합계액이 4,800만원에 미달하는 개인사업자로 공급대가의 수준에 관계없이 광업, 제조업, 도매업, 부동산매매업, 일정한 부동산 임대업[3], 일정한 과세유흥장소[4], 일정한 전문자격사업[5] 등 일정한 사업은 간이과세적용이 배제된다. 납부세액은 "공급대가×해당 업종의 부가가치율[6]× 10%"로 계산되며, 세금

2) 음식점업을 영위하는 간이과세자가 면세로 공급받은 농 · 축 · 수 · 임산물 및 소금을 해당 음식점업의 원재료로 사용하는 경우 의제매입세액을 공제받을 수 있음.

3) 특별시 · 광역시 지역에 소재하는 부동산 임대사업장으로서 국세청장이 정하는 일정규모 이상의 부동산임대업을 말함

4) 특별시 · 광역시 · 시지역 및 국세청장 고시지역에서 개별소비세 과세대상이 되는 과세유흥장소를 영위하는 사업

5) 변호사업 · 변리사업 · 법무사업 · 공인회계사업 · 세무사업 · 경영지도사업 · 건축사업 · 의사업 · 한의사업 · 약사업 · 수의사업 등 기타 이와 유사한 사업서비스업

6) 《간이과세자에 적용되는 업종별 부가가치율》

업 종	부가가치율
· 전기 · 가스 · 증기 및 수도사업	5%
· 소매업, 재생용재료수집 및 판매업, 음식점업	10%
· 제조업, 농 · 임 · 어업, 숙박업, 운수 및 통신업	20%
· 건설업, 부동산임대업, 기타서비스업	30%

계산서를 발급할 수 없고 영수증만을 발급한다. 또한 해당 과세기간(6개월)에 대한 공급대가가 1,200만원 미만인 경우에는 납부세액을 납부할 의무를 면제하며, 예정신고 의무 및 예정고지도 생략한다. 그러므로 간이 사업자 중에서 부가가치세를 내는 사업자는 연간 매출액이 2,400 ~ 4,800만원 미만인 판매자들이다. 간이 과세자 중 연간 매출액이 4,800만원 이상일 경우에는 자동으로 일반 과세자로 변경된다.

5. 사업자등록

사업자등록이란 납세의무가 있는 사업자를 관할세무서의 대장에 등록하는 것을 말하며, 이로 인하여 과세관청은 납세의무자를 파악할 수 있고 사업자는 고유의 등록번호를 부여받아 거래시에 이를 활용하게 된다.

(1) 사업자등록의 신청

사업자는 사업장마다 사업개시일부터 20일 이내에 “사업자등록신청서”를 작성하고 다음의 서류를 첨부하여 사업장 관할세무서장[7]에게 등록하여야한다. 다만, 신규로 사업을 개시하고자 하는 자는 사업개시일[8] 전이라도 등록할 수 있다.

이때, 둘 이상의 사업장이 있는 사업자는 사업자 단위로 해당 사업자의 본점 또는 주사무소 관할세무서장에게 사업자단위과세사업자로 등록을 신청할 수 있다.

① 법령에 의하여 허가를 받거나 등록 또는 신고를 하여야 하는 사업의 경우 : 사업허가증 사본・사업등록증 사본 또는 신고필증 사본
② 사업장을 임차한 경우 : 임대차계약서 사본
③ 상가건물임대차보호법의 적용이 되는 상가건물의 일부분을 임차한 경우 : 해당 부분의 도면

7) 사업장 관할세무서장이 아닌 다른 세무서장에게 신청하여도 사업장 관할세무서장에게 신청한 것으로 본다.
8) 사업개시일이란 다음의 날을 말한다.
① 제조업: 제조장별로 재화의 제조를 개시한 날
② 광업: 사업장별로 광물을 채취・채광을 개시한 날
③ 기타: 재화 또는 용역의 공급을 개시한 날

④ 금지금(金地金) 도・소매업 및 개별소비세 과세유흥장소에의 영업을 영위하려는 경우 : 사업자금 내역 또는 재무상황 등을 확인할 수 있는 자금출처명세서

⑤ 사업자단위로 등록하려는 사업자의 경우 : 사업자단위과세적용사업장 외의 종된 사업장에 대한 위 ① ~ ④에 따른 서류 및 사업장 소재지・업태・종목 등 기획재정부령으로 정하는 서류

(2) 사업자등록증의 발급

사업자등록 신청을 받은 관할세무서장은 사업자의 인적사항과 기타 필요한 사항을 기재한 사업자등록증을 신청일부터 3일 이내에 신청자에게 발급하여야 한다. 다만, 사업장시설이나 사업현황을 확인하기 위하여 국세청장이 필요하다고 인정하는 경우에는 발급기한을 5일 이내에서 연장하고 조사한 사실에 따라 사업자등록증을 발급할 수 있다.

(3) 사업자등록증의 사후관리

① 사업자등록의 정정

사업자의 등록사항에 다음의 변동사항이 발생한 때에는 지체없이 세무서장(관할 또는 그 밖의 모든 세무서장)에게 신고하여야 하며, 신고를 받은 세무서장은 다음의 기한 내에 정정내용을 확인하고 사업자등록증의 기재사항을 정정하여 등록증을 재발급하여야 한다.

사업자등록 정정사유	재발급기한
① 상호를 변경하는 때 ② 사이버몰에 인적사항 등의 정보를 등록하고 재화나 용역을 공급하는 사업자(통신판매업자)가 사이버몰의 명칭 또는 인터넷 도메인 이름을 변경하는 때	신청일 당일
③ 법인의 대표자를 변경하는 때 ④ 사업의 종류에 변경이 있는 때 ⑤ 사업장을 이전하는 때 ⑥ 상속으로 인하여 사업자의 명의가 변경되는 때 ⑦ 공동사업자의 구성원 또는 출자지분의 변경이 있는 때 ⑧ 상가건물임대차보호법을 적용받는 경우에 임대인, 임대차 목적물이나 그 면적, 보증금, 차임 또는 임대차기간의 변경이 있거나 새로이 상가건물을 임차한 때 ⑨ 사업자단위과세사업자가 사업자단위과세적용사업장을 변경하는 때 ⑩ 사업자단위과세사업자가 종된 사업장을 신설・이전・휴업・폐업하는 때	신청일부터 3일 내

② 휴업 · 폐업신고

등록한 사업자가 휴업 또는 폐업하거나 사업개시 전에 등록한 자가 사실상 사업을 개시하지 아니하게 되는 때에는 지체없이 "휴업(폐업)신고서"에 사업자등록증과 폐업신고확인서(법령에 의하여 허가를 받거나 등록 또는 신고를 하여야 하는 사업에 한하며, 폐업신고를 한 사실을 확인할 수 있는 서류의 사본을 말함)를 첨부하여 세무서장(관할 또는 그 밖의 모든 세무서장)에게 제출하여야 한다. 다만, 사업자가 부가가치세 확정신고서에 폐업연월일 및 사유를 기재하고 사업자등록증과 폐업신고 확인서를 첨부하여 제출하는 경우에는 폐업신고서를 제출한 것으로 본다. 세무서장은 사업자가 폐업한 때에는 지체없이 그 등록을 말소하여야 한다.[9]

문제

다음 중 사업자등록의 정정사유가 아닌 것은?(35회)

① 상호를 변경하는 때
② 사업의 종류에 변경이 있는 때
③ 사업장을 이전할 때
④ 증여로 인하여 사업자의 명의가 변경되는 때

답안

④ 증여로 인하여 사업자의 명의가 변경되는 경우에는 정정사유가 아닌 폐업사유가 된다.

(4) 미등록에 대한 제재

① 매입세액불공제

사업자등록을 신청하기 전의 매입세액은 매출세액에서 공제하지 않는다. 다만, 사업자등록신청기한이 사업개시일로부터 20일 이내이므로 등록하기 전의 매입세액이라도 그 등록신청일로부터 역산하여 20일 이내의 것은 매입세액을 공제한다.

② 미등록가산세

사업자자 사업개시일부터 20일 이내에 사업자등록을 신청하지 않은 때에는 미등록가산세가 부과된다.

9) 개별소비세법 또는 교통 · 에너지 · 환경세법의 규정에 의하여 개업 · 휴업 · 폐업 및 변경신고를 한 때에는 사업자등록신청과 휴업 · 폐업의 신고 및 등록정정신고를 한 것으로 본다.

6. 납세지와 과세관할

납세지는 납세의무자가 납세의무를 이행하고 세무관청이 과세권을 행사하는 기준이 되는 장소이다. 사업자의 부가가치세 납세지는 각 사업장 소재지로 하며, 부가가치세는 사업장마다 신고・납부하여야 한다. 재화를 수입하는 자의 부가가치세 납세지는 관세법에 따라 수입을 신고한 세관의 소재지로 한다.

(1) 사업장

사업장이란 사업자 또는 그 사용인이 상시 주재하여 거래의 전부 또는 일부를 행하는 장소를 말한다.

구분	사업장
(1) 광업	광업사무소의 소재지
(2) 제조업	최종제품을 완성하는 장소(따로 제품의 포장만을 하거나 용기에 충전만을 하는 장소는 제외)
(3) 건설업・운수업・부동산매매업	① 사업자가 법인인 경우: 그 법인의 등기부상의 소재지 ② 사업자가 개인인 경우: 그 업무를 총괄하는 장소
(4) 부동산 임대업	그 부동산의 등기부상 소재지
(5) 무인자동판매기를 통하여 재화・용역을 공급하는 사업	그 사업에 관한 업무를 총괄하는 장소
(6) 비거주자 또는 외국법인의 경우	비거주자 또는 외국법인의 국내사업장
(7) 사업장을 설치하지 아니한 경우	사업자의 주소 또는 거소

사업자가 자기의 사업과 관련하여 생산 또는 취득한 재화를 직접 판매하기 위하여 특별히 판매시설을 갖춘 직매장은 사업장으로 보며, 재화의 보관・관리시설만을 갖춘 하치장은 사업장으로 보지 않는다. 직매장을 설치한 자는 이를 사업장으로 보기 때문에 사업개시일부터 20일 이내에 사업자등록을 신청하여야 한다. 그리고 하치장을 설치한 자는 하치장을 둔 날부터 10일 이내에 하치장관할세무서장에게 하치장설치신고서를 제출하여야 하며, 설치신고를 받은 하치장관할세무서장은 10일 이내에 사업장 관할 세무서장에게 통보하여야 한다.

또한, 사업자가 그 기존 사업장 외의 각종 경기대회・박람회・국제회의 기타 이와 유사한 행사가 개최되는 장소에서 임시로 개설한 임시사업장의 경우 독립된 사업장으로 보지 아니하고 기존 사업장에 포함되는 것으로 한다. 사업자가 임시사업장을 설치한 경우에는 해당 임시사업장의 사업개시일부터 10일 이내에 임시사업장의 관할세무서장에게 임시사업장개설신고서를 제출하여야 한다. 다만, 임시사업장의 설치기간이 10일 이내인 경우에는 임시사업장개설신고를 하지 않아도 무방하다. 그리고 그 임시사업장을 폐쇄한 때에는 그 폐쇄일부터 10일 이내에 임시사업장폐쇄신고서를 제출하여야 한다.

문제

다음은 사업장의 범위를 업종별기준으로 설명한 것이다. 다음 중 가장 틀린 것은?(38회)

① 무인자동판매기에 의한 사업 : 무인자동판매기의 설치장소
② 부동산매매업 : 법인은 법인의 등기부상 소재지
③ 사업장을 설치하지 않은 경우 : 사업자의 주소 또는 거소
④ 비거주자와 외국법인 : 국내사업장 소재지

답안

① 무인자동판매기에 의한 사업 : 그 사업에 관한 업무총괄장소

(2) 주사업장 총괄납부

부가가치세는 사업장 단위로 납세의무를 이행하는 것이 원칙이나 사업자에게 둘 이상의 사업장이 있는 경우에는 주된 사업장 관할세무서장에게 신청하면 각 사업장의 납부세액 또는 환급세액을 통산하여 주된 사업장[10]에서 납부하거나 환급받을 수 있는데, 이를 "주사업장 총괄납부"라 한다. 주사업장 총괄납부는 납부 또는 환급만을 총괄할 뿐이므로 총괄납부를 신청한 경우에도 세금계산서의 작성・발급 및 신고 등은 각 사업장별로 하여야 한다.

주된 사업장에서 총괄하여 납부하려는 자는 그 납부하려는 과세기간 개시 20일 전에 주된 사업장의 관할세무서장에게 신청하여야 한다. 다만, 신규로 사업을 개시하는 자가 총괄하여 납부하려는 경우에는 주된 사업장의 사업자등록증을 받은 날부터 20일 이

10) 주된 사업장은 법인의 본점(주사무소 포함) 또는 개인의 주사무소로 한다. 다만, 법인의 경우에는 지점(분사무소 포함)을 주된 사업장으로 할 수 있다.

내에 신청하여야 하며, 이 경우에는 해당 신청일이 속하는 과세기간부터 총괄하여 납부한다.

(3) 사업자단위과세

부가가치세법은 사업장별로 신고・납부, 사업자등록 및 세금계산서 발행 등을 해야 하는 불편함을 덜어주기 위하여 둘 이상의 사업장을 가진 사업자가 사업자단위로 사업자등록을 한 경우, 해당 사업자(사업자단위과세사업자)의 본점 또는 주사무소에서 총괄하여 신고・납부, 사업자등록 및 세금계산서 발행 등을 할 수 있도록 하고 있는데 이를 "사업자단위과세"라고 한다. 사업자단위과세를 적용받고자 하는 사업자는 사업자단위과세사업자로 적용받으려는 과세기간 개시 20일 전까지 해당 사업자의 본점 또는 주사무소 관할세무서장에게 등록하여야 한다.

주사업장 총괄납부는 납부 또는 환급에 대해서만 신청의 효력이 있는 반면에, 사업자단위과세는 부가가치세법에 따른 모든 납세의무에 관한 사항을 사업자단위로 이행한다는 점에서 차이가 있다.

(4) 과세관할

사업자에 대한 부가가치세는 납세지를 관할하는 세무서장 또는 지방국세청장이 과세하며, 재화를 수입하는 자에 대한 부가가치세는 관세법에 따라 수입을 신고한 세관의 소재지를 관할하는 세관장이 과세한다.

1. 도매업자, 소매업자, 최종소비자의 순으로 과세상품이 판매되었을 경우 부가가치세 납세의무자와 담세자의 관계가 바르게 연결된 것은?(20회)

① 납세의무자 – 소매업자, 담세자 – 도매업자
② 납세의무자 – 도매업자, 담세자 – 도매업자
③ 납세의무자 – 도매업자, 담세자 – 소매업자
④ 납세의무자 – 소매업자, 담세자 – 최종소비자

2. 김나라는 2011년 7월 2일에 사업[나라상사(업태:소매업, 종목:컴퓨터판매)]을 신규로 개시하였다. 김나라는 부가가치세법상 관할세무서에 언제까지 사업자등록을 신청하여야 하는가?(제49회 세무회계3급)

① 7월 12일　　② 7월 22일　　③ 7월 31일　　④ 8월 2일

3. 현행 부가가치세에 대한 설명으로 가장 옳지 않은 것은?(제46회 세무회계3급)

① 소비형 부가가치세　　② 일반소비세
③ 단일단계 과세방식　　④ 간접세

4. 다음은 부가가치세법상의 사업장의 범위에 대한 설명이다. 틀린 것은?(32회)

① 광업에 있어서는 광업사무소의 소재지
② 제조업에 있어서는 최종제품을 완성하는 장소
③ 건설업에 있어서는 사업자가 법인인 경우에는 그 법인의 등기부상의 소재지
④ 부동산임대업에 있어서는 사업자가 법인인 경우에는 그 법인의 등기부상의 소재지

5. 부가가치세법상 사업자등록신청 전의 거래에 대한 매입세액은 공제되지 않는다. 다만, 등록 전 매입세액 중 등록신청일로부터 역산하여 (　)일 이내의 것은 매입세액공제를 받을 수 있다. 괄호 안에 들어갈 말은?(27회)

① 5　　② 10　　③ 20　　④ 30

6. 다음 중 우리나라의 부가가치세법의 특징이 아닌 것은?(45회)

① 개별소비세　② 소비형 부가가치세　③ 간접세　④ 전단계세액공제법

7. 우리나라 부가가치세의 특징과 관련이 없는 것은?(34회)

① 국세　② 직접세　③ 소비지국 과세원칙　④ 전단계세액공제법

8. 다음은 부가가치세의 어떤 특징을 설명한 것인가?(51회 세무회계3급)

> 일정기간 중 각 기업의 매출액 전체에 대하여 세율을 적용하여 계산한 세액(매출세액)에서 매입시 거래징수당한 세액(매입세액)을 공제한 금액을 납부세액으로 하는 방법이다.

① 간접세　② 다단계거래세　③ 전단계세액공제법　④ 소비지국과세원칙

9. 부가가치세법과 관련된 다음의 설명 중 가장 잘못된 것은?(53회 전산세무2급)

① 사업자등록 신청은 사업장마다 사업개시일로부터 20일 내에 하는 것이 원칙이다.
② 면세사업자는 부가가치세법상 사업자에 해당하지 아니한다.
③ 직매장은 사업장에 해당하고, 하치장은 사업장에 해당하지 아니한다.
④ 한 사업자에게 동일한 업종으로 2이상의 사업장이 있는 경우에는 사업자단위로 신고・납부하는 것이 원칙이다.

10. 다음 중 부가가치세법상 사업자등록과 관련된 설명 중 틀린 것은?(51회 전산세무2급)

① 사업자는 사업장마다 사업개시일부터 20일내에 사업자등록을 하여야 한다.
② 신규로 사업을 시작하려는 자는 사업개시일 전이라도 사업자등록을 할 수 있다.
③ 사업자등록의 신청을 받은 관할세무서장은 신청일부터 3일 이내에 사업자등록증을 신청자에게 발급하는 것이 원칙이다.
④ 상속으로 인하여 사업자의 명의가 변경되는 때에는 폐업을 하고 신규로 사업자등록을 하여야 한다.

제2절 과세거래 및 공급시기

1. 과세대상

과세대상이란 세금을 부과할 수 있는 대상을 말한다. 부가가치세는 사업자가 행하는 재화의 공급, 용역의 공급, 재화의 수입 거래에 대하여 부과한다. 용역의 수입은 저장이 불가능하고 형체가 없으므로 과세대상에서 제외된다.

(1) 재화

재화라 함은 재산적 가치가 있는 모든 유체물과 무체물을 말한다.

① **유체물** : 상품 · 제품 · 원료 · 기계 · 건물과 기타 모든 유형적 물건을 포함한다. 유체물에는 토지도 포함된다. 그러나 수표 · 어음 등 화폐대용증권과 주식 · 채권 등의 유가증권은 재화로 보지 않는다.

② **무체물** : 동력 · 열, 기타 관리할 수 있는 자연력 및 권리 등으로서 재산적 가치가 있는 유체물 이외의 모든 것을 포함한다.

(2) 용역

용역이란 재화 이외의 재산적 가치가 있는 모든 역무 및 기타 행위를 말한다. 부가가치 세법시행령 제2조 제1항에서는 ① 건설업 ② 숙박 및 음식점업 ③ 운수업 ④ 방송통신 및 정보서비스업 ⑤ 금융 및 보험업 ⑥ 부동산업 및 임대업(단, 전 · 답 · 과수원 · 목장용지 · 임야 또는 염전임대업은 제외) ⑦ 전문, 과학 및 기술서비스업, 사업시설관리 및 사업지원서비스업 ⑧ 교육서비스업 ⑨ 보건 및 사회복지사업 등을 용역의 범위로 열거하고 있다.[11)]

2. 재화의 공급

재화의 공급이란 사업자가 계약상 또는 법률상의 모든 원인에 의하여 재화를 인도 또는 양도하는 것을 말한다.

(1) 재화의 실질적 공급

① 매매계약에 의한 공급 : 현금판매 · 외상판매 · 할부판매 · 장기할부판매 · 조건부 및 기한부판매 · 위탁판매 · 기타 매매계약에 의하여 재화를 인도 또는 양도하는 것
② 가공계약에 의한 공급 : 자기가 주요자재의 전부 또는 일부를 부담하고 상대방으로부터 인도받은 재화에 공작을 가하여 새로운 재화를 만드는 가공계약에 의하여 재화를 인도하는 것
③ 교환계약에 의한 공급 : 재화의 인도대가로서 다른 재화를 인도받거나 용역을 제공받는 교환계약에 의하여 재화를 인도 또는 양도하는 것
④ 기타 계약상 · 법률상 원인에 의한 공급 : 현물출자 · 경매 · 수용 등(법률에 따른 공매 · 강제경매 및 일정한 수용은 제외) 기타 계약상 · 법률상 원인에 의하여 재화를 인도 또는 양도하는 것

(2) 재화의 공급의제(간주공급)

부가가치세법에서는 재화의 실질적 공급에 해당하지는 않지만 일정한 사건들을 재화의 공급으로 간주하여 과세대상으로 보도록 하고 있는데, 이를 재화의 공급의제 또는 재화의 간주공급이라 한다.

① 자가공급

사업자가 자기의 사업과 관련하여 생산 · 취득한 재화를 자기의 사업을 위하여 직접 사용 · 소비하는 것을 말하는데, 다음의 3가지 경우에 한하여 이를 재화의 공급으로 간주한다.

11) 건설업과 부동산업 중 다음의 사업은 재화를 공급하는 것으로 본다.
① 부동산의 매매(주거용 또는 비주거용 및 기타 건축물을 자영 건설하여 분양 · 판매하는 경우를 포함함) 또는 그 중개를 사업목적으로 나타내어 부동산을 판매하는 경우
② 사업상 목적으로 1과세기간 중에 1회 이상 부동산을 취득하고 2회 이상 판매하는 경우

- **면세사업에의 전용** : 자기의 사업과 관련하여 생산·취득한 재화를 자기의 면세사업을 위하여 직접 사용·소비하는 것은 재화의 공급으로 본다.
  - Ex 농기계제조업자(과세사업)가 농기계를 제조하여 농업(면세사업)에 직접 사용한 경우
  - Ex 택시운송사업용(과세사업)으로 취득한 정비기계를 시내버스운송사업용(면세사업)으로 전용하는 경우

- **비영업용 소형승용자동차와 그 유지에의 비용** : 자기의 사업과 관련하여 생산·취득한 재화를 비영업용 소형승용자동차로 사용하거나 또는 그 유지에 사용·소비하는 것은 재화의 공급으로 본다.
  - Ex 자동차제조회사가 자기가 생산한 소형승용차를 판매용으로 사용하지 않고 임직원의 업무용으로 사용하는 경우
  - Ex 택시운송사업자가 운송목적으로 구입한 소형승용차를 임직원의 업무용으로 사용하는 경우
  - Ex 주유소나 자동차부품판매업을 영위하는 사업자가 판매용 유류나 자동차부품을 임직원의 업무용 소형승용차에 사용·소비하는 경우

- **판매목적 타사업장 반출** : 둘 이상의 사업장이 있는 사업자가 자기 사업과 관련하여 생산·취득한 재화를 타인에게 직접 판매할 목적으로 자기의 다른 사업장으로 반출하는 것은 재화의 공급으로 본다(총괄납부 및 사업자단위과세의 적용을 받는 사업자는 제외).

② 개인적 공급

사업자가 자기의 사업과 관련하여 생산하거나 취득한 재화를 사업과 직접 관련없이 사업자가 자신의 개인적인 목적 또는 기타의 목적을 위하여 사용·소비하거나, 사용인 또는 기타의 자가 재화를 사용·소비하는 것으로서 사업자가 그 대가를 받지 않거나 시가보다는 낮은 대가를 받는 경우에는 재화의 공급으로 본다(작업복, 작업모, 작업화, 직장체육비, 직장연예비는 제외).

- Ex 가전제품을 생산하는 사업자가 자가생산한 가전제품을 가사용으로 사용하거나 종업원들에게 무상으로 제공하는 경우
- Ex 페인트제조업자가 자신의 주택을 자가생산한 페인트로 도색하는 경우

③ 사업상 증여

사업자가 자기의 사업과 관련하여 생산하거나 취득한 재화를 자기의 고객이나 불특정다수인에게 증여하는 경우에는 재화의 공급으로 본다(견본품, 광고선전물, 부수재화에 해당하는 것은 제외).

④ 폐업시 잔존재화

사업자가 사업을 폐업하는 때에 잔존하는 재화는 자기에게 공급하는 것으로 본다.

(3) 재화의 공급으로 보지 않는 경우

① **담보의 제공** : 질권[12]·저당권 또는 양도담보의 목적으로 동산·부동산 및 부동산상의 권리를 제공하는 경우는 재화의 공급으로 보지 않는다.

② **사업의 양도** : 사업장별로 그 사업에 관한 모든 권리와 의무를 포괄적으로 승계시키는 것은 재화의 공급으로 보지 않는다.[13]

③ **조세의 물납** : 사업용 자산을 상속세및증여세법 또는 지방세법 및 종합부동산세법의 규정에 의하여 물납하는 것은 재화의 공급으로 보지 않는다.

④ **공매·강제경매** : 국세징수법의 규정에 따른 공매 및 민사집행법의 규정에 따른 강제경매에 따라 재화를 인도·양도하는 것은 재화의 공급으로 보지 않는다.

⑤ **수용** : 도시 및 주거환경정비법·공익사업을 위한 토지 등의 취득 및 보상에 관한 법률 등에 따라 수용절차에 있어서 수용대상인 재화의 소유자가 해당 재화를 철거하는 조건으로 그 재화에 대한 대가를 받는 경우에는 재화의 공급으로 보지 않는다.

문제

1. 다음은 부가가치세법상 간주공급에 관한 설명이다. 가장 틀린 것은?(36회)

① 간주공급은 자가공급, 개인적공급, 사업상증여, 폐업시 잔존재화로 분류한다.

② 간주공급은 실지공급과 같이 세금계산서를 교부하여야 한다.

③ 자가공급은 면세전용, 비영업용소형승용차의 구입과 유지를 위한 재화, 판매목적 타사업장 반출로 분류한다.

④ 자가공급, 개인적공급, 사업상증여의 공급시기는 재화가 사용되거나 소비되는 때이다.

12) 질권[質權] 채권자가 채권의 담보로서 채무자 또는 제3자(물상보증인)로부터 받은 담보물권

13) 단, 사업을 포괄적으로 양수하는자가 양도한자로부터 부가세를 징수하여 납부한 경우 재화의 공급으로 간주한다. 이때, 재화의 공급이 되기 위해선 포괄양수일이 속하는 월의 말까지 양수자가 부가세를 신고 납부해야한다.

문제

2. 다음 중 부가가치세법상 재화의 공급으로 보는 것은?(43회)

① 증여세를 건물로 물납하는 경우 ② 사업의 포괄양수도
③ 차량을 담보목적으로 제공하는 경우 ④ 폐업시 잔존재화

답안

[1] ② 간주공급은 세금계산서를 교부하지 않는다.(자가공급 중 판매목적 타사업장 반출 제외)
[2] ④ 사업자가 사업을 폐업하는 경우 남아 있는 재화(17조 제2항 각 호에 따라 매입세액이 공제되지 아니한 재화는 제외한다)는 자기에게 공급하는 것으로 본다.

3. 용역의 공급

용역의 공급이란 사업자가 계약상 또는 법률상의 모든 원인에 의하여 역무를 제공하거나 재화·시설물 또는 권리를 사용하게 하는 것을 말한다.

① **역무의 제공** : 건설업, 숙박 및 음식점업 등 개인서비스업에 해당하는 인적용역의 공급을 말한다. 이때 주의할 점은 고용관계에 의해 근로를 제공하는 것은 독립된 사업자가 제공하는 것이 아니므로 용역의 공급으로 보지 않는다는 것이다.
② **재화·시설물을 사용하게 하는 것** : 부동산 등을 임대하거나 장비 기타 시설물을 사용하게 하는 것 등의 물적용역을 공급하는 것을 말한다.
③ **권리를 사용하게 하는 것** : 특허권 등의 권리를 대여하는 것을 말하며, 산업상·상업상 또는 과학상의 지식·경험 또는 숙련에 관한 정보를 제공하는 것도 용역의 공급으로 본다.

그리고 용역은 그 실체를 파악하는 것이 어렵기 때문에 용역의 무상공급과 자가공급은 부가가치세 과세대상에서 제외된다. 여기서 용역의 무상공급이란 대가를 받지 않고 타인에게 용역을 공급하는 것을 말하며, 용역의 자가공급이란 사업자가 자기의 사업을 위하여 직접 용역을 공급하는 것을 말한다. 예컨대, 사업자가 자기의 사업과 관련하여 사업장내에서 사용인에게 음식용역을 무상제공하는 경우, 사업자가 사용인의 직무상 부상 또는 질병을 무상으로 치료하는 경우 등이다. 다만, 상가 등의 상업용부동산을 취득하여 거래징수 당한 부가가치세 매입세액을 전액 공제 받은 후 특수관계인간 무상임대를 통해 부가가치세를 부담하지 않는 불합리한 점을 개선하기 위해 특수관계인에게 사업용부동산의 임대용역을 무상공급한 경우에는 부가가치세를 과세한다. 또한, 골프장·테니스장 등의 경영자가 동 장소 이용자로부터 받는 입회금으로서 일정기간 거치

후 반환하지 아니하는 입회금은 과세대상이 되지만, 일정기간 거치후 반환하는 입회금은 부채이므로 과세대상이 되지 않는다.

가공계약에 의한 공급의 경우에는 다음과 같이 판정한다.

① 상대방으로부터 인도받은 재화에 자기가 주요자재를 전혀 부담하지 않고 단순히 가공만하여 주는 것 : 용역의 공급

② 자기가 주요자재의 전부 또는 일부를 부담하고 상대방으로부터 인도받은 재화에 공작을 가하여 새로운 재화를 만드는 것 : 재화의 공급

다만, 건설업에 있어서는 건설업자가 건설자재의 전부 또는 일부를 부담하는 경우에도 용역의 공급으로 본다.

문제

1. 부가가치세법상 용역의 공급으로 과세하지 아니하는 것은?(54회)

① 고용관계에 의하여 근로를 제공하는 경우

② 사업자가 특수관계 있는 자에게 사업용 부동산의 임대용역을 무상공급하는 경우

③ 상대방으로부터 인도받은 재화에 주요자재를 전혀 부담하지 아니하고 단순히 가공만 하는 경우

④ 건설업자가 건설자재의 전부 또는 일부를 부담하고 공급하는 용역의 경우

답안

[1] ① 고용관계에 의하여 근로를 제공하는 경우 부가가치세법상 용역의 공급으로 보지 않는다. 그리고 사업자가 특수관계 있는 자에게 사업용 부동산의 임대용역을 무상공급하는 경우 용역의 공급으로 본다. 부가가치세법 제7조 3항 2012년 7월 1일부터 적용함

4. 재화의 수입

재화의 수입이란 다음 중 어느 하나에 해당하는 물품을 우리나라에 반입(보세구역[14]을 거치는 것은 보세구역에서 반입하는 것)하는 것을 말한다.

① 외국으로부터 우리나라에 들어온 물품(외국 선박에 의하여 공해에서 채취되거나 잡힌 수산물 포함)

② 수출신고가 수리된 물품으로서 선적이 완료된 물품(다만, 수출신고가 수리된 물품으로서 선적되지 않은 물품을 보세구역에서 반입하는 경우는 제외)

14) 보세구역이란 재화의 수입과 관련하여 관세・부가가치세의 부과를 보류한 구역(자유무역지역 포함)을 말함.

5. 부수재화 또는 용역

부수재화 또는 용역이란 주된 재화 또는 용역의 공급에 필수적으로 부수되는 다음의 재화 또는 용역을 말한다.

(1) 주된 "거래"에 부수되는 재화 · 용역

주된 거래인 재화 · 용역의 공급에 필수적 부수되는 재화 · 용역의 공급은 별도의 독립된 거래로 보지 않고 주된 거래인 재화 · 용역의 공급에 포함되는 것으로 본다. 따라서 부수 거래의 과세여부는 주된 거래에 따라 결정된다. 즉, 주된 거래가 과세이면 부수거래도 과세하며, 주된 거래가 면세이면 부수거래도 면세한다.

- 주된 재화 또는 용역의 공급이 과세대상 → 부수재화 또는 용역도 과세
- 주된 재화 또는 용역의 공급이 면세대상 → 부수재화 또는 용역도 면세

① 해당 대가가 주된 거래인 재화 · 용역의 공급대가에 통상적으로 포함되어 공급되는 재화 · 용역 (Ex 쌀을 공급하면서 제공하는 운송용역)

② 거래의 관행으로 보아 통상적으로 주된 거래인 재화 · 용역의 공급에 부수하여 공급되는 것으로 인정되는 재화 · 용역 (Ex 자동차를 공급하면서 제공하는 보증수리용역)

(2) 주된 "사업"에 부수되는 재화 · 용역

주된 사업에 부수되는 재화 · 용역의 공급은 사업에 부수되는 것이지 거래에 부수되는 것이 아니므로 별도의 독립된 거래로 본다.

① 주된 사업과 관련하여 우발적 또는 일시적으로 공급되는 재화 · 용역 (Ex 사업용 고정자산 매각)의 경우 부수 거래의 과세여부는 "면세우선의 원칙"에 따른다.
즉, 주된 사업이 면세대상이면 부수 거래는 면세하고, 주된 사업이 과세대상이라

하더라도 부수 거래가 면세 대상이면 주된 사업과 무관하게 부수 거래는 면세한다. 예를 들면, 제조업자(과세사업)가 사업용 차량운반구(과세대상)를 매각한 경우 그 차량의 매각은 과세하고, 금융보험업자(면세사업)가 사업용 차량운반구(과세대상)를 매각한 경우 그 차량의 매각은 면세한다. 그리고 제조업자(과세사업)자가 토지(면세)를 매각한 경우 그 토지의 매각은 면세하고, 금융보험업자(면세사업)가 토지(면세)를 매각한 경우 그 토지의 매각은 면세한다.

② 주된 사업과 관련하여 주된 재화의 생산에 필수적으로 부수하여 생산되는 재화(Ex 부산물 · 작업폐물 매각)의 경우 과세여부는 주된 사업에 따른다.
즉, 주된 사업이 과세대상이면 필수적으로 부수하여 생산되는 재화도 과세하며, 주된 사업이 면세대상이면 필수적으로 부수하여 생산되는 재화도 면세한다.

· 면세사업	– 과세대상 재화 또는 용역의 공급 → 면세 – 면세대상 재화 또는 용역의 공급 → 면세
· 과세사업	– 과세대상 재화 또는 용역의 공급 → 과세 – 면세대상 재화 또는 용역의 공급 → 면세

6. 재화 · 용역의 공급시기

부가가치세는 과세기간을 단위로 과세하므로 재화 · 용역의 공급이 발생하면 이를 어느 과세기간에 속하는지를 결정할 필요가 있는데 이를 공급시기라 한다. 즉, 재화 또는 용역의 공급시기는 재화 · 용역의 공급이 어느 과세기간에 귀속되는가를 결정하는 기준이 된다. 또한 공급시기가 도래하면 공급자는 공급받는자에게 세금계산서를 발급하여야 하므로 공급시기는 세금계산서 발급의 기준시점이 된다.

(1) 재화의 공급시기

1) 일반원칙

재화가 공급되는 시기는 다음에 규정하는 때로 한다.

① 재화의 이동이 필요한 경우: 재화가 인도되는 때

② 재화의 이동이 필요하지 아니한 경우: 재화가 이용가능하게 되는 때

③ 위 ①, ②의 규정을 적용할 수 없는 경우: 재화의 공급이 확정되는 때

2) 거래 형태별 공급시기

① 현금판매 · 외상판매 · 할부판매 : 재화가 인도되거나 이용가능하게 되는 때

② 장기할부판매[15] · 완성도기준지급[16] · 중간지급조건부공급[17] 또는 전력 기타 공급단위를 구획할 수 없는 재화의 계속적 공급 : 대가의 각 부분을 받기로 한 때

③ 반환조건부 · 동의조건부 · 기타 조건부 및 기한부 판매 : 조건이 성취되거나 기한이 경과되어 판매가 확정되는 때

④ 재화의 공급으로 보는 가공 : 가공된 재화를 인도하는 때

⑤ 자가공급 · 개인적공급 · 사업상증여 : 재화가 사용 또는 소비되는 때

⑥ 폐업시 잔존재화 : 폐업하는 때

⑦ 무인판매기에 의한 재화공급 : 무인판매기에서 현금을 인취하는 때

⑧ 상품권 등을 현금 또는 외상으로 판매하고 그 후 상품권 등이 현물과 교환되는 경우 : 재화가 실제로 인도되는 때

⑨ 기타의 경우 : 재화가 인도되거나 인도가능한 때

⑩ 수출의 경우

- 내국물품을 외국으로 반출하거나 대외무역법에 의한 중계무역방식으로 수출하는 경우 : 수출재화의 선(기)적일
- 원양어업 및 위탁판매수출 : 수출재화의 공급가액이 확정되는 때
- 위탁가공무역방식의 수출 및 외국인도수출 : 외국에서 해당 재화가 인도되는 때

문제

1. 다음 중 부가가치세법상 공급시기가 잘못된 것은?(42회)

① 외상판매의 경우 : 재화가 인도되거나 이용가능하게 되는 때
② 장기할부판매의 경우 : 대가의 각 부분을 받기로 한 때
③ 무인판매기로 재화를 공급하는 경우 : 무인판매기에서 현금을 인취하는 때
④ 폐업시 잔존재화의 경우 : 재화가 사용 또는 소비되는 때

답안

[1] ④ 폐업시 잔존재화는 의제공급에 해당하는 것으로 공급시기는 폐업하는 때로 한다.

15) 장기할부판매란 재화를 공급하고 그 대가를 월부 기타 부불방법에 따라 받는 것 중 2회 이상으로 분할하여 대가를 받고, 당해 재화의 인도일의 다음날부터 최종 부불금의 지급기일까지의 기간이 1년 이상인 것을 말한다.

16) 완성도기준지급이란 재화의 완성비율(작업진행률)에 따라 대금을 지급받는 경우를 말한다.

17) 중간지급조건부공급이란 재화가 인도되기 전(또는 이용가능하게 되기 전)에 계약금 이외의 대가를 분할하여 지급하고, 계약금을 지급하기로 한 날부터 잔금을 지급하기로 한 날까지의 기간이 6월 이상인 경우를 말한다.

(2) 용역의 공급시기

1) 일반원칙

용역이 공급되는 시기는 역무가 제공되거나 재화·시설물 또는 권리가 사용되는 때로 한다.

2) 거래형태별 공급시기

① 통상적인 공급 : 역무의 제공이 완료되는 때

② 완성도기준지급·중간지급·장기할부·기타 조건부공급 또는 그 공급단위를 구획할 수 없는 용역의 계속적 공급 : 그 대가의 각 부분을 받기로 한 때

③ 간주임대료 : 예정신고기간의 또는 과세기간의 종료일

④ 2과세기간 이상에 걸쳐 부동산임대용역을 공급하고 그 대가를 선불 또는 후불로 받는 경우에 월수로 안분 계산한 임대료 : 예정신고기간 또는 과세기간의 종료일

⑤ 다음 중 어느 하나에 해당하는 용역을 둘 이상의 과세기간에 걸쳐 계속적으로 제공하고 그 대가를 선불로 받는 경우 : 예정신고기간 또는 과세기간의 종료일

- 헬스클럽장 등 스포츠센터를 운영하는 사업자가 연회비를 미리 받고 회원들에게 시설을 이용하게 하는 것
- 사업자가 다른 사업자와 상표권 사용계약을 할 때 사용대가 전액을 일시불로 받고 상표권을 사용하게 하는 것
- 노인복지시설을 설치·운영하는 사업자가 그 시설을 분양받은 자로부터 입주 후 수영장·헬스클럽장 등을 이용하는 대가를 입주 전에 미리 받고 시설 내 수영장·헬스클럽장 등을 이용하게 하는 것

⑥ 위 규정을 적용 할 수 없는 경우 : 역무의 제공이 완료되고 그 공급가액이 확정되는 때

문제

1. 부가가치세법상 부동산임대용역을 공급하는 경우에 전세금 또는 임대보증금에 대한 간주임대료의 공급시기는?(47회)

① 그 대가의 각 부분을 받기로 한 때　　② 용역의 공급이 완료된 때
③ 그 대가를 받은 때　　④ 예정신고기간 또는 과세기간 종료일

답안

[1] ④

(3) 재화와 용역의 공급시기의 특례

① 사업자가 공급시기가 도래하기 전에 재화 또는 용역에 대한 대가의 전부 또는 일부를 받고, 이와 동시에 그 받은 대가에 대하여 세금계산서 또는 영수증을 발급하면 그 세금계산서 등을 발급하는 때를 각각 그 재화 또는 용역의 공급시기로 본다.

② 사업자가 재화 또는 용역의 공급시기가 도래하기 전에 세금계산서를 발급하고 세금계산서 발급일부터 7일 이내에 대가를 받으면 세금계산서를 발급한 때를 재화 또는 용역의 공급시기로 본다.

③ 장기할부판매, 장기할부 조건부 용역 등 사업자가 대가의 전부 또는 일부를 받지 않았더라도 세금계산서 또는 영수증을 발급하면 그 발급하는 때를 각각 그 재화 또는 용역의 공급시기로 본다.

④ 사업자가 재화 또는 용역의 공급시기가 도래하기 전에 폐업하면 그 폐업일을 해당 재화 또는 용역의 공급시기로 본다.

이론

1. 다음은 재화공급의 범위에 대한 설명이다. 틀린 것은?(30회)
   ① 할부판매에 의하여 재화를 인도 또는 양도하는 것.
   ② 민사집행법에 의한 강제경매에 따라 재화를 인도 또는 양도하는 것.
   ③ 교환계약에 의하여 재화를 인도 또는 양도하는 것.
   ④ 가공계약에 의하여 재화를 인도하는 것.

2. 다음 중 부가가치세법상 과세거래에 해당되는 것은?(18회)
   ① 용역을 무상으로 제공하는 경우　② 조세의 물납
   ③ 담보의 제공　④ 재화의 공급

3. (주)씨엘은 수출을 하고 그에 대한 대가를 외국통화 기타 외국환으로 수령하였다. 이 경우 공급가액으로 올바르지 않은 것은?(41회)
   ① 공급시기 이후 대가 수령 – 공급시기의 기준환율 또는 재정환율로 환산한 가액
   ② 공급시기 이전 수령하여 공급시기 도래 전 환가 – 공급시기의 기준환율 또는 재정환율로 환산한 가액
   ③ 공급시기 이전 수령하여 공급시기 도래 이후 환가 – 공급시기의 기준환율 또는 재정환율로 환산한 가액
   ④ 공급시기 이전 수령하여 공급시기 도래 이후 계속 외환 보유 – 공급시기의 기준환율 또는 재정환율로 환산한 가액

4. 현행 부가가치세법상 용역의 공급으로 과세하지 않는 경우는 어느 것인가?(40회)
   ① 건설업자가 건설자재의 전부 또는 일부를 부담하는 경우
   ② 상대방으로부터 인도받은 재화에 주요자재를 전혀 부담하지 아니하고 단순히 가공만 하여 주는 경우
   ③ 산업상, 상업상 또는 과학상의 지식, 경험 또는 숙련에 관한 정보를 제공하는 경우
   ④ 용역의 무상공급의 경우

5. 다음은 부가가치세법상의 재화와 용역의 거래 시기에 대한 설명이다. 틀린 것은?(33회)

① 재화의 이동이 필요한 경우에는 재화가 인도되는 때
② 장기할부 판매의 경우 각 대가를 받기로 한때
③ 재화의 공급으로 보는 가공의 경우에는 재화의 가공이 완료된 때
④ 임대보증금에 대한 간주수입금액에 대해서는 예정신고기간 또는 과세기간의 종료일

6. 다음 중 부가가치세 과세거래에 해당되는 것을 모두 고르면?(48회)

가. 재화의 수입	나. 용역의 수입
다. 용역의 무상공급	라. 고용관계에 의한 근로의 제공

① 가 ② 가,나 ③ 가,나,다 ④ 가,나,다,라

7. 다음 중 부가가치세법상 재화의 공급에 해당하는 것은?(52회 세무회계3급)

① 담보의 제공 ② 사업용 건물의 양도
③ 사업의 포괄적 양도 ④ 조세의 물납

8. 부가가치세법상 재화와 용역의 공급시기에 대한 연결이 가장 옳지 않은 것은?(48회 전산세무 2급)

① 폐업시 잔존재화 : 폐업후 재화가 사용되는 때
② 수출재화 : 수출재화의 선적일
③ 단기할부판매 : 재화가 인도되는 때
④ 무인판매기에 의한 공급의 경우 : 무인판매기에서 현금을 인취하는 때

9. 부가가치세법상 재화의 범위에 포함되지 않는 것은?(단, 재산적 가치가 있음)(49회 세무회계 3급)

① 흙 ② 어음 ③ 퇴비 ④ 물

10. 다음 중 재화 또는 용역의 공급시기가 잘못 짝지어진 것은?(51회 세무회계3급)

① 장기할부판매 : 대가의 각 부분을 받기로 한 때
② 임대보증금에 대한 간주임대료 : 예정신고기간 또는 과세기간의 종료일
③ 상품의 외상판매 : 대가를 수령한 때
④ 재화의 공급으로 보는 가공의 경우 : 가공된 재화를 인도하는 때

제3절 영세율 제도와 면세

1. 영세율 제도

(1) 영세율 제도의 의의

영세율제도란 일정한 재화 또는 용역의 공급에 대하여 영(zero)의 세율을 적용하는 제도를 말한다. 영세율이 적용되는 경우에는 과세대상거래의 매출에 영(zero)의 세율을 적용하여 매출단계의 부가가치세는 면제하고 매입단계에서 부담한 매입세액은 공제 또는 환급받게 된다. 그 결과 당해 재화・용역의 부가가치세 부담이 완전히 제거되고 거래상대방은 부가가치세를 전혀 부담하지 않게 되므로 이를 완전면세라고 한다.

(2) 영세율 적용대상자

영세율이 적용되는 거래는 영의 세율이 적용되는 것 외에는 일반적인 과세거래와 동일하므로 영세율 적용대상자는 과세사업자이어야 한다. 따라서 면세사업자는 영세율 적용을 받을 수 없으며, 간이과세자는 영세율 적용을 받을 수 있다. 다만, 간이과세자의 경우 매입세액을 환급받지는 못한다.

(3) 영세율 적용대상

1) 수출하는 재화

① 직수출 : 수출업자가 자기의 명의와 계산에 의하여 내국물품(우리나라 선박에 의하여 채취되거나 잡힌 수산물 포함)을 외국으로 반출하는 것

② 국내의 사업장에서 계약과 대가수령 등 거래가 이루어지는 것으로서 대외무역법에 의한 중계무역방식의 수출・위탁판매수출・외국인도수출・위탁가공무역 방식의 수출

③ 본래의 수출은 아니지만 내국신용장[18] 또는 구매확인서[19]에 의하여 공급하는 재화는 수출하는 재화에 포함

④ **대행위탁수출** : 수출품 생산업자가 수출업자와 수출대행계약을 체결하여 수출업자 명의로 수출하는 것[20]

구 분	수출품생산업자	수출업자
매출액	수출액	수출대행수수료
영세율 적용여부	영세율임	영세율이 아님(국내거래임)
세금계산서	발급의무 없음	발급의무 있음

⑤ **수탁가공무역** : 사업자가 다음의 요건을 모두 갖추어 공급하는 재화

- 국외의 비거주가 또는 외국법인과 직접계약에 의하여 공급할 것
- 대금을 외국환은행에서 원화로 받을 것
- 비거주자 또는 외국법인이 지정하는 국내의 다른 사업자에게 인도할 것
- 국내의 다른 사업자가 비거주가 또는 외국법인과 계약에 의하여 인도받은 재화를 그대로 반출하거나 제조·가공후 반출할 것

⑥ **기타** : 사업자가 한국국제협력단 또는 한국국제보건의료재단에 공급하는 재화. 다만, 이는 국내거래이므로 세금계산서 발급의무가 면제되지 않음.

2) 국외에서 제공하는 용역

우리나라의 거주자 또는 내국법인이 제공하는 용역으로서 해외건설공사와 같이 용역제공의 장소가 국외인 경우를 말한다.

3) 선박 또는 항공기의 외국항행용역

선박 또는 항공기의 외국항행용역이란 선박 또는 항공기에 의하여 여객이나 화물을

18) 신용장(Letter of Credit)이란 신용장개설은행(수입상의 거래은행)이 신용장개설의뢰인(수입상)의 신용을 보증하는 증서이다. 내국신용장(Local Letter of Credit)이란 수출자가 국내에서 수출용 원자재 또는 완제품을 조달하기 위하여 거래은행에 의뢰하여 수출상품을 생산하는데 필요한 원료 또는 완제품을 공급하는 자 앞으로 원 신용장을 근거로 개설하는 신용장을 말한다.

19) 구매확인서란 외국환은행장이 내국신용장에 준하여 발급하는 확인서를 말한다.

20) 수출품생산업자가 대행위탁수출을 하는 이유는 대외무역법에 의하여 수출업자로 등록되지 않아 수출자격이 없거나, 수출지역·품목별로 수출한도(쿼타)가 적용되어 수출한도가 남아 있는 수출업자 명의로 수출하기 위해서 이다.

국내에서 국외로, 국외에서 국내로 또는 국외에서 국외로 수송하는 것을 말한다.

이러한 외국항행용역은 외국항행사업자가 자기의 사업에 부수하여 행하는 재화 또는 용역의 공급으로서 다음과 같은 것도 영세율적용대상에 포함한다.

① 다른 외국항행사업자가 운용하는 선박 또는 항공기의 탑승권을 판매하거나 화물운송계약을 체결하는 것
② 외국을 항행하는 선박 내 또는 항공기 내에서 승객에게 공급하는 것
③ 자기의 승객만이 전용하는 버스를 탑승하게 하는 것
④ 자기의 승객만이 전용하는 호텔에 투숙하게 하는 것

4) 기타 외화획득 재화 또는 용역

국내거래지만 그 실질이 수출 등과 동일하거나 외화획득사업을 장려하기 위한 취지에서 일정한 경우에는 영세율을 적용한다.

① 국내에서 비거주자 또는 외국법인에게 공급되는 일정한 재화 또는 용역
② 관세법에 의한 보세운송사업자가 제공하는 보세운송용역
③ 수출업자와 직접 도급계약[21]에 의하여 수출재화를 임가공하는 수출재화임가공용역
④ 내국신용장 또는 구매확인서에 의하여 공급하는 수출재화임가공용역
⑤ 일반 여행업자가 외국인 관광객에게 공급하는 관광알선용역 등
⑥ 외국을 항행하는 선박・항공기 또는 원양어선에 공급하는 재화 또는 용역
⑦ 국내에 주재하는 외국정부기관・국제기구・국제연합군 또는 미국군에게 공급하는 재화 또는 용역

2. 면세

(1) 면세의 개념

면세란 일정한 재화 또는 용역의 공급과 재화의 수입에 대하여는 부가가치세의 납세의무를 면제하는 제도를 말한다.

21) 도급계약 [都給契約] 당사자 가운데 한쪽이 어떤 일을 완성할 것을 약속하고, 상대편이 그 일의 결과에 대하여 보수를 지급할 것을 약속함으로써 성립하는 계약. ≒도급(都給)・청부 계약.

면세에는 “부분면세제도”와 “완전면세제도”가 있다. 부분면세제도는 면세대상거래의 매출에서 산출하는 매출세액만을 면제하는 것이므로 전 단계에서 부담한 매입세액은 공제 또는 환급하지 않는다. 반면 완전면세제도는 과세대상거래의 매출에 영(zero)의 세율을 적용하여 매출단계에서 부담한 부가가치세는 면제하고 매입단계에서 부담한 매입세액은 공제 또는 환급해 주는 것을 말한다.

이와 같은 면세제도 중 부가가치세법에서 규정하는 면세란 부분면세를 뜻하며, 주로 최종소비자에게 부가가치세의 부담을 경감시키기 위하여 이 면세제도를 활용하고 있다.

(2) 재화 · 용역의 공급에 대한 면세

1) 기초생활필수품

① 미가공 식료품[22](식용에 공하는 농산물, 축산물, 수산물과 임산물을 포함) 및 국내산 미가공 비식용 농산물, 축산물, 수산물과 임산물

② 수돗물(전기는 과세)

③ 연탄과 무연탄(유연탄, 갈탄, 착화탄은 과세)

④ 여성용 생리처리 위생용품

⑤ 지하철, 시내버스, 일반여객선 등 여객운송용역(항공기 · 고속버스 · 전세버스 · 택시 · 특수자동차 · 특종선박 또는 고속철도에 의한 여객운송 용역은 과세)

⑥ 주택과 이에 부수되는 토지의 임대용역(사업용 건물과 그 부수토지의 임대용역은 과세)

2) 국민후생관련 재화와 용역

① 의료보건용역(수의사의 용역포함)과 혈액(약사가 의약품을 판매하는 것은 과세)[23]

---

22) 미가공식료품이란 농 · 축 · 수 · 임산물과 소금(식품으로 정해진 것)으로서 가공되지 아니하거나 기타 원생산물의 본래의 성질이 변하지 아니하는 정도의 1차가공(탈곡, 정미, 제분, 정육, 건조, 냉동, 염장, 포장 등)을 거쳐 식용에 공하는 것을 말한다. 미가공식료품은 국내산, 외국산을 불문하고 면세하나, 미가공 비식용 농 · 축 · 수 · 임산물(관상용 새, 열대어, 금붕어 등)은 국내산만 면세하고 외국산은 면세하지 않는다.
- 면세 Ex 김치, 김, 젓갈류, 간장, 된장 고추장, 단무지, 장아찌, 두부, 메주 등 단순가공식품. 그러나 단순운반을 위한 포장이 아닌 병입, 관입 등의 거래규격단위로서 포장하여 최종소비자에게 그 포장의 상태로 직접 공급하는 것에 대하여는 면세하지 않음
- 과세 Ex 맛김, 바나나우유, 딸기우유, 생크림 등

23) 단, 다음의 의료보건용역은 과세
- 의사, 치과의사, 한의사, 조산사 또는 간호사가 제공하는 용역 중 국민건강보험법에 따라 요양급여의 대상에서 제외되는 쌍커풀수술, 코성형 수술, 유방확대 및 축소술, 지방흡입술, 주름살제거술에 해당하는 진료용역
- 수의사가 제공하는 용역 중 가축, 수산동물, 장애인 보조견에 대한 진료용역, 국민기초생활보장법에 따른 수급자가 기르는 동물의 진료용역 이외의 진료용역

② 교육용역(주무관청의 인가·허가를 받지 않은 학원·강습소 등에서 지식·기술 등을 가르치는 것은 과세)[24]

3) 문화관련 재화와 용역

① 예술창작품, 예술행사, 문화행사와 비직업 운동경기(골동품, 모조품은 과세)
② 도서(도서대여용역 포함), 신문, 잡지, 관보, 뉴스통신 및 방송(광고는 과세)
③ 도서관, 과학관, 박물관, 미술관, 동물원 또는 식물원에의 입장

4) 부가가치 구성요소

① 토지의 공급(토지의 임대는 과세)
② 저술가, 작곡가 기타 일정한 자가 직업상 제공하는 인적 용역
③ 금융, 보험용역

5) 기타의 재화와 용역

① 종교, 자선, 학술, 구호 기타 공익을 목적으로 하는 단체가 공급하는 재화 또는 용역 등
② 국가, 지방자치단체 또는 지방자치단체조합이 공급하는 재화 또는 용역
③ 국가, 지방자치단체, 지방자치단체조합 또는 공익단체에 무상으로 공급하는 재화 또는 용역 등
④ 주택법에 따른 관리주체 또는 입주자대표회의가 제공하는 공동주택 내 복리시설인 어린이집의 임대용역
⑤ 우표·인지·증지·복권과 공중전화(수집용 우표는 과세)
⑥ 판매가격이 200원 이하인 제조담배와 특수제조용 담배

문제

1. 다음 중 면세대상에 해당하는 것은 모두 몇 개인가?(50회)

ⓐ 수돗물	ⓑ 도서, 신문	ⓒ 가공식료품
ⓓ 시내버스운송용역	ⓔ 토지의 공급	ⓕ 교육용역(허가, 인가받은 경우에 한함)

① 3개 ② 4개 ③ 5개 ④ 6개

24) 단, 다음의 교육용역은 과세
- 체육시설의 설치 및 이용에 관한 법률에 따른 무도학원
- 도로교통법에 따른 자동차운전학원

답안

③ ⓒ 가공식료품은 과세에 해당한다.

(3) 면세포기

면세포기란 면세되는 재화, 용역을 공급하는 사업자가 면세를 포기하고 과세로 전환하는 것을 말하는데 다음 2가지 경우에 한하여 면세포기를 인정하고 있다.

① 영세율이 적용되는 재화 또는 용역
② 학술연구단체 또는 기술연구단체가 공급하는 재화 또는 용역

면세를 포기하고자 하는 사업자는 관할세무서장에게 포기신고를 하고 지체없이 사업자등록을 하여야 한다. 이러한 면세포기는 언제든지 가능하며, 관할관청의 승인을 요하지 않는다.

한편, 면세포기를 한 사업자는 신고한 날로부터 3년간은 부가가치세의 면제를 받지 못하며 그 후 다시 면세를 적용받고자 하는 경우에는 면세적용신고와 함께 사업자등록증을 제출하여야 한다. 면세적용신고를 하지 않은 경우에는 계속하여 면세를 포기한 것으로 본다.

(4) 면세제도와 영세율제도의 비교

면세사업자가 공급하는 재화 또는 용역이 수출 등에 해당되어 영세율 적용대상이 되는 경우에는 부분면세제도인 면세를 포기하고 완전면세제도인 영세율적용을 선택함으로써 보다 유리한 방법으로 부가가치세의 납세의무를 이행할 수 있다. 면세사업자는 매입세액을 공제받을 수 없지만 영세율대상 사업자는 매입세액을 공제 또는 환급받을 수 있다.

구 분	면세제도	영세율제도
목 적	최종소비자의 부가가치세 경감	소비자과세원칙 실현
적용대상	기초생필품 등	수출 등
면세효과	부분면세제도(매입세액공제불가)	완전면세제도(매입세액 전액공제)
부가가치세법상의 제반의무 이행	사업자등록, 세금계산서발급, 부가가치세신고 등 부가가치세법상의 납세의무가 해당되지 않음	사업자등록, 세금계산서발급, 부가가치세신고 등 부가가치세법상의 모든 납세의무를 이행해야함(수출의 경우 세금계산서 발급의무 면제)

1. 다음 중 부가가치세법상 영세율에 대한 설명으로 틀린 것은?(32회)

① 수출하는 재화에 적용된다.
② 내국신용장에 의할 경우 영세율세금계산서를 발행해야 한다.
③ 최종소비자에게 부가가치세의 부담을 경감시키기 위한 불완전면세제도다.
④ 영세율적용대상자는 부가가치세법상 과세사업자이어야 한다.

2. 부가가치세법상 수출하는 재화에 대해 몇%의 부가가치세율을 부과하는가?(16회)

① 0% ② 5% ③ 10% ④ 20%

3. 다음 중 부가가치세가 면세되는 재화 또는 용역의 공급의 개수는?(41회)

1. 단순가공된 두부	2. 신문사광고	3. 연탄과 무연탄
4. 시내버스 운송용역	5. 의료보건용역	6. 금융 · 보험용역

① 3개 ② 4개 ③ 5개 ④ 6개

4. 다음 중 부가가치세가 과세되는 것은?(23회)

① 토지의 공급
② 국민주택의 공급
③ 상시주거용 주택과 부수토지의 임대
④ 주택 외 상가건물의 임대

5. 다음 중 부가가치세 면세대상에 해당하지 않는 것은?(55회)

① 시내버스, 고속버스 등의 여객운송용역
② 대통령령으로 정하고 있는 교육용역
③ 주택임대
④ 미가공 식료품

6. 다음 중 부가가치세법상 영세율적용대상에 해당하는 것은?(47회 전산세무2급)

① 자동차대여 용역
② 일정한 면적이내의 주택임대 용역
③ 선박 또는 항공기의 외국항행 용역
④ 도서대여 용역

7. 부가가치세법상 영세율 적용 대상이면서 세금계산서를 발행하여야 하는 거래는?(49회 전산세무2급)

① 내국신용장에 의해 공급하는 재화 ② 국외제공용역
③ 주택과 이에 부수되는 토지의 임대용역 ④ 금융 · 보험용역

8. 다음 중 부가가치세법상 부가가치세가 면세되는 재화 또는 용역의 공급을 모두 모은 것은?(49회 세무회계3급)

1. 미가공식용 농산물	2. 연탄과 무연탄	3. 수집용 우표
4. 고속버스	5. 신문 광고	6. 고속철도

① 1,2 ② 1,2,3 ③ 1,2,3,4 ④ 1,2,3,4,6

9. 다음 중 부가가치세법상 면세에 적용되는 재화 · 용역은 몇 개인가?(52회 세무회계3급)

㉠ 미가공식료품	㉡ 토지의 임대	㉢ 수집용 우표
㉣ 도서대여용역	㉤ 시내버스	㉥ 운전학원

① 2개 ② 3개 ③ 4개 ④ 6개

10. 부가가치세법상 영세율과 면세에 관한 다음의 설명 중 가장 잘못된 것은?(52회 전산세무2급)

① 영세율 적용대상인 재화 또는 용역을 공급하는 면세사업자도 선택에 의해 면세를 포기할 수 있다.
② 영세율 적용을 받더라도 사업자등록, 세금계산서 발급 등 납세의무자로서의 의무를 이행하지 않으면 가산세 등 불이익이 발생한다.
③ 토지의 매매와 임대는 모두 면세대상에 해당한다.
④ 면세사업자는 재화의 매입시 부담한 매입세액을 환급받을 수 없다.

제4절

세금계산서

세금계산서란 납세의무자로 등록한 사업자가 재화 또는 용역을 공급하는 때에 부가가치세를 거래 상대방으로부터 징수하고 그 징수사실을 증명하기 위하여 발급하는 증서를 말한다.

세금계산서는 (1) 매입세액공제의 필수자료 (2) 거래에 있어서 송장의 역할 (3) 대금청구서 및 영수증 역할 (4) 기장의 기초적인 증빙자료 (5) 거래의 증빙 및 과세자료와 같은 기능을 수행한다.

1. 세금계산서의 종류

(1) 세금계산서

세금계산서는 공급하는 사업자가 공급자 보관용(매출세금계산서), 공급받는자 보관용(매입세금계산서)으로 각 2매를 발행하여 1매를 발급한다. 세금계산서는 제출할 필요 없이 보관만 하면 되고, 부가가치세 신고시에 공급자는 매출처별 세금계산서합계표를, 공급받는 자는 매입처별 세금계산서합계표를 제출한다.

구분	내용	비고
필요적 기재사항	(1) 공급하는 사업자의 등록번호와 성명 또는 명칭 (2) 공급받는 자의 등록번호 (3) 공급가액과 부가가치세액 (4) 작성연월일	그 전부 또는 일부가 기재되지 않았거나 그 내용이 사실과 다른 경우에는 세금계산서로서의 효력이 인정되지 않는다.
임의적 기재사항	(1) 공급하는 자의 주소 (2) 공급받는 자의 상호, 성명, 주소 (3) 단가와 수량 (4) 공급연월일 등	세금계산서의 효력에는 아무런 영향을 미치지 않는 사항들이다.

세금계산서(공급자보관용)

책 번 호	권	호
일련번호		

공급자				공급받는자			
등록번호	107-81-40544			등록번호	128-81-42248		
상호 (법인명)	세무전자㈜	성 명 (대표자)	조경환	상 호 (법인명)	동현상사㈜	성 명 (대표자)	박동현
사업장주소	서울 영등포 여의도 136			사업장주소	경기 고양 식사 712		
업 태	제조	종목	컴퓨터	업 태	도매	종 목	컴퓨터 외

작성				공급가액											세액										비 고
연	월	일	공란수	백	십	억	천	백	십	만	천	백	십	일	십	억	천	백	십	만	천	백	십	일	
2013	7	3	4					1	5	0	0	0	0	0					1	5	0	0	0	0	

월	일	품 목	규격	수량	단 가	공 급 가 액	세 액	비 고
7	3	컴퓨터				1,500,000	150,000	

합 계 금 액	현 금	수 표	어 음	외 상 미 수 금	이 금액을 영수/청구 함
1,650,000		1,650,000			

문제

1. 다음 중 세금계산서의 필요적 기재사항이 아닌 것은?(57회)

① 공급가액과 부가가치세액　　② 작성연월일
③ 공급받는 자의 등록번호　　④ 공급하는 자의 주소

문제

2. 다음은 사업자 간의 거래내용이다. (주)용감이 전자세금계산서를 발행하고자 할 때, 다음 내용에 추가적으로 반드시 있어야 하는 필요적 기재사항은 무엇인가?(52회)

> (주)용감(사업자 등록번호:129-86-49875, 대표자:신보라)은 (주)강남스타일(사업자 등록번호:124-82-44582, 대표자:박재상)에게 소프트웨어 프로그램 2개를 10,000,000원(부가가치세 별도)에 공급하였다.

① 공급받는자의 사업장 주소　　② 작성연월일
③ 업태 및 종목　　④ 품목 및 수량

답안

[1] ④
[2] ② 작성연월일은 필요적 기재사항이다.

(2) 전자세금계산서

① 발급의무

법인사업자와 직전연도의 사업장별 재화 및 용역의 공급가액의 합계액이 10억원 이상인 개인사업자는 전자적 방법으로 세금계산서(이하 "전자세금계산서"라 함)를 발급하여야 한다.

② 발급기간

전자세금계산서 의무발급 개인사업자가 전자세금계산서를 발급하여야 하는 기간은 사업장별 재화 및 용역의 공급가액의 합계액이 10억원 이상인 해의 다음해 제2기 과세기간과 그 다음해 제1기 과세기간으로 하되, 사업장별 재화 및 용역의 공급가액의 합계액이 수정신고 등으로 10억원 이상이 된 경우에는 수정신고 등을 한날이 속하는 과세기간 다음 과세기간부터 전자세금계산서를 발급하여야 한다.

③ 발급명세 전송의무

전자세금계산서를 발급하였을 때에는 전자세금계산서 발급일의 다음 날까지 전자세금계산서 발급명세를 국세청장에게 전송하여야 한다(전송의무 불이행시 가산세를 부과함). 이처럼 전자세금계산서 발급명세를 전송한 경우에는 매출·매입처별세금계산서합계표를 제출하지 않아도 되며, 5년간 세금계산서를 보존하는 의무가 면제된다. 한편, 전자세금계산서를 발급하여야 하는 사업자가 아닌 사업자도 전자세금계산서를 발급·전송할 수 있다.

④ 세액공제 특례

개인사업자가 전자세금계산서를 발급·전송하고 예정신고 및 확정신고를 할 때 "전자세금계산서 발급세액공제신고서"를 제출한 경우에는 발급 건당 100원(공제한도는 연간 100만원)을 해당 과세기간의 부가가치세 납부세액에서 공제할 수 있다.[25]

문제

1. 전자세금계산서의 국세청 전송기한은?(46회)
   ① 발급일이 속하는 달의 다음달 15일
   ② 발급일이 속하는 달의 다음달 10일
   ③ 발급일이 속하는 과세기간 종료일로부터 15일
   ④ 발급일이 속하는 과세기간 종료일로부터 10일

25) 14년도 1월 1일부터 법인사업자의 전자세금계산서 발급분에 대한 세액공제가 폐지되었다. 단 개인사업자에 한하여 2015년 12월 31일까지 유예한다.

 [1] ①

(3) 수입세금계산서

세관장은 수입되는 재화에 대하여 부가가치세를 징수한 때에는 세금계산서를(수입세금계산서)를 수입자에게 발급하여야 한다.

(4) 영수증

영수증이란 간이과세자 또는 다음과 같이 최종소비자에게 재화나 용역을 공급하는 사업자가 발급하는 것으로 공급받는 자의 등록번호와 부가가치세를 따로 기재하지 않은 증빙서류를 말한다. 따라서 영수증에는 부가가치세가 포함된 금액(공급대가)을 기재한다.

다만, 영수증 발급대상 사업자가 신용카드기 또는 직불카드기 등 기계적 장치(금전등록기 제외)에 의하여 영수증을 발급하는 때에는 공급가액과 세액을 별도로 구분하여 기재하여야 한다.

① 소매업
② 음식점업(다과점업 포함)
③ 숙박업
④ 목욕, 이발, 미용 및 유사서비스업
⑤ 여객운송업
⑥ 입장권을 발행하여 영위하는 사업
⑦ 간이과세가 배제되는 변호사업, 공인회계사업, 세무사업 및 행정사업 등 기타 이와 유사한 사업서비스업(사업자에게 공급하는 것은 제외)
⑧ 우정사업조직이 소포우편물을 방문접수하여 배달하는 용역을 공급하는 사업
⑨ 미용목적 성형수술용역을 공급하는 사업
⑩ 수의사가 제공하는 부가가치세가 과세되는 동물진료용역
⑪ 무도학원 · 자동차운전학원 사업

⑫ 공인인증서를 발급하는 사업(사업자에게 공급하는 경우 사업자가 요구하는 것은 제외)
⑬ 주로 사업자가 아닌 소비자에게 재화 또는 용역을 공급하는 사업으로서 세금계산서 발급이 불가능하거나 현저히 곤란한 사업 등

영수증발급대상거래라 하더라도 공급받는 사업자가 사업자등록증을 제시하고 세금계산서의 발급을 요구하는 때에는 세금계산서를 발급하여야 한다. 이 경우 신용카드매출전표 등에 부가가치세액을 별도로 기재하여 발급한 경우에는 세금계산서를 발급하지 아니한다.

또한, 위의 ④, ⑤, ⑥, ⑨, ⑩, ⑪의 경우에는 공급받는 자가 요구하더라도 세금계산서를 발급하지 않는다[26]. 다만, 이러한 사업의 경우에도 사업자가 감가상각자산을 공급하는 경우 또는 영수증 발급대상 역무 외의 역무를 공급하는 경우에는 공급받는 자가 사업자등록증을 제시하고 세금계산서의 발급을 요구하면 세금계산서를 발급하여야 한다.

(5) 신용카드

부가가치세법상의 간이과세자와 영주증발급의무자가 신용카드가맹점으로 가입하여 신용카드매출전표 등을 발급하는 경우에는 다음과 같은 혜택이 주어진다.

① **영수증으로 인정** : 신용카드매출전표와 직불카드영수증은 영수증으로 인정된다. 따라서 간이과세자와 영수증발급의무자는 부가가치세가 과세되는 재화 또는 용역을 공급하고 세금계산서 발급시기에 신용카드매출전표 또는 직불카드영수증을 발급할 수 있다.
② **세액공제** : 신용카드매출전표, 직불카드영수증, 결제대행업체를 통한 신용카드매출전표, 선불카드영수증(실지명의가 확인된 것에 한함) 또는 현금영수증의 발급금액(전자적 결제수단에 의한 결제금액 포함)의 1.3%(음식점업 및 숙박업을 영위하는 간이과세자의 경우 2.6%) 상당액(연간 700만원 한도)을 납부세액에서 공제한다. 다만, 법인사업자는 동 세액공제를 받을 수 없으며, 해당 공제액이 공제액

26) 이러한 사업에서 제공받는 용역은 사업과는 관련성이 매우 낮은 개인적인 서비스의 이용이므로 세금계산서의 발급을 금지하여 공급받는 사업자가 매입세액을 공제받지 못하게 하려는 의도이다.

을 차감하기 전의 납부할 세액을 초과하는 때에는 그 초과하는 부분은 없는 것으로 본다.

2. 세금계산서 발급대상 거래

(1) 발급의무자

세금계산서의 발급의무자는 납세의무자로 등록한 과세사업자이다. 면세사업자는 납세의무가 없으므로 세금계산서를 발급할 수 없다.

(2) 발급대상 거래

과세되는 재화 또는 용역의 공급에 대하여는 원칙적으로 모두 세금계산서를 발급하여야 한다. 따라서 면세되는 재화 또는 용역의 공급에 대하여는 세금계산서를 발급하지 않는다. 한편 과세되는 재화 또는 용역의 공급이라 하더라도 영수증의 발급만으로 세금계산서의 발급를 대신하거나 영수증 발급을 아예 면제하는 경우도 있다.

(3) 세금계산서 및 영수증 발급의무의 면제

① 택시운송 사업자, 노점 또는 행상을 하는 사업자
② 무인자동판매기를 이용하여 재화 또는 용역을 공급하는 자
③ 소매업 또는 목욕, 이발, 미용업을 영위하는 자가 공급하는 재화 또는 용역. 다만, 소매업의 경우에는 공급받는 자가 세금계산서의 발급을 요구하지 아니하는 경우에 한한다.
④ 자가공급(판매목적 타사업장 반출의 경우는 제외), 개인적 공급, 사업장 증여, 폐업시 잔존재화로서 공급의제 되는 재화
⑤ 영세율 적용대상이 되는 일정한 재화 · 용역 ; 수출하는 재화(내국신용장 · 구매확인서에 의하여 공급하는 재화는 제외), 국외에서 제공하는 용역, 항공기의 외국항행용역, 기타 외화획득 재화 또는 용역 중 일정한 것

⑥ 부동산임대용역 중 간주임대료에 해당하는 부분
⑦ 공인인증기관이 공인인증서를 발급하는 용역(사업자에게 공급하는 경우 사업자가 요구하는 것은 제외)

1. 다음 중 세금계산서 발급의무가 면제되는 경우에 해당되지 않는 항목은?(51회)
   ① 내국신용장 또는 구매확인서에 의하여 공급하는 재화
   ② 판매목적타사업장 반출을 제외한 간주공급
   ③ 부동산임대용역 중 간주임대료
   ④ 택시운송 사업자가 제공하는 용역

2.. 다음 중 세금계산서 발급의무 면제대상으로 틀린 것은?(50회)
   ① 개인적공급　　② 판매목적타사업장 반출
   ③ 간주임대료　　④ 폐업시 잔존재화

[1] ① 부가가치세법시행령 제57조 제1항 규정에 의거 내국신용장 또는 구매확인서에 의하여 공급하는 재화의 경우 세금계산서를 발급해야 함.
[2] ② 판매목적 사업장 반출은 세금계산서 발급대상

3. 세금계산서의 발급시기

(1) 원칙

세금계산서는 원칙적으로 재화 또는 용역의 공급시기에 발급하여야 한다. 다만, 공급시기가 도래하기 전에 대가의 전부 또는 일부를 받고, 그 받은 대가에 대하여 세금계산서를 발급한 경우에는 그 발급하는 때를 공급시기로 본다.

(2) 발급시기의 특례

① 공급시기 전 발급특례: 사업자가 재화 또는 용역의 공급시기가 도래하기 전에 세금계산서를 발급하고 그 세금계산서 발급일로부터 7일 이내에 대가를 지급받은

경우에는 적법한 세금계산서를 발급한 것으로 본다.[27)]

② 공급시기 후 발급특례: 사업자가 다음 중 어느 하나에 해당하는 경우에는 재화 또는 용역의 공급일이 속하는 달의 다음달 10일까지 세금계산서를 발급할 수 있다.
- 거래처별로 1역월의 공급가액을 합계하여 해당 월의 말일자를 발행일자로 하여 세금계산서를 발급하는 경우
- 거래처별로 1역월 이내에서 거래관행상 정해진 기간의 공급가액을 합계하여 그 기간의 종료일자를 작성연월일로 하여 세금계산서를 발급하는 경우
- 관계 증빙서류 등에 따라 실제거래사실이 확인되는 경우로서 해당 거래일자를 작성연월일로 하여 세금계산서를 발급하는 경우

문제

1. 다음 중 세금계산서의 원칙적인 발급시기로서 옳은 것은?(49회)
① 재화 또는 용역의 공급시기
② 재화 또는 용역의 공급시기가 속하는 달의 말일까지
③ 재화 또는 용역의 공급시기가 속하는 달의 다음달 10일까지
④ 재화 또는 용역의 공급시기가 속하는 달의 다음달 15일까지

문제

2. 당사는 (주)실버벨과의 3월 1일부터 3월 31일까지의 매출분에 대하여 3월 31일자로 세금계산서를 교부하기로 하였다. 부가가치세법상 세금계산서는 언제까지 교부하여야 하는가?(34회)
① 4월 10일 ② 4월 12일 ③ 4월 15일 ④ 4월 17일

답안

[1] ① [2] ①

(3) 세금계산서의 수정

세금계산서를 발급한 후 그 기재사항에 관하여 착오 또는 정정사유가 발생한 경우에는 세금계산서를 수정하여 발급할 수 있다.

27) 다만, 대가를 지급하는 사업자가 다음의 요건을 모두 충족하는 경우에는 7일 경과 후 대가를 지급받더라도 적법한 세금계산서를 발급한 것으로 본다.
① 거래 당사자간의 계약서·약정서 등에 대금청구시기와 지급시기가 별도로 기재될 것
② 대금청구시기와 지급시기 사이의 기간이 30일 이내일 것

① 당초 공급한 재화가 환입된 경우 : 재화가 환입된 날을 작성일자로 기재하여 발급(비고란에 당초 세금계산서 작성일자를 부기한 후 붉은색 글씨로 쓰거나 부(負)의 표시를 하여 발급)

② 계약의 해제로 인하여 재화, 용역이 공급되지 않은 경우 : 계약이 해제된 때에 그 작성일자는 계약해제일로 기재하고 발급(비고란에 처음 세금계산서 작성일자를 부기한 후 붉은색 글씨로 쓰거나 부(負)의 표시를 하여 발급)

③ 공급가액의 증감이 발생한 경우 : 증감사유가 발생한 날을 작성일자로 적고 추가되는 금액은 검은색 글씨로 쓰고, 차감되는 금액은 붉은색 글씨로 쓰거나 부(負)의 표시를 하여 발급

④ 필요적 기재사항 등이 착오로 잘못 기재된 경우 : 처음에 발급한 세금계산서의 내용대로 세금계산서를 붉은색 글씨로 쓰거나 부(負)의 표시를 하여 발급하고, 수정하여 발급하는 세금계산서는 검은색 글씨로 작성하여 발급. 다만, 과세표준 또는 세액을 경정할 것을 미리 알고 있는 경우는 제외

⑤ 필요적 기재사항 등이 착오 외의 사유로 잘못 기재된 경우 : 재화 및 용역의 공급일이 속하는 과세기간에 대한 확정신고기한까지 세금계산서를 작성하되, 처음에 발급한 세금계산서의 내용대로 세금계산서를 붉은색 글씨로 쓰거나 부(負)의 표시를 하여 발급하고, 수정하여 발급하는 세금계산서는 검은색 글씨로 작성하여 발급. 다만, 과세표준 또는 세액을 경정할 것을 미리 알고 있는 경우는 제외

⑥ 착오로 전자세금계산서를 이중으로 발급한 경우 : 당초에 발급한 세금계산서의 내용대로 부(負)의 표시를 하여 발급

⑦ 면세 등 발급대상이 아닌 거래 등에 대하여 발급한 경우 : 처음에 발급한 세금계산서의 내용대로 붉은색 글씨로 쓰거나 부(負)의 표시를 하여 발급. 단, 공급하는 자가 매출세액을 모두 납부한 것으로 확인되어 매입자가 매입세액을 공제받은 경우에는 제외

⑧ 세율을 잘못 적용하여 발급한 경우 : 처음에 발급한 세금계산서를 붉은색 글씨로 쓰거나 부(負)의 표시를 하여 발급하고, 수정하여 발급하는 세금계산서는 검은색 글씨로 작성하여 발급

(4) 매입자발행(self-billing)세금계산서 제도

① 발행 대상 사업자(매출사업자) : 세금계산서 발급의무가 있는 일반과세자로서 세금계산서를 발행할 수 없는 간이과세자는 제외

② **발행할 수 있는 사업자** : 매입자발행세금계산서를 발행할 수 있는 자는 면세사업자를 포함한 모든 사업자(과세사업자+면세사업자)이다. 면세사업자는 매입자발행세금계산서를 발행하여 지출증빙으로 사용가능하므로 발행대상에서 면세사업자를 제외할 경우 지출증빙미수취가산세를 추징당하므로 이를 해소하기 위함

③ **대상 거래** : 사업자별로 거래건당 공급대가가 10만원 이상의 거래

④ **확인 신청 및 확인 방법** : 매입자가 세금계산서 발급시기부터 3개월 이내에 신청인의 관할 세무서에 "거래사실확인신청서"와 거래증빙서류를 함께 제출하면, 신청인의 관할세무서장은 거래사실확인신청서가 제출된날부터 7일 이내에 신청서와 제출된 증빙서류를 공급자의 관할세무서장에게 송부하여야 한다. 공급자 관할세무서장은 신청일의 다음달 말일까지 거래사실을 확인하여 신청인 관할세무서장에 통지하고, 신청인 관할세무서장은 통지를 받은 후 즉시 신청인에게 통지하여야 한다.

☆ 다음 (   )안에 들어갈 말은 무엇인가?(43회)

> 부가가치세법상 사업자가 재화 또는 용역을 공급하고 세금계산서를 교부하지 아니한 경우 당해 재화 또는 용역을 공급받은 자는 관할세무서무장의 확인을 받아 (   ) 발행 세금계산서를 발행할 수 있다.

① 사업자　　② 매입자　　③ 중개인　　④ 매출자

② 매입자발행 세금계산서에 기재된 부가가치세액은 공제받을 수 있다.

1. 다음 중 세금계산서의 필요적 기재사항이 아닌 것은?(31회)

① 작성연월일
② 공급하는 자의 등록번호
③ 공급가액과 부가가치세
④ 공급받는 자의 상호

2. 부가가치세법상 세금계산서의 필요적 기재사항으로 올바르지 않은 것은?(44회)

① 공급연월일
② 공급자의 등록번호와 성명 또는 명칭
③ 공급받는 자의 등록번호
④ 공급가액과 부가가치세액

3. 부가가치세법상 세금계산서에 대한 설명 중 틀린 것은?(27회)

① 세금계산서의 작성연월일을 기재하지 않으면 세금계산서의 효력이 인정되지 않는다.
② 세금계산서의 공급 받는자의 성명을 기재하지 않아도 세금계산서의 효력이 인정된다.
③ 간주임대료에 대해서는 세금계산서를 발행해야 한다.
④ 휴대폰을 판매하는 소매업자는 세금계산서 대신 신용카드매출전표 등을 교부한 경우 세금계산서를 교부할 수 없다.

4. 다음 거래는 과세사업자인 (주)알파(업태 : 제조업)의 거래이다. 세금계산서가 발행되지 않는 거래는?(25회)

① 소매업자에게 공급
② 간이과세자에게 공급
③ 직수출
④ 면세사업자에게 공급

5. 세금계산서를 발행하고자 한다. 추가적으로 반드시 있어야 하는 정보는 무엇인가?(35회)

(주)대흥실업(130-16-65566)은 레오(주)(106-86-40380)에 cd를 5개, 개당 100,000(부가세별도)원에 공급하였다.

① 공급가액 ② 부가가치세 ③ 작성연월일 ④ 레오(주)대표자 성명

6. 다음 중 부가가치세법상 세금계산서 제도와 관련한 설명 중 틀린 것은?(37회)

① 공급시기가 도래하기 전에 세금계산서를 교부하고 교부일로부터 7일 이내에 대가를 지급받는 경우에는 적법한 세금계산서를 교부한 것으로 본다.

② 매입자도 법정 요건을 갖춘 경우 세금계산서를 발행할 수 있다.

③ 영수증 교부대상 사업자가 신용카드매출전표를 교부한 경우에는 세금계산서를 교부할 수 없다.

④ 모든 영세율 거래에 대하여 세금계산서 교부의무가 없다.

7. 부가가치세법상 세금계산서는 원칙적으로 재화 또는 용역의 공급시기에 교부하여야 하나 거래처별로 1역월(1일부터 말일까지) 공급가액을 합계하여 당해 월의 말일자를 발행일자로 하여 세금계산서를 교부하는 경우 공급일이 속하는 달의 다음달 (   )일까지 교부할 수 있다. (   )안 들어갈 숫자는 무엇인가?(33회)

① 5　　② 7　　③ 10　　④ 12

8. 다음 (   )안에 들어갈 말은 무엇인가?(43회)

> 부가가치세법상 사업자가 재화 또는 용역을 공급하고 세금계산서를 교부하지 아니한 경우 당해 재화 또는 용역을 공급받은 자는 관할세무서무장의 확인을 받아 (   )발행 세금계산서를 발행할 수 있다.

① 사업자　　② 매입자　　③ 중개인　　④ 매출자

9. 전자세금계산서의 국세청 전송기한은?(46회)

① 발급일이 속하는 달의 다음달 15일

② 발급일이 속하는 달의 다음달 10일

③ 발급일이 속하는 과세기간 종료일로부터 15일

④ 발급일이 속하는 과세기간 종료일로부터 10일

10. 부가가치세법상 세금계산서의 필요적 기재사항으로 올바르지 않은 것은?(44회)

① 공급연월일　　② 공급자의 등록번호와 성명 또는 명칭

③ 공급받는 자의 등록번호　　④ 공급가액과 부가가치세액

제5절 과세표준과 납부세액

1. 과세표준

과세표준이란 납세의무자가 납부해야 할 세액산출의 기준이 되는 과세대상, 즉 과세물건의 금액 또는 수량을 말한다.

(1) 과세표준 계산의 기본원칙

재화 또는 용역의 공급에 대한 부가가치세의 과세표준은 공급가액으로 한다.

① 금전으로 대가를 받는 경우 : 그 대가
② 금전 이외의 대가를 받는 경우 : 자기가 공급한 재화 또는 용역의 시가
③ 자가공급(판매목적 타사업장 반출의 경우는 제외), 개인적 공급, 사업상 증여 및 폐업시 잔존재화의 경우 : 해당 재화의 시가
④ 판매목적 타사업장 반출의 경우 : 해당 재화의 취득가액, 다만, 취득가액에 일정액을 가산하여 공급하는 경우에는 그 공급가액
⑤ 재화의 공급에 대하여 부당하게 낮은 대가를 받거나 대가를 받지 아니하는 경우 : 자기가 공급한 재화의 시가
⑥ 용역의 공급에 대하여 부당하게 낮은 대가를 받는 경우 : 자기가 공급한 용역의 시가
⑦ 특수관계인에게 사업용 부동산의 임대용역을 공급하고 대가를 받지 아니하는 경우 : 자기가 공급한 용역의 시가
⑧ 대가를 외국통화 기타 외국환으로 받는 때에는 다음과 같은 금액을 그 대가로 한다.
- 공급시기 도래 전에 원화로 환가한 경우 : 그 환가한 금액

- 공급시기 이후에 외국통화 기타 외국환 상태로 보유하거나 지급받은 경우 : 공급시기의 기준환율 또는 재정환율에 의하여 계산한 금액

⑨ 재화의 수입에 대한 과세표준 : 관세의 과세가격과 관세, 개별소비세, 주세, 교통·에너지·환경세 및 교육세, 농어촌특별세의 합계액

문제

1. 다음 중 부가가치세법상 과세표준의 산정방법이 옳지 않은 것은?(51회)

① 재화의 공급에 대하여 부당하게 낮은 대가를 받는 경우 : 자기가 공급한 재화의 시가

② 재화의 공급에 대하여 대가를 받지 아니하는 경우 : 자기가 공급한 재화의 시가

③ 특수관계인에게 용역을 공급하고 부당하게 낮은 대가를 받는 경우 : 자기가 공급한 용역의 시가

④ 특수관계 없는 타인에게 용역을 공급하고 대가를 받지 아니하는 경우 : 자기가 공급한 용역의 시가

답안

[1] ④ 대가를 받지 아니하고 타인에게 용역을 공급하는 경우 용역의 공급으로 보지 아니한다.

(2) 거래유형별 과세표준

① 외상판매 및 할부판매의 경우 : 공급한 재화의 총가액

② 장기할부판매의 경우 : 계약에 따라 받기로 한 대가의 각부분

③ 완성도기준지급 및 중간지급조건부로 재화 또는 용역을 공급하거나 계속적으로 재화 또는 용역을 공급하는 경우 : 계약에 따라 받기로 한 대가의 각부분

(3) 과세표준에 포함하는 것과 포함하지 않는 것

과세표준에는 거래상대자로부터 받은 대금, 요금, 수수료 기타 명목여하에 불구하고 대가관계에 있는 모든 금전적 가치가 있는 것을 포함한다.

과세표준에 포함하는 것	과세표준에 포함하지 않는 것
① 장기할부판매 또는 할부판매 경우의 이자상당액 ② 대가의 일부로 받는 운송비 · 포장비 · 하역비 · 운송보험료 · 산재보험료 등 ③ 사업자가 고객에게 매출액의 일정비율에 상당하는 마일리지를 적립해 주고 향후 해당 고객이 재화를 공급받고 그 대가의 일부 또는 전부를 적립된 마일리지로 결제하는 경우 해당 마일리지 상당액 ④ 개별소비세, 주세, 교통 · 에너지 · 환경세가 과세되는 재화 또는 용역에 대해서는 해당 개별소비세, 주세, 교통 · 에너지 · 환경세 및 교육세, 농어촌특별세 상당액	① 매출에누리 · 매출환입 · 매출할인 ② 대가와 구분기재한 종업원의 봉사료 ③ 계약 등에 의하여 확정된 대가의 지급지연으로 인하여 지급받는 연체이자 ④ 공급받는 자에게 도달하기 전에 파손, 훼손 또는 멸실된 재화의 가액 ⑤ 재화 · 용역의 공급과 직접 관련되지 않는 국고보조금 · 공공보조금 ⑥ 반환조건부 용기대금과 포장비용

(4) 과세표준에서 공제하지 않는 금액

재화 또는 용역을 공급한 후에 그 공급가액에 대한 대손금 · 판매장려금, 하자보증금 등과 이와 유사한 금액은 과세표준에서 공제하지 않는다.

문제

1. 부가가치세법상 과세표준에 포함되지 않는 것은?(57회)

① 관세 ② 개별소비세 ③ 할부거래에 따른 이자액 ④ 매출에누리

문제

2. 다음 자료에 의하여 부가가치세 과세표준을 계산하면?

- 총매출액 : 30,000,000원
- 매출에누리액 : 5,000,000원
- 매출할인 : 4,000,000원
- 대손금 : 2,000,000원

답안

[1] ④ 매출에누리는 과세표준에 포함되지 않는다.

[2] 과세표준 : 30,000,000 − 5,000,000 − 4,000,000 = 21,000,000원

☞ 대손금은 과세표준에서 공제하지 않음.

2 납부(환급)세액의 계산구조

일반과세자가 각 과세기간별로 신고 · 납부(환급)하는 부가가치세의 계산구조는 다음과 같다.

① 매출세액계산	과세표준 × 세율 + 예정신고누락분 ± 대손세액가감	= 매출세액
② 매입세액계산	매입세액(매입처별세금계산서합계표 상의 매입세액) + 예정신고누락분 + 기타공제매입세액(신용카드매출전표 등 수령금액합계표 등) - 공제받지 못할 매입세액	= 매입세액
③ 납부세액계산	매출세액 - 매입세액	= 납부(환급)세액
④ 경감 · 공제세액계산	- 기타 경감 · 공제세액(전자신고세액공제 등) - 신용카드매출전표 등 발행세액공제	= 경감 · 공제세액
⑤ 차가감 납부세액계산	납부세액 - 경감 · 공제세액 - 예정신고 미환급세액(또는 예정고지세액) + 가산세액	= 차가감 납부(환급) 세액

(1) 매출세액의 계산

매출세액 = 매출액 × 10%

1) 대손세액공제

사업자가 과세되는 재화 · 용역을 공급하는 경우 공급받는 자의 파산 등으로 인하여 당해 재화 또는 용역의 공급에 대한 매출채권의 전부 또는 일부가 대손되어 회수할 수 없는 경우에는 그 대손세액을 매출세액에서 차감할 수 있는데 이를 대손세액공제라 한다.

2) 대손기간

재화 또는 용역의 공급일로부터 5년이 경과한 날이 속하는 과세기간에 대한 확정신고기한까지 대손세액공제대상이 되는 사유로 인하여 확정되는 대손세액이 있어야 한다.

3) 대손세액 공제사유

① 파산법에 의한 파산
② 민사집행법에 의한 강제집행
③ 사망, 실종신고, 납세지 관할세무서장으로부터 국제결손처분을 받은 채무자에 대한 채권
④ 회사정리법에 의한 회사정리계획인가의 결정
⑤ 상법상 소멸시효의 완성
⑥ 부도발생일로부터 6개월이 경과한 어음·수표. 다만, 사업자가 채무자의 재산에 대하여 저당권을 설정하고 있는 경우는 제외
⑦ 화의인가의 결정으로 회수불능이 확정된 경우
⑧ 회수기일을 6월 이상 경과한 10만원 이하의 채권으로서 회수비용이 당해 채권가액을 초과하여 회수실익이 없다고 인정되는 경우

4) 대손세액

대손세액 = 대손금액(부가가치세를 포함한 금액) ×10/110

다음 자료를 바탕으로 부가가치세 납부세액 계산시 매출세액에서 차감할 수 있는 대손세액은 얼마인가?(세부담최소화를 가정한다)(44회)

내 역	공급가액
(가) 파산에 따른 매출채권	20,000,000원
(나) 부도발생일로부터 6월이 경과한 부도수표	10,000,000원
(다) 상법상 소멸시효가 완성된 매출채권	1,000,000원

① 2,000,000원　② 2,100,000원　③ 3,000,000원　④ 3,100,000원

④
차감 대손세액 = 공급대가 × 10/110
= (22,000,000원+11,000,000원+1,100,000원) × 10/110
= 3,100,000원

(2) 매입세액의 계산

1) 공제가능 매입세액

사업자가 재화 또는 용역을 공급받을 때 거래징수를 당한 매입세액 중 자기의 사업을 위하여 사용되었거나 사용될 재화 또는 용역의 공급에 대한 세액과 자기의 사업을 위하여 사용되었거나 사용될 재화의 수입에 대한 세액은 매출세액에서 공제된다. 이 경우 매입세액은 발급받은 세금계산서 등에 의하여 확인되는 것에 한한다.

2) 기타공제 매입세액

① 신용카드매출전표 등 수령금액합계표 제출분
② 의제매입세액
③ 재활용폐자원 등 매입세액
④ 과세사업전환 매입세액
⑤ 재고매입세액
⑥ 변제대손세액

3) 공제불가능 매입세액

① 세금계산서 미수취 · 필요적 기재사항 불분명분 매입세액
② 매입처별세금계산서합계표의 미제출 · 부실기재분 매입세액
③ 사업과 직접 관련없는 지출에 대한 매입세액
④ 비영업용 소형승용차의 구입과 임차 및 유지에 관한 매입세액
⑤ 접대비 및 이와 유사한 비용의 지출에 관련된 매입세액
⑥ 면세사업에 관련된 매입세액과 토지관련 매입세액
⑦ 사업자등록 전 매입세액. 단, 등록신청일로부터 역산하여 20일 이내의 것은 공제가능
⑧ 대손처분 받은 매입세액

문제

1. 부가가치세법상 매입세액으로 공제가 불가능한 경우로 옳은 것은?(56회)
① 소매업자가 사업과 관련하여 받은 간이영수증에 의한 매입세액
② 음식업자가 계산서를 받고 구입한 농산물의 의제매입세액
③ 신용카드매출전표 등 적격증빙 수령분 매입세액
④ 종업원 회식비와 관련된 매입세액

2. 다음 중 부가가치세 불공제대상 매입세액이 아닌 것은?(모두 세금계산서를 교부받았고 업무와 관련된 것임)(49회)

① 프린터기 매입세액
② 업무용 승용차(5인승,2500cc)매입세액(비영업용임)
③ 토지의 취득부대비용 관련 매입세액
④ 접대비 관련 매입세액

[1] ① 소매업자가 사업과 관련하여 받은 간이영수증에 의한 매입세액은 매입세액의 공제가 불가능하다.
[2] ① 접대비 관련 매입세액, 토지관련 매입세액, 비영업용 소형승용자동차 구입과 임차 및 유지관련매입세액은 불공제매입세액이다.

1. 다음 중 부가가치세의 과세표준에서 공제하지 않는 것은 어느 것인가?(42회)
   ① 대손금과 장려금　　② 환입된 재화의 가액
   ③ 매출할인　　④ 에누리액

2. 2009년 제1기 부가가치세 확정신고시 과세표준에 포함되지 않는 것은?(39회)
   ① 토지의 임대　　② 수출하는 재화
   ③ 영유아용 기저귀와 분유　　④ 국민주택 초과 규모 주택의 공급

3. 다음 중 부가가치세법상 공급대가란?(38회)
   ① 매입가액에 부가가치세를 포함시킨 것
   ② 공급가액에 부가가치세를 포함시킨 것
   ③ 매입가액에 부가가치세를 포함시키지 않은 것
   ④ 공급가액에 부가가치세를 포함시키지 않은 것

4. 다음 중 부가가치세 매입세액 공제가 가능한 경우는?(37회)
   ① 부동산매매업자가 토지의 취득에 관련된 매입세액
   ② 관광사업자가 비영업용소형승용자동차(5인승 2,000CC)의 취득에 따른 매입세액
   ③ 음식업자가 계산서를 받고 면세로 구입한 축산물의 의제매입세액
   ④ 소매업자가 사업과 관련하여 받은 영수증에 의한 매입세액

5. 납세의무자가 납부해야할 세액산출의 기초가 되는 과세대상의 수량 또는 가액을 무엇이라 하는가?(36회)
   ① 과세표준　　② 매입액　　③ 납부세액　　④ 환급

6. 부가가치세법상 공급가액에 대한 설명 중 틀린 것은?(31회)

① 금전으로 대가를 받은 경우에는 그 대가
② 금전 이외의 대가를 받은 경우에는 자기가 공급한 재화 또는 용역의 원가
③ 폐업하는 재고재화의 경우에는 시가
④ 부가가치세가 표시되지 않거나 불분명한 경우에는 100/110에 해당하는 금액

7. 도・소매업을 영위하는 일반과세사업자 (주)한국의 다음 자료에 의하여 부가가치세 납부세액을 계산하면 얼마인가?(단, 자료의 금액은 공급가액이다)(30회)

(1) 매출자료 :	세금계산서 교부분	200,000원
	현금매출분(증빙없음)	100,000원
(2) 매입자료 :	현금매입분(증빙없음)	100,000원

① 50,000원 ② 30,000원 ③ 20,000원 ④ 10,000원

8. 다음 중 부가가치세법상 과세표준에 포함되지 않는 것은?(29회)

① 할부판매시 이자상당액 ② 매출에누리 · 환입
③ 특별소비세 ④ 관세

9. 다음 중 부가가치세법상 시가의 정의에 적합한 것은?(29회)

① 사업자가 특수관계에 있는 자와 당해 거래와 유사한 상황에서 계속적으로 거래한 가격 또는 제3자간에 일반적으로 거래된 가격
② 사업자가 특수관계에 있는 자 외의 자와 당해 거래와 다른 상황에서 계속적으로 거래한 가격 또는 제3자간에 일반적으로 거래된 가격
③ 사업자가 특수관계에 있는 자와 당해 거래와 유사한 상황에서 비반복적으로 거래한 가격 또는 제3자간에 일반적으로 거래된 가격
④ 사업자가 특수관계에 있는 자 외의 자와 당해 거래와 유사한 상황에서 계속적으로 거래한 가격 또는 제3자간에 일반적으로 거래된 가격

10. 다음 중 부가가치세법상 매입세액공제가 가능한 것은?(28회)

① 비영업용 소형승용차 유지비 ② 복리후생비로 지출시
③ 접대비로 지출시 ④ 사업무관비품을 구입시

11. 다음 중 부가가치세 과세표준에 해당되는 금액은 얼마인가?(28회)

> a. 컴퓨터 판매가액 1,000,000원(시가 2,000,000원, 특수관계자와의 거래에 해당)
> b. 컴퓨터 수선관련 용역을 무상으로 제공하였다.(시가 500,000원)
> c. 시가 300,000원에 해당하는 모니터를 공급하고 시가 500,000원에 상당하는 책상을 교환받았다.

① 1,800,000원　② 2,300,000원　③ 3,000,000원　④ 2,500,000원

12. 다음 중 부가가치세 과세표준에 포함하는 것은?(27회)

① 매출에누리와 환입　② 특별소비세액
③ 국고보조금　④ 공급대가의 지급지연으로 인한 연체이자

13. 다음 자료에 의하여 상품판매기업의 부가가치세 납부세액을 계산하면 얼마인가?(57회)

> · 상품매출액은 52,415,000원으로 전액 현금매출분으로 부가가치세가 포함된 공급대가임
> · 세금계산서를 받고 매입한 상품의 공급가액의 합계액은 28,960,000원이고, 이 중 거래처에 지급할 선물 구입비 1,500,000원(공급가액)이 포함되어 있음

① 1,719,000원　② 2,019,000원　③ 2,345,500원　④ 2,499,500원

14. 현행 부가가치세법상 매입세액으로 공제가 가능한 것은?(45회)

① 세금계산서 미수취 관련 매입세액
② 사업과 직접 관련이 없는 지출에 대한 매입세액
③ 접대비 및 이와 유사한 비용의 지출에 관련된 매입세액
④ 매입자발행세금계산서상의 매입세액

15. 다음 중 부가가치세법상 공급가액에 포함되는 것은?(56회)

① 환입된 재화의 가액
② 공급에 대한 대가를 약정기일 전에 받았다는 이유로 사업자가 당초의 공급가액에서 할인해 준 금액
③ 사업자가 재화 또는 용역을 공급받는 자에게 지급하는 장려금
④ 공급받는 자에게 도달하기 전에 파손되거나 훼손되거나 멸실한 재화의 가액

16. (주)광주상사는 다음 매입세액을 추가로 반영하고자 한다. 부가가치세 매출세액에서 공제가능한 매입세액은?(39회)(정당하게 세금계산서를 수취하였음)

① 접대비관련매입세액
② 업무관련매입세액
③ 비영업용소형승용차(2,000CC)의 구입관련매입세액
④ 면세사업관련매입세액

17. 현행 부가가치세법상 매입세액으로 공제가 가능한 것은?(45회)

① 세금계산서 미수취 관련 매입세액
② 사업과 직접 관련이 없는 지출에 대한 매입세액
③ 접대비 및 이와 유사한 비용의 지출에 관련된 매입세액
④ 매입자발행세금계산서상의 매입세액

18. 다음 중 과세표준에 포함하지 않는 금액으로 틀린 것은?(46회)

① 부가가치세
② 매출에누리, 매출환입 및 매출할인
③ 공급자가 부담하는 원자재 등의 가액
④ 공급받는 자에게 도달하기 전에 파손 · 훼손 또는 멸실된 재화의 가액

19. 대천종합상사는 2011년 4월 15일에 사업을 개시하고, 4월 30일에 사업자등록신청을 하여, 5월 2일에 사업자등록증을 교부받았다. 다음 중 대천종합상사의 제1기 부가가치세 확정신고시 공제가능매입세액은 얼마인가?(단, 모두 세금계산서를 받은 것으로 가정한다)(48회)

- 3월 15일 : 상품구입액 300,000원(매입세액 30,000원) - 대표자 주민번호 기재분
- 4월 15일 : 비품구입액 500,000원(매입세액 50,000원) - 대표자 주민번호 기재분
- 5월 10일 : 접대비사용액 200,000원(매입세액 20,000원)
- 6월 4일 : 상품구입액 1,000,000원(매입세액 100,000원)

① 100,000원　② 120,000원　③ 150,000원　④ 170,000원

20. (주)평화는 일반과세사업자이다. 다음 자료에 대한 부가가치세액은 얼마인가?(55회) 단, 거래금액에는 부가가치세가 포함되어 있지 않다.

· 외상판매액	: 20,000,000원
· 사장 개인사유로 사용한 제품(원가 800,000원, 시가 1,200,000원)	: 800,000원
· 비영업용 소형승용차(2,000CC) 매각대금	: 1,000,000원
· 화재로 인하여 소실된 제품	: 2,000,000원
계	: 23,800,000원

① 2,080,000원 ② 2,120,000원 ③ 2,220,000원 ④ 2,380,000원

전산 회계

Part 4

원가회계

제1절

원가회계의 기초

1. 원가회계의 정의

- 외부보고용 재무제표를 작성하고 기업내부의 경영계획을 수립·통제하며, 특수한 의사결정에 필요한 정보를 제공하기 위하여 생산과 영업활동에 관한 원가자료를 집계·배분·분석하는 것

2. 원가회계의 목적

- 재무제표상의 재고자산평가와 매출원가 및 이익결정을 위해 필요한 제품원가 자료를 제공할 뿐만 아니라 예산편성, 통제 및 특수한 의사결정에 필요한 원가자료 제공
- "상이한 목적에 따라 상이한 원가가 사용(Different costs are used for different purposes)"

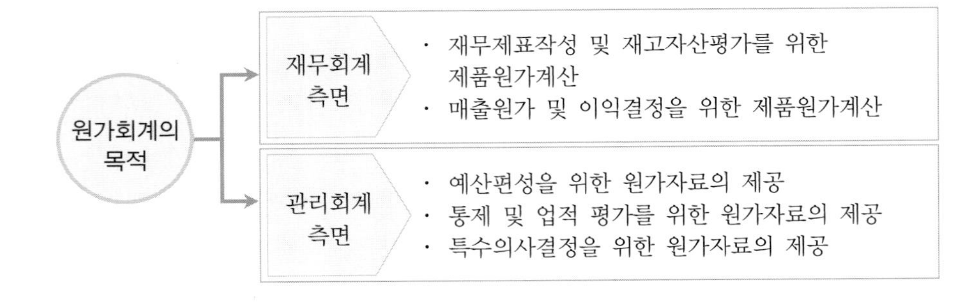

문제

1. 다음 중에서 원가회계 목적과 관련이 가장 적은 것은?(40회)
   ① 재무제표의 작성에 유용한 원가정보를 제공한다.
   ② 원가통제에 대한 유용한 원가정보를 제공한다.
   ③ 경영자에게 경영의사결정에 유용한 원가정보를 제공한다.
   ④ 투자자에게 합리적인 의사결정에 관한 정보제공을 목적으로 한다.

[1] ④ ④ 번은 재무회계의 의의에 관련된 내용이다.

3. 원가회계시스템의 종류와 선택

(1) 원가회계시스템의 의의

- 제품의 생산과 관련하여 발생한 원가를 집계하고, 동 집계된 원가를 원가대상에 배분하는 일련의 절차

(2) 원가회계시스템의 종류

원가집계방법	원가측정방법	제품원가 구성방법
· 개별원가계산 · 종합원가계산	· 실제원가계산 · 정상원가계산 · 표준원가계산	· 전부원가계산 · 변동원가계산

(3) 원가회계시스템의 선택

- 당해 회사의 제조활동의 특성, 필요한 원가정보의 양과 내용, 원가회계시스템의 운영비용 등 여러 가지 요소를 종합적으로 고려하여 가장 적절한 방법을 선택

① 원가집계방법에 따른 분류

개별원가계산	원가를 개별 작업별로 구분 · 집계함
종합원가계산	원가를 공정 또는 부문별로 구분 · 집계함

② 원가측정방법에 따른 분류

	실제원가계산	정상원가계산	표준원가계산
직접재료비	실제원가	실제원가	표준원가
직접노무비	실제원가	실제원가	표준원가
제조간접비	실제원가	예정원가	표준원가

※ 실제원가 : 실제배부율 × 실제조업도
예정원가 : 예정배부율 × 실제조업도
표준원가 : 표준배부율 × 표준조업도

③ 제품원가의 구성방법에 따른 분류

	전부원가계산	변동원가계산
직접재료비	제품원가	제품원가
직접노무비	제품원가	제품원가
변동제조간접비	제품원가	제품원가
고정제조간접비	제품원가	기간비용

문제

1. 원가계산 방법에 대한 설명 중 틀린 것은?(49회)

① 실제원가계산은 직접재료비, 직접노무비, 제조간접비를 실제원가로 측정하는 방법이다.

② 정상원가계산은 직접재료비는 실제원가로 측정하고, 직접노무비와 제조간접비를 합한 가공원가는 예정배부율에 의해 결정된 금액으로 측정하는 방법이다.

③ 표준원가계산은 직접재료비, 직접노무비, 제조간접비를 표준원가로 측정하는 방법이다.

④ 원가의 집계방식에 따라 제품원가를 개별 작업별로 구분하여 집계하는 개별원가계산과 제조공정별로 집계하는 종합원가계산으로 구분할 수 있다.

답안

[1] ② 정상원가계산의 경우 직접재료비와 직접노무비를 실제원가로 측정하고 제조간접비는 예정배부액으로 산정하는 원가계산방법이다.

4. 원가의 개념 및 분류

- 원가(Cost)란?
  - 재화나 용역을 얻기 위하여 희생된 경제적 자원을 화폐단위로 측정한 것

- 원가의 분류
  - 기능에 따른 분류
  - 추적가능성에 따른 분류
  - 원가행태에 따른 분류
  - 자산화 여부에 따른 분류
  - 의사결정과의 관련성에 따른 분류

(1) 기능에 따른 원가의 분류

① 제조원가(manufacturing costs)

- 제품을 생산하는 과정에서 소요되는 모든 원가
  - 직접재료비(direct materials) : 제품을 생산하기 위해 사용되는 원재료의 원가
  - 직접노무비(direct labor) : 생산직 근로자에게 노동의 대가로 지급되는 원가
  - 제조간접비(factory overhead) : 직접재료비와 직접노무비 이외의 모든 제조 원가
- 기본원가 & 가공원가
  - 기본원가(기초원가) : 직접재료비 + 직접노무비
  - 가공원가(전환원가) : 직접노무비 + 제조간접비

② 비제조원가(nonmanufacturing costs)

- 제조활동과 관계없이 판매 및 관리 활동과 관련하여 발생하는 원가
  - 판매비(marketing costs) : 고객의 주문을 받아 제품을 인도하는 과정에서 소요되는 원가
  - 관리비(administrative costs) : 기업조직을 유지하고 관리하기 위해 소요되는 원가

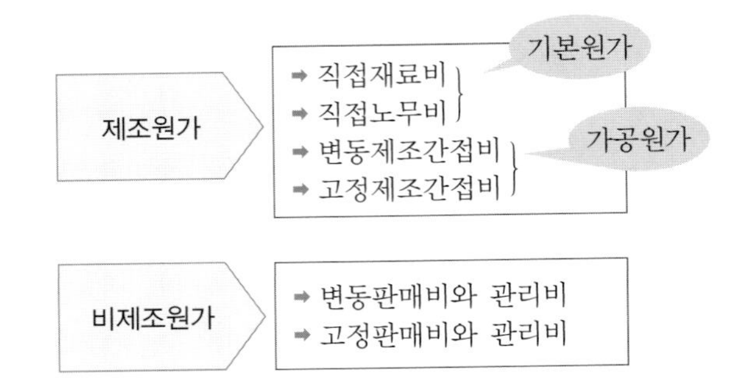

문제

1. 다음 중 기본원가(prime costs)를 구성하는 것으로 맞는 것은?(51회)

① 직접재료비+직접노무비
② 직접노무비+제조간접비
③ 직접재료비+직접노무비+제조간접비
④ 직접재료비+직접노무비+변동제조간접비

문제

2. 다음 자료에서 기본원가(혹은 기초원가)와 가공비의 합은 얼마인가?(52회)

· 직접재료비 : 150,000원	· 직접노무비 : 320,000원	· 간접재료비 : 50,000원
· 간접노무비 : 80,000원	· 간접경비 : 30,000원	· 광고선전비 : 300,000원

① 630,000원 ② 760,000원 ③ 930,000원 ④ 950,000원

답안

[1] ① 기본원가는 직접재료비와 직접노무비를 합한 금액으로 한다.
[2] ④ 950,000원
기본원가 = 직접재료비 + 직접노무비 = 150,000원 + 320,000원 = 470,000원
가 공 비 = 직접노무비 + 제조간접비 = 320,000원 + 160,000원 = 480,000원

(2) 추적가능성에 따른 원가의 분류

① 직접원가(direct costs)
- 특정한 원가대상에 직접 추적할 수 있는 원가

② 간접원가(indirect costs)
- 특정한 원가대상에 직접 추적할 수 없는 원가
여러제품에 공통적으로 발생된 원가

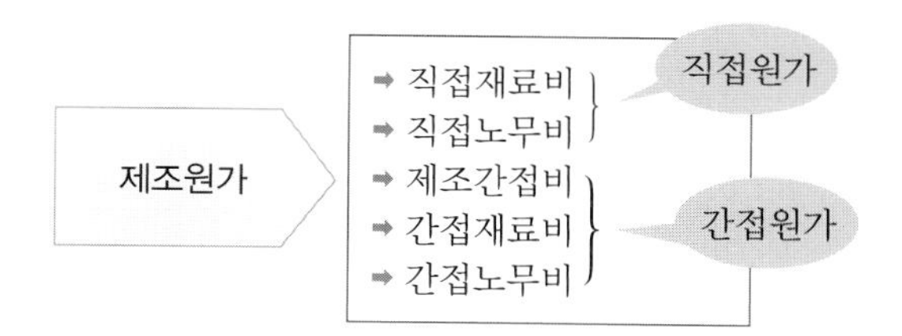

1. 다음 중 직접원가에 해당되는 것은?(37회)

① 간접재료비 ② 공장수위 등의 급료

③ 동력용 연료 ④ 특정제품의 설계비

[1] ④ ① 간접재료비 ② 공장수위 등의 급료 ③ 동력용 연료는 간접원가임

(3) 원가행태에 따른 원가의 분류

- 원가행태 - 조업도의 변동에 따른 원가의 변화양상
- 조업도(volume) - 기업이 보유하고 있는 자원의 이용정도
  - 생산량, 판매량, 매출액, 직접노동시간 등

  원가와 논리적인 인과관계가 있는 여러가지 척도로 측정

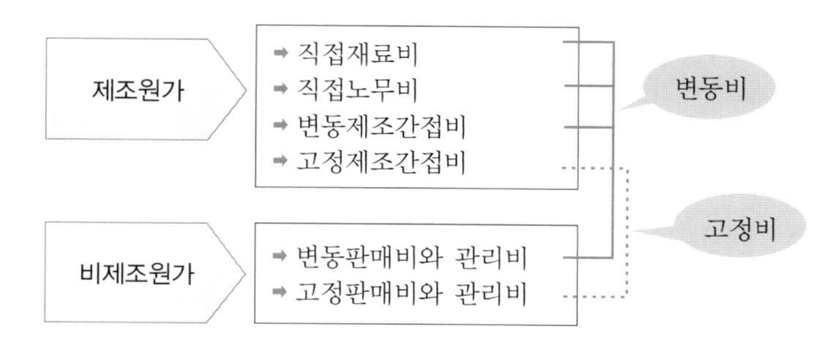

① 변동비(variable costs)

- 조업도의 변동에 따라 총액이 비례적으로 변화하는 원가

② 고정비(fixed costs)

- 조업도의 변동에 관계없이 총액이 일정한 원가
  - 기초고정비(committed fixed costs)
  : 기초적인 생산시설이나 조직구조를 유지하는데 필요한 고정비로서 임의로 감소시킬 수 없는 원가(계약원가 or 설비원가) Ex 임차료, 보험료 등
  - 재량고정비(discretionary fixed costs)
  : 경영자의 재량에 따라 결정되는 고정비로서 임의로 감소시킬 수 있는 원가(임의원가) Ex 광고선전비, 연구개발비, 교육훈련비 등

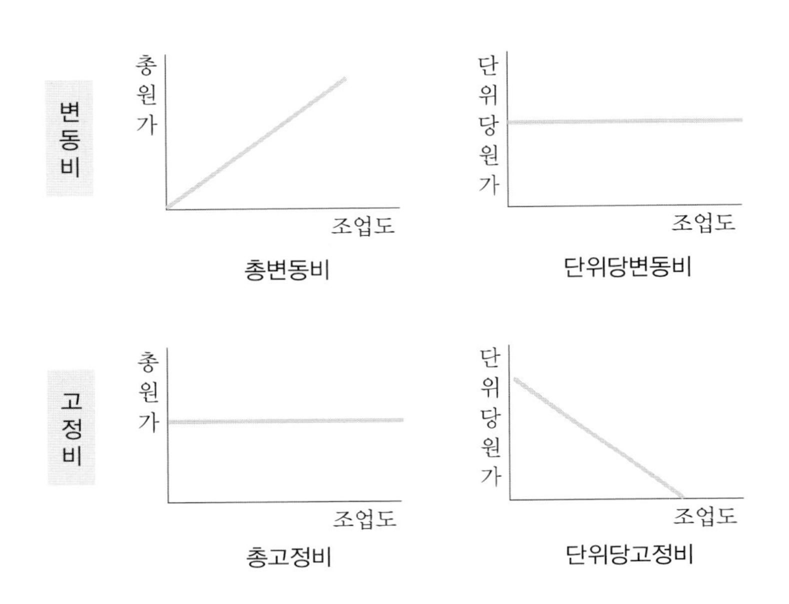

③ 준변동비(semi-variable costs)

- 변동비와 고정비의 두 요소를 모두 가지고 있는 원가 (혼합원가)
  Ex 전력비 등

④ 준고정비(semi-fixed costs)

- 일정한 범위의 조업도 내에서는 일정하지만 그 범위를 벗어나면 총액이 달라지는 원가(계단원가) Ex 생산감독자의 급여

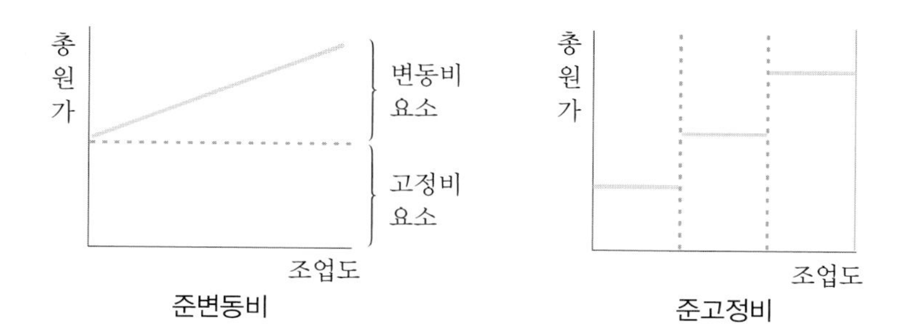

1. 원가회계에 있어 고정비와 변동비에 대한 설명 중 옳은 것은?(56회)
   ① 고정비는 관련범위 내에서 조업도가 증가하면 증가한다.
   ② 변동비는 관련범위 내에서 조업도가 증가하면 일정하다.
   ③ 고정비는 관련범위 내에서 조업도가 증가하면 단위당 고정비가 감소한다.
   ④ 변동비는 관련범위 내에서 조업도가 증가하면 단위당 변동비가 증가한다.

2. 일반적으로 조업도가 증가할수록 발생원가 총액이 증가하고, 조업도가 감소할수록 발생원가 총액이 감소하는 원가형태에 해당되는 것은?(49회)
   ① 공장 기계장치에 대한 감가상각비 ② 공장 건물에 대한 재산세
   ③ 원재료 운반용 트럭에 대한 보험료 ④ 개별 제품에 대한 포장비용

[1] ③ 고정비는 관련범위 내에서 원가총액이 일정하므로 조업도가 증가하면 단위당 고정비가 감소하게 된다.
[2] ④ 포장비용의 경우 변동비에 해당됨.

(4) 자산화 여부에 따른 원가의 분류

① 제품원가(product costs)

- 판매목적으로 제조하거나 구입한 제품에 대해 부과할 수 있는 원가로 제품의 판매시점에 비용으로 처리함
  즉, 제품원가는 제품이 판매될 때까지 재고자산으로 계상하였다가 제품의 판매시점에서 매출원가라는 비용계정으로 처리(재고가능원가)

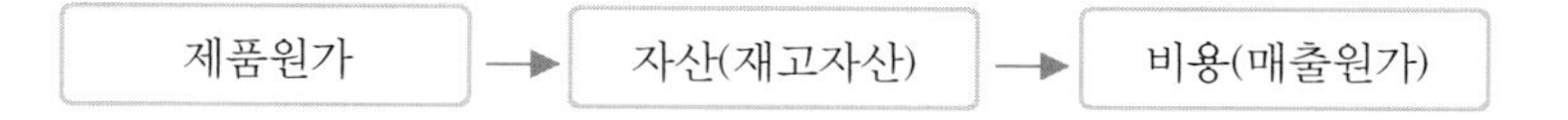

② 기간원가(period costs)

- 제품원가 이외의 모든 원가
- 판매비와 관리비가 이에 해당됨
- 기간원가는 그 원가의 발생으로 인한 경제적 효익을 객관적으로 측정하기 어려우므로 제품에 부과하지 않고 원가의 발생시점에 즉시 비용으로 처리 (재고불능원가)

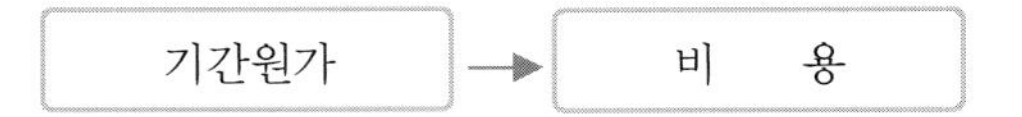

(5) 의사결정과의 관련성에 따른 원가의 분류

① 매몰원가(기발생원가)

- 이미 과거에 발생한 역사적 원가로서 회수할 수 없는 원가로서 의사결정에 영향을 주지 못하는 원가

② 관련원가

- 여러 대안 사이에 차이가 있는 미래원가로서 의사결정에 직접적으로 관련되는 원가

③ 기회원가

- 재화, 용역, 생산설비 등의 자원을 현재의 용도 이외의 다른 대체적인 용도에 사용할 경우 얻을 수 있는 최대금액

④ 회피가능원가

- 특정한 대체안을 선택함으로써 절약되거나 발생하지 않는 원가

⑤ 회피불능원가

- 특정한 대체안을 선택하는 것과 관계없이 계속해서 발생하는 원가

⑥ 차액원가

- 여러 대체안 사이에 차이가 나는 원가 (증분원가)

문제

1. 원가에 대한 분류를 설명한 것이다. 다음 보기 중 가장 틀린 것은?(39회)

   ① 특정제품과 직접적으로 추적이 가능한 원가를 직접원가라 한다.
   ② 조업도가 증가할 때마다 원가총액이 비례하여 증가하는 원가를 변동원가라 한다.
   ③ 현재의 의사결정에 고려하여야 하는 원가로서 매몰원가를 들 수 있다.
   ④ 일정한 관련범위 내에서 조업도와 관계없이 총원가가 일정한 것을 고정원가라 한다.

문제

2. 원가에 대한 설명 중 가장 옳은 것은?(55회)

   ① 직접재료비는 기초원가와 가공원가 모두 해당된다.
   ② 매몰원가는 의사결정과정에 영향을 미치는 원가를 말한다.
   ③ 고정원가는 조업도와 상관없이 일정하게 증가하는 원가를 말한다.
   ④ 직접원가란 특정한 원가집적대상에 추적할 수 있는 원가를 말한다.

답안

[1] ③ 매몰원가는 의사결정시 고려하지 않는 이미 발생한 원가이다.
[2] ④ ① 직접재료비는 기초원가에 해당된다.
② 매몰원가는 의사결정과정에 영향을 미치지 않는 원가를 말한다.
③ 고정원가는 일정 조업도내에서 일정하게 발생하는 원가를 말한다.
④ 직접원가란 특정한 원가집적대상에 추적할 수 있는 원가를 말한다.

5. 원가의 흐름

(1) 제조과정

① 원재료

- 제품의 제조활동에 사용할 원료 · 재료 · 부품 등의 원가를 기록하는 재고자산 계정

② 재공품

- 제조공정 중에 미완성된 상태로 있는 제품에 부과된 직접재료비 · 직접노무비 · 제조간접비를 기록하는 재고자산 계정

③ 제품

- 제조공정이 완료되어 판매를 위해 창고에 보관하고 있는 제품에 집계된 제조원가의 총액을 기록하는 재고자산 계정

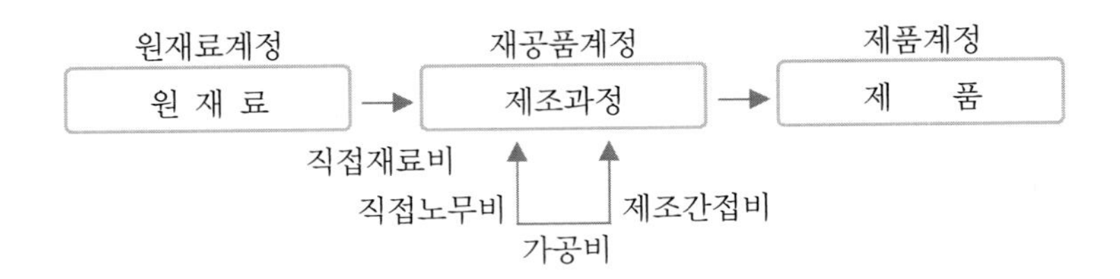

(2) 제조원가의 흐름

일반적으로 기업이 제품을 생산하기 위해서는 원재료를 창고에서 출고하여 제조공정에 투입하며, 제조공정에서 동 원재료에 대하여 노통을 투입하고 기계작업을 수행하게 된다. 이러한 과정에서 발생하는 직접재료비, 직접노무비, 제조간접비의 제조원가는 일단 미완성된 제품의 원가를 나타내는 재공품계정에 기록하며, 제품을 완성하면 완성품의 제조원가를 재공품계정에서 제품계정으로 대체한다. 그리고 마지막 단계에서 고객에게 판매한 제품의 원가를 제품계정에서 매출원가계정으로 대체한다.

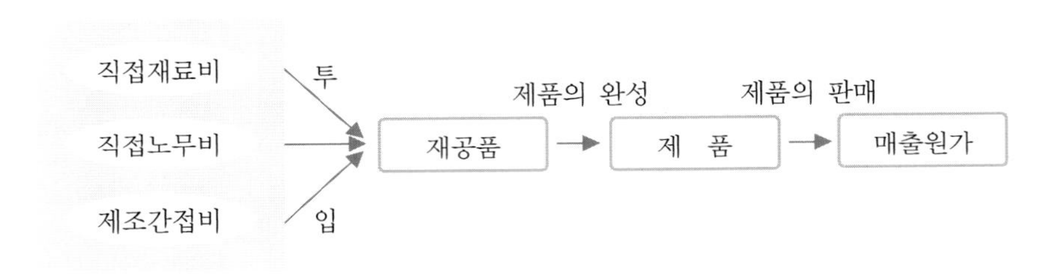

(3) 원가계산절차

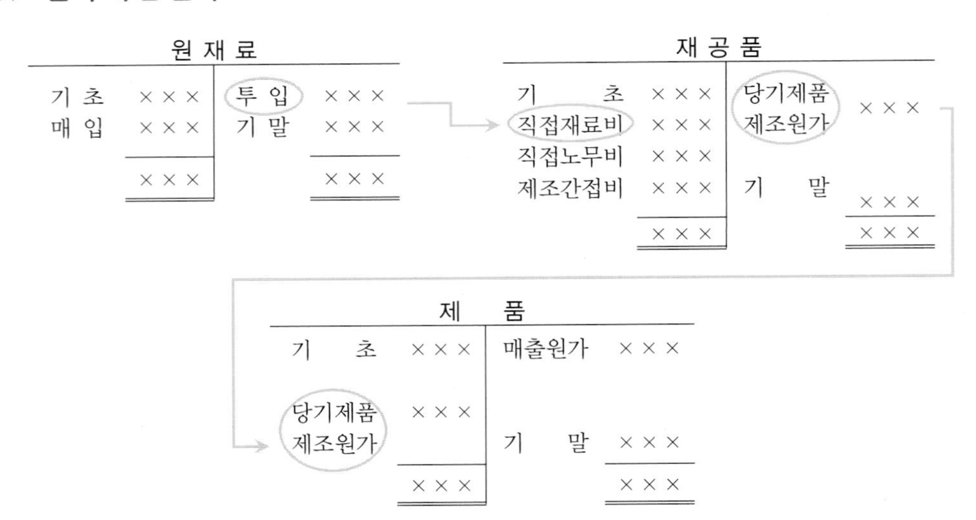

(4) 제조원가명세서

제조원가명세서		
Ⅰ. 직접재료비		×××
1. 기초원재료재고액	×××	
2. 당기원재료매입액	×××	
계	×××	
3. 기말원재료재고액	×××	
Ⅱ. 직접노무비		×××
1. 기본급	×××	
2. 제수당 등	×××	
⋮	⋮	
Ⅲ. 제조간접비		×××
1. 감가상각비	×××	
2. 동력비	×××	
⋮	⋮	
Ⅳ. 당기총제조원가		×××
Ⅴ. 기초재공품재고액		×××
합 계		×××
Ⅵ. 기말재공품재고액		×××
Ⅶ. 당기제품제조원가		×××

(5) 상기업과 제조업의 손익계산서

상기업의 손익계산서		
매 출 액		×××
매 출 원 가		×××
기 초 상 품 재 고 액	×××	
당 기 매 입 액	×××	
판 매 가 능 액	×××	
기 말 상 품 재 고 액	(×××)	
매 출 총 이 익		×××
판 매 비 와 관 리 비		(×××)
영 업 이 익		×××

제조업의 손익계산서		
매 출 액		×××
매 출 원 가		×××
기 초 제 품 재 고 액	×××	
당 기 제 품 제 조 원 가	×××	
판 매 가 능 액	×××	
기 말 제 품 재 고 액	(×××)	
매 출 총 이 익		×××
판 매 비 와 관 리 비		(×××)
영 업 이 익		×××

문제

1. 제조원가명세서에 대한 다음 설명 중 가장 옳지 않은 것은?(56회)

① 제조원가명세서만 보면 매출원가를 계산할 수 있다.
② 상품매매기업에서는 작성하지 않아도 된다.
③ 제조원가명세서에서 당기총제조비용을 알 수 있다.
④ 재공품계정의 변동사항이 나타난다.

문제

2. 다음은 재무제표와 관련된 산식이다. 틀린 것은?(57회)

① 매출원가 = (기초제품재고액 + 당기제품제조원가) - 기말제품재고액
② 당기제품제조원가 = 기초재공품재고액 + 당기총제조비용 - 기말재공품재고액
③ 당기총제조원가 = 직접재료비 + 직접노무비 + 가공원가
④ 원재료소비액 = 기초원재료재고액 + 당기원재료매입액 - 기말원재료재고액

답안

[1] ① 기초와 기말의 제품재고는 손익계산서 또는 재무상태표에서 알 수 있어 제조원가명세서에서는 계산할 수 없다.
[2] ③ 당기총제조원가 = 직접재료비 + 직접노무비 + 제조간접비

1. 다음 자료에 의하여 가공비를 계산하면 얼마인가?(41회)

▪ 직 접 재 료 비 : 200,000원	▪ 직 접 노 무 비 : 250,000원
▪ 변동제조간접비 : 300,000원	▪ 고정제조간접비 : 350,000원

① 450,000원 ② 750,000원 ③ 900,000원 ④ 1,100,000원

2. (주)서울은 기계장치 1대를 매월 100,000원에 임차하여 사용하고 있으며, 기계장치의 월 최대 생산량은 1,000단위이다. 당월 수주물량이 1,500단위여서 추가로 1대의 기계장치를 임차하기로 하였다. 이 기계장치에 대한 임차료의 원가행태는 무엇인가?(42회)

① 고정원가 ② 준고정원가 ③ 변동원가 ④ 준변동원가

3. 다음 중 일반적인 제조기업의 원가계산흐름을 바르게 설명한 것은?(42회)

① 부문별 원가계산 → 요소별 원가계산 → 제품별 원가계산
② 부문별 원가계산 → 제품별 원가계산 → 요소별 원가계산
③ 요소별 원가계산 → 부문별 원가계산 → 제품별 원가계산
④ 요소별 원가계산 → 제품별 원가계산 → 부문별 원가계산

4. 다음 자료에 의하여 당기총제조원가(당기총제조비용)을 계산하면 얼마인가?(41회)

· 직 접 재 료 비 : 10,000원	· 기초재공품재고액 : 7,000원
· 직 접 노 무 비 : 15,000원	· 기말재공품재고액 : 3,000원
· 변동제조간접비 : 5,000원	· 기초제품재고액 : 8,000원
· 고정제조간접비 : 6,000원	· 기말제품재고액 : 9,000원

① 30,000원 ② 36,000원 ③ 39,000원 ④ 40,000원

5. 다음 자료에 의한 (주)씨엘의 직접노무비는 얼마인가?(40회)

· 기초원재료	100,000원	· 당기매입원재료	600,000원
· 기말원재료	200,000원	· 제조간접비	1,500,000원
· 기초재공품	1,000,000원	· 기말재공품	500,000원
· 당기제품제조원가	4,000,000원		

① 500,000원 ② 1,000,000원 ③ 1,500,000원 ④ 2,000,000원

6. 제조부문에서 발생하는 노무비에 대한 설명으로 옳지 않은 것은?(39회)

① 직접비와 간접비로 나뉜다.

② 직접노무비는 기초원가와 가공원가 모두에 해당한다.

③ 간접노무비는 제조간접비에 반영된다.

④ 발생된 노무비 중 미지급된 노무비는 원가에 반영되지 않는다.

7. 다음에서 설명하고 있는 원가를 원가행태에 따라 분류하고자 할 때 가장 적절한 것은?(57회)

관련범위 내에서 조업도의 변동에 관계없이 총원가가 일정하고, 조업도가 증가함에 따라 단위당 원가는 감소한다.

① 변동원가 ② 고정원가 ③ 준변동원가 ④ 준고정원가

8. 기말재공품은 기초재공품에 비해 500,000원 증가하였으며, 제조과정에서 직접재료비가 차지하는 비율은 60%이다. 당기제품제조원가가 1,500,000원이라면, 당기총제조원가에 투입한 가공원가는 얼마인가?(56회)

① 200,000원 ② 400,000원 ③ 600,000원 ④ 800,000원

9. 다음은 (주)부산실업의 제조원가와 관련한 자료이다. 당기제품제조원가는 얼마인가?(38회)

· 기초재공품	100,000원	· 직접재료비	600,000원
· 가공비	1,000,000원	· 직접노무비	600,000원
· 기말재공품	250,000원	· 간접재료비	200,000원
· 간접노무비	100,000원		

① 1,350,000원 ② 2,050,000원 ③ 1,450,000원 ④ 1,050,000원

10. 공장에서 사용하던 화물차(취득원가 3,500,000원, 처분시점까지 감가상각누계액 2,500,000원)가 고장이 나서 매각하려고 한다. 동 화물차에 대해 500,000원 수선비를 투입하여 처분하면 1,200,000원을 받을 수 있지만, 수선하지 않고 처분하면 600,000원을 받을 수 있다. 이 경우에 매몰원가는 얼마인가?(56회)

① 400,000원　　② 500,000원　　③ 1,000,000원　　④ 1,200,000원

11. 원가에 대한 다음 설명 중 가장 옳지 않은 것은?(47회)

① 준고정원가는 관련조업도 내에서 일정하게 발생하는 원가를 말한다.
② 직접재료비와 직접노무비를 기초원가라 한다.
③ 간접원가란 특정한 원가집적대상에 직접 추적할 수 없는 원가를 말한다.
④ 제품생산량이 증가함에 따라 관련 범위 내에서 제품단위당 고정원가는 일정하다.

12. 원가회계와 관련하여 다음 설명 중 가장 적절치 않은 것은 어느 것인가?(55회)

① 제품원가에 고정제조간접비를 포함하는지의 여부에 따라 전부원가계산과 종합원가계산으로 구분된다.
② 제품생산의 형태에 따라 개별원가계산과 종합원가계산으로 구분된다.
③ 원가는 제품과의 관련성(추적가능성)에 따라 직접비와 간접비로 구분된다.
④ 원가는 조업도의 증감에 따라 원가총액이 변동하는 변동비와 일정한 고정비로 분류할 수 있다.

13. 제조간접비에 대한 다음 설명 중 맞는 것은?(46회)

① 가공비가 된다.　　② 모든 노무비를 포함한다.
③ 변동비만 포함된다.　　④ 고정비만 포함된다.

14. 다음은 (주)관우전자의 공장전기요금고지서의 내용이다. 원가 행태상의 분류로 옳은 것은?(46회)

- 기 본 요 금 : 1,000,000원 (사용량과 무관)
- 사 용 요 금 : 3,120,000원 (사용량 : 48,000kw, kw당 65원)
- 전기요금합계 : 4,120,000원

① 고정원가　　② 준고정원가　　③ 변동원가　　④ 준변동원가

15. 다음 주어진 자료로 매출원가를 계산하면 얼마인가?(46회)

- 기초상품재고액 : 100,000원
- 기말상품재고액 : 150,000원
- 판매가능상품액 : 530,000원

① 580,000원 ② 480,000원 ③ 380,000원 ④ 280,000원

16. 다음 중 제조원가로 분류할 수 없는 것은?(44회)

① 공장건물의 재산세
② 제품에 대한 광고선전비
③ 공장기계의 감가상각비
④ 공장근로자 회사부담분 국민연금

17. 제조원가 중 원가행태가 다음과 같은 경우의 원가로서 가장 부적합한 것은?(44회)

조업도	100시간	500시간	1,000시간
총원가	5,000	5,000	5,000

① 재산세
② 전기요금
③ 정액법에 의한 감가상각비
④ 임차료

18. 기말재공품액이 기초재공품액 보다 더 큰 경우 다음 중 맞는 설명은?(44회)

① 기초재공품액에 당기총제조원가를 더한 금액이 당기제품제조원가가 된다.
② 당기총제조원가가 당기제품제조원가보다 작다.
③ 당기제품제조원가가 제품매출원가보다 반드시 더 크다.
④ 당기제품제조원가가 당기총제조원가보다 작다.

19. 다음 중 제조원가명세서 작성시 필요로 하지 않은 자료는?(45회)

① 간접재료비 소비액
② 간접노무비 소비액
③ 기초제품 재고액
④ 제조경비

20. 당기제품제조원가는 850,000원이다. 다음 주어진 자료에 의하여 기말재공품원가를 계산하면 얼마인가?(45회)

- 직 접 재 료 비 : 200,000원
- 직 접 노 무 비 : 300,000원
- 변동제조간접비 : 300,000원
- 고정제조간접비 : 100,000원
- 기 초 재 공 품 : 250,000원
- 기 말 재 공 품 : ?
- 기 초 제 품 : 500,000원
- 기 말 제 품 : 400,000원

① 300,000원 ② 350,000원 ③ 400,000원 ④ 450,000원

21. 다음 중 제조원가에 속하지 않는 것은?(42회)

① 직접재료비 ② 직접노무비 ③ 광고선전비 ④ 제조간접비

22. 다음 자료에서 기초원가와 가공비 양자 모두에 해당하는 금액은 얼마인가?(42회)

▪ 직 접 재 료 비 : 300,000원 ▪ 직 접 노 무 비 : 400,000원
▪ 변동제조간접비 : 200,000원 ▪ 고정제조간접비 : 150,000원

① 350,000원 ② 400,000원 ③ 450,000원 ④ 500,000원

23. 다음 자료에 의하여 제조간접비를 계산하면 얼마인가?(43회)

▪ 당기총제조원가 : 600,000원 ▪ 직접비(기본원가) : 300,000원
▪ 가 공 원 가 : 500,000원

① 100,000원 ② 200,000원 ③ 300,000원 ④ 400,000원

24. (주)세창의 당기 직접재료비는 50,000원이고, 제조간접비는 45,000원이다. (주)세창의 직접노무비는 가공비의 20%에 해당하는 경우, 당기의 직접노무비는 얼마인가?(47회)

① 9,000원 ② 10,000원 ③ 11,250원 ④ 12,500원

25. 다음 중 제조원가항목에 해당하는 것은?(48회)

① 관리부 경리사원 급여 ② 공장 차량운반구의 감가상각비
③ 영업사원 복리후생비 ④ 마케팅부서 접대비

26. 흑치(주)의 제2기 원가 자료가 다음과 같을 경우 가공원가는 얼마인가?(48회)

· 직접재료원가 구입액 : 800,000원 · 직접재료원가 사용액 : 900,000원
· 직접노무원가 발생액 : 500,000원 · 변동제조간접원가 발생액 : 600,000원
(변동제조간접원가는 총제조간접원가의 40%이다)

① 2,000,000원 ② 2,400,000원 ③ 2,800,000원 ④ 2,900,000원

27. 다음 중 원가를 원가행태에 따라 구분한 것은?(43회)

① 변동원가와 고정원가
② 직접원가와 간접원가
③ 제품원가와 기간원가
④ 사전원가와 사후원가

28. 조업도의 감소에 따른 고정비 및 변동비와 관련한 원가행태를 틀리게 나타낸 것은?(40회)

① 총고정비는 일정하다.
② 단위당 고정비는 감소한다.
③ 총변동비는 감소한다.
④ 단위당 변동비는 일정하다.

29. 다음 자료에 의하여 당기제품매출원가를 계산하면 얼마인가?(47회)

- 기초재공품재고액 : 300,000원
- 기말재공품재고액 : 400,000원
- 기말제품재고액 : 300,000원
- 당기총제조비용 : 1,000,000원
- 기초제품재고액 : 200,000원
- 판매가능재고액 : 1,100,000원

① 1,000,000원
② 900,000원
③ 800,000원
④ 700,000원

30. 다음은 (주)대건의 2011년 원가계산에 관한 자료이다. 기말재공품 원가는 얼마인가?(48회)

· 당기총제조원가 : 1,500,000원
· 기초제품 재고액 : 300,000원
· 매출원가 : 1,620,000원
· 기초재공품 재고액 : 200,000원
· 기말제품 재고액 : 180,000원

① 200,000원
② 250,000원
③ 300,000원
④ 350,000원

31. 다음 중 원가의 추적가능성에 따른 분류로 가장 맞는 원가개념은?(53회)

① 고정원가와 변동원가
② 직접원가와 간접원가
③ 제품원가와 기간원가
④ 제조원가와 비제조원가

32. 여범제조(주)의 기말재공품계정은 기초재공품에 비하여 400,000원 증가하였다. 또한, 재공품 공정에 투입한 직접재료비와 직접노무비, 제조간접비의 비율이 1:2:3이었다. 여범제조(주)의 당기제품제조원가가 800,000원이라면, 재공품에 투입한 직접노무비는 얼마인가?(49회)

① 100,000원
② 200,000원
③ 400,000원
④ 600,000원

33. 다음 자료에 의하여 당월의 노무비 지급액은?(49회)

> · 당월 노무비 발생액 : 500,000원　　· 전월말 노무비 미지급액 : 20,000원
> · 당월말 노무비 미지급액 : 60,000원

① 540,000원　② 520,000원　③ 460,000원　④ 440,000원

34. 다음 중 제조원가명세서에 포함되지 않는 항목은?(50회)

① 당기제조경비　② 당기제품제조원가　③ 매출원가　④ 당기총제조원가

35. 제조공장에서의 전력비에 대한 자료가 다음과 같을 경우 4월에 발생한 전력비 금액은 얼마인가?(50회)

> · 4월 지급액 : 1,300,000원　· 4월 선급액 : 230,000원　· 4월 미지급액: 360,000원

① 710,000원　② 1,170,000원　③ 1,430,000원　④ 1,890,000원

36. 원가자료가 다음과 같을 때 당기의 직접재료비를 계산하면 얼마인가?(50회)

> · 당기총제조원가는 5,204,000원이다.　· 제조간접비는 직접노무비의 75%이다.
> · 제조간접비는 당기총제조원가의 24%이다.

① 2,009,600원　② 2,289,760원　③ 2,825,360원　④ 3,955,040원

37. 다음 중 제조원가명세서에 대한 설명 중 틀린 것은?(51회)

① 제조원가명세서를 통해 당기원재료매입액을 파악할 수 있다.
② 제조원가명세서를 통해 당기총제조비용을 파악할 수 있다.
③ 제조원가명세서를 통해 당기매출원가를 파악할 수 있다.
④ 제조원가명세서를 통해 기말재공품원가를 파악할 수 있다.

38. 다음 자료를 참고하여 (주)세무의 6월 중 직접노무비를 계산하면 맞는 것은?(52회)

- 6월 중 45,000원의 직접재료를 구입하였다.
- 6월 중 제조간접비는 27,000원이었다.
- 6월 중 총제조원가는 109,000원이었다.
- 직접재료의 6월초 재고가 8,000원이었고, 6월말 재고가 6,000원이다.

① 35,000원 ② 36,000원 ③ 45,000원 ④ 62,000원

39. 다음 중 원가집계계정의 흐름으로 가장 맞는 것은?(52회)

① 당기총제조비용은 제품계정 차변으로 대체
② 당기제품제조원가는 재공품계정 차변으로 대체
③ 당기매출원가는 상품매출원가계정 차변으로 대체
④ 당기재료비소비액은 재료비계정 차변으로 대체

40. 다음 자료에서 기말재공품재고액은 얼마인가?(53회)

ⓐ 직접재료비 : 800,000원
ⓑ 직접노무비 : 1,000,000원
ⓒ 제조간접비 : 1,400,000원
ⓓ 외주가공비 : 500,000원
ⓔ 기초재공품재고액 : 1,500,000원
ⓕ 당기제품제조원가 : 3,550,000원
단, ⓐ, ⓑ, ⓒ, ⓓ는 모두 당기에 발생한 금액이다.

① 1,150,000원 ② 1,350,000원 ③ 1,650,000원 ④ 1,950,000원

제2절 원가배분

1. 원가배분

① 원가집계

- 회계시스템을 통하여 조직적인 방법으로 원가자료를 모으는 것

② 원가배부

- 특수한 형태의 원가배분을 가리키는 보다 좁은 의미로서, 집계한 원가를 최종적으로 제품에 할당하는 것

③ 원가배분

- 집계한 원가를 활동, 제품 또는 부문 등의 원가대상에 일정한 배부기준에 따라 대응시키거나 추적하는 과정

④ 원가집적대상

- 원가가 개별적으로 집적되는 활동이나 조직의 하부단위. 즉, 원가를 부과할 수 있는 단위

2. 원가배분의 목적

① 경제적 의사결정

- 계획과 관련된 예산편성이나 경영의사결정의 결과 예측, 특정 부문과 관련된 원가통제

② 동기부여와 성과평가

- 경영자와 종업원들에게 바람직한 동기를 부여하고 그들의 성과를 평가하기 위해서

③ 외부보고를 위한 자산과 이익의 측정

- 재무제표 작성시 재무상태표상 재고자산 평가, 손익계산서상 매출원가 측정

④ 원가의 정당화 및 보상

- 계약금액이나 입찰가격 등을 결정함에 있어서 발생한 원가를 정당화하고 적절한 보상을 받기 위해서

3. 원가배분기준

① 인과관계기준

- 원가의 발생과 원가대상사이의 인과관계를 기준으로 배분

Ex 건물감가상각비-건물 점유면적 또는 건물가액, 전력비-전력소비량 등

② 수혜기준

- 경제적 효익의 크기를 기준으로 배분

Ex 광고선전비를 사업부별 매출액을 기준으로 배분하는 경우

③ 부담능력기준

- 원가를 부담할 수 있는 능력에 따라 원가를 배분
각 사업부의 사기를 떨어뜨리고 성과평가를 왜곡시킬 수 있음

④ 공정성과 공평성기준

- 원가배분시 공정하고 공평해야 한다는 기준
원가배분을 통하여 달성하고자 하는 목표

문제

1. (주)대한상사는 2009년도 상반기 영업실적이 좋아 기업 전사원에게 복리후생비를 지급하려 한다. 이 기업은 기업본사부서 뿐만 아니라 공장 지점, 영업소에도 전사원에게 균등하게 복리후생비를 지급하려고 한다. 기업 전체의 복리후생비를 각 본사와 지사에 배부하기 위한 기준으로 가장 적합한 것은?(39회)

① 각 지사의 전력소비량 ② 각 지사의 연료소비량
③ 각 지사의 면적 ④ 각 지사의 종업원 수

답안

[1] ④ 복리후생비를 배부하려면 종업원수가 배부기준으로 가장 적당하다.

4. 원가배분 유형

▪ 보조부문

- 제조활동에 직접 참여하지는 않으나 제조부문의 제조활동을 보조하기 위하여 용역을 제공하는 부문 Ex 전력부문, 수선부문, 공장관리부문 등

▪ 제조부문

- 보조부문의 용역을 제공받아 직접 제조활동을 수행하는 부문 Ex 조립부문 등

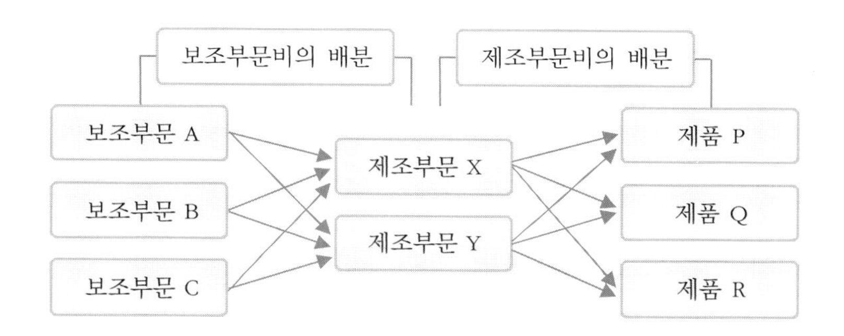

(1) 직접배분법

- 보조부문 상호간의 용역수수관계를 완전히 무시하고, 각 제조부문이 사용한 용역의 상대적 비율에 따라 보조부문원가를 제조부문에 직접 배분
- 보조부문의 용역이 제조부분에서만 전부 소비되거나 보조부문 상호간의 용역수수관계가 별로 중요하지 않을 경우 적절한 방법
- 장점 : 계산이 매우 간단
- 단점 : 원가배분 왜곡 → 제품원가 왜곡

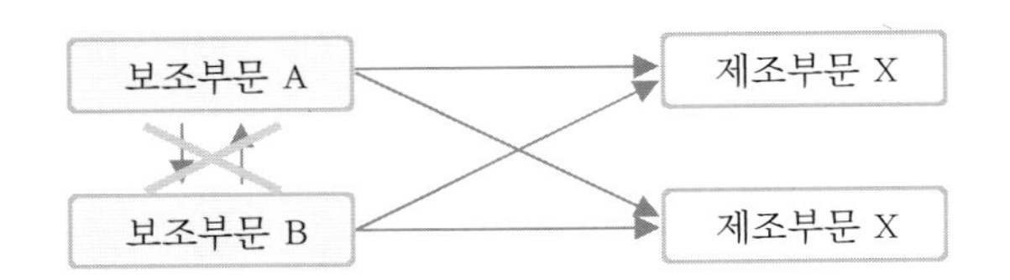

(2) 단계배분법

- 보조부문 상호간의 용역수수관계를 부분적으로 인식
- 보조부문원가의 배분순서를 정하여 그 배분순위에 따라 보조부문의 원가를 단계적으로 다보조부문과 제조부문에 배분
  ① 다른 보조부문에 대한 용역제공비율이 큰 보조부문부터 배분
    (용역제공비율 大)
  ② 용역을 제공받는 다른 보조부문의 수가 많은 보조부문부터 배분
    (용역제공부문수 大)
  ③ 발생원가(총원가)가 큰 보조부문부터 배분(금액 大)

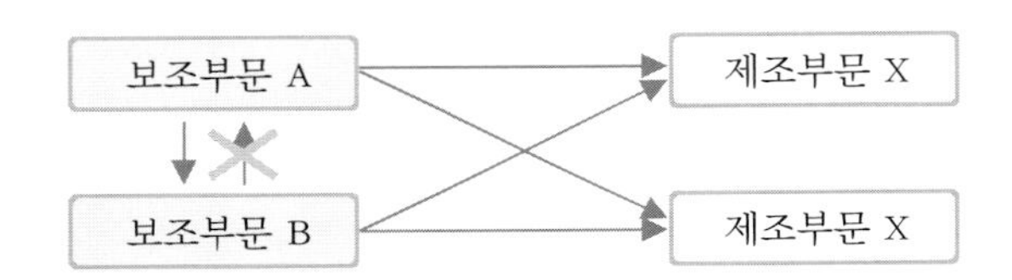

(3) 상호배분법

- 보조부문 상호간의 용역수수관계를 전부 고려하여 그에 따라 각 보조부문비를 다른 보조부문과 제조부문에 배분
- 장점 : 정확한 원가배분
- 단점 : 계산 복잡

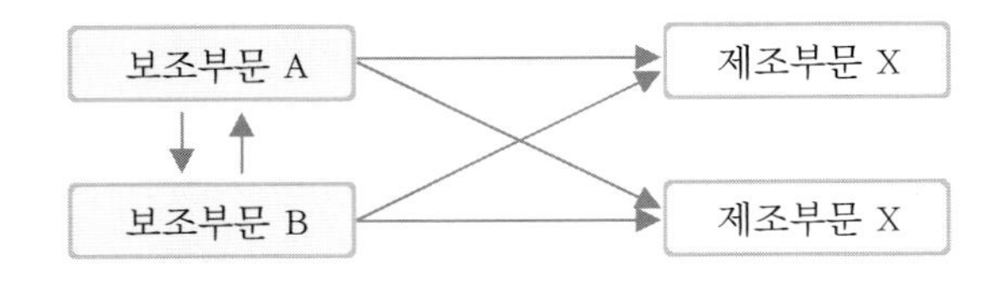

문제

1. 다음은(주)예성전자의 보조부문과 제조부문에서 발생한 원가 및 부문간의 용역제공 관계를 나타낸 표이다. 직접배분법, 단계배분법, 상호배분법을 사용하여 보조부문비를 각 제조부문에 배분하시오.

용역사용부문 / 용역제공부분	보조부문		제조부분		합계
	S1	S2	P1	P2	
P1			100%		100%
P2				100%	100%
S1	-	30%	20%	50%	100%
S2	20%	-	40%	40%	100%
발생원가	20,000	88,000	80,000	70,000	258,000

답안

① 직접배분법

	보조부문		제조부분		합계
	S1	S2	P1	P2	
배분전원가	20,000	88,000	80,000	70,000	258,000
S1	(20,000)	-	20,000 × 2/7 = 5,714	20,000 × 5/7 = 14,286	0
S2	-	(88,000)	88,000 × 4/8 = 44,000	88,000 × 4/8 = 44,000	0
배분후원가	0	0	129,714	128,286	258,000

② 단계배분법

: S1 → S2 30%, S2 → S1 20% 이므로 용역제공비율 더큰 S1 부문부터 배부한다.

	보조부문		제조부분		합계
	S1	S2	P1	P2	
배분전원가	20,000	88,000	80,000	70,000	258,000
S1	(20,000)	20,000 × 3/10 = 6,000	20,000 × 2/10 = 4,000	20,000 × 5/10 = 10,000	0
S2	-	(94,000)	94,000 × 4/8 = 47,000	94,000 × 4/8 = 47,000	0
배분후원가	0	0	131,000	127,000	258,000

③ 상호배분법

S1 = 20,000 + 0.2 × S2 → S1 = 20,000 + 0.2 × (88,000 + 0.3 × S1) = 37,600 / (1−0.06) = 40,000

S2 = 88,000 + 0.3 × S1 ∴ S2 = 100,000

	보조부문		제조부분		합계
	S1	S2	P1	P2	
배분전원가	20,000	88,000	80,000	70,000	258,000
S1	(40,000)	40,000 × 3/10 = 12,000	40,000 × 2/10 = 8,000	40,000 × 5/10 = 20,000	0
S2	100,000 × 2/10 = 20,000	(100,000)	100,000 × 4/10 = 40,000	100,000 × 4/10 = 40,000	0
배분후원가	0	0	128,000	130,000	258,000

5. 보조부문비의 원가행태에 의한 배분방법

- 보조부문비의 원가를 변동비와 고정비로 구분하느냐의 여부에 따라 단일배분율법과 이중배분율법으로 구분

(1) 단일배분율법

- 보조부문비를 변동비와 고정비로 구분하지 않고 모든 보조부문의 원가를 하나의 기준으로 배분하는 방법
- 장점 : 사용 간편
- 단점 : 원가배분 왜곡 → 제품원가 왜곡

제조간접비배부액 = 제조간접비예정배부율 × 용역의 실제사용량

(2) 이중배분율법

- 보조부문비를 원가행태에 따라 변동비와 고정비로 분류하여 각각 다른 배분기준을 적용하는 방법
- ▪ 변동비 : 실제 용역사용량을 기준으로 배분
- ▪ 고정비 : 제조부문에서 사용할 수 있는 최대사용가능량을 기준으로 배분

• 변동비배부액 = 제조간접비예정배부율 × 용역의 실제사용량 • 고정비배부액 = 변동예산상의 고정비 × 최대사용가능량비율

문제

1. (주)서울의 공장에는 하나의 보조부문 S와 두 개의 제조부문 P1, P2가 있다. 보조부문 S는 두 개의 제조부문 P1, P2에 용역을 공급하고 있는데, 각 제조부문의 월간 최대사용가능시간과 당월의 실제사용시간은 다음과 같다.

	P1	P2	합 계
최대사용가능시간	900 시간	900 시간	1,800 시간
실 제 사 용 시 간	600	900	1,500

당월 중 발생한 원가자료는 다음과 같다.

(1) 단일배분율법(실제사용시간 기준)에 의하여 보조부문비를 제조부문에 배분하라.

(2) 이중배분율법(변동비-실제사용시간 기준, 고정비-최대사용가능시간 기준)에 의하여 보조부문비를 제조부문에 배분하라.

	보조구문	제조부문		
	S	P1	P2	합계
변동비	450,000원	630,000원	900,000원	1,980,000원
고정비	600,000원	360,000원	450,000원	1,410,000원
합 계	1,050,000원	990,000원	1,350,000원	3,390,000원

답안

① 단일배분율법(실제사용시간 기준)

	보조부문	제조부분		합계
	S	P1	P2	
배분전원가	1,050,000	990,000	1,350,000	3,390,000
S	(1,050,000)	1,050,000 × 600/1500 = 420,000	1,050,000 × 900/1500 = 630,000	0
배분후원가	0	1,410,000	1,980,000	3,390,000

② 이중배분율법(변동비-실제사용시간 기준)

	보조부문	제조부분		합계
	S	P1	P2	
배분전원가	450,000	630,000	900,000	1,980,000
변동비 S	(450,000)	450,000 × 600/1500 = 180,000	450,000 × 900/1500 = 270,000	0
배분후원가	0	810,000	1,170,000	1,980,000

이중배분율법(고정비-최대사용가능시간 기준)

	보조부문	제조부분		합계
	S	P1	P2	
배분전원가	600,000	360,000	450,000	1,410,000
고정비 S	(600,000)	600,000 × 900/1800 = 300,000	600,000 × 900/1800 = 300,000	0
배분후원가	0	660,000	750,000	1,410,000

P1 = 810,000 (변동비) + 660,000 (고정비) = 1,470,000

P2 = 1,170,000 (변동비) + 750,000 (고정비) = 1,920,000

1. 다음의 보조부문비의 배부방법 중 정확도가 높은 방법부터 올바르게 배열한 것은?(43회)

   ① 직접배부법〉 상호배부법〉 단계배부법　　② 직접배부법〉 단계배부법〉 상호배부법
   ③ 상호배부법〉 단계배부법〉 직접배부법　　④ 단계배부법〉 상호배부법〉 직접배부법

2. 다음 중 제조간접비의 배부와 관련하여 그 성격이 다른 하나는?(42회)

   ① 직접배부법　　② 단계배부법　　③ 상호배부법　　④ 비례배분법

3. 기초재고와 기말재고가 없는 경우, 보조부문의 원가를 배부하는 방법과 관련된 내용으로 옳지 않은 것은?(41회)

   ① 직접배부법은 보조부문 상호간의 용역제공관계를 고려하지 않는다.
   ② 단계배부법과 상호배부법은 보조부문 상호간의 용역제공관계를 고려한다.
   ③ 어떤 방법을 사용하더라도 보조부문비 총액은 모두 제조부문에 배부된다.
   ④ 보조부문 배부방법에 따라 회사의 총이익도 달라진다.

4. 보조부문비를 제조부문에 배부하는 방법에 대한 설명 중 틀린 것은?(40회)

   ① 직접배부법은 보조부문 상호간의 용역수수를 전혀 고려하지 않는 방법이다.
   ② 단계배부법은 보조부문 상호간의 용역수수를 일부 고려하는 방법이다.
   ③ 상호배부법은 보조부문 상호간의 용역수수를 완전히 고려하는 방법이다.
   ④ 계산의 정확성은 직접배부법 〉 단계배부법 〉 상호배부법 순으로 나타난다.

5. A사는 많은 기업들이 입주해 있는 건물을 관리하고 있다. 경비담당 직원들은 모든 입주기업들의 사무실 및 건물전체를 경비를 맡고 있다. 건물 전체의 경비업무 수수료를 각 기업에 배부하기 위한 기준으로 가장 적합한 것은?(37회)

   ① 각 입주기업의 직원 수　　② 각 입주기업의 임대 면적
   ③ 각 입주기업의 전력사용량　　④ 각 입주기업의 근무시간

6. 다음은 보조부문비와 관련된 설명이다. 가장 틀린 것은?(37회)

① 이중배분율법(dual allocation method)에 직접배분법, 단계배분법, 상호배분법을 적용할 수 없다.

② 원가행태에 의한 배분방법으로 단일배분율법과 이중배분율법이 있다.

③ 상호배분법은 보조부문비를 용역수수관계에 따라 다른 보조부문과 제조부문에 배부하는 방법이다.

④ 이중배분율법은 원가행태에 따라 배부기준을 달리 적용한다.

7. 다음은 보조부문원가를 배분하는 방법과 설명이다. 잘못 연결된 것은?(35회)

① 보조부분원가를 다른 보조부문에는 배분하지 않고 제조부문에만 배분하는 방법 – 직접배분법

② 보조부문원가를 배분순서에 따라 순차적으로 다른 보조부문과 제조부문에 배분하는 방법–단계배분법

③ 보조부문 상호간의 용역수수관계를 완전히 인식하여 보조부문원가를 다른 보조부문과 제조부문에 배분하는 방법–상호배분법

④ 보조부문원가를 변동원가와 고정원가로 구분하여 각각 다른 배분기준을 적용하여 배분하는 방법–단일배분율법

8. 다음은 보조부문원가에 관한 자료이다. 보조부문의 제조간접비를 다른 보조부문에는 배부하지 않고 제조부문에만 직접 배부할 경우 수선부문에서 조립부문으로 배부될 제조간접비는 얼마인가?(34회)

		보조부문		제조부문	
		수선부문	관리부문	조립부문	절단부문
제조간접비		80,000원	100,000원		
부문별 배부율	수선부문		20%	40%	40%
	관리부문	50%		20%	30%

① 24,000원 ② 32,000원 ③ 40,000원 ④ 50,000원

9. 보조부문비를 제조부문에 배분하는 방법 중 보조부문 상호간의 용역수수관계가 중요하지 않는 경우에 가장 시간과 비용을 절약할 수 있는 원가배분 방법은?(31회)

① 직접배분법 ② 단계배분법 ③ 상호배분법 ④ 간접배분법

10. (주)세원은 A, B 제조부문과 X, Y의 보조부문이 있다. 각 부문의 용역수수관계와 제조간접비 발생원가가 다음과 같다. 직접배부법에 의해 보조부문의 제조간접비를 배부한다면 B제조부문의 총제조간접비는 얼마인가?(44회)

	보조부문		제조부문		합 계
	X	Y	A	B	
자기부문발생액	150,000원	250,000원	300,000원	200,000원	900,000원
[제공한 횟수]					
X		200회	300회	700회	1,200회
Y	500회	-	500회	1,500회	2,500회

① 200,000원 ② 292,500원 ③ 492,500원 ④ 600,000원

11. 보조부문비의 배부방법 중 단계배부법에 대한 설명으로 틀린 것은?(45회)

① 보조부문 상호간의 용역수수를 완전히 고려하는 방법이다.
② 보조무문의 배부순서를 합리적으로 결정하는 것이 매우 중요하다.
③ 보조부문의 배부순서에 따라 배부액이 달라질 수 있다.
④ 최초 배부되는 부문의 경우 자신을 제외한 다른 모든 부문에 배부된다.

12. 부문공통비인 건물의 감가상각비 배분기준으로 가장 적합한 것은?(46회)

① 각 부문의 인원수 ② 각 부문의 면적
③ 각 부문의 작업시간 ④ 각 부문의 노무비

13. 보조부문비의 배분방법인 직접배분법, 상호배분법 및 단계배분법의 세가지를 서로 비교하는 설명으로 가장 옳지 않은 것은?(51회)

① 가장 정확한 계산방법은 상호배분법이다
② 가장 정확성이 부족한 계산방법은 단계배분법이다.
③ 배분순서가 중요한 계산방법은 단계배분법이다.
④ 계산방법이 가장 간단한 배분법은 직접배분법이다.

14. 제조원가에 관한 설명 중 가장 틀린 것은?(52회)

① 간접비는 제조 및 생산과정에서 발생하는 원가이지만 특정제품 또는 특정부문에 직접 추적할 수 없는 원가를 의미한다.
② 고정비는 조업도의 변동과 상관없이 관련범위 내에서는 일정하다.
③ 조업도의 증감에 따라 총원가가 증감하는 원가를 변동비라 하고 직접재료비와 직접노무비가 여기에 속한다.
④ 원가배분방법 중 용역의 수수관계를 완전히 고려하는 원가배분방법은 단계배분법이다.

15. 다음 중 보조부문원가를 제조부문에 배분하는 원가방식이 아닌 것은?(52회)

① 단일배분율법　② 직접배분법　③ 단계배분법　④ 상호배분법

16. 다음은 무엇에 대한 설명인가?(54회)

보조부문원가를 보조부문의 배부순서를 정하여 한 번만 다른 보조부문과 제조부문에 배부한다.

① 개별배분법　② 직접배분법　③ 단계배분법　④ 상호배분법

17. 다음 중 보조부문비 배부 방법이 아닌 것은?(57회)

① 총원가비례법(요소별비례법)　② 단계배부법
③ 직접배부법　④ 상호배부법

제3절 개별원가계산 & 종합원가계산

1. 개별원가계산

(1) 개별원가계산의 의의

- 제품원가를 작업원가표별[1]로 구분하여 집계하는 원가계산제도
- 고객의 주문에 따라 제품단위별(작업지시서별)로 제품을 생산하는 주문생산형태의 기업에 적합 Ex 조선업, 건설업, 기계공업, 항공기 산업 등
- 제조직접비와 제조간접비의 구분이 중요
- 제조직접비(직접재료비와 직접노무비) : 추적 가능, 개별작업에 직접 배부
- 제조간접비 : 추적 불가능, 기말에 적절한 배부기준에 따라 별도로 배부
  ☞ 제조간접비의 제품별 배부 문제 핵심
- 기말재공품의 평가문제가 추가로 발생하지 않음

(2) 개별원가계산의 흐름

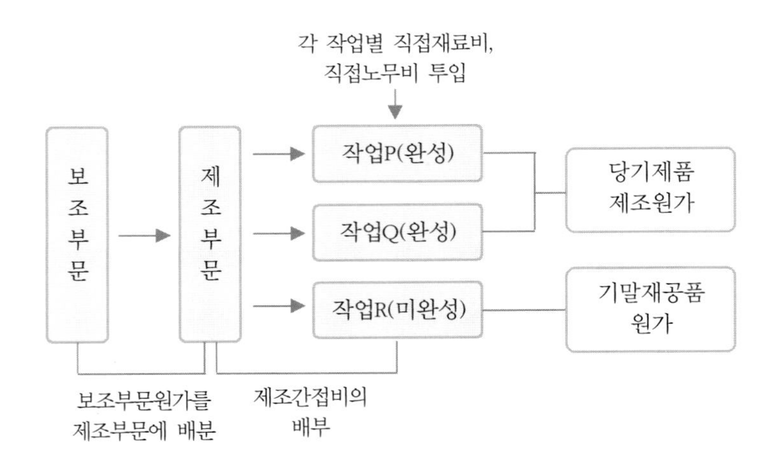

1) 작업원가표는 개별원가계산제도의 기본적 요소로서 일정한 작업에 대한 원가를 개별 제품별로 기록, 집계하기 위하여 사용되는것

문제

1. 개별원가계산에 대한 내용으로 옳지 않은 것은?(43회)
   ① 주문생산업종에 적합하다.
   ② 개별원가표에 의해 제조간접비를 부과한다.
   ③ 제품별로 손익분석 및 계산이 어렵다.
   ④ 제조간접비의 배분이 가장 중요한 과제이다.

문제

2. 개별원가계산제도에 있어 각 작업별 직접재료비, 직접노무비, 제조간접비를 집계, 기록되는 장소는?(40회)
   ① 작업원가표 ② 제조지시서 ③ 세금계산서 ④ 매입주문서

답안

[1] ③ 개별원가계산은 각 개별작업별로 원가를 집계하여 제품별 원가계산을 하는 방법이기 때문에 제품별로 손익분석 및 계산이 용이하다.
[2] ① 개별원가계산에서 원가를 집계 계산하는 장소는 작업원가표이다.

(3) 개별원가계산의 절차

- 제1단계 : 원가집적대상이 되는 개별 작업 파악
- 제2단계 : 개별작업에 대한 직접비(직접재료비와 직접노무비)는 개별작업에 직접 부과
- 제3단계 : 개별작업에 직접 대응되지 않는 간접비 파악(공장전체 배부, 부문별 배부)
- 제4단계 : 간접비를 배부하기 위한 배부기준 설정
- 제5단계 : 원가배부기준에 따라 간접비 배부율을 계산하여 개별작업에 배부

(4) 제조간접비의 배분

- 제조간접비는 제품과의 직접적인 관련성을 찾기가 어렵기 때문에 제조간접비를 부과하기 위해서는 일정한 배부절차가 필요함
- 여러 개의 제조부문이 있을 때 제조간접비 배부는 공정전체에서 발생하는 제조간접비에 대해서 하나의 배부율을 이용하는 방법과 제조부문별로 다른 배부율을 이용하는 방법으로 구분
- 제조간접비의 배부기준 : 논리적으로 타당한 인과관계, 쉽게 적용

① 공장전체 제조간접비배부율

- 모든 제조간접비를 하나의 제조간접비 통제계정에 집계하여 공장전체 제조간접비의 변동요소를 가장 잘 나타내는 기준을 선택하여 모든 부문에서 생산되는 모든 제품에 공통적으로 적용하는 방법

> • 공장전체 제조간접비배부율 = $\frac{\text{공장전체 제조간접비}}{\text{공장전체 배부기준}}$
>
> • 배분된 제조간접비 = 배부기준 × 배부율

② 부문별 제조간접비배부율

- 각 제조부문에 집계된 제조간접비를 각 부문별 특성을 가장 잘 나타내는 기준을 성절하고 각각의 제조부문별로 다른 배부기준을 사용하여 제조간접비를 배부하는 방법

▪ 기계집약적인 부문의 배부기준 - 기계작업시간
▪ 노동집약적인 부문의 배부기준 - 노동시간

- 부문별 제조간접비배부율을 사용하는 경우 각 제조부문별로 원가배부기준이 상이하므로 각 보조부문 원가배분방법에 따라 배부되는 제조간접비도 차이가 발생

> • 부문별 제조간접비배부율 = $\frac{\text{부문별 제조간접비}}{\text{부문별 배부기준}}$
>
> • 배분된 제조간접비 = 부문별 배부기준 × 부문별 배부율

(5) 활동기준원가회계(ABC; Activity Based Costing)

① 활동기준원가회계의 의의

- 기업의 기능을 여러 가지 활동들로 구분하고 동 활동을 원가대상으로 하여 원가를 집계하고 이를 토대로 다른 원가대상들(부분, 작업, 제품)의 원가를 집계하는 원가계산제도

② 활동별 제조간접비 배부율

- 활동기준원가회계를 적용하려면 먼저 활동분석을 실시한 후, 각 활동별로 제조간접비를 집계하고 이를 해당 활동의 원가요인을 배부기준으로 하여 배부

- 활동별 제조간접비배부율 = $\frac{활동별 제조간접비}{활동별 배부기준}$
- 배분된 제조간접비 = 활동별 배부기준 × 활동별 배부율

③ 전통적 원가계산 & 활동기준원가회계

구 분	전통적 원가회계	활동기준원가회계
원가흐름	원가 → 제조부분 → 제품	원가 → 활동 → 제품
원가집합의 수	공장전체 또는 각 부문에 대하여 하나 또는 소수의 간접원가집합이 존재	활동분야들이 많기 때문에 많은 간접원가집합이 존재
배부기준과 원가요인	원가집합의 배부기준이 원가요인일 수도 있고 아닐 수도 있음	원가집합의 배부기준이 원가요인일 가능성이 매우 높음
배부기준의 성격	원가집합의 배부기준은 주로 직접노무비나 직접재료비와 같은 재무적인 측정치임	원가집합의 배부기준은 주로 부품의 수, 검사시간의 수, 생산준비횟수와 같은 비재무적인 측정치임

④ 활동기준원가회계의 장점과 단점

장 점	▪ 보다 인과관계에 기초한 제조간접비 배분을 통해 정확한 제품원가계산 및 사용된 자원의 원가파악이 가능하다. ▪ 비부가가치활동을 분석함으로써 제품원가를 절감할 수 있다. ▪ 수행되는 제반 활동의 효율성과 활동주체의 성과평가가 가능하다. ▪ 변화하는 제조기술환경하에서 미래의 기업성과를 개선할 수 있는 영역 및 동 개선효과의 파악이 가능하다.
단 점	▪ 활동분석에 따른 비용이 상당히 클 수 있다. ▪ 간접부문의 작업 중 원가동인을 설명할 수 없는 부분이 일괄적으로 배부됨으로써 전통적 원가배분시스템의 문제점을 그대로 갖고 있다. ▪ 활동을 명확히 정의하고 구분하는 기준이 존재하지 않는다. ▪ 본질적으로 원가동인을 발견하기 어려운 활동원가의 처리에 대한 명확한 해결책이 존재하지 않는다.

문제

1. (주)가야의 공장에는 두 개의 제조부문 X와 Y가 있다. 회사는 1월 중 작업# 101, # 102, # 103을 착수하여 완성하였다. 각 작업과 관련하여 1월 중 발생한 제조원가 및 기타자료는 다음과 같다.

	# 101	# 102	# 103	합 계
직접재료비	150,000원	150,000원	200,000원	500,000원
직접노무비	250,000원	150,000원	400,000원	800,000원
직접노동시간				
X부문	100시간	100시간	300시간	500시간
Y부문	30시간	20시간	50시간	100시간
기 계 시 간				
X부문	200시간	250시간	150시간	600시간
Y부문	600시간	300시간	100시간	1,000시간
생산준비시간	160시간	30시간	10시간	200시간

1월 중에 발생한 두 제조부문의 원가 및 기타자료는 다음과 같다.

	X	Y	합 계
제 조 간 접 비	300,000원	400,000원	700,000원
직 접 노 동 시 간	500시간	100시간	600시간
기 계 시 간	600시간	1,000시간	1,600시간

물음. 각 물음은 독립적이다.

(1) 회사는 공장전체 제조간접비배부율을 사용하며, 직접노무비를 기준으로 하여 제조간접비를 배부하고, 작업별 총제조원가를 구하라.

(2) 회사는 부문별 제조간접비배부율을 사용하며, X부문에서는 직접노동시간을, Y부문에서는 기계시간을 기준으로 하여 제조간접비를 배부하고, 작업별 총제조원가를 구하라.

(3) 회사는 활동기준원가계산 제도를 도입하기 위하여 1월 중 각 부문에서 발생된 제조간접비를 4가지 활동분야로 구분하여 집계하였다.

활동	원가요인	X부문	Y부문	합계
활동 K	X부문 직접노동시간	105,000	60,000	165,000
활동 L	Y부문 직접노동시간	90,000	100,000	190,000
활동 M	X부문 기계시간	10,000	20,000	30,000
활동 N	Y부문 기계시간	25,000	140,000	165,000
활동 O	생산준비시간	70,000	80,000	150,000
합계		300,000	400,000	700,000

답안

① 공장전체 제조간접비배부율 (직접노무비 기준) : 700,000 / 800,000 = 0.875

	# 101	# 102	# 103	합계
직접재료비	150,000	150,000	200,000	500,000
직접노무비	250,000	150,000	400,000	800,000
제조간접비	218,750 = 250,000 × 0.875	131,250 = 150,000 × 0.875	350,000 = 400,000 × 0.875	700,000
합계	618,750	431,250	950,000	2,000,000

② 부문별 제조간접비배부율

- X부문 (직접노동시간) : 300,000 / 500 = 600
- Y부문 (기계시간) : 400,000 / 1,000 = 400

	# 101	# 102	# 103	합계
직접재료비	150,000	150,000	200,000	500,000
직접노무비	250,000	150,000	400,000	800,000
제조간접비 X부문	60,000 = 100 × 600	60,000 = 100 × 600	180,000 = 300 × 600	300,000
Y부문	240,000 = 600 × 400	120,000 = 300 × 400	40,000 = 100 × 400	400,000
합계	700,000	480,000	820,000	2,000,000

③ 활동기준원가계산

- 활동 K (X부문 직접노동시간) : 165,000 / 500 = 330
- 활동 L (Y부문 직접노동시간) : 190,000 / 100 = 1,900
- 활동 M (X부문 기계시간) : 30,000 / 600 = 50
- 활동 N (Y부문 기계시간) : 165,000 / 1,000 = 165
- 활동 O (생산준비시간) : 150,000 / 200 = 750

	# 101	# 102	# 103	합계
직접재료비	150,000	150,000	200,000	500,000
직접노무비	250,000	150,000	400,000	800,000
제조간접비 활동 K	33,000 = 100 × 330	33,000 = 100 × 330	99,000 = 300 × 330	165,000
활동 L	57,000 = 30 × 1,900	38,000 = 20 × 1,900	95,000 = 50 × 1,900	190,000
활동 M	10,000 = 200 × 50	12,500 = 250 × 50	7,500 = 150 × 50	30,000
활동 N	99,000 = 600 × 165	49,500 = 300 × 165	16,500 = 100 × 165	165,000
활동 O	120,000 = 160 × 750	22,500 = 30 × 750	7,500 = 10 × 750	150,000
합계	719,000	455,500	825,500	2,000,000

2. 종합원가계산

(1) 종합원가계산의 의의

- 제품원가를 제조공정별로 구분하여 집계하는 원가계산제도
- 정유업, 화학공업, 금속공업, 제분업, 제지업 등과 같이 동일한 종류의 제품을 연속적으로 대량생산하는 연속생산형태의 기업에 적용
- 일정한 원가계산기간 동안에 발생한 총제조원가를 동 기간 중에 만들어진 완성품 환산량[2]으로 나누어 제품의 단위당 원가를 계산

(2) 종합원가계산의 흐름

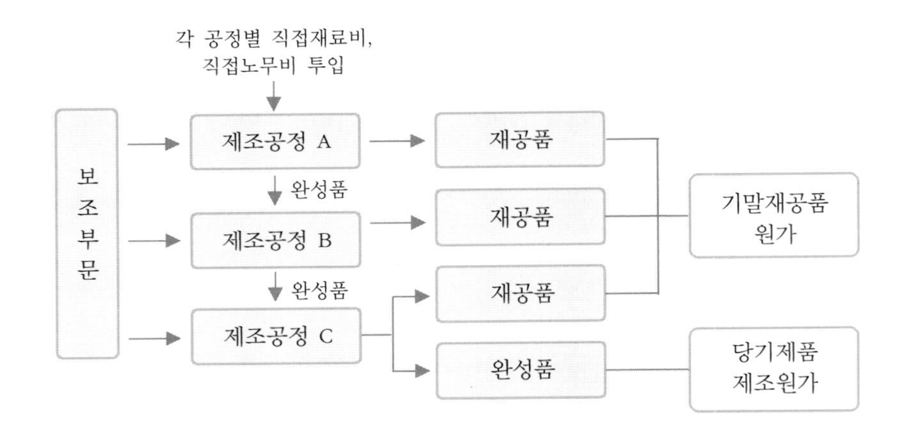

(3) 종합원가계산의 절차

- 제1단계 : 물량의 흐름 파악
- 제2단계 : 완성품 환산량(물량 × 완성도) 계산
- 제3단계 : 배분할 원가 집계

2) * 완성품 환산량(유효 생산량) : 공정에 투입된 모든 노력이 완성품으로 나타날 경우에 생산되는 완성품의 수량 (완성품 환산량 = 물량 × 완성도)
* 종합원가계산에서 완성품 환산량을 계산하는 까닭은, 완성품 환산량이 완성품과 기말재공품에 각 원가요소를 정확히 배분하기 위한 배분기준의 역할을 하기 때문

- 제4단계 : 완성품 환산량 단위당 원가 계산(3단계 ÷ 2단계)
- 제5단계 : 완성품과 기말재공품에 원가 배분

문제

1. 서울회사는 1월 초에 영업을 시작하였다. 1월 중에 200 단위를 착수하여 100단위는 완성하고 100단위는 1월말 현재 작업이 진행 중이다. 원재료는 공정 초에 전량 투입되고 가공비는 공정전반에 걸쳐 균등하게 발생한다. 기말재공품의 완성도는 25%이며, 재료비는 10,000원, 가공비는 5,000원 이다.

답안

	[1단계] 물량의 흐름	[2단계] 완성품 환산량 재료비	가공비	
기초재공품	0			
당기착수	200			
합계	200			
당기 완성	100	100	100	
기말재공품	100(25%)	100	25 = 100 × 25%	
합계	200	200	125	
[3단계] 총원가의 요약				합계
기초재공품원가				0
당기발생원가		10,000	5,000	150,000
합계				150,000
[4단계] 환산량 단위당 원가				
완성품 환산량		÷ 200	÷ 200	
환산량 단위당 원가		@ 50	@ 40	
[5단계] 원가의 배분				
원성품 원가		100 × 50 +	100 × 40	9,000
기말재공품 원가		100 × 50 +	25 × 40	6,000
합계				15,000

〈물량의 흐름〉

재공품

기초재공품	0	당기완성	100
당기착수	200	기말재공품	100
	200		200

〈원가의 흐름〉

재공품

기초재공품	0	완성품원가	9,000
당기발생원가	150,000	기말재공품	6,000
	150,000		150,000

(4) 개별원가계산 & 종합원가계산

	개별원가계산	종합원가계산
• 생산형태	• 주문생산 형태 • 다품종소량생산체제	• 동종제품 연속 생산형태 • 소품종대량생산체제
• 업종	• 조선업, 인쇄업, 건설업 등	• 제지, 제분, 시멘트, 정유 등
• 원가계산형태	• 작업지시서별원가계산 • 개별 작업별 원가계산	• 기간별 원가계산 • 제조 공정별 원가계산
• 원가의 형태	• 직접재료비 • 직접노무비 • 제조간접비	• 직접재료비 • 가공비(직접노무비+제조간접비)
• 핵심과제	• 제조간접비의 배부	• 완성품환산량의 계산 • 기말 재공품 평가가 문제
• 장 · 단점	• 정확한 제품원가계산 가능 • 많은 노력과 시간이 필요	• 간편, 부정확 • 원가분류의 단순화 • 제품원가는 평균화과정에 있음

문제

1. 개별원가계산과 종합원가계산에 대한 내용으로 틀린 것은?(56회)
   ① 개별원가계산의 핵심은 제조간접비 배부에 있다.
   ② 종합원가계산의 핵심은 완성품환산량을 계산하는데 있다.
   ③ 개별원가계산은 정확한 원가계산을 할 수 있고 시간과 비용이 절약된다.
   ④ 종합원가계산은 대량연속 생산형태에 적합하다.

문제

2. 다음은 종합원가계산과 개별원가계산에 대한 설명이다. 틀린 것은?(54회)
   ① 재료비와 가공비의 구분이 중요한 것은 종합원가계산이다.
   ② 다품종 소량생산에는 종합원가계산이 적합하다.
   ③ 동질의 제품을 단일 생산공정을 통해 대량으로 생산하는 경우는 종합원가계산이 적합하다
   ④ 고객이 주문한 특정 제품의 제조를 제조부서에 지시하는 제조지시서는 개별원가계산에 적합하다.

답안

[1] ③ 개별원가계산은 정확한 원가계산을 할 수 있지만 시간과 비용이 과다하게 든다.
[2] ② 다품종 소량생산은 개별원가계산의 특징이다.

1. 기초재공품은 20,000개(완성도 20%), 당기완성품 수량은 170,000개, 기말재공품은 10,000개 (완성도 40%)이다. 평균법과 선입선출법의 가공비에 대한 완성품환산량의 차이는 얼마인가?(43회) 단, 재료는 공정초에 전량 투입되고, 가공비는 공정전반에 걸쳐 균등하게 투입된다.

   ① 4,000개 ② 5,000개 ③ 6,000개 ④ 7,000개

2. 다음 자료를 보고 평균법에 의한 재료비의 완성품환산량을 계산하면 얼마인가?(41회)

   · 기초재공품 12,000단위 (완성도: 60%) · 착 수 량 32,000단위
   · 기말재공품 24,000단위 (완성도: 40%) · 완성품수량: 20,000단위
   · 원재료와 가공비는 공정전반에 걸쳐 균등하게 발생한다.

   ① 25,600단위 ② 29,600단위 ③ 34,000단위 ④ 54,000단위

3. 다음의 괄호에 들어갈 적당한 말을 고르시오.(37회)

   (　　)은 완성품환산량이라고 하는 인위적 배부기준에 따라 원가배부를 통하여 완성품원가와 기말재공품원가의 계산이 이루어진다.

   ① 요소별원가계산 ② 부문별원가계산 ③ 개별원가계산 ④ 종합원가계산

4. 평균법으로 종합원가계산을 하고 있다. 기말재공품 200개에 대하여 재료비는 공정초기에 모두 투입되고, 가공비는 제조 진행에 따라 80%를 투입하고 있다. 만일 완성품 환산량 단위당 재료비와 가공비가 각각 380원, 140원이라면, 기말재공품의 원가는 얼마인가?(36회)

   ① 16,000원 ② 53,200원 ③ 98,400원 ④ 100,000원

5. 개별원가계산에 대한 다음의 설명 중 가장 옳지 않은 것은?(57회)

① 개별 작업에 대한 추적가능성을 중시하여 원가를 구분한다.
② 제조간접비 배부가 원가계산의 핵심이라 할 수 있다.
③ 종합원가계산에 비해 원가기록업무가 비교적 단순하고 경제적이다.
④ 종합원가계산과 비교할 때 보다 정확한 원가계산이 가능하다.

6. 종합원가계산을 사용해야 하는 경우는?(33회)

① 동종의 유사제품을 대량 생산하는 경우
② 주문을 받고 그 주문내역에 따라 생산하는 경우
③ 다양한 품질의 제품이 한 개씩 생산되는 경우
④ 제조지시서별로 원가를 구분, 집계하여 계산하려고 하는 경우

7. 다음 중 종합원가계산의 특징이 아닌 것은?(39회)

① 작업원가표 작성
② 제조공정별로 원가집계
③ 제조원가보고서 작성
④ 동종제품을 대량으로 생산하는 기업

8. 다음 자료를 보고 평균법에 의한 가공비의 완성품환산량을 계산하면 얼마인가?(55회)

· 기초재공품 : 10,000단위 (완성도 : 60%)
· 기말재공품 : 20,000단위 (완성도 : 50%)
· 착 수 량 : 30,000단위
· 완성품수량 : 20,000단위
· 원재료는 공정초에 전량 투입되고, 가공비는 공정전반에 걸쳐 균등하게 발생한다.

① 10,000단위 ② 20,000단위 ③ 24,000단위 ④ 30,000단위

9. 다음은 개별원가계산과 종합원가계산에 대한 설명이다. 다음 중 가장 틀린 것은?(38회)

① 제분업, 시멘트생산업 등은 종합원가계산에 적합하다.
② 작업원가표를 작성하는 것은 개별원가계산이다.
③ 다품종소량생산의 형태는 개별원가계산을 적용한다.
④ 종합원가계산은 개별원가계산에 비해 제조간접비배부문제가 중요하다.

10. 다음 중 종합원가계산에서 재료비와 가공비의 완성도에 관계없이 완성품환산량의 완성도가 항상 가장 높은 것은 무엇인가?(44회)

① 가공비 ② 직접노무원가 ③ 전공정원가 ④ 직접재료원가

11. 종합원가계산하에서는 원가흐름 또는 물량흐름에 대해 어떤 가정을 하느냐에 따라 완성품환산량이 다르게 계산된다. 다음 중 평균법에 대한 설명으로 틀린 것은?(45회)

① 전기와 당기발생원가를 구분하지 않고 모두 당기발생원가로 가정하여 계산한다.
② 계산방법이 상대적으로 간편하다.
③ 원가통제 등에 보다 더 유용한 정보를 제공한다.
④ 완성품환산량 단위당 원가는 총원가를 기준으로 계산된다.

12. 개별원가계산을 하고 있는 세원제약의 4월의 제조지시서와 원가자료는 다음과 같다.

	제조지시서	
	#101	#102
생 산 량	1,000단위	1,000단위
직접노동시간	600시간	600시간
직 접 재 료 비	1,350,000원	1,110,000원
직 접 노 무 비	2,880,000원	2,460,000원

4월의 실제 제조간접비 총액은 4,000,000원이고, 제조간접비는 직접노동시간당 2,700원의 배부율로 예정배부되며, 제조지시서 #101은 4월중 완성되었고, #102는 미완성상태이다. 4월말 생산된 제품의 단위당 원가는 얼마인가?(46회)

① 5,900원 ② 5,850원 ③ 5,520원 ④ 5,190원

13. 종합원가계산에 관한 다음 설명 중 가장 옳은 것은?(46회)

① 종합원가계산은 다품종 소량생산방식의 생산형태에 적합하다.
② 제조공정이 2이상 연속 되는 경우에는 적용할 수 없다.
③ 기초재공품의 완성도에 관계없이 평균법과 선입선출법의 원가계산액은 동일하다.
④ 종합원가계산은 재공품을 완성품환산량으로 환산하여 집계한다.

14. 종합원가계산에서 평균법을 적용하여 완성품환산량의 원가를 계산할 때 고려해야 할 원가는?(47회)

① 당기총제조비용
② 당기총제조비용과 기말재공품재고액의 합계
③ 당기총제조비용과 기말재공품재고액의 차액
④ 당기총제조비용과 기초재공품재고액의 합계

15. (주)전진은 평균법에 의한 종합원가계산을 하고 있다. 재료비는 공정시작 시점에서 전량 투입되며, 가공원가는 공정 전반에 걸쳐 고르게 투입된다. 다음 자료를 통하여 완성품환산량으로 바르게 짝지어진 것은?(48회)

· 기초재공품 : 0개	· 착 수 수 량 : 500개
· 완 성 수 량 : 400개	· 기말재공품 : 100개(완성도 50%)

	재료비완성품환산량	가공비완성품환산량		재료비완성품환산량	가공비완성품환산량
①	400개	450개	②	450개	500개
③	500개	450개	④	400개	500개

16. (주)서울은 평균법에 의하여 종합원가계산을 수행하고 있고, 물량흐름은 아래와 같다. 재료비는 공정 초기에 전량 투입되고, 가공비는 공정전반에 걸쳐 균등하게 투입된다. 재료비 및 가공비의 완성품환산량을 계산하면 얼마인가?(49회)

· 기초 재공품 수량 : 0개	· 당기 완성품 수량 : 50,000개
· 당기 착수 수량 : 60,000개	· 기말 재공품 수량 : 10,000개(당기 완성도 50%)

① 재료비:55,000개, 가공비:60,000개
② 재료비:55,000개, 가공비:55,000개
③ 재료비:60,000개, 가공비:60,000개
④ 재료비:60,000개, 가공비:55,000개

17. 선입선출법에 따른 종합원가계산에 관한 다음 설명 중 가장 옳지 않은 것은?(50회)

① 먼저 제조착수된 것이 먼저 완성된다고 가정한다.
② 기초재공품이 없는 경우 제조원가는 평균법과 동일하게 계산된다.
③ 완성품환산량은 당기 작업량을 의미한다.
④ 전기의 성과를 고려하지 않으므로 계획과 통제 및 성과평가목적에는 부합하지 않는다.

18. 다음의 자료에 의하여 매출원가를 계산하면 얼마인가?(51회)

· 제조지시서 #1 : 제조원가 52,000원
· 제조지시서 #2 : 제조원가 70,000원
· 제조지시서 #3 : 제조원가 50,000원
· 월초제품재고액 : 50,000원
· 월말제품재고액 : 40,000원
단, 제조지시서 #3은 미완성품이다.

① 182,000원 ② 122,000원 ③ 132,000원 ④ 172,000원

19. 종합원가계산을 이용하는 기업의 가공비 완성품환산량을 계산하면 얼마인가?(53회)

· 기초재공품 : 2,000개(완성도 30%)
· 당기착수량 : 8,000개
· 당기완성품 : 7,000개
· 기말재공품 : 3,000개(완성도 30%)
· 재료는 공정초에 전량 투입되고, 가공비는 공정전반에 걸쳐 균등하게 투입된다.
· 원가흐름에 대한 가정으로 선입선출법을 사용하고 있다.

① 7,300개 ② 7,400개 ③ 7,500개 ④ 8,000개

20. (주)세무는 직접원가를 기준으로 제조간접비를 배부한다. 다음 자료에 의해 작업지시서 No.1의 제조간접비 배부액은 얼마인가?(54회)

	공장전체발생원가	작업지시서 No.1
직접재료비	1,000,000원	300,000원
직접노무비	1,500,000원	400,000원
기 계 시 간	150시간	15시간
제조간접비	7,500,000원	( )

① 700,000원 ② 2,100,000원 ③ 3,000,000원 ④ 3,651,310원

제4절

정상원가계산 & 표준원가계산

1. 실제원가계산의 한계

제조간접비배부율 산정의 기초가 되는 실제발생원가와 실제조업도가 회계연도 말에 가서야 확정되기 때문에 제품원가계산이 회계연도말까지 지연되고 회계연도말에 회계업무가 집중됨

- 원가계산의 지연, 원가정보의 적시성 감소
- 기업의 의사결정 지연, 경쟁력 약화

조업도의 변동, 특정원가의 계절적 특성 등으로 인하여 동일한 제품에 배부되는 제조간접비가 상이하게 되므로 제품가격결정 등의 의사결정시 잘못된 정보를 제공함

- 제품원가의 변동성

2. 정상원가계산

실제원가계산의 단점(① 원가계산의 지연, ② 제품원가의 변동성)을 보완하기 위하여 제조간접비의 예정배부를 통해서 작업이 종료됨과 동시에 제품원가를 알 수 있게 하고 기간별로 제품원가가 변동하지 않도록 하는 원가계산제도

	실제원가계산	정상원가계산
직접재료비	실제원가	실제원가
직접노무비	실제원가	실제원가
제조간접비	실제원가 [실제배부율 × 실제조업도]	예정원가 [예정배부율 × 실제조업도]

제조간접비배부차이

3. 표준원가계산의 의의

- 직접재료비, 직접노무비, 제조간접비 등의 모든 원가요소를 미리 정해 놓은 표준원가로 측정하는 방법
- 실제원가계산의 단점 (① 원가계산의 지연, ② 제품원가의 변동성)을 보완하기 위하여 표준원가로 제품원가를 측정함으로써, 제조활동이 작업이 종료됨과 동시에 제품원가를 알 수 있게 하고 기간별로 제품원가가 변동하지 않도록 하는 원가계산 제도

	실제원가계산	정상원가계산
직접재료비	실제원가	실제원가
직접노무비	실제원가	실제원가
제조간접비	실제원가	표준원가

제조간접비배부차이

1. (주)동부는 제조간접비를 직접노무시간으로 배부하고 있다. 당해연도초 제조간접비 예상금액은 600,000원, 예상직접노무시간은 20,000시간이다. 당기말 현재 실제제조간접비발생액은 400,000원이고 실제직접노무시간이 15,000시간일 경우 제조간접비 배부차이는 얼마인가?(41회)

① 과대배부 50,000원　　② 과소배부 50,000원
③ 과대배부 200,000원　　④ 과소배부 200,000원

2. 요소별원가계산에 있어 발생하는 제조간접비의 배부차이를 조정하는 방법으로서 적절하지 않은 것은?(36회)

① 비례배분법　　② 매출원가 가감조정법
③ 상호배분법　　④ 영업외손익법

3. 정상개별원가계산의 방법에 의하여 제조간접비를 예정배부할 경우 예정배부액은 어떤 산식에 의하여 계산하여야 하는가?(35회)

① 실제배부율 × 배부기준의 실제발생량
② 실제배부율 × 배부기준의 예정발생량
③ 예정배부율 × 배부기준의 실제발생량
④ 예정배부율 × 배부기준의 예정발생량

4. 직접작업시간법으로 계산한 제조지시서#101의 제조간접비 예정배부액은 얼마인가?(30회)

(1) 연간 예정제조간접비총액 : 100,000원
(2) 연간 예정직접작업시간 : 1,000시간
(3) 제조지시서별 실제작업시간 : #101 - 500시간, #201 - 300시간

① 20,000원　　② 30,000원　　③ 50,000원　　④ 100,000원

5. (주)크로바는 제조간접비를 직접노무시간을 기준으로 배부하고 있다. 당해 제조간접비 배부차이는 100,000원이 과대배부 되었다. 당기말 현재 실제제조간접비발생액은 500,000원이고, 실제직접노무시간이 20,000시간일 경우 예정배부율은 얼마인가?(45회)

① 25원/시간당 ② 30원/시간당 ③ 40원/시간당 ④ 50원/시간당

6. 한국전자는 제조간접비를 직접노무시간을 기준으로 예정배부하고 있다. 당해 연도 초의 예상 직접노무시간은 70,000시간이다. 당기 말 현재 실제제조간접비 발생액이 2,150,000원이고 실제 직접노무시간이 75,000시간일 때 제조간접비 배부차이가 250,000원 과대배부된 경우 당해 연도초의 제조간접비 예상액은 얼마였는가?(47회)

① 1,900,000원 ② 2,240,000원 ③ 2,350,000원 ④ 2,400,000원

7. 개별원가계산시 실제제조간접비 배부율 및 배부액과 예정제조간접비 배부율 및 배부액을 산정하는 산식 중 올바르지 않는 것은?(48회)

① 실제제조간접비배부율 = 실제제조간접비 합계액/실제조업도(실제 배부기준)
② 예정제조간접비배부율 = 예정제조간접비 합계액/예정조업도(예정 배부기준)
③ 실제제조간접비배부액 = 개별제품등의 실제조업도(실제 배분기준)×제조간접비 실제배부율
④ 예정제조간접비배부액 = 개별제품등의 예정조업도(예정 배분기준)×제조간접비 예정배부율

8. (주)세무의 제조간접비 예정배부율은 작업시간당 10,000원이다. 작업시간이 800시간이고, 제조간접비 배부차이가 1,000,000원 과소배부라면, 실제 제조간접비 발생액으로 맞는 것은?(53회)

① 6,000,000원 ② 7,000,000원 ③ 8,000,000원 ④ 9,000,000원

9. 제조간접비예정배부율은 직접노동시간당 90원이고, 직접노동시간이 43,000시간 발생했을 때 제조간접비 배부차이가 150,000원 과소배부인 경우 제조간접비 실제발생액은 얼마인가?(55회)

① 3,720,000원 ② 3,870,000 ③ 4,020,000원 ④ 4,170,000원

저자 소개

오은해

· 영남대학교 경영학 박사
· 현 대구한의대학교 통상경제학부 교수

■ 주요저서

· 제3판 컴퓨터 활용, PnC미디어, 2014. 02.
· Ebay Sales Manager, PnC미디어, 2014. 01.
· 회계정보시스템 KcLep, 한올출판사, 2013. 08
· 1인 창조기업, 피앤씨미디어, 2013. 03
· 부가가치세의 이해, 대구한의대학교출판부, 2013. 02
· on-line market place 소호(SOHO) 창업, 도서출판 대명, 2012. 02
· 전산과 세무, 한올출판사, 2011. 08
· 전산회계학, 한올출판사, 2011. 08
· 제2판 세무상식과 절세, 도서출판 대명, 2011. 03

세무회계정보시스템

2014년 3월 2일 초판1쇄 인쇄
2014년 3월 5일 초판1쇄 발행

저 자 오 은 해
펴낸이 임 순 재
펴낸곳 **한올출판사**

등록 제11-403호
121-849
주 소 서울시 마포구 성산동 133-3 한올빌딩 3층
전 화 (02)376-4298(대표)
팩 스 (02)302-8073
홈페이지 www.hanol.co.kr
e-메 일 hanol@hanol.co.kr
정 가 25,000원

■ ISBN 979-11-85596-92-1